叢書・ウニベルシタス　1029

都市と人間

レオ・シュトラウス

石崎嘉彦／飯島昇藏／小高康照
近藤和貴／佐々木潤 訳

法政大学出版局

Leo Strauss
THE CITY AND MAN

Japanese translation rights arranged with
University of Virginia Press
through Japan UNI Agency, Inc., Tokyo

目次

日本語版への序文

キャサリン・ズッカート

1　なぜ古典的政治哲学を研究するのか?

『都市と人間』において、シュトラウスは、古典的政治哲学者たちによってはっきりとした形で表明された政治の本来の経験と理解を回復させようとした。シュトラウスは、近代の政治哲学が古典的政治哲学の土台の上により善き社会そしてより正しき社会を打ち立てようとする試みであることをその本質としたがゆえに、近代の政治哲学者たちがこの本来の経験から導き出された諸概念を変形しそれを押し隠したにもかかわらず、この本来の経験と理解もまた近代の政治哲学の土台をなすと論じている。

このような政治的なものについての本来の理解を明るみにだしていくなかで、シュトラウスは、一九三二年に書いたカール・シュミットの書『政治的なものの概念』についての書評論文[1]で最初に公表した自らの考えにおける方向転換を、徹底してやり抜いていったように思われる。シュミットは、政治的なものを隠されたところから取り出すことによって、近代の自由主義による政治的なものの否定を克服し、国家のための新しいいっそう強固な基礎を準備しようと願った。シュトラウスは、「政治的なもの」を——経済や宗教や芸術のような——そのどれもが他の領域や局面とは関連を持たない人間的生活の多くの領域や局面のうちのただひとつのものだけに還元するために、シュミットが暗示した「文化」の自由主義的な（liberal）概念の批判を支持した。しかし、シュトラウスは、シュミットがホッブズの政治哲学に回帰することによって、「政治的なもの」のいっそう本来的で自由主義以前的な理解を取り戻す、あるいは再生させることに成功した、とは考えなかった。というのも、ホッブズの政治哲学は近代の自由主義の基礎を構成したわけではなかったからである。シュミットはホッブズにしたがって文化のとりわけ近代的概念の意味での市民的状態を……自然状態の対極にあるもの、あるいは戦争状態と解した。シュミットによれば、真の意味で政治的である戦争状態が、政治的結合のあらゆる状態の基礎をなすものである。しかし、市民状態からホッブズ的自然状態への回帰を模索する中で、シュトラウスが観察したことは、シュミットは自由主義それ自体の両極あるいは運動を、逆にしたにすぎないということであった。自由主義の基礎のいっそう根源的な批判は、それを超え行き、政治の本源的あるいは真正の理解を取り戻す必要があるだろう。シュトラウス自身は、まずは、スピノザとホッブズ政治哲学の中に近代の自由主義の根があること(2)、それから、中世の政治哲学の中に近代の政治哲学の根があること(3)、そして最後に、古典的政治哲学者たちの著作の中に近代と中世両者の政治哲学の根があることを理解すること(4)によって、そのような根源的な批判に着手し始めたのである。

シュトラウスは、『都市と人間』を始めるに際して、古典的政治哲学の——都市の善と個人の善の緊張という——まさにそのテーマを復活させる際の自らの関心が、単なる骨董趣味でもなければ懐古趣味でもないことを力説している。それどころか、彼は、「われわれの時代の危機」(5)（三七頁）に応えているのである。西洋のリベラル・デモクラシーの市民は、もはや彼らに特有の形態の政府か彼らの科学かのいずれかが合理的に弁護されうるとは信じてはおらず、この信念の危機は、近代政治哲学の展開の、あるいは近代政治哲学の歴史の産物なのである。

近代のリベラル・デモクラシーは、近代政治哲学から導き出された諸原理の上に打ち立てられた。前近代の政治哲学者たちは、人間的自然は可能なるものに限度を設けていることを認めていた。しかし、彼らは、これらの限度内においては、人間の生存状態を安楽にするために、新たな形態の政治組織と近代自然科学の諸発見を用いることは可能である、と考えていた。にもかかわらず、善き生に対する人間の欲望は、単に豊かさや寿命が延びただけでは、満足させられなかった。さらに、自然を変形しようとする試みに対しては初めから制限が設けられているという人間的自然についての理解は、運動する微粒子の世界と見る近代自然科学の世界の見方とは両立しないことが示された。それ以後の哲学者たちは、人間的自然は歴史の進行の中で変化したのだと観るようになった。しかし、「全体主義的」体制によって人間存在を意図的に変形しようとする試みは、僭主政治の新たないっそう恐ろしい形態であることが分かってきた。こうして、《西洋》の市民たちは、依然として、彼らの政治学と科学が何ら現実的で合理的な基礎を持ち合わせてはいないと考えているのである[6]。

しかしながら、もし自然科学者たちが、宇宙もそれについてのわれわれの知識もともに無限に広がっていくという理由で、彼らが現時点で見出していることがすべて偶然的であると主張することが正しいとすれば、基本的な謎はすべて解かれ得なくなることをシュトラウスは指摘した。われわれは、われわれが何を知っていると考えているかを知らないのである。とりわけ、善と悪の「価値判断」が、単なる主観的感覚の表現であり、科学的証明の主題ではないということを、われわれは知らないのである。われわれはまた、知識の探究あるいは「科学」が単に一定の時代に生きる特殊な一団の人々の価値や文化の表現でしかないということも知らないのである。われわれは、われわれ自身の諸前提を再吟味する必要があるのである。これらの諸前提が近代の政治哲学に立脚しており、近代の政治哲学自身も古典的政治哲学に立脚したものであったがゆえに、われわれは古典的政治哲学を、通常よく行われているようにそれを受け継いだ近代政治哲学によって見られるようにではなく、それ自身の用語によって、再現させるように努めねばならないのである。

　古典的政治哲学をそれ自身の用語によって回復させることは、かくして、「必要でもあれば試験的あるいは実験的」でもある。シュトラウスは単純に古典的政治哲学への回帰を唱道したのではない。反対に彼は以下のような所見を述べている。すなわち、「古典的政治哲学の新鮮な理解から今日的な使用のための処方箋が与えられることを期待してはいけない。というのも、近代政治哲学の相対的な成功によって、古典的著作家たちにはまったく知られていなかった種類の社会、つまり古典的著作家たちによって言明され仕上げられた古典的諸原理が直接当てはまらない社会が生み出されてしまっているからである」。それにもかかわらず、彼は、「古典的著作家たちによって仕上げられた諸原理の正しい理解は、独得の性格をもった現代社会のわれわれに達成できる適切な分析のための、不可欠な出発点であるかもしれない」（四一―四二頁、傍点筆者）ことを示唆している。

　『自然権と歴史』や『政治哲学とは何であるか？』といった以前の著作では、シュトラウスは「古典的政治哲学」を、近代政治哲学や諸々の哲学とは対比的に、多かれ少なかれ、ひとつのまとまった現象として取り扱っている。[7] しかし、『都市と人間』では、シュトラウスは、三つの異なった古典的テキストの省察のために、「アリストテレスの政治学について」「プラトンの共和国について」「トゥキュディデスの『ペロポンネソス人たちとアテナイ人たちの戦争』について」という、三つの章を捧げている。さらに彼は、これらのテキストを、三つの異なった知の形式あるいは探究の様式、つまり政治学、政治哲学、政治史の縮図として提示している。[8] そして彼は、それらをそれぞれに応じて異なった仕方で分析している。シュトラウスは、アリストテレスの『政治学』が、政治家や市民による政治の「常識」的理解についての十全な説明を代表している、とする主張に対する五つの異なった反対論に応答するのに、ほとんどアリストテレスのテキストに言及していない。[9] しかし、プラトンの『国家』を取り扱うに際して彼は、対話篇の読み方に関する文章表現の問題が何らかの与えられた対話のなかで明示的に提出される哲学的争点を取り上げる以前に解決されていなければならない、と論じている。そして彼は、特徴的な仕方で、劇的諸要素――場面設定、登場人物、筋書き――が、議論以上とは言わないまでも、重要なものであると論じているのである。シュトラウスは、正義の意味が『国家』においては、明示的な議論による以上に、どれほどその筋書きによって明るみに出されてさえいるかを示すために、テキストの順序に密着する形で論を進めている。先行の二つの章とは対照的に、彼のトゥキュディデスの歴史の分析は、その表題に示されているように、明示的なテーマが与えられている。それは彼のアリストテレス『政治学』の説明よりずっと多くのテキストの細部の議論を含んでいるが、彼の『国家』の分析がしているようには、テキストの順序に従ってはいない。

これら三つのテキストを、時間的には反対の順序で取り上げることによって、シュトラウスは、大きな影響を与えたプラトンの『ソフィスト』に関する有名な講義でマルティン・ハイデッガーが採用したのとある意味で類似的な仕方で、論を進めているように思われる。[10] これらの講義において、ハイデッガーは、アリストテレスはプラトンの発見した諸概念と区別を明らかにしたが、完全にやり遂げたわけではなかった、と論じた。彼に独自の問題、すなわち、《存在》についての問いを再興するためには、こうして、アリストテレスの『ニコマコス倫理学』第四巻における彼の四つの異なった種類の知識についての議論において《存在》の真理が開示されたさまざまな仕方についての、十全な説明を最初に見ておくことが、絶対に必要とは言わないまでも、有用ではあるだろう。ハイデッガーは、実践の、それゆえ実践理性（phronêsis）の、根本的な重要性を強調したにもかかわらず、アリストテレスが理論的な知をより高次の、より重要な、より包括的なものとみなしていること、そしてその意味でいっそう根本的なものとみなしていること、すなわち、われわれにとって第一のものではないにせよ、それ自身において第一のものとみなしていることを、どうしても認めざるを得なかった。こうしてハイデッガーは、アリストテレスの誤りの源泉を見出す（あるいは真理を退ける）ために、『ソフィスト』において《存在》の意味についての問いを提起しているプラトンを振り返ることになった。その対話篇の標題が示唆しているように、プラトン（あるいは彼の描くエレアからの客人）は、いかにして虚偽の意見が可能であるのかその理由を発見しようとして、《存在》の意味についての問いを提起している。《存在》あるいはもろもろの存在者の《存在》は、それ自体、直接的には言論（ロゴス）のなかで顕現するのではないか。エレアからの客人は、自らの師匠であるパルメニデスの論点に異議を唱え、「《存在》」が差異化されると論じることによっては、「存在しない」と言ったり考えたりすることは不可能であると言う。この差異化がロゴス（言論）を可能にしたのである。しかしハイデッガーは、名前と名付けられたものとの区別を導き入れることによって、ロゴスが存在の真理を開示すると同時に、それが誤りや虚偽の可能性を導き入れることを、強調したのである。

第二次世界大戦直後、シュトラウスとコジェーヴは、彼らの論争の書『僭主政治について』の最後で、直接われわれの時代の危機に取り組む十分な勇気をもたず、ただ抽象的な用語で「存在」についてだけ書いた、と言ってハイデッガーを批判した。(11) ハイデッガーは、戦前に書いた代表作において、そのためにその存在が争点となったひとつの存在の形態――彼は後にいっそう常識的に「人間存在」と呼ぶ方向に回帰したが、しかし『存在と時間』においては「《現存在》」と呼んでいたもの――の分析を試みたことがあった。それを「現（そこ）」存在と呼ぶことによって、ハイデッガーは、彼が論じた存在の形態の時間‐空間的限界が基本的に歴史的であることを強調したのである。しかし彼は、ただもろもろの段階における人間的実存の根源的に歴史的な性格を見るよう、彼の読者を導いただけであった。最初の、何よりも言葉（言論）という媒介をとおした、「現存在」を「世界内存在」および「他者との存在（being-with-others）」とする分析によってなされた、ハイデッガーによる社会的と呼ばれうるものの強調は、厳密には人間的実存の政治的性格とは言えないにせよ、そのロゴス的源泉とともに、アリストテレス的根拠を有していると見ることができるように思われる。しかしながら、「現存在」の示差的特性が言論に起源をもつものであったとはいえ、ハイデッガーはまた、人間の言論が、理解されずに繰り返され、そうして「空虚な」語らいとなるにつれ、徐々にその原初の意味を失っていくことを、観て取っていた。こうしてハイデッガーは、彼の「現存在」の分析を、人間の自己理解が生じてくる経験を取り戻すにいたるまで、さらに推し進めることが必要であることを見出した。[12] 彼は、（たとえ彼が、その本のために企てた歴史についての結論的な議論をなし終えたわけではなかったとしても）普遍的に認められている人間的生の限界を根拠として、つねに現存していながら通常見落とされているその人自身の死の可能性との出会いが、人間的実存の根本的に時間的な性格を、そしてそれゆえにその歴史性を、明るみに出すと論じたのである。

シュトラウスは、本書『都市と人間』において、ハイデッガーを名指ししているわけではない。しかし、『ニコマコス倫理学』において自らが与えた道徳的な徳の理論的基礎を準備していなかったアリストテレスから、人間の魂の諸部分とその秩序についての明らかに不適切な『国家』における説明によってそのような基礎を準備するのに必要とされる種類の説明を示唆しているプラトンへと、そしてトゥキュディデスの非哲学的で強調された意味での政治史へと戻っていくなかで、シュトラウスは、「原初的」で、そこから古典的政治哲学が生起してきた理論以前的経験の、アリストテレスに代わる理解と分析を提示しているように思われる。トゥキュディデスの歴史において描かれているように、この哲学以前の政治的経験は、「神がみ」の現前と不在という用語のなかに明らかに表明されていると、シュトラウスは論じている。ハイデッガーは、彼の後の作品において、神がみを人間実存の典型的な極あるいは限界点であると認めたことがあった。しかしシュトラウスは、ハイデッガーは政治的なものに余地を残さなかったと、不満を述べている。(13) 本書『都市と人間』においてシュトラウスは、ハイデッガーが「倫理学」を「形而上学」の付属品として棄て去ってしまったことによって、西洋の哲学が立脚している本来の人間的経験の決定的視座を理解しそこなったと、示唆しているのである。

2 十分にはっきりと表された常識的見解としてのアリストテレス『政治学』

それでは、アリストテレスの『政治学』、プラトンの『国家』、トゥキュディデスの『ペロポンネソス戦史』へと分節化されたものとしてシュトラウスが示す、本来的経験の特性とは、何であろうか。シュトラウスは、政治学、政治哲学、政治史という主題への探索を、アリストテレスが市民あるいは政治家の視点から政治について十分に行き届いた説明を行ったのだという彼の主張——すなわち、政治哲学あるいは政治科学の創始者はアリストテレスではなくであるソクラテスである、という彼の主張に対する反対論に答えるところから、開始している。そしてその問いに答えることによって、シュトラウスは、政治哲学と政治科学の違いを明らかにする。ソクラテスが政治哲学の創始者になったのは、彼が、政治的とは何であるかを問うた最初の人物だからである。彼に特有の「何であるか」という問いは、本質的に異なった種類の存在者から構成され、認識されるとともに感覚される（たとえば、火や水といった）世界の理解を指示している。ソクラテスは、そのような理解を、常識への回帰であると考えた。というのも、「全体の根源は隠されていながら、全体は明らかに異種的な諸部分からなっている」（五四頁）からである。しかし、全体が隠されたままであるかぎり、ソクラテスはまた、人間存在は、ただ諸部分でさえ、それが本当に知られうるのは全体の光に照らしてでしかないがゆえに、部分的な知しか得ることはできないと考えた。こうしてソクラテスは、単にひとりの哲学者、ひとりの知識探求者である、と主張したのである。アリストテレスが（政治哲学に対立するものとしての）政治科学の創始者になることができたのは、彼が、全体の異種的諸部分を知ることができるようになるだけでなく、それらの諸部分がいかに相互に関係しあうかについて（そして政治的なものが決して最高のもの、あるいは最も重要なものではないということを）も知ることができるようになる、理論的な知を所持していると考えたからである。ソクラテスの哲学的先行者たちとは異なり、アリストテレスは、正義についての人間的諸概念と（それらの諸概念を補強する）神がみを、到る所で同じように燃える火のような自然的現象とは異なり、所変われば異なる、単に人為的なものとは考えなかった。彼は、立法の技術を実践する者が知っておく必要のある自然本性的に正しい何ものかが存在すると考えた。彼はまた、実践理性の最高の形態を創り出すその技術が単に個人に対してだけではなく共同体全体に適用される場合、そのほかのすべての技術がただ部分的なもろもろの善を産み出すだけであるのに対して、それが人間的な善の全体を探し求めるものであるがゆえにいっそう包括的であるということ、そしてほかのすべての技術の実践を統制すべきであることを見て取った。人間存在は、彼らが言葉あるいは理性（ロゴス）をもつ動物であるがゆえに政治的結合体を形成し、これらの共同体を統治する法律も理性の命ずるものであると想定されるにもかかわらず、アリストテレスが法律が必要であると認めたのは、人間存在が法律の合理性を見ることによってよりも習慣づけられることによって法律に従う、情欲的被造物であるからであった。このようにしてアリストテレスは、ソクラテス以前の哲学を基にして法律が単なる人為にすぎず、したがって説得の産物であると結論づけたソフィストたちとは異なり、法律はあまりにしばしば改変されるなら、誰もそれに服さないであろうこと、そして法律はつねに守るべく強いられるものでなければならないことを見て取ったのである。シュトラウスが強調して述べているように、「形而上学」の再分割されたものを構成しなおすよりもむしろ、実践理性の諸原理、つまり善なるあるいは高貴なる生であると思われるものを構成する道徳的な徳は、何らかの理論的な知識なしにも知られうる、とアリストテレスは考えたのである。こうして彼は、諸技術（technai）よりは優れているが理論的知識よりは劣る、実践知の包括的形態としての「賢慮」を取り扱ったのである。

近代の観察者たちは、古典的政治哲学者たちが理解した「政治的なもの」や「ポリス」の特殊的性格や包括的性格のいずれをも認めていない。アリストテレスは単にギリシアの意見を代表しているのではなくギリシアの上流階級の意見を代表しているにすぎないという見立てから、アリストテレスの『政治学』は政治問題の十分に明らかにされた常識的理解と考えられるという主張に反対する人もいるだろう。だからシュトラウスは、アリストテレスが非ギリシア的都市であるカルタゴを、それまで存在した最善の政治的共同体のなかに含めていることに注目する。言い換えれば、アリストテレスの見解は、その時代のギリシア人の共同体に限られないのである。彼の政治についての見解とわれわれの見解との違いのより一般的な原因は、彼がポリスの最終目的を幸福と考えていたことである。われわれは、幸福の定義に関して人々は一致しないということを見て取ったそれ以後の政治哲学者たちから、それゆえ政治的結合あるいは「国家」の最終目的は万人が彼や彼女たちが理解するような幸福を自由に追求できる条件を確保することに限られるべきだ、と考えるよう教えられてきた。こうしてわれわれは、政治的なものにとって副次的な経済的要素と哲学や宗教といった超政治的諸現象を含む「社会」から、ポリスよりも包括的でない「国家」を区別するのである。そして政治問題を、最高次の人間的関心事の光に照らして、つまり「文明」や「文化」の用語によって見ようとするとき、われわれは、何か一つのものを最高のものとする、あるいは、他のものに優ると想像される、もろもろの用語を用いるのである。これらの中立的と想像されている諸概念は、こうして、あらゆる諸事物をいっそう小さな諸部分から成るものとする、われわれの基本的に平等主義的で非位階的な理解の反映であることが分かってくる。それと同じ近代自然科学の自然理解も、古典的政治哲学がそこから生じてきた自然と人為の根本的区別をわれわれが理解することを、不可能にするのではないにせよ、困難にする。それというのも、われわれはあらゆる諸現象――歴史的とともに自然的諸現象――を一連の多様な偶然的諸原因の産物と理解するからである。

人々は今日、アリストテレスの政治科学の根拠を、ただ理解し損ねているだけではない。彼らは、非民主主義的だからという理由で、積極的にそれを退ける。したがって、シュトラウスは、アリストテレスが批判した民主主義は近代の民主主義と同じではないことを、指摘している。彼は貧者と無教養な者の支配を批判する。近代の民主主義は、民衆教育あるいは《啓蒙》を前提としている。しかし、アリストテレスは、位階的政治秩序は自然によって正当化される――とりわけ、人間存在の間では、身体は魂によって支配され命じられるという必然性によって正当化される――と考えていた。

それにもかかわらず、なぜわれわれが自然を基準を定めるものと見なすべきであるかを問うことはできる。『政治学』の第一巻でアリストテレスは、自然はわれわれが必要とするすべてのものを与えている、すなわち、自然は有益であるとともに先見の明のあるものである、と主張している。しかし、他のところでは、彼は、自然的欠乏のゆえに、人間存在がその潜在的能力を十分に実現できるとしても、それができるのはただ少数の者にとってだけでしかないことを認めている。したがって、他の古代の哲学者たちは、自然は規範的なもの――言い換えれば、有益なもの――と解されるべきではないと論じた。シュトラウスが強調して述べているように、近代の政治哲学を区別しているものは、自然を克服する解決策である。近代の哲学あるいは科学は、「人間の」生存条件の改善に捧げられている。われわれが政治学の最終目的あるいは目的を万人の諸権利の保証と人間の生存状態一般の改善であると理解することによって、第一巻におけるポリスの自然性のための議論においてではなく第三巻における誰が市民であるかを問うなかでアリストテレスが明らかにした、政治の本質的に矛盾をはらんだ、党派的性格を見失ってしまったのである。政治的共同体においては、ある者は他の者によって支配される。最も平等なる共同体であってさえも、市民は支配するし、逆に支配されもする。正しい支配者は共通善のために支配すると想定されるが、しかし善は、ある何らかの生き方――公共人の生き方、あるいは財富に関わる生き方、あるいは有徳的な生き方――を最も望ましくかつ権威的なものにする、公共的な道徳性の用語で定義されるのである。

しかしながら、シュトラウスは、その『政治学』に関する章を、以下のような告知によって結んでいる。すなわち、アリストテレスが第七巻で都市の最終目的と個人の最終目的は同じであると宣言するとき、彼はあらゆる政治的共同体の根底にある根本的な分裂と緊張を曖昧にしている、と言うのである。個人も政治的共同体もともに、幸福あるいは自己充足を欲望する。しかし、シュトラウスがそのプラトンの『国家』の分析において示しているように、いかなる個人も、政治体がなしうるような仕方で真に自己充足的であるわけではなく、そうでありうるわけでもないのであって、またいかなる政治体も、個人がなしうるような仕方で幸福であるわけではなく、そうでありうるわけでもないのである。言い換えれば、都市と人間のあいだには、架橋することのできない緊張が存しているのであって、たとえ都市が人間存在に明らかにそれを設立するよう要求し、人間存在もただその生き残りのためではなくその繁栄のために政治的共同体を要求するのだとしても、緊張が存することに変わりはないのである。

3　プラトンのいっそう根源的な研究

シュトラウスは本書『都市と人間』の中心となる章をプラトンの『国家』の分析に捧げている。それというのも、彼は、プラトンが、その対話篇のなかで、「人間」(われわれが自然本性的に存在する場合の人間存在)と都市との相互依存性と緊張を、最も決定的ともいえる仕方で明るみに出していると主張するからである。たしかにシュトラウスは、「ソクラテスは『国家』において、人間の最高の欲求を満足させるためには都市がどのような性格をもたなければならないかを、明らかにしている。彼はこのような要求にしたがって打ち立てられる都市が可能でないことをわれわれに見させることによって、都市の本質的な限界、つまり都市の自然本性を、われわれに見せてくれているのである」(二二三頁)と結論づけている。

シュトラウスのプラトン読解の仕方は、彼がそこから導き出してくる結論とともに、矛盾をはらんだものであり、影響力のあるものであることが、はっきりと明らかになった。シュトラウスが強調しているように、プラトンは対話篇の著者であることが知られているが、決して自分自身の意見を提出したり、自分自身の議論を行ったりはしない。彼は他の諸個人たちが行う会話を描いているのであって、それゆえ彼の対話篇は劇として――ただ独特の登場人物たちに注意を払うだけでなく、時間や場面設定や帰結に注意を払って――、読まれる必要があるのである。プラトンの腕の見せどころは、特に、彼の示す人物が、何についていつ話すかを選択することのうちにあるのである。対話篇の内容は、人間的な事柄に対するソクラテスの主要な関心を反映している。とりわけ「真理」あるいは「自然」を扱う対話篇は存在しない。対話篇は偶然を捨象しているために、それらは強調された意味で技術の産物、すなわち作られたものである。異なった主題で多くの対話篇を提示することによって、プラトンは全体の多様な性格を提示しているのである。「それぞれの対話篇は、ひとつの部分を扱っている。それはその部分についての真理を示している。しかし、ひとつの部分についての真理は、部分的な真理、半分の真理である」。そこでシュトラウスは、「それぞれの対話篇は、その対話の主題にとって最も重要な何ものかの捨象である」(一一二頁)ことを示唆している。『国家』においては、対話者たちが言論において構築する都市はエロスの捨象であり、そしてそれゆえに男たちと女たちの最も重要な身体的相違の捨象であると、シュトラウスは議論を続ける。男女の身体的相違は、人間の生殖のために必要であり、生殖なしには都市は存在しないであろう。かくして、ソクラテスと彼の対話者たちが言論によって構築する都市は、在りえないのである。

シュトラウスは、プラトンの対話篇において「行為」が言論や議論と同等のものであることを示唆することによって、『国家』についての自ら分析を提示しながら、そこでの会話の筋道をたどっていく。彼が第一巻（多くの注釈家たちはそれが実際には中心的議論に属すものではないことを示唆していた）に詳細な読解を施しているのは、単にそれが、会話の行われた舞台設定と会話のきっかけを述べているとか、参加者たちの性格を明らかにしているという理由からだけではなく、ソクラテスによる正義についての三つの主要な定義の論駁が正義の問題を明らかにしているという理由からでもある。つまり、ソクラテスの主要なやり取りは、正義とは、「一方では、それぞれの市民にその人の魂にとって善いものを割り当て、他方では、都市の共通善を決定する技術であること」を示しているのである。「もし共通善がすべての個個人の善と同一であるか、少なくとも調和することが確認できれば、困難はないであろう」（一四四頁）。ソクラテスと彼の対話者たちに都市と個人とのあいだに並行関係があると仮定させ、そして、彼らが、まずは個人においての、つぎに都市においての正義を探し求めていけば、その並行関係が破綻することを彼らに理解させることによって、プラトンは読者たちに問題を提示するのである。理性が欲望を制御しているなら、そのとき個人の魂はよく秩序づけられており、有徳的であり、幸福である。しかし、そのようなよく秩序づけられた魂を所持している者は、賢者か哲学者であるかのいずれかでしかない。ソクラテスが人間の欲求を満足させるために都市が生じてくるのだと示唆することによって彼は、哲学者は他者の助力あるいは支えなしには、存在することはできないことを指摘しているのである。それゆえ彼らは、他のすべての人間存在と同じく、他の者を正しく取り扱うことを学ばなければならないのである。しかし、ソクラテスと彼の対話者たちが構築している正しい都市は、他の都市の欲求や要求に関心をもつことはないし、関心をもつ必要もない。というのもそれは、個々の人間存在とは異なり、自己充足的であるように組織されているからである。

第四巻の終わりにかけて、正義とは魂あるいは都市のそれぞれの部分がその役割を遂行することであると定義したところで、ソクラテスはあたかも自らの仕事をやり終えたかのようにみえる。その対話の始まりのところと同じように、ソクラテスの仲間たちが投票を根拠にして議決を行っているが、彼はその議決には参加していないにもかかわらず、それに従っている。このようにして、哲学者が結果として、彼の仲間たちの数で勝る方に強制されて彼らの共通の企ての模範となることを示すことによって、その対話劇は、その重要な結論——つまり、哲学者が王になるまで、いやむしろ哲学者が無理やり支配せざるをえなくさせられるまで、都市における悪は止まないということ——を予示しているのである。

ソクラテスの仲間たちは、彼が話のついでに言及した女性と子供たちの共同体がどのように管理されるかを、知りたいと思っている。両性の成員が、自然本性的に最も適した技術を行使できるようにするには、共産制が必要であるように思われる。それゆえ、彼らが構築している都市が可能であることを証明するために、ソクラテスは、生殖に関する両性間の身体的差異の重要性を否定しなければならない。「このことは、……『国家』の議論が、全体として、「技術によって」ではなく「自然によって」生じるその都市に本質的な活動を、できるかぎり最高度に捨象していることを意味している」(一九一頁)。そこで、ソクラテスが、都市をできるだけ単一の人間存在にすることが望ましいと示すことによって、女性と子供たちに関しての共産制を正当化するとき、彼は共産制に対する自然的な障碍、つまり、自然本性的に私的なものあるいはひとりの人間自身のものとは身体であることを、示しているのである。しかし、シュトラウスは、その対話篇では、都市において最大限可能な統一を達成するための政治的議論が、都市は自然であるのかどうかについての超‐政治的議論を隠していると、注釈を加えている。

女性と子供たちの共同の可能性についての議論を急ぎ行うことによって、ソクラテスは、共産制とそれから成る都市が可能ではないことを示している。そして、グラウコンが無理やり彼を質問の側へと引き戻すとき、彼らはもはや、人間の自然本性と一致しているという意味で善き都市が可能かどうかは問わず、いかにすれば実際に存在している都市を変形して正しい都市を存在へともたらしうるかを問うのである。ソクラテスは、ただ哲学者が王になるときにはじめて都市における悪は止むであろう、という衆知の予言を行っている（もちろん、ソクラテスは、それぞれのそしてあらゆる魂にとって何が善であるかを知っているひとりの人格に無限の力を与えることは、共産制を不可能にするのに十分であろうと、注釈を加えている）。問題は、何よりもまず、哲学者たちがたとえ憎まれていないとしても、軽蔑されているということのようである。しかし、ソクラテスは、トラシュマコスのような弁論家の助けをもってすれば、人々は哲学者を支配者として受け入れるよう説得されるに違いないと、示唆している。そこで問題は、哲学者は彼らがつまらない人間的な事象に注意を払う時間も意向ももたないほど真理の探索にすっかり心を奪われている（それは、彼らが徳をことごとく所持していることのひとつの理由である）ことであるように思われる。しかしながら、たとえ哲学者たちが、支配することは彼らの義務であると納得させられたとしても、ソクラテスによる哲学者の「洞窟」への回帰の叙述が示すように、都市の人々は、彼ら自身があまりに権威的な意見に囚われすぎているために、真理を知っていると主張する誰かから挑戦を受けることなど認めることはできないのである。

プラトンの『国家』は、ソクラテスがいかにトラシュマコスを手懐けたのかをわれわれに教えはしても、正義とは何であるかをわれわれに告げるものではないと、シュトラウスは結論づけている。ソクラテスは正義の適切な定義を提示してはいない。というのも、そのような定義は、逆に、魂の定義を必要とするであろうからである。そして「『国家』が魂の自然本性を明るみに出すことができないのは、それが身体を、そして「エロス」を、捨象しているからである」。事実、人間存在の自然的善は、ただ個人の善でしかありえないのである。唯一完全に分割されうる善は知恵であるが、しかし大多数の人間存在は哲学者にはなれない。他の諸個人と同様、哲学者がもし存続し自らを開花させようとするなら、政治的共同体のなかで生きていくことが必要なのである。しかし、哲学者の支配的欲求および最終目的と、人々が最も強い愛着を抱いている彼ら自身の人生、意見、家族、都市、神々とのあいだには、解消することのできない緊張が存在しているのである。

4　政治史と政治哲学

シュトラウスの見るところでは、「最善の国制、真の正義の秩序、正義あるいは哲学の光の下に見られると、政治的生活ないし政治的偉大さは、その魅力のすべてではないにしても、その多くを失う」。しかしながら、「トゥキュディデスのページを繰る時、われわれは最も強烈な政治的生活の中に……没頭することになる。トゥキュディデスは政治的生活をそれ自身の光の下に見る。……彼は混乱の上に立たず、その真っ只中に立つ。彼は政治的生活をあるがままに真剣に受けとる」。トゥキュディデスは、政治哲学者ではないひとりの政治史家として、何が最善の体制であるのか？　などと尋ねはしない。「彼は……ただ実在の都市についてのみ知っている」（二二五―二二六頁）。シュトラウスは、したがって、そこから古典的政治哲学が立ち上がってくる政治の経験と理解を回復させるために、本書の最終章においてトゥキュディデスのペロポンネソス戦争の記述に向かう。

シュトラウスは、トゥキュディデス自身がその戦争においてアテナイの将軍であったにもかかわらず、彼が単純にひとりの人間あるいは行為者ではなかった点を指摘している。彼は一冊の本を書いたが、それをあらゆる時代の財産であると主張した。彼はしばしば単純にもろもろの出来事を物語っていると思われているが、しかし単なるひとりの記録者であるわけではない。現代の「科学的な」歴史家と対照的に、彼は自らの説明を、政治的かつ軍事的な諸事象に限定し、したがって、人間的生において最も重要ではないにせよ、最も意味深いと彼が見たものに、合図を送るのである。彼は、地勢のような自然的要素や、自然的秩序における断裂の合図と見える日食月食や地震のような著しい出来事に注意を払ってはいるものの、われわれがアテナイの「文化」と呼びうるものについてはあまり語ってはおらず、哲学についてては何も語ってはいない。彼は自分はアリストテレスが詩人より劣ると考えた歴史家の類いではないということを示しているのである。アリストテレスが詩人以下とみなした歴史家とは、明らかに一言一句そのまま書き取るのではなく、その状況下でなら特定の登場人物が述べたであろうと考えられる言葉をつけ加えることによって、個々の出来事が生じた順にそれらを物語る者でしかない。何よりも重要なのは、彼が、自分自身の名でもって判定を行っていて、そうしてひとつの教えをもっていると言いうることである。

トゥキュディデスが自らの名前で下した最初の判定は、ペロポンネソス戦争は過去のいかなる戦争よりも大きい、という判定である。その主張を支えるために、それゆえ彼は「考古学」を持ちだしてくる。それによって、彼は、遠い昔、人間存在は、自らを守るのに必要とされる技術をもっていなかったがために、分散して生きていて、貧しく、弱かったことを示唆している。彼らがこれらの技術を発展させたのは、ようやく彼らが守ることのできる場所に寄り集まるようになってからのことである。そのような場所において、都市の住人たちは、これらの技術とそれがもたらす平和によって、いっそう裕福になった。彼らは、その富のために他の者たちの野心の標的となり、彼ら自身にもより多くのものを獲得したいという欲望が生じてきた。トゥキュディデスが述べているような人間の歴史は、このように、運動（戦争）と静止（平和）の間を揺れ動いている。というのも、戦争は平和を生み出し、平和は戦争を生み出すからである。シュトラウスは、彼が最も戦争に巻き込まれた二つの都市、スパルタとアテナイの体制を、これら二つの根本的な威力の政治的類比体あるいは政治的表示物として、提示していることを示唆している。

シュトラウスは、まず、トゥキュディデスの「スパルタ擁護論――節度と神法」を提示している。トゥキュディデスは、スパルタがいっそう優れた体制を有することを示唆してはいるが、単にその時代の大多数のギリシア人の意見に従っているわけではない。トゥキュディデスは、彼の歴史が終わりにさしかかったところで、アテナイがその最善で最も節度ある統治を、苦難のゆえにそうせざるを得なくなった場合にのみ採用したのにスパルタが節度と繁栄を結びつけているという理由を明示してそれを称賛している。彼は、その導入部の「考古学」において、スパルタ人たちは、ギリシアに特有の生活様式、共和的な簡素さと平等のそれを導入した最初の人たちであったことに、注意を促している。スパルタは僭主の支配からギリシア人を解き放ったのであって、ペルシア戦争においては、ギリシア諸都市のリーダーであった。スパルタがアテナイに戦争を宣言するまでは、敬虔なスパルタ人はデルフォイの神託に伺いを立て、神の支援を約束されたのであった。しかし、スパルタ人はとても用心深く、彼らが戦争に赴いたのは、実際のところアテナイ帝国の伸張によって強制されてであったことを、トゥキュディデスは示唆している。

シュトラウスは、トゥキュディデスが「アテナイ擁護論――大胆さ、進歩、諸技術」に「スパルタ擁護論」を先行させていることを持ち出して、トゥキュディデス自身の判定と彼が描く話し手の判定とのあいだの相違を強調しているのである——最も注目すべきは、アテナイ人を称賛するペリクレスの追悼演説とアテナイの使節のメロスの島における強者によるより弱者に対する支配の権利の主張である（それは、学部の教科のために編まれた論集で、トゥキュディデスの思想の代表例としてしばしば取り上げられる）。シュトラウスが示唆しているように、トゥキュディデスは出来事についての彼の説明に演説を付け加え、彼の読者に、端的に真理を明らかにするためのものではない政治的言論と、後に生じたこと（行為）について説明を加えることによってその言論をしばしば批評している自分自身の言論との違いを理解させているのである。ペリクレスは災いを予見することはできなかったが、それによってアテナイにもたらされた荒廃は、かなりの程度まで、彼の政策の結果であった。同様に、強者がメロスの島に対して有する権利というアテナイ人の主張は、シケリアでのアテナイの悲劇的な敗北にまで連なっていく。しかしながら、ペリクレスは、アテナイ人がスパルタを打ち破るまでさらにその帝国を増長させてはならないと警告したにもかかわらず、トゥキュディデスは、トゥキュディデスは、アテナイ人はシケリアを征服できるであろうと示してもいるのである。アテナイ人とその軍は、シケリアに破れたわけでなかったが、アルキビアデスの召喚と彼のスパルタへの寝返りにまで至った内部不信と不和によって打ち破られたのである（そこで彼が語っていることは、どうすればアテナイを打ち負かすことができるかであった）。

トゥキュディデスは、ペロポンネソス戦争について、単に静止と運動およびスパルタとアテナイにあるそれらの政治的類比体の対立という点からだけではなく、正義と強制の対立という点からも説明している。彼は、スパルタ人がアッティカ攻撃によって、平和協定を破壊し、そうすることによって、真正なる法を侵犯していることを示す。しかし彼はまた、彼らはそうせざるを得なかったのだという彼自身の判定をも述べている。そして、シュトラウスは、注釈を加えている。強制の弁解であると。トゥキュディデスが、ペロポンネソス戦争がそれ以前のあらゆる戦争よりも大きかった理由のひとつにそれがより多くの災厄と荒廃を引き起こしたことを挙げるとき、彼は、スパルタ人が戦争に気乗り薄であったことに共感を示しているのである。彼は、戦争が暴力的な教師であると見て、ケルキュラにおける最初の市民戦争の説明ではぞっとするような結果を、生き生きと記述している。しかし、トゥキュディデスの歴史においては、正は弱いように思われる。トゥキュディデスの説明において正に訴えている唯一の語り手は、まったく救いようがない（たとえばメロス人かプラタイア人）かそうでなければ不正（クレオン）である。ホメロスのような詩人とは対照的に、トゥキュディデスは、正しさのための神々の介入を表わしてはいないのである。

トゥキュディデスが「リアリスト」として知られるようになったのには、いくつか理由がある。「より強い者が自然的必然性によって行使する権利として、より強い者の自然権と呼ぶことができるかもしれないものについてのアテナイ人たちの断言は、アテナイ人の帝国主義の教理ではない」と、シュトラウスは見ている。それは普遍的教理である。それはアテナイに当てはまる……とともにスパルタにも当てはまるのである（二九九頁）。スパルタはもはや拡張する力をもたないように見える。というのも、スパルタ人はその帝国を早い時代に打ち立て、その自然的限界に達してしまっているからである。それゆえその帝国は、反論も批評も行わなかったのである。しかし、キオスのようにスパルタには節度があった。というのもそれには多数の奴隷たちを統御するという、厄介な仕事があったからである。「トゥキュディデスは、……弱い都市を支配することが強い都市の利益であった時に、……弱い都市を支配することをしなかった強い都市があったことを知らなかったのである」（二九九頁）。

にもかかわらず、帝国の膨張と強者の権利は、トゥキュディデスが描いた政治的生の真理と潜在的可能性のすべてを言いつくすものではない。彼は、その市民の美と崇高さへの愛のゆえにスパルタ以上に自由にかつ高邁に振る舞う都市を知っていた。「スパルタは〔アテナイ〕よりも善い都市であったかもしれない」。というのも、スパルタはそれ自身の市民を信頼していたので、いっそう正しくその市民を取り扱っていたからである。しかし、「アテナイは、自然の贈り物によって、その諸個人によって、はるかにスパルタを凌駕した」（三二八頁）。トゥキュディデスは、読者に、綺羅星のごとき偉大な個々のアテナイ人指導者たちを提示している。しかるに、彼がスパルタで示しているのは、ブラシダスただ一人であった。しかしながら、これらアテナイ人の諸個人のうちで最も偉大な人物は、ペリクレスではなく、トゥキュディデス自身であった。ペリクレスがアテナイ人に教え込もうとした都市に対する完全な献身は、アルキビアデスによって明確に表現される普遍的帝国への欲望を指し示していた。永遠のそして普遍的な名声への願望は、節度とは両立することのない無際限の渇望を呼び起こす。市民が永遠の栄光を求めた結果、アテナイは、それが外敵に打ち負かされる以前に、内的に分断され、破壊された。しかし、シュトラウスはまた、その都市の華々しく見せかけだけの普遍主義が、「理解（力）の正真正銘なる普遍主義」を指し示していることをも示唆している。そして、トゥキュディデスは、彼が記録している「諸行為、諸演説および諸思想の根拠としてそれは人間の永遠に続く普遍的な自然を、光の下にもたら」しているのである。

シュトラウスは、トゥキュディデスは「運動と静止との交互作用によって特徴づけられる全体の部分としての人間的自然」を提示する「哲学的歴史家」（三五八―三五九頁）であると、結論づけている。彼の作品における言論の大部分は、対外政治を取り扱っている。というのも、内戦に瀕していないあるいは内戦の渦中にはない都市にとって、諸もろの最も重要な問いは、他の都市との関係である。ほとんどの人間がある外国人に服するよりも彼ら自身の人民である人間に服することを選好するがゆえに、対外政治は、「それ自身において」あるいは「自然によって」第一次的なものであるわけではないけれども、「われわれにとって」、第一次的なものである。トゥキュディデスが、古典的政治哲学の高みにまで昇らなかったのは、古典的政治哲学以上に、「自然によって最初」のものとは区別される「われわれにとって最初」のものに関わったからである（三六三頁）。

シュトラウスはこう主張している。「哲学とはわれわれにとって最初であるものから自然によって最初であるものへの上昇である」、しかし、「この上昇は、われわれにとって最初のものであるが、それがその上昇に先立って視界に入ってくる作法において可能な限り十全に理解されるべきであることを要求する。換言すれば、政治的理解ないし政治科学は、都市を《洞窟》として見ることから出発することはできず、それは都市を一つの世界として、世界における最高のものとして見ることから出発しなければならない。それは人間が政治生活に完全に没頭しているものとして見ることから出発しなければならない」（三六三頁）。トゥキュディデスはそのような見解を「この上ない仕方で」提示しているがゆえに、シュトラウスは、『都市と人間』では、アリストテレスの『政治学』からトゥキュディデスの『ペロポンネソス人たちとアテナイ人たちの戦争』へと逆行することによって、そのような政治的なものの「常識的」理解を、回復させようとしたのである。

しかしながら、シュトラウスは、単にそのような「常識的」理解による始まりの必要性の確認でもって書物を終えているわけではない。彼はそのような「常識的」理解の回復を求めるのは、ただそれの彼方へと移り行かんがためである。「古典的政治哲学者たちによっても、トゥキュディデスによっても、神的なものへの関心は都市の第一次的関心ではないが、しかし」シュトラウスは、自分自身の名でもって、「都市の観点からすれば「われわれにとって」第一次的であるという事実は、哲学者たちによってよりもトゥキュディデスによってより明晰に明らかにされたと述べている。……というのは、「われわれにとって最初であるもの」は都市の哲学的理解ではなくして、都市そのものの中に、前‐哲学的な都市に内在している理解であるからであり、その理解によれば、都市は自らを神的なものについての通常の理解における神的なものに従属しそれに奉仕するものと見るのである、あるいはそれを仰ぎ見るのである」(三六四―三六五頁)。シュトラウスが哲学的歴史家であるトゥキュディデスに回帰するのは、哲学者たちは頻繁にはそれを公言してはいないが哲学とともに古くからあるきわめて重要な問い――神トハ何デアロウカという問いを提出するためである。もしシュトラウスが読者に彼のトゥキュディデス解釈のより早い箇所で思い起こさせたように、「人間の自然は全体としての自然の何らかの理解なくしては理解されえない」のだとすれば……、「そして」もしも運動と静止が最も古代の事柄であるならば、それらは神がみを超越するあるいは包含する」(二五四、二五六頁)のだとすれば、シュトラウスが意図したことは、人間知と人間実践を根拠づけるとともにそれらを制限するものは何であるかについての問いを新たに提出するために、起源にまで遡り、哲学を、それ自身の歴史から救い出すことだったのである。

【石崎嘉彦／訳】

序文

この研究は、私が一九六二年の春にヴァージニア大学で行ったページ・バーバー講義を増補したものである。古典的な政治思想のどちらかと言えば看過されてきた側面にこれまで以上に十分な仕方で私見を述べる機会を与えてくれた、ヴァージニア大学のページ・バーバー講義委員会に感謝申し上げる。

プラトンの『国家』についてのこれに先立ったいっそう簡略な講義の版は、以前に、ジョセフ・クロプシーと私自身の編による『政治哲学の歴史』の「プラトン」に関する章の一部として出版されたことがある。

L・S

一九六三年七月

【石崎嘉彦／訳】

序論

熱情的な関心とぜひとも学びたいという気持ちでわれわれを古典古代の政治思想へと向かわせるものは、忘我的で求道者的な古物収集家的態度でもなければ、忘我的で自己陶酔的なロマンティシズムでもない。われわれの時代の危機つまり《西洋》の危機によって、われわれはそれへと向かうべく駆り立てられるのである。

すべての人が《正なる都市》《信義の都市》の《神的》託宣に服し、聴従することでは十分ではない。異教徒たちの間にその託宣を伝えるためには、いやそればかりか、人間的な仕方で可能なかぎり明確にかつ十分にそれを理解するためには、《都市》が人間自身に、つまり人間の力の適切な行使に委ねられたとき、どこまで人間がその輪郭を識別することができるかという点についてもまた、考察しておかなければならない。しかしわれわれの時代には、政治哲学が社会科学つまり人間および人間的な事柄についての科学の正統的な女王であることを示すのに性急であるあまりに、政治哲学が神学に不可欠な侍女であることを示す方は、それほど差し迫ったこととは考えられなかった。すなわち、国の最高の法廷さえもが、生きた《神》の言葉としての《十戒》に従うより、社会科学の諸論点に従う傾向があるのである。

政治哲学のテーマは《都市》と《人間》である。《都市》と《人間》は、明示的に古典的政治哲学のテーマである。近代政治哲学は、古典的政治哲学のうえに立ちながらも、それを変容しており、かくして、もはやそのテーマをその原初の用語でもって取り扱うものではない。しかし、もしひとがその原初的な形態を理解していなければ、その変容がどれほど道理に適っていても、それを理解することはできないのである。

近代の政治哲学は、近代自然科学によって理解された《自然》と近代的な歴史意識によって理解された《歴史》とを前提している。結局は、これらの前提は近代政治哲学とは相容れないことが分かってくる。かくして、政治哲学を完全に放棄するか古典的政治哲学に回帰するかのあいだでの選択に直面させられているように思われる。にもかかわらず、そのような回帰は不可能であるように思われる。というのも、近代政治哲学の倒壊をもたらした当のものが、われわれが自然および歴史について知っていると信じているものによって引き起こされる困難など夢想さえしていなかった古典的政治哲学を、すでに葬り去っていたように思われるからである。古典的政治哲学の伝統——これまでけっして完全には遮られることのなかった伝統——の純然たる継続でさえもはや可能でないことは確かである。近代政治哲学に関していえば、それはイデオロギーに取って代わられてしまった。つまり、起源からすれば政治哲学であったものがイデオロギーに変じてしまったのである。この事実こそ、現代の《西洋》の危機の核心を形づくっていると言ってよいのである。

その危機が、第一次世界大戦の時代にシュペングラーによって、《西洋》の没落（あるいは衰退）と診断された。シュペングラーは、《西洋》によって、数少ない高度な文化の中のひとつの文化を理解した。しかし、《西洋》は、彼にとって、数多くの文化の中のひとつの高度な文化以上のものであった。彼にとってそれは、包括的な文化であった。それは地球を征服した唯一の文化である。とりわけそれは、あらゆる文化に対して開いている唯一の文化であり、そして他の文化を野蛮な形態として退けたりなどしない唯一の文化、あるいは恩着せがましくそれらを「未発達な」ものとして許容する唯一の文化である。それは、文化そのものであるという意識を十分に獲得している唯一の文化である。「文化」は、元々、そして純朴に、まさに精神それ自体の文化（耕し）を意味したのに、「文化」の派生的で反省的な概念は、必然的に、さまざまな等しく高度な文化が存在するということを含意している。しかし、《西洋》がまさしく十分な自己意識に達した文化であるがゆえに、それは、最終的な文化である。つまり、ミネルヴァの梟は黄昏とともに飛び発つというわけである。《西洋》の衰退は、まさに高度な文化の可能性の消尽に等しい。人間の最高度の可能性が消尽されたのである。しかし、なお高度な人間的な課題が存在するかぎり――つまり人間が直面している根本的な謎が解かれうるところまで解かれないかぎり――、人間の最高度の可能性が消尽されることはありえない。それゆえ、われわれは、シュペングラーの分析と予言は誤りである、と言ってよいのかもしれない。つまり、われわれの最高の権威である自然科学は、自らを無限に進歩できるものと考えているのであるが、もし根本的な謎が解かれるならば、このような主張は意味をなさないように思われる。もし科学が無限に進歩しうるものであるなら、有意味な歴史の終極や完成などありえないのであって、ありうるのはただ、人間の前方に向けた行進の、自然的威力自身の作用によるか、あるいは人間の頭脳や手によって指図された阻止でしかないのである。

それはともかく、ある意味で、シュペングラーが正しいことも、明らかとなった。ある種の《西洋》の衰退が、われわれの眼前で生じたのである。一九一三年、《西洋》は――実際この地域は、イギリスとドイツとともに――地球上のその他の地域に対して、銃火を発することなく、法を施行することができたはずであった。たしかに、《西洋》は、少なくとも一世紀間は、易々と地球全体を支配していた。

今日、地球の支配どころか、まさに《西洋》の生き残りそれ自体が、その始まり以来かつてなかったほど、《東洋》によって危険に晒されている。《共産主義者の宣言》からも明らかなように、《共産主義》の勝利は、《西洋》――つまりイギリス産業、フランス革命、ドイツ哲学の国境を越えた総合されたもの――の《東洋》に対する完全な勝利であった。《共産主義》の勝利は、たしかに、《西洋》に起源をもつ自然科学の勝利を意味するであろうが、しかしそれは同時に、確実に、最も極端な形の《東洋》的専制支配の勝利をも意味すると、われわれは見ている。

《西洋》の力がどれほどひどく衰退したとしても、また《西洋》に対する危険がどれほど大きなものであろうと、その衰退、その危険、いな、《西洋》の敗北、そればかりか《西洋》の滅亡でさえ、必然的に《西洋》が危機に瀕している、ということを証明しているわけではない。つまり《西洋》は、その目的を誇りとし、その目的を確信しながら、没落することもできるのである。《西洋》の危機は、《西洋》がその目的を確信しえなくなったという点にある。《西洋》はその目的――すべての人々がそれによって統合されうるような目的――を、かつては確信していた。それゆえに、《西洋》は、その未来についての明確な展望を、人類の未来の展望として持っていたのである。われわれはもはや未来への確信もなければ、未来への明確な展望も持ちあわせてはいない。われわれのうちのある者は、未来を絶望さえしているのである。そしてこの絶望は、今日の西洋の地位低下の多くの形を説明してくれる。これまで述べてきたことは、社会が普遍的な目的に、つまり万人が統合されうる目的に捧げられている、つまり、社会が種族的でありかつ健全でありうるのでなければ、いかなる社会も健全ではありえない、というようなことを言おうとしているのではない。しかし普遍的目的によって自らを理解することに慣らされた社会は、完全に途方に暮れた状態にでもならなければ、その目的に対する信念を失うことにはなりえない。われわれは、そのような普遍的目的が、われわれのすぐ前の時代には、たとえば、二つの世界大戦間期になされた有名な公的宣言の中で、はっきりと述べられていたのを見出す。これらの宣言は、もとはといえば近代政治哲学の最も成功をおさめた形態のものによって述べられていた目的を、再表明したものにすぎない。——この近代政治哲学の最も成功をおさめた類いの政治哲学は、古典的政治哲学によって設えられた基礎の上に、真理と正義という点で古典的政治哲学によって打ち建てられる構築物とは対極にある、つまり古典的論者たちが望んだ社会よりも優れた社会を、打ち建てようと強く望んだ。近代の企てによれば、哲学あるいは科学は、もはや本質的に観想的で誇り高いものと解されるべきではなく、活動的で慈善的なものと解されるべきであった。それは人間の生存状態を良くするために役立つものでなければならず、人間の力を増大させるために開化されるべきものであった。それは知的な自然の征服を通して、人間が自然の主人にしてかつ自然の所有者になりうるようにするものであった。哲学あるいは科学は、よりいっそう大いなる繁栄に向けた進歩を可能にすべきである。したがってそれは、すべての人が社会や生命のあらゆる利益の分け前にあずかり、それとともに快適な自己保存に対する各人の自然権およびその権利に伴うあらゆる事柄に対する自然権を実効あるものにし、あるいは同じことをしているすべての他の人たちと歩調をあわせてその全能力を十分に発展させるという各人の自然権を、完全に実行できるようにすべきである。こうして、よりいっそう大いなる繁栄に向けての進歩は、よりいっそう大いなる自由と正義へと向けた進歩となる、あるいはむしろ、そのような進歩を可能にする。この進歩は、必然的に、あらゆる人間存在を等しく包含する社会へと向けた、すなわち、自由で平等な諸国民の普遍的な連盟であり、かつそれぞれの国民も自由で平等な男女からなる社会へと向けた進歩であるだろう。というのも、一国や数ヵ国だけでの繁栄した自由で正当な社会は、長い目で見れば、可能ではないと信じられるようになったからである。つまり《西洋》の民主主義のために世界を安定させるには、地球全体が民主化されなければならないのであって、諸国民の社会と同様、それぞれの国それ自体が、民主化されなければならないのである。一国における善き秩序は、あらゆる国々の内部における、またあらゆる国々の間での、善き秩序を前提とする。普遍的な社会あるいは普遍的な国家に向けての運動は、その目標の合理性、普遍妥当性によってだけでなく、その目標に向けた運動が大多数の人々の大多数の人々のための運動であるということによってもまた、保証されると考えられた。つまり、その運動に逆らうのは、ただいくつかの少人数の人間集団、しかし何百万人もの仲間の人間存在を隷属させることによって自らの時代遅れの利益を守ろうとしている、少人数の人間集団だけでしかない、と考えられたのである。

人間状況一般についての、そしてとりわけわれわれの世紀における人間状況についてのこのような見解は、《ファシズム》にもかかわらずではなく、まさに《ファシズム》のゆえに、《共産主義》が《スターリニズム》およびポスト-《スターリニズム》として現れてくるまでは、最も凡庸な者に対してさえ、ある種のもっともらしさを保持していた。というのも、《共産主義》が《スターリニズム》として立ち現れてきたのは、武力はもとより将軍さえいなくなって一つの御旗と化した《トロツキズム》がそれ自身の原理によって非難され論駁されたからである。しばらくの間は、多くの素直な《西洋人》――素直でない《西洋人》は言うまでもないが――にとって、《共産主義》は《西洋の》運動と単に同じ方向に向かう運動でしかないように見えた。――それは言ってみれば、《西洋》の運動の双子の片割れであったが、こちらはいくらか性急で乱暴でつむじ曲がりであったがために、慎重で忍耐強く穏やかにならねばならなかった。しかし《共産主義》は、瀕死の状態に陥った時以外は、友愛に溢れた挨拶に対しても、ただ軽蔑をもって、あるいはせいぜいはっきり本心からではないことが分かるような友情のしるしをもって、応答してきたにすぎない。そしてそれは瀕死の状態に陥った時には、誠実な感謝の言葉を返すことさえしないと決めつつもしきりと《西洋の》助けを受けようとするのである。《西洋の》運動が《共産主義》をそれがこれまで戦ってきた永遠の反動の新たな一変種にすぎないことを理解するのは、不可能であった。それなりの仕方でこれまであらゆる形の悪に備えてきた《西洋の》企てが、言論と行為のいずれにおいても、新しい形の悪に備えることができなかったことは、認めなければならない。しばらくの間は、《西洋の》運動はその目標――自由で平等な男女による普遍的に繁栄した社会という目標――に関しては《共産主義》と一致するのにその手段に関しては一致しない、と言えばそれで十分であった。つまり、《共産主義》にとっては、その最終目的である全人類の共通善こそ最も聖なる事柄であって、それがいかなる手段をも正当化するというのである。最も聖なる最終目的の達成に寄与するものなら何であれ神聖さを帯びているのであって、それゆえそれ自体、神聖である。何であれその最終目的の達成を阻むものは、悪魔的である。ある《共産主義者》は、ルムンバ（Lumumba）の殺害は非難されるべき殺害であると述べた。しかしそれによって、彼は、ナジ（Nagy）の殺害のような非難されない殺害もあることを、暗に述べているのである。そこで、《西洋の》運動と《共産主義》との間には、程度の違いだけでなく質的な違いがあることが見えるようになってきた。そしてこの違いは道徳性、つまり手段の選択に関わると見られた。言い換えれば、流血を伴わないあるいは無血の社会の変革によって人間のうちにある悪を根絶できないことが、しばらくの間、そうであったよりもいっそう明らかになった。つまり、人間たちが存在するかぎり、悪意や羨みや憎悪というものが存在し、したがって強制的な規制手段を採用しなくてよい社会は存在しえないということなのである。それと同じ理由で、《共産主義》

が単なる名前としてだけでなく現実に存在しているかぎり、僭主的支配者の鉄の支配——僭主的支配者が宮廷革命に対して抱く恐怖心によって緩められもすれば強められもする——を依然として存続させていることは、もはや否定されえないであろう。《西洋》が信頼できる唯一の抑止策は、《西洋》の強大な軍事力による僭主の恐怖だけである。

《共産主義》の経験は、《西洋の》運動に二重の教訓を与えた。一つは、政治的な教訓、つまり予見できる将来に何を期待し、何をなすべきかに関する教訓である。もう一つは、政治の原理に関する教訓である。予見できる将来、単一国家にせよ連合国家にせよ一つの普遍的国家なるものは存在しえない。いまや存在しているのは普遍的な諸国民の連合ではなく、平和愛好的と呼ばれるような諸国民の連合だけでしかないという事実はさておき、現存している連合も、根本的な分裂を作り出している。もしそのような連合が、あまりに真剣に、完璧な社会、それゆえに普遍的な社会へ向けた、前進の一里塚であると考えられるなら、これまで継承されてきた、そしておそらく古びてしまった希望よりほかに何らの支えもない、大いなる危険に遭遇せざるをえなくなるし、かくして実現しようと努力してきたまさにその進歩それ自体が危険に曝されざるをえなくなる。核融合による破壊という危険に直面して、どんなに不完全であったとしても、諸国民の連合が戦争すなわち侵略戦争を非合法化するということは、想像できる。しかしこれが意味しているのは、諸国民の連合が機能するのは、現在のすべての境界線が正当であり諸国民の自決と一致しているという想定に立つときに限られるということである。ところが、このような想定は欺瞞性が敬虔さよりいっそう明白な敬虔な欺瞞である。事実、なんらかの但し書のある現行の境界線の単なる変更でさえ、《共産主義者》たちにとっては、不愉快ではないのである。それにまた、諸同盟国の法的平等と実際的不平等の見過ごすことのできない不均衡も、忘れてはならない。その実際的不平等は「低開発諸国」といった表現の中に認められる。その表現には、それらの諸国を十分に発展させようという決意、すなわち彼らを《共産主義》か《西側》のいずれかにしようという決意が含意されている。そして、《西洋》が文化的多元主義を支持すると主張している事実にもかかわらずそうするのである。《西側》の目的が《共産主義》と同じく普遍的であるとなお主張するにしても、予見できる将来のために実際的な自国利益優先の立場で満足していなければならないのである。その状況は、キリスト教とイスラム教がそれぞれ自分たちの普遍的要求を掲げながら敵との不安定な共存で満足しなければならなかった数世紀にわたる状況と似ている。これらすべてのことは、結局、予見できる将来においても、政治社会は依然として、これまで常にそうであったところの不公平な社会あるいは特殊性を尊重する社会、つまり自己保存が最も差し迫った主な仕事であり、自己改善がその最高の仕事であるような社会に留まり続けるであろう、と言っているにすぎないのである。自己改善の意味に関して言えば、われわれは、《西洋》に世界社会の生存能力を疑わせることになったのと同じ経験が、豊かさが幸福と正義の十分で必要でさえある条件であるという信念を《西洋》に疑わせることになったということ、つまり、豊かさといえども最も根源的な害悪を癒やすものではないことに気づくかもしれない。

近代のプロジェクトの疑念は、ただ力強く漠然とした感覚以上のものがある。それは科学的に正確であるという社会的評価を得てきた。普遍的で繁栄した社会こそ人間の問題の合理的な解決であるなどと断言する社会科学者が一人でも残っているかどうか、考えてみるとよい。というのも今日の社会科学は、本来的な価値判断の根拠づけに対して自ら無能力であることを認め、宣言さえしているからである。近代政治哲学によって普遍的で繁栄した社会のために創始された教説は、明白にひとつのイデオロギーに——真理と正義という点で、無数のイデオロギーの中のほかのどれにも決して優るとはいえない、ひとつの教説になってしまった。あらゆるイデオロギーを研究している社会科学は、それ自身イデオロギー的な偏見から解放されている。それは、このオリュンポス的（超絶的）自由によって、われわれの時代の危機を克服する。この危機は、社会科学の諸条件を破壊する、つまり社会科学は、その諸発見の妥当性に作用することはできないかもしれないのである。

社会科学は、必ずしもここ二世代の間にそうなっていたほども、懐疑的であったり控え目であったわけではなかった。社会科学の性格の変化は近代の企ての位置づけにおける変化と無関係ではない。近代の企ては、自然本性的に要求されるもの（自然権）として始められた。すなわち、哲学者たちによって始められたのであった。その企ては、最も完全な仕方で、人間の最も強力な自然的欲求を満足させようとするものであった。つまり、自らも自然つまり不変的な自然を持っていると想定されている人間のために、自然は征服されてしかるべきだというわけである。この企ての創始者たちは、哲学と科学が同一のものであることを、当然のことと見なした。しばらく後になって、自然の征服には人間的自然の征服が必要であること、それゆえに何よりもまず、人間的自然の不可変性を問題にする必要があることが明らかとなった。つまり、変わることなき人間性が、進歩に対して絶対的な限界を定めているだろうというわけである。したがって、人間の自然的欲求が自然の征服を指図することはもはやできなくなった。そのような指図は、自然とは区別された理性から、つまり自然的な《存在》とは区別される合理的な《当為》から出てこなければならなかった。かくして、《当為》や諸々の規範の研究としての哲学（論理学、倫理学、美学）は、《存在》の研究としての科学から分離されることになった。それに続いて生じた理性の価値の引き下げによって、《存在》の研究や科学は以前にもまして人間の力を増大させることに成功したにもかかわらず、賢明で正しい力の使用と、愚かで間違った力の使用とを区別することができなくなったのである。科学は知恵を教えることはできない。社会科学と心理学が物理学と化学の後を追うようになればこのような窮状は解消すると信じている人々がまだいくらか存在しているであろう。このような信念は、まったく非合理的である。というのも、社会科学も心理学も科学である以上、どんなに完成されたとしても、なおいっそう人間の力を増大させるだけでしかないからである。それらは、人間による人間の操作を、以前にまして、なおいっそう可能にするであろう。社会科学や心理学も、その力を人間や非人間に対してどのように使えばよいかを、物理学や化学が教えないのと同様、教えてはくれないであろう。このような期待に浸っている人々は、事実と価値の区別の意味するところを把握していないのである。

研究においても教育においても、政治哲学がイデオロギーにまで堕落してしまったことは、政治哲学が政治哲学の歴史と置き換えられてしまったという事実が、最も明瞭に示している。このような政治哲学とその歴史との置き換えは、偉大な伝統が葬り去られるのを妨げようとする、あるいは少なくとも遅らせようとする善意の試みとしては許されうる。実際には、それはその場しのぎの方針であるだけでなく、ばかげた方針でさえある。つまり、政治哲学を政治哲学の歴史と置き換えることは、真理であると主張している教理を、多かれ少なかれ華々しい謬説の概観と置き換えることを意味する。政治哲学に代わる学問分野は、政治哲学の不可能性を示す学問分野である。そのような学問分野とは論理学である。当面のあいだは政治哲学の歴史という名の下でまだ許容されているものも、そのうち、事実的判断と価値判断の区別を取り扱う論理学教科書の諸章への脚注の研究と教育の合理的計画の中に、自らの場所を見出すことになるであろう。呑み込みの遅い初学者たちには、これらの脚注は、政治哲学の存立がそれにかかっている、事実的判断から価値判断への、誤った移行の実例を提供することになるであろう。

どれほど論理学の範囲が広げられるにせよ、かつて政治哲学が占めていた場所が、新しい制度では完全に論理学によって埋められるなどと信じるのは、間違いであろう。以前政治哲学によって取り扱われていた事柄のかなりの部分は、今では、社会科学の一部をなす非哲学的政治科学が取り扱っている。この新しい政治科学は、政治的行動の諸法則と、究極的には政治的行動の一般的諸法則を発見することに関わる。新しい政治科学は、社会科学が精通している時代と場所の政治の特異性をあらゆる政治の特性と取り違えたりしないように、他の地方と他の時代の政治をも研究しなければならない。こうして新しい政治科学は、普遍的な歴史と呼ばれる包括的な企ての一部に属する一種の研究に従属することになる。新しい政治科学がモデルにしたいと願っている自然科学を、歴史がモデルにできるかどうかについては、議論の余地がある。いずれにしても、新しい政治科学が携わらなければならない歴史的研究とは、単に制度の働きだけでなく、それらの制度を特徴づけているイデオロギーにも同様に、関係したものでなければならなくなる。このような研究の文脈では、一つのイデオロギーが意味しているものは、何よりもまず、その信奉者たちが理解している意味である。いくつかの場合においては、イデオロギーは、傑出した人たちによって創始されたことが知られている。そのような場合には、その創始者たちが心に抱いていたイデオロギーが信奉者たちによって変容されたのかどうか、そしてそれはどのように変容されたのかを、考えてみることが必要になる。というのも、そもそもイデオロギーの大雑把な理解だけが政治的に効果的であるとすれば、その大雑把であることの諸特性を把握することが必要だからである。つまり、もしカリスマの日常化が許されるテーマであるなら、思想の世俗化も許されるテーマでなければならないのである。ある種のイデオロギーは政治哲学者の諸教説からなっている。これらの諸教説は、政治的には、ただ小さな役割を演じただけかもしれない。しかし、これらの教説を確と知るまでは、その役割が小さいことを知ることはできない。この確たる知識とは、何よりもまず、政治哲学者たちの教説を、彼ら自身がそれに含意していたように、理解することにある。その教説が政治的な事柄についての真であるとともに最終的な教説であると信じているうちは、どの教説も、疑いなしに誤解されている。つまり、われわれは、信頼できる伝統を通して、このような信念が合理化の一部を形成することを知っているのである。しかし、合理化の過程が理解され尽くされることはないのであって、それゆえ、最も偉大な精神の持ち主たちの場合にはそれを研究することは、やり甲斐のあることではないであろう。おそらく、さまざまな種類の合理化があるかもしれないのである。そこで必要とされてくるのは、政治哲学者たちを、その信奉者たちに理解されていた仕方とは対比的に、それもさまざまな種類の信奉者たちに理解されていた仕方とも対比的に、それればかりかまた、その敵対者たちや偏見のない公平な傍観者たちや歴史家たちに理解されていた仕方とも対比的に、政治哲学の創始者たちによって理解されていたように研究することである。というのも、中立というのは、政治哲学の創始者の見解と、その信奉者とその敵対者の見解を妥協させたものとを同一視する危険を防ぐ十分な手立てを備えてはいないからである。その場合に必要とされる政治哲学の真正の理解は、あらゆる伝統を揺るがすことによって可能にされた、と言ってよいのかもしれない。われわれの時代の危機は、偶然的であるにせよ、これまではただ伝統的で模倣的な仕方でだけ理解されてきたものを、非伝統的で、あるいは新しい仕方で、われわれが理解することを可能にするという利点をもっている。このことは、とりわけ、かなりの間、近代政治哲学とそのさまざまな後継者の眼鏡を通してのみ見られていた古典的政治哲学に当てはまるかもしれない。

そこで社会科学は、本来の政治哲学を真正に理解することに、そしてそれとともに何よりもまず古典的政治哲学を真正に理解することに関心を持たなければ、自らの主張を実行していないことになるであろう。すでに示唆されていたように、そのような理解ができているとは思われない。今日、しばしば、そのような理解は可能ではないと決めつけられている。つまり、あらゆる歴史的理解は、とりわけその人の国、その人の時代の歴史家の観点と関わりを持っているのである。歴史家は、ある教説をその創始者が意図していた通りに理解することはできず、必然的に、その創始者がそれを理解したのとは異なった仕方で、それを理解しなければならない。通常、歴史家の理解は創始者の理解に比べて劣る。歴史家の理解は、最善の場合でも、原初的理解を創造的に変容させたものでしかないであろう。しかし、原初の教説それ自体を把握することができないなら、どのようにすれば原初の教説の創造的変容について語ることができるかを理解することは困難である。さらに次のように言ってもよい。すなわち、過去に解義された教説を研究している歴史家の主要な観点は、その教説の創始者の観点とは異なる、言い換えれば、自分が研究している著者に対して歴史家が向ける問いは、必然的にその著者が答えようと試みた問いとは異なる。しかるに、歴史家の第一の義務がどこにあるかといえば、たしかに、自分が研究している著者の関わっている問いのために自分の最初の問いを留保すること、あるいは懸案となっている主題を自分が研究している著者の観点から見る術を学ぶことにあるだろう。社会科学者が、社会科学の諸要求によって自らに課されたこの種の研究において成功しようとすれば、現代の社会科学の地平を拡げるだけでなく、社会科学の限界を越えさえしなければならない。それというのも、彼は、いわば、社会科学者には禁じられているような仕方で事物を見ることを学んでいるからである。彼は、自らの論理学から、自らの科学が、ある種の仮説、すなわち確信や仮定に基づくことを学んでしまったのであろう。彼はいまや、これらの仮定を留保することを学ぶのである。こうして彼はこれらの仮定を自らのテーマとせざるをえなくなる。政治哲学の歴史は、単に社会科学の無数のテーマの一つであるどころか、それこそが社会科学の前提条件に関わる研究であって、論理学がその前提条件に関わる研究ではないことが、明らかとなるのである。

それらの諸前提条件が、近代政治哲学の諸原理を変形したものであることは明らかである。そして近代政治哲学の諸原理はまた、古典的政治哲学の諸原理を変形したものであることは明らかである。古典的政治哲学へと回帰することなしに、今日の社会科学の諸前提条件を理解することはできない。社会科学は、古典的政治哲学に決定的に優ると主張しているが、確かに古典的政治哲学は事実と価値の根本的な違いに対する洞察といわれるものを欠いていた。古典的政治哲学をそれ自身の用語でもって理解しようと試みるとき、社会科学者は、その区別が今日思われているほど必要であるのか、あるいはその区別が明白であるのか、考えてみなければならない。彼は、今日の社会科学ではなく古典的政治哲学こそ、真に政治的な事柄についての学ではないのか、考えてみなければならないのである。このような提案は、以前に逆戻りすることは不可能だと信じられているがゆえに、即座に却下される。しかし、このような信念が、その根底に進歩への信念、あるいは歴史的過程の合理性への信念が隠されている独断的な仮定であることは、理解されなければならない。

古典的政治哲学への回帰は、必要であるとともに、試験的あるいは実験的でもある。それが試験的であるにもかかわらずではなく、それが試験的であるからこそ真剣に、すなわち、われわれの現下の窮状を直視して行われなければならない。われわれがこのような窮状を忘れてしまう危険がないのは、その窮状こそが、われわれの古典的著作家たちに対する関わりの全体を動機づけているからである。われわれは、当然のことではあるが、古典的政治哲学の新鮮な理解から今日的使用のための処方箋が与えられることを期待してはいない。というのも、近代政治哲学の相対的な成功によって、古典的著作家たちにはまったく知られていなかった種類の社会、つまり古典的著作家たちによって言明され仕上げられた古典的諸原理が直接当てはまらない社会が、生み出されてしまっているからである。ただ今日に生きているわれわれだけが、今日の諸問題に対する解決を見出しうるのである。しかし、古典的著作家たちによって仕上げられた諸原理の正しい理解は、独特の性格をもった現代社会のわれわれに達成できる適切な分析と、それらの諸原理のわれわれの仕事への賢明な応用のための、不可欠な出発点であるかもしれないのである。

今日の社会科学の根本的前提である事実と価値の区別に支えられて進められてきた理性と、そしてそこから導いた諸帰結に少し考察を加えてみれば、その前提は疑わしくなってくる。これらの諸考察から、事実と価値の区別に関わる争点がより大きな争点の一部であることが分かってくる。政治的生活の一部をなす政治的な事柄の理解に事実と価値の区別は不要であるが、しかし、政治的な事柄についての市民の理解が科学的理解によって置き換えられるとき、それは必要になってくる。したがって、科学的理解は、前科学的理解との断絶を含意している。にもかかわらず、同時にそれは、依然として前科学的理解に依存している。科学的理解の前科学的理解に対する優越性が論証されうるか否かに関わりなく、科学的理解は二次的あるいは派生的である。それゆえ社会科学は、もし政治的な事柄の常識的見解としばしば呼ばれているものについての一貫した包括的な理解をもっていないとすれば、すなわち、もしそれが何よりもまず政治的な事柄が市民や政治家によって第一次的に経験される仕方での理解をもっていないとすれば、自らが行っていることについての明晰さに達することはできないのである。社会科学は、そのような自らの根拠ないしは基盤についての一貫した包括的な理解を有する場合に初めて、政治的な事柄についての原初的理解の特異な変形である政治的な事柄についての科学的理解の正当性を示すことができるのであり、またその特性を知解可能なものとすることができるのである。われわれがそのような政治的な事柄についての一貫した包括的な理解を入手できるのは、アリストテレスの『政治学』においてであると、われわれは主張する。というのも『政治学』こそ、政治的な科学の本源的形態だからである。政治学は、アリストテレス的形態にあっては、政治的な事柄についての常識的理解であることを十分に意識したもの以外の何ものでもない。古典的政治哲学は政治的な科学の原初的形態である。なぜなら、政治的な事柄の常識的理解こそ、原初的だからである。

アリストテレス『政治学』の特性についてのわれわれの叙述は、明らかに暫定的である。この叙述の中で用いられている「《常》識」は、「科学」との対比において、すなわち、何よりもまず近代自然科学との対比において、理解されている。そうであるがゆえに、それは「科学」を前提している。にもかかわらず、アリストテレス『政治学』それ自体は、「科学」を前提してはいない。まずは、われわれの論点に対して向けられる反対論を考察することによって、アリストテレス『政治学』のいっそう適切な理解に達することにしよう。

【石崎嘉彦／訳】

第Ⅰ章　アリストテレスの政治学について

伝統的な見解によれば、政治哲学あるいは政治学を創始したのは、アリストテレスではなくソクラテスであった。キケロにしたがって、もう少し正確に言えば、哲学を天上から呼び下ろし、都市の中に打ち立て（establish）、家政の中に導き入れ、そしてそれを善いことと悪いことについての探究とともに、人間の生活と態度についての探究としたのは、ソクラテスであった。言い換えれば、ソクラテスは、主としてあるいはもっぱら、天上の事柄や神的な事柄ではなく、人間的な事柄に関わった最初の哲学者であった。天上の事柄や神的な事柄とは、人間が見上げる事柄、すなわち人間的な事柄よりも高次の事柄である。それらは超‐人間的である。人間的な事柄とは、人間にとって善であり悪であるのに応じて人間にとって善であり悪である事柄、そしてとりわけ、正なる事柄および高貴な事柄とそれとは反対の事柄である。キケロは、ソクラテスが哲学を天上から地上へと引き下ろした、とは言っていない。というのも、あらゆる地上的なものの母であり、おそらくは最も古くそれゆえ最高の女神である大地は、それ自身超‐人間的だからである。神的な事柄は、位階のうえでは人間的な事柄よりも高い。人間は明白に神的な事柄を必要としているのに、神的な事柄は明白に人間を必要としていない。それと類似した一節で、キケロは、「天」については語らず、「自然」について語っている。ソクラテスが研究を人間的な事柄の研究へと転じた人間的な事柄以上のものとは、「全自然」、「コスモス」、つまり「万物の自然本性」

である。このことは、人間的な事柄が「人間の自然本性」ではないことを含意している。人間の自然本性の研究は自然の研究の一部なのである。(1) キケロは、哲学を人間的な事柄へと向かわせるために要求された特別な努力へと、われわれの注意を引きつける。つまり、哲学は何よりもまず、人間的な事柄から目を転じて、神的な事柄あるいは自然的な事柄へと向かわなければならないのである。都市の中に哲学をうち立てるために、あるいはそれを家政の中に導き入れるために、強制は必要ではないし、可能でもない。そうではなく、哲学は、元来そこから出発してきた人間的な事柄へと回帰させられなければならないのである。

政治哲学あるいは政治科学の始まりに関する伝統的な見解は、もはや受け入れられない。ソクラテスに先立って、ギリシアのソフィストたちが人間的な事柄の研究へと向かったと言われている。われわれの知るかぎり、ソクラテス自身は、自分の先行者たちについて、そのようには語らなかった。そこで、プラトンの『法律』においてソクラテスの代わりを務めた人物、すなわちアテナイからの客人が、彼以前に自然の探究に関心をもったすべての、あるいはほぼすべての人たちについて、どのように語っているかを見ておこう。彼によれば、これらの人たちは、次のように主張している。すなわち、存在しているすべての事物は、究極的にはある何らかの「最初の事物」から、また「最初の事物」によって存在するようになるが、その「最初の事物」は、厳密に言えば「事物」ではなく、存在するに至り消滅していく万物の生成と消滅に対して責任を負うものである。それが、最初の事物であり、これらの人々が「自然」によって言い表している最初の事物に付随して存在するに至ったものである。人間の行いとは区別される最初の事物とそれによって生じたものとは、ともに「自然によって」在る。自然によって在るものは、「ノモス（通例「法」あるいは「人為（convention）」と訳される）」によって在るものの対極にある、すなわち、それ自身にもよらず、本来の人間的製作にもよらないばかりか、ただ人間によって存在すると考えられたもの、存在すると仮定されたもの、その存在が同意されたものの対極にある。アテナイからの客人が対決した人たちは、とりわけ神々は法や人為によって存在するにすぎないと主張する。目下のわれわれの目的からすれば、以下に注目することはいっそう直接的に重要である。すなわち、これらの人たちによれば、政治の術や政治科学は自然をあまり必要とはしないがゆえに、それほど重要ではない。彼らがそのように述べた理由は、正しいことは根本的に人為的であり、自然によって高貴なものは人為によって高貴なものとは根っから異なる。つまり、自然に従った直接的で間違いのない生き方は、他の者より優り他の者を支配することにあるのに、人為に従った直接的で間違いのない生き方は、他の者に奉仕することにある、というのである。アテナイからの客人は、先行者たちとは、まったく意見が合わない。彼は自然本性的に正しいものが存在すると主張する。彼はまた、実際に――つまり彼が立法者を教えているという事実によって――、政治の術あるいは政治科学を最も真剣な探究と見なしていることを示している、とも言いうる。(2)

アテナイからの客人は、自分が行為し話すように行為し話すことができるために、彼に対立する人たちから出発する根本的な区別を、捨て去る必要はない。アテナイからの客人と彼に対立する人たちとの最も重要な区別にもかかわらず、自然と人為の区別、自然的なものと実定的なものの区別は、先行者たちにとって同様、彼にとってもまた古典的政治哲学一般にとっても、根本的な区別として存続している。(3) われわれがこのことを理解し損ねた責任の一端は、近代哲学にある。われわれにできることは、最も明白な核心点を、読者に想い起こしていただくことくらいでしかない。いま述べた区別が最初に問題になるのは、偶然をうまく処理することをも念頭に置いた議論においてである。偶然の出来事の「説明」とは、それが偶然の出来事であることを明らかにすることである。つまり二人の出会いに先立つ二人の男たちの前史全体をわれわれが知ったとしても、二人の偶然の出会いが偶発的でなくなるわけではない。その場合、それに先行する出来事にまで有意味的に遡られえないような出来事は存在しない。何かの原因を人為にまで遡ることは、何かの原因を偶然にまで遡ることに類比的である。しかし、ある人為的慣習が、それが生起する条件に照らして、どんなにもっともらしく見えようと、その人為的慣習が「存在(being)」し「妥当性(validity)」をもつようになるのは、それが「考えられ(held)」「受け入れられ」るようになったという事実による。[4]このような見解に対して、以下のような推論が提出された。すなわち、人為的慣習が生じるのは人間の行為においてであり、その行為は、語の狭い意味におけるあらゆる自然的な出来事と同様、必然的で先行の原因によって完全に決定されていて自然的である。したがって、自然と人為の区別は暫定的で、皮相的でしかありえないというわけである。[5]然るに、この因果の連鎖に関する一般的な考察は、人為の説明のために適切な先行原因の種類を示さないかぎり、役には立たない。気候や地域の特性、人種、動物相、植物相のような自然的条件は、とりわけ適切であるように思われる。しかしこのことは、どの場合にも、「立法者」は、人民のために最善のことを命じた、あるいは、あらゆる慣行(customs)は聡明(sensible)であり、立法者はみな賢明(wise)であるということを意味する。このような楽天的な仮説が擁護されえないところから、立法者の誤りや迷信や愚かさも考慮しなければならなくなる。しかしこのようなことがなしうるのは、何がある人々の幸福(well-being)や共通善を作り出す(constitute)のかについて知識とともに、何らかの種類の自然神学を有しているかぎりでのことである。このような仕方で人為を説明する際に遭遇する諸困難のために、人々は、ある種の制作行為(making)としての人為のまさにその観念を問題にしなければならなくなる。そこから、もろもろの慣行と言語の起源は、何らかの制定やその他の意識的行為にではなく、生長（growth）にある、それも植物や動物の生長とは本質的に異なるがそれと類比的でもあるような、ある種の生長にある、と主張されたのである。そのような生長は、自然に従った何らかの制作行為よりも、いっそう重要で高次のものであり、自然に従った合理的制作行為よりも、重要で高次でさえある。われわれは、古典的な「自然」の観念と近代的な「生長」の観念の類似性を主張しようとは思わない。それ以上に急を要するのは、部分的には近代的な「生長」の観念からの帰結として自然がまだ人為よりも高い尊厳を有していた古典的な自然と人為の区別が、歴史（自由の領域と価値の領域）が自然（それには目的や価値が欠けている）より高い尊厳を有する近代的な自然と歴史の区別によって上塗りされたということを指摘することである。その場合、よく言われるように、歴史が、本質的に歴史的である精神に対して本質的に相関する自然を包摂していることは、言うまでもない。

アテナイからの客人に話を戻すと、彼は、先行者たちとは異なり、政治術や政治科学が重要であると考えている。というのも、彼は自然本性的に正当な（just）ものが存在すると考えているからである。彼は、自分と先行者たちとの意見の相違の根拠を以下の事実に求めている。すなわち先行者たちは最初の事物としてただ諸物体だけを認めるのに対して、彼によれば、魂こそ、物体から派生するのでも、物体より劣位にあるのでもなく、自然本性的に物体の支配者であるという事実に求めるのである。言い換えれば、彼の先行者たちは物体と魂との根本的な差異を、十分には認めなかったのである。[6] 正しい（just）事柄の地位は、魂の地位に依拠しているのである。正義とは卓越した共通善である。もし自然本性的に正なるものが存在するのだとすれば、自然本性的に共通のものが存在しなければならない。しかし身体は、自然本性的に各人の自身のもの、あるいは私的なものであるように思われる。[7] アリストテレスは、次のように主張することによって、この道を最終地点まで突き進んだ。すなわち、彼は、政治的結合体が自然本性的に政治的であり、人間が自然本性的に政治的であると主張することによってそうしたのである。というのも人間は言論や理性によって特徴づけられる存在であり、それゆえに仲間の人間たちとの可能なかぎり最も完全で最も親密に結合できる能力、すなわち純粋な思想のうちで結合できる能力によって特徴づけられる存在だからというのである。(8)

アテナイからの客人の主張は、政治的な事柄のソフィスト的取り扱い方についてアリストテレスが述べていることによって裏づけられる。彼は、政治的な科学をレトリックと同一視するか、レトリックに従属させたのが、ソフィストたちであると言っている。もし、自然本性的に正しいものが存在しない、あるいは自然本性的な共通善が存在しない、したがって、唯一の自然本性的な善が各人の善であるとすれば、そこから次のことが帰結する。すなわち、賢明な人は共同体に身を捧げたりはしないであろう。むしろ彼は自分自身の最終目的のために共同体を利用するか、そうでなければ共同体の最終目的のために自らの存在が共同体に用いられることを妨げるであろう。しかし、この目的にとっての最も重要な手段は、説得の術であり、なによりも法廷弁論術である。誰かが言ったかもしれないが、政治的共同体を利用しそれを食い物にできる最も完全な形態は、政治権力のとりわけ僭主的な権力の行使であろうし、その行使には、マキァヴェッリが後に示したように、政治的な事柄についての深い知識が必要とされるであろう。アリストテレスによれば、ソフィストたちはこのような結論を拒否した。彼らは、レトリックによらない統治の機能を除去し、この目的のために必要とされる知識を獲得することは「容易」であると信じていた。つまり真剣に取り上げられるべき唯一の政治の術はレトリックであると信じていたのである。(9)

しかしアリストテレスは、ソクラテス以前にある種の政治哲学が存在したということを否定はしなかった。アリストテレスにとっては、政治哲学とは、何よりもまずそして究極的に、どこにおいても（そしてわれわれは、つねに、も付け加えてよいのだが）、自然に従っているがゆえに、最善の政治的秩序の探求である。[10] この探求は、人間が完全に政治的生活に没頭しているかぎり、政治的共同体の設立においてでさえ、真価を発揮するには至らないであろう。というのも、その設立者でさえ、必然的に「ここで、いま」なされうる、あるいはなされなければならない事柄に、視野が限定されているからである。そこで最初の政治哲学者とは、最善の政治秩序について語ろうとしながら政治的生活に関わりを持たなかった最初の人間ということになるだろう。アリストテレスがわれわれに語っているところでは、その人物とはヒッポダモスといわれる人物であった。ヒッポダモスによって提示された政治秩序に先立ち、アリストテレスはしばらく、ヒッポダモスの生き方について語っている。ヒッポダモスは、最初の政治哲学者であるかどうかはともかく、有名な都市計画者であり、野心のために、他の点でもどこか度を過ごした生を送り（たとえば彼は自らの衣服に随分と注意を払った）、全自然についても知を極めたいと願った。少しでも悪意あるゴシップと思われるようなことに関わるのは、アリストテレスのやり方ではない。いま要約的に述べてきたことは、彼の全著作にあって、そういった類いの唯一のものである。ヒッポダモスについて語る少し前、アリストテレスが、プラトンの政治的著作について語ったとき彼は、その質の高い言論を引き合いに出して「ソクラテスの言論（speeches）」（すなわち、特に『国家』と『法律』における言論）について述べている。しかし、彼がこのようなことをするのは、自分の言論がそのような言論と一致しないことを正当化するためである。すなわち、ソクラテスの言論、とりわけ端的に最善の政治的秩序についての言論がこの上ない魅力を発揮しているために、その魅力そのものに立ち向かわなければならないというわけである。アリストテレスは、エウドクソスの快楽主義的教説について語るとき、エウドクソスがこの上なく節度があると評判であったと注釈を加えている。彼がこのような注釈を加えるのは、なぜエウドクソスの言論がほかの快楽主義者たちの言論よりも信頼できると見なされたかを説明するためである。[11] それゆえわれわれは、アリストテレスはさしたる理由などなしにヒッポダモスの生き方について注釈を加えなかったと仮定することができる。最初の哲学者があるときバルバロイ〔トラキア〕の女奴隷[12]の目にばかげていると映ったのに、最初の政治哲学者は、聡明な自由人の目にどちらかと言えばまったくばかげていると映ったということなのである。この事実は、政治哲学は哲学そのものよりもいっそう問題を孕むものであることを示唆している。こうしてアリストテレスは、キケロが哲学はどうしても政治的な事柄に関わらざるを得なくなると言うことによって表現したのと同じ考えを、政治科学者たちにどこか恥をかかせるような仕方で、言い表しているのである。アリストテレスの示唆は、近代ではパスカルによって取り上げられた。パスカルは、プラトンとアリストテレスは、玄学者ではなく紳士だったので、彼らの政治的作品をふざけて書いたのだと言った。つまり、「このことはあまり哲学的ではなく、彼らの人生にとって深刻でもなかったので、……彼らは、政治的な事柄について、あたかも秩序を狂乱の場へともたらさねばならなかったかのように、書いたのである」と。パスカルはアリストテレスをはるかに超えている。というのも彼は、自然本性的に正しいものが存在することを認めながらも、それらが、原罪のために、助けをもたなくなった人間に知られうることを、否定しているからである。[13]

ヒッポダモスによって提案された最善の政治秩序は、非常に単純であることで有名である。市民体は一万人の人間と三つの部分から成り、国土は三つの部分に分けられることになっている。法は三種類しかないが、その理由は、提訴される事柄が三つしかないからである。法廷での評決に関する規定は、三つの選択肢があるだけである。いたって簡明であると思われるこのような図式を考察した後、アリストテレスは、そこに大いなる混乱が含まれていると、記さざるを得なくなる。その混乱は、主題的な事柄とはまったく関係のない、一種の明白さと単純さへの欲望から生じる。[14] それは、あたかも「全自然」についての説明――三という数字をあらゆる事物の鍵とした説明――が、ヒッポダモスをして完全に自然に即した政治的秩序としての最善の政治秩序という彼のプランに向けて進んでいくことを可能にした、あるいはそれに向けて進んで行かざるを得なくさせたようにも見える。しかし、彼は政治的な事柄の特異な性格に注意を払わなかったがために、ただ大いなる混乱に陥っただけでしかなかった。つまり彼は、政治的な事柄が比類なきものであることを見なかったのである。ヒッポダモスは、野心があったにもかかわらず、あるいは野心のゆえに、政治哲学や政治学を打ち立てることに成功しなかったのである。彼が成功しなかったのは、「政治的とは何であるか」という問い、あるいはむしろ「ポリスとは何であるか」という問いを立てることから始めなかったからである。この問いこそ、そしてこの種の問いはすべて、ソクラテスによって立てられた問いであった。ソクラテスは、まさにこのような問いを立てたことによって、政治哲学の創始者となったのである。

「何であるか」という問いは、「本質（essences）」を、「本質的な」差異を、示唆している――すなわち、全体が異種混合的である諸部分、単に（火や空気や水や土のように）感覚によって得られるだけでなく思惟することによって得られるような諸部分からなる全体であるという事実を示唆しているのである。つまり、全体を理解するとは、これらの諸部分のそれぞれ、これらの存在者の種（クラス）の「何であるか」を理解することであり、それらが相互にどう結びつくかを理解することを意味する。そのような理解は、ひとつの異種混合的な種を他の種へと還元することや、種そのもの以外の何らかの原因（cause）や諸原因に還元することではない。種や種の特性は卓越した原因である。ソクラテスは自らの「何であるか」という問いへの転換をひとつの転換であると考えた。すなわち、正気への回帰、「常識」への回帰であると考えた。つまり、全体の根源は隠されていながら、全体は明らかに異種的な諸部分からなっているのである。ソクラテスによれば、「それ自身において最初」である諸事物は、何らかの仕方で「われわれにとって最初のもの」である。「それ自身において最初」であるものは、ある意味で、しかし必然的に、人々の意見のうちに示される。これらの意見は、意見として、一定の秩序を有している。最高の意見、権威的意見は、法の宣告（pronouncements）である。法は正なる事柄と高貴なる事柄を明らかにし、また、権威的な仕方で、最高の存在者、天上に住まう神々について語る。法とは都市の法律である。都市は都市の神がみを敬い、崇敬して心に抱き（holds）、都市の神がみを「戴く（"holds"）」。神がみは、自分たちが明るみに出したくないこと、つまり天上の事柄や地下の事柄を探し求めようとする人間の試みを、認めない。それゆえ、敬虔な人間は、神的な事柄を探索しようなどとは思わず、ただ人間的な事柄を、人間の探索のために残されている事柄だけを、探索するであろう。ソクラテスが人間的な事柄の研究に自らを限定したことは、彼が敬虔であることの最大の証である。彼の知恵が無知の知であるのは、その知恵が敬虔であるがゆえであり、その知恵が敬虔であるのは、それが無知の知であるからである。[15] しかし、意見は、どんなに権威あるものであっても、相互に矛盾しあう。仮にある特定の都市が自己矛盾することなく重要な事柄を命じるようなことがあったとしても、その都市の評決（verdict）が他の都市の評決によって否定されることは、確かにありうる。[16] そこで権威的意見それ自体を、もはや意見ではなく知識であるものの方向へと超えさせることが、必要となってくる。ソクラテスですら、法から自然へと進み、法から自然へと上昇していくことを、余儀なくされた。しかし彼は、その道を新たな自覚と用心深さと強さをもって、進まなければならなかった。彼は世間に受け入れられている意見の中に具体化されている「常識」から出発しそれらの意見を超え行く、明快で包括的で健全な論証によって上昇していくことの必要性を、示さなければならなかった。彼の「方法」は「弁証法」である。このことは、いま言われている考察によってソクラテスの立場をどれほど変容させることになるにしても、彼は依然として、もっぱらではないにせよ主として、人間的な事柄、つまり自然本性的に正しく高貴であるもの、あるいは正義や高貴さの自然本性と関わりをもっていたということを、明らかに含意しているのである。[17] 広く一般に理解されている政治哲学は、その原初的形態においては、哲学の核、あるいはむしろ、「第一哲学」であった。また人間の知恵が無知の知であることも依然として真である。つまり全体についての知は存在せず、存在するのは部分についての知でしかないのであって、それゆえ、単に部分についての部分的な知、したがって、たとえそれが最も賢明な人の知であったとしても、意見の領域を絶対的に超え出ることのない知でしかないのである。このようなソクラテスやプラトンの結論は、典型的に近代的な結論とは、根本的に異なる。近代的な結論に従えば、全体についての知識の無効性のゆえに、全体についての問いが放棄されることを要求したり、別の種類の、たとえば近代の自然科学や社会科学の問いに置き代えられることを、要求したりするのである。全体の捉えどころのなさは、必然的に、すべての部分の知識にも影響を及ぼす。全体の捉えどころのなさのゆえに、起源や問いが、最終目的や答え以上に、大いなる明証性を持ち続けているのである。起源への回帰が、依然として恒常的必然性を保ち続けているのである。全体のそれぞれの部分、そしてそれゆえに、とりわけ政治的領域が、ある意味で全体に対して開かれているという事実は、政治哲学あるいは政治科学がひとつの独立した学問分野として確立されることを妨げている。政治科学の真の設立者、つまり、あまたある学問分野のうちのひとつの学問分野でありながら、決して最も根本的で最高の学問分野ではない、ひとつの学問分野としての政治科学の真の設立者は、ソクラテスやプラトンではなく、アリストテレスなのである。プラトンとアリストテレスのこの違いは、一方における『国家』の『ティマイオス』に対する関係と、他方における『政治学』の『自然学』あるいは『天体について』に対する関係との対比によって、説明することができる。プラトンの宇宙論とは区別されるアリストテレスの宇宙論は、最善の政治秩序の探求とは、絶対的に区別される。アリストテレス的な哲学の営みは、ソクラテス的な哲学の営みと同じ程度でかつ同じ仕方での上昇的性格を、もはや持たない。プラトンの教説は必ず対話のなかで提示されるのに、アリストテレスの教説は必ず論説のなかで提示される。政治的な事柄に関して言えば、アリストテレスは直接的に、自分が皆をまとめて同時的に語る多くの不特定の立法者たちや政治家たちの教師として振る舞うのに、プラトンは、彼の政治哲学者を、対話のなかで一定の共同体のために最善の政治秩序を求めいままさに立法しようとしている一人ないし二人を導く案内人として登場させている。それにもかかわらず、『政治学』の最も根本的な議論が寡頭制論者と民主制論者の対話のようなものを含んでいるのは、偶然ではない[18]。しかし、その対話が『政治学』の冒頭部分において行われるのでないということも、同様に特徴的である。

アリストテレスは、都市にとって有用なものを考案する人は栄誉を受けるべきである、というヒッポダモスの提案に、とりわけ関心を示している。アリストテレスによるこの提案の吟味は、彼のヒッポダモス案全体の吟味の、ほぼ半分を占めている。彼は、ヒッポダモスほども改革の利点を信じてはいない。ヒッポダモスは、技術（art）における革新と法における革新との違いを、あるいは政治的安定の必要性と技術的変革と称されるものとの間の緊張関係を、考慮していないように見える。身近なところでの所見に基づいて言えば、ヒッポダモスの明瞭さと簡潔さへの抑えの利かない関心と、彼の技術的進歩に対する抑えの利かない関心との結びつきは、疑われてしかるべきである。彼の見取り図は、全体としてみれば、ただ混乱へと導くだけでなく、永遠の混乱あるいは革命へと導いていくようにも見える。いずれにせよ、アリストテレスは、技術と法の間の最も重要な差異を持ち出すことなしには、革新を説明することができないのである。技術は無限に改良することができ、したがって、無限に進歩することができるが、技術それ自体は、決して進歩によって苦しめられはしない。法の場合は事情が異なる。というのも、法の強さ、すなわち法に服従させられる力は、アリストテレスがここで言っているように、慣習によるのであり、慣習は長い時間を経て生成してくるものでしかない。[19] 技術とは対照的に、法の有効性が理性に負うところは少しもないが、あるいは、少ししかないのである。ある法（a law）がどれほど明白に理に適ったものであるにせよ、その合理性は、法が規制する情念によって曇らされる。このような諸情念が、法とは両立しない格率や意見を支えているのである。これら諸情念から生じる意見の方もまた、情念から生じ情念を生み出す反対意見、それは必ずしも法の諸理由（reasons）と一致しているとはかぎらないのであるが、そのような反対意見からの反作用を受けなければならない。「大衆」の道徳教育のための最も重要な道具である法は、そこで、先祖の意見、つまり神話によって支えられなければならない。――たとえば、神がみについてあたかも彼らが人間存在であるかのように語る神話、言い換えれば、「民間の神学（civil theology）」によって支えられなければならない。これらの神話で言われる神々は、それ自体で、またそれ自体によって存在するのではなく、ただ「法によって」のみ存在するのである。にもかかわらず、いったん法が必要となれば、その全体の原理は、ゼウスと呼ばれたいと望むこともあれば望まないこともある、と言われるかもしれない[20]。都市は、全体として、理性にとって特に手に負えないものと特徴づけられるがゆえに、都市の安寧のために、政治的な技術に奉仕するものとして、法廷弁論や討議の弁論術とは別のひとつの弁論術を必要とするのである。

「公共的な事柄のまさしく自然本性であるものは、しばしば理性を打ち負かす」。アリストテレスの『政治学』からひとつの実例をあげるだけで十分であろう。アリストテレスは第一巻において、奴隷制に関する理由を口述している。つまり、自然本性によって奴隷である人たちを奴隷にすることは正当である、と述べている。自然本性によってではなくただ法と強制によって奴隷である人たちは、不正に奴隷にされているのである。もしある人があまりにも愚かで、自分自身を導くことができないとか、あるいは役畜がやるような仕事に比べて優れているとは言い難い種類の仕事しかできないなら、その人は、奴隷である。そのような人は、自由であるより奴隷としてやっていく方が、うまくいくのである。しかしアリストテレスは、最善の政治体(polity)を論じるとき、その政治体の奴隷の住人もそれぞれが奉仕さえすれば安全な仕方で自由をもって報われる人たちから成っているということを、当然のことと考えていた。すなわち、その政治体の奴隷の住人は自然的奴隷ではないと考えていたのである。結局、聡明であり、それゆえ牡牛のように強いがのろまな人間よりも主人のためにずっと役に立ちながら、自然本性的に奴隷的な性格を持ち、誇りや男らしさがないために、強い人間に従う傾向のある人間がいるかもしれないということなのである[21]。アリストテレスは気に入らなかったであろうが、都市の防衛者たちがよそ者に対して野蛮であることをよしとしたプラトンは、ピンダロスとともに、強さで優ることを支配のための自然的資格であると認めることによって、それと同じ考えをいっそう直接的に表現しているのである。このことからわれわれは、政治的な事柄の自然本性が、何ゆえある程度は、理性だけでなくある仕方での説得をさえ打ち破るのか、を理解するのであって、そうして、政治的な技術を弁論術に還元するソフィスト的なやり方がなぜ不合理であるかということのもうひとつの理由を、理解するのである。クセノフォンの仲間であったプロクセノスは、著名な弁論家であったゴルギアスの弟子であった。ゴルギアスの教えのおかげで、彼は、賞賛したり賞賛を慎んだりして、紳士たちを支配することができた。にもかかわらず彼は、自分を尊敬させたり恐れさせたりして自らの兵士たちを徐々に育て上げることは、全くできなかった。他方、ソクラテスの弟子であったクセノフォンは完全な政治的な技術を持っていた。まさにそれと同じ思想――「多くの人たち」を導くためには説得では不十分であり、彼らには威力のある法が必要であるとする――が、アリストテレスの『ニコマコス倫理学』から『政治学』への移行の根底にあるのである。その移行には、政治学を弁論術に還元するソフィスト的なやり方を彼が公然と非難していることが背景となっているのである。(22) ソフィストたちは――言葉の全能性を信じていたがために――、マキアヴェッリ主義者からはほど遠く、政治学の厳格さを見てはいなかったのである。

これまでわれわれは、技術の法に対する明白な優越性について語ってきた。しかしそもそも、アリストテレスのヒッポダモス批判は、技術は法によって規制されねばならず、それゆえ法に服さねばならない、ということを含意しているのである。法がこのような尊厳を有するのは、それが理性の命じるところであるという事実によるのであり、また、技術において効力を発揮する理性の方があるべき法において効力を発揮する理性よりもいっそう低い、という事実による。(23) 法は立法術の作品であるが、しかし立法術は、実践的な知あるいは実践的賢慮の最高の形態であり、政治的社会の共通善に関わる賢慮である。そのような賢慮は、人間自身の善と関わる本来的な意味の賢慮とも区別される。そこで、技術と法の違いは、技術と賢慮の違いを根拠としているのである。賢慮が技術より高い尊厳を有するのは、あらゆる技術が部分的な善に関わるものであるのに、賢慮は全体としての人間の善、つまり善き生に関わるからである。ただ賢慮だけが（医術のような）真正の技術と（化粧術のような）見せかけの技術を区別することを可能にし、どの技術（たとえば戦略の）を用いることが善であるのかを決定することを可能にする。その技術は《正（Right）》あるいは《法（Law）》を指示するのであって、まさに《正》や《法》が技術に制限を課し規範となって、技術を技術たらしめるのである。(24) 技術者としての技術者は彼の技術に特有の作品を生み出す（靴屋が靴を作るとか、医者が健康を回復させる）ことに関わるのであるが、自分自身の善に関わるのではない。技術者が自分自身の善に関わりを持つのは、彼の作品の見返りに支払われる代価の受け取り、あるいはあらゆる技術に伴う技術、つまりお金を儲ける技術の実践に関わりを持つ限りにおいてでしかない。こうして、お金を儲ける技術が普遍的技術、つまり技術の中の技術と見られうるようになるであろう。お金を儲ける技術は限度を知らない。つまりそれは、人間がますますいっそう大きなものを作ることを可能にする。しかし、お金を儲けることをひとつの技術とする見解は、無制限の貪欲が人間にとって善いということを前提しており、そしてこの前提は、大いに問題視されうるのである。そこで明らかとなってくるのは、獲得は、富を用いるため、それも善く用いるため、つまり賢慮によって統制された活動のためのものでなければならないということである。(25) 賢慮と技術の区別が含意していることは、技術が提供するどの部分的な善を他の善に優先させて私がここでいま選択すべきかを教えてくれるような技術は存在しないということである。賢慮の人のきわめて重要な問題をできるだけその人のためになるように決定を下すことのできるような専門家は存在しないのである。賢慮とは、善き生を送ることを意味し、善き生を送るとは、自分自身の主人たるに値する、あるいは自分自身の決定をうまくできる、ということを意味する。賢慮とは、ちょうど、道徳的な徳（卓越性）が賢慮と不可分であるのと同じように、「道徳的な徳」と不可分であるような類の知、すなわち性格の善さであるとか、選択習慣の善さであるというような知である。技術としての技術は、道徳的な徳とこれほど密接な関わりを持たない。アリストテレスは技術者としての技術者に必要とされる徳が奴隷に必要とされる徳に劣ると示唆しさえしている。[26] 賢慮と道徳的な徳は結びつけられ、いわば溶け合うことによって、人間の自然的目的であると思われる善き生あるいは高貴な生を送ることが可能となるのである。最善の生とは、実践的生や政治的生とは区別されるものとしての理解と観照に捧げられた生である。それゆえ実践的な知恵は、その地位からいえば、神的な事柄やコスモスに関する観想的な知恵よりも低く、――とはいえ、すべての人間的な事柄そのものの領域では賢慮が最高であるという仕方で――、観想的な知恵に従属しているのである。[27] 賢慮に支配されている領域は閉じた領域である。というのも、賢慮の諸原理――その諸原理とは、賢慮がその光に照らして人間を導いてゆく最終目的である――は、観想的な学から独立に知られるものだからである。アリストテレスは、技術が法あるいは賢慮に劣り、賢慮は観想的な知に劣り、そして観想的な知恵（全体についての、すなわち、それによって「すべての事物」がひとつの全体となるものについての知識）は手に入れることができると考えていたので、以下のような仕方で、あまたある学問分野のなかのひとつの独立した分野として、政治科学を打ち立てることができたのである。すなわち、政治科学を、市民や政治家のパースペクティヴを保存するような仕方で、あるいはそれが政治的な事柄についての「常識的」理解の十全な意識的形態であるような仕方によってである。

　アテナイからの客人は、自分に先行する人間は、自然を技術に優るものと考え、技術を法に優るものと考えていたと主張していると言ってよいのかもしれない。アリストテレスは、自然を法に優るもの――というのも善き法は自然に即した法であるから――と考え、法を技術に優るものと考えている。アリストテレスの見解は、もう一つの極端な見解、すなわち、自然と法が融合されて、真正な秩序を冒瀆するように見える技術に自身を対抗させる極端な見解とも、区別されなければならない。

アリストテレスによれば、道徳的な徳である。実際に望まれるものとしての行為の適切な原理、正当で高貴な最終目的を与えてくれるのは、道徳的な徳である。これらの最終目的が目に入ってくるのは、道徳的に善き人間に対してだけである。賢慮は、これらの最終目的に至るための手段を探し求める。道徳的によき人間とは、然るべき生まれの人間、善き生まれの人間である。アリストテレスの政治科学は、そのような人間に対してのみ向けられているのである。[28] したがって、賢慮の領域は、紳士にとってだけ十分に明証的である諸原理によって、閉じられている。いっそう高次の諸原理を求めるうちに、「なぜ人は礼儀正しく (decent) なければならないか」という問いが提起されるであろうが、しかしそうするうちに、人はすでに紳士であることを止めてしまっているであろう。というのも、礼儀正しさというのは、それ自体のゆえに選択に値するものでなければならないからである。紳士は他の紳士からだけでなく、育ちのよくない人々からも、紳士として認められるのである。しかし、後者の中には、道徳的な徳の善さを問題視する大いに説得力をもつ人がいるかもしれない。だとすれば、正義、大度その他の諸徳が何であるかを知り、それらの美しさによって動かされているだけでは十分ではない。それらが善であることを示さなければならないのである。[29] したがって、賢慮の領域、あるいは道徳的意識と言われうるものの領域を超えなければならない。道徳的な徳の実践が、自然本性的に人間の最終目的であること、すなわち、人間は自然によってそのような実践へと向かう傾向があることを示さなければならないのである。このことは、人間に自分では何の努力も払うことなく、自然本性的にその自然的最終目的を知れなどと要求しているのではない。他の自然的存在者の自然的最終目的と同様、人間の自然的最終目的は、理論的な学によって、すなわち諸自然についての科学によって、真正に知られるようになる。[30] より精確に言えば、徳についての知識は、人間の魂についての知識から導き出される。つまり、魂の各々の部分は、それに固有の完成態を持っている。プラトンは『国家』において、そのような徳についての純粋に理論的な説明の輪郭を描いている。しかし、アリストテレスに特徴的なのは、そのような説明を試みさえしていないということである。彼は、すべての道徳的な徳は、より高次の原理からそれらを演繹しようと試みなくても、道徳的に有徳な人間には知られるものであると述べている。一般化して言えば、彼は、なぜ一定の習慣が称賛に値するものであるのかを探究しないで、一定の習慣が称賛に値するものと見なされているという事実を指摘するだけに留めておくのである。彼は、生まれのよい人々によっていたるところで認められる書かれざる法（ノモス）の限界の中に留まっている、と言ってよいのかもしれない。このようなノモスは理性と一致しているのかもしれないが、しかしそのようなものとして理性によって命じられてはいないのである。それは、その限界やその最高限度であることによって、人間的な事柄や政治的な事柄の領域を構成するのである。言い方を換えれば、アリストテレスは、政治的な科学あるいは実践的な科学を理論的な科学に依存させているのかもしれない。

アリストテレスの手法の根拠を把握するためには、以下の事実から出発しなければならない。すなわち、彼によれば、自然本性的に人間の最高の最終目的は理論的理解、あるいは哲学であり、そして哲学の完成は、道徳的な徳としての道徳的な徳、すなわち正当で高貴な行いを、それ自体のゆえに選択に値するものとして要求しないという事実から、出発しなければならないのである。[31] 人間の最高度の最終目的は本来的な道徳的行為に類似した行為によらなければ達成されえないが、当の行為は、哲学者によって彼の最終目的へと至るための単なる手段として、意図されていることは言うまでもない。その最終目的がまた賢慮を要求する。というのも、哲学者は、いまここで自らが哲学する条件を、いかにして確保できるか、熟考しなければならないからである。道徳的な徳は、いっそう直接的に人間の第二の自然的最終目的、彼の社会的生に関係づけられる。それゆえ、道徳的な徳は、本質的に都市において役割を果たすものと理解されうる、と考えうるのである。たとえば、大度が称賛に値するのは、都市が、指令するために生まれてきた人間を必要とし、自分が指令するために生まれてきたことを知っている人間を必要とするからである。しかし、大度という現象の全体がそのような仕方では理解されえないことを見るには、大度についてのアリストテレスの記述を読めば十分である。道徳的な徳が都市のためのものと理解されえないのは、都市が道徳的な徳の実践のためのものと理解されねばならないからである(32)。したがって、道徳的な徳は、その最終目的であると考えられうるようなただ二つの自然的最終目的のための手段とは解されえない。それゆえ、それはひとつの「絶対的なもの」と見なされなければならないように思われる。にもかかわらず、二つの自然的最終目的との関係は無視できない。道徳的な徳は、都市がそれ自身の彼方を目指すことを示しはするが、しかしそれが目指すところ、すなわち哲学に捧げられる生を、明確に示すものではない。道徳的に卓越した人である紳士は、自らの政治的活動が貴重な余暇を奉仕にあてることにあることをよく知っているかもしれないが、その余暇を奉仕にあてることは、詩作やそのほかの模倣の技術を愉しむことを超えるものではない(33)。アリストテレスが政治学の創始者であるのは、彼が道徳的な徳の発見者だからである。プラトンにとっては、アリストテレスが道徳的な徳と呼んだものは、身体的に善くあることに奉仕する政治的あるいは世俗的な徳と、控えめに言っても哲学者としての哲学者だけを動かす真正の徳とのあいだに存する、ある種の妥協点である(34)。高貴なもののみが善であるとまで主張するストア派の人たちに関して言えば、彼らは高貴な人間を、論理と自然学と呼ばれる「徳」を所持している賢者と同一視した。[35] われわれは、アリストテレスの道徳的に卓越した人間あるいは完全な紳士である「善き人間」を、プラトンの『国家』の適正で温和であるが、その他のすべての徳を欠いている、最も低い階層を構成する人たちのような「善き人間」と取り違えないよう、注意しなければならない。[36]「善良さ」についての後者の考えは、マキァヴェッリやルソーの「善良さ」と「徳」の区別あるいは対立を、準備したのである。

哲学者アリストテレスが、多かれ少なかれ完全な紳士たちに向けて、自らの政治科学を論じるとき、彼は、可能なかぎり、完全な紳士の生き方は哲学的な生き方へと向かうことを、彼らに示している。彼は仕切りを取り除くのである。彼は彼の聞き手のために、自らはその限界を超えて立ちながら、聞き手の視界の限界であった書かれざる「ノモス」を分節化するのである。このようにして、彼は、聞き手の限界のうちに属している事柄についての彼らの意見を正さざるをえなくなる、あるいは、正すことを可能にする。彼は「名前のない」、したがってそれまでは知られていなかった、徳や悪徳について語らなければならない。彼は恥と敬虔の感覚と同じように高く称賛されてきた諸習慣を、明示的に、あるいは暗示的に、否定しなければならなくなる。紳士は、自然本性的に、哲学によって心を動かされうるのである。アリストテレスの政治科学は、この潜在力を実現するひとつの試みである。哲学によって心を動かされた紳士は、アナクサゴラスに影響されたペリクレスのように、最高の場合には、啓蒙された政治家である。[37] したがって、道徳的‐政治的領域は、理論的な科学に完全に閉ざされているわけではないのである。一方における実践的な知恵と、他方における科学や技術とを、根底から区別することが必要と思われる理由のひとつは、あらゆる技術が部分的な善に関わるのに賢慮は人間的な善の全体に関わるという事実である。にもかかわらず、賢慮の最高の形態は、棟梁的な技術、諸技術の技術である立法術である。というのもそれは、最も包括的な仕方で人間的な善の全体を取り扱うからである。それは、人間的な善の全体に関わるのであるが、最高度の人間的な善との関わりによってすべての部分的な人間的善が善になるような、人間的な善の全体に関わるのである。立法術は、その主題を、最も包括的な仕方で取り扱う。というのもそれは、そのなかにあって本来の政治的賢慮が働く、つまり状況の適切な処理が行われうるような、枠組みを打ち立てるからである。さらに言えば、「立法術」というのは、曖昧な用語である。それは、これやあれやの政治的共同体のために働いている立法者によって「ここでいま」実践されている技術を意味するかもしれない。しかし、それはまた、立法者の教師によって教えられる立法についての「実践的な学」を意味するかもしれない。その際、教師が立法者よりも尊厳性において優るのは、実践的な学が立法のための手引きを与えているからである。実践的な学として、立法術は、その様式のすべてにおいて賢慮とは異なる。というのも、それは、道徳的な徳によるより外に避けられない危険に巻き込まれる心配がないからである。[38] したがって、賢慮も、究極的にはひとつの科学に従属しているように見える。このように考えることによって、ソクラテスやプラトンは、徳が知識であり、賢慮の探求が哲学である、と主張したのである。部分的な人間的善が、最高のあるいは全体的な人間的善に照らしてみなければ善であることが分からないのとちょうど同じように、全体的な人間的善は、端的な人間的善、つまり善のイデアに照らしてみなければ、善であるとは知りえないのである。そしてそれが見えてくるのは、ただ他のすべてのイデアを超えてその上に立つときだけである。つまり、善のイデアこそが、賢慮の原理であって、人間的な善やとりわけ紳士的であることが、賢慮の原理であるわけではないのである。しかし、知を愛することが知恵ではなく、賢慮としての哲学もその人自身の善との決して完成されることのない関わりである以上、哲学的な生が最善の生であることを知ることは、不可能であるように思われる。もしソクラテスが、哲学的な生に代わる唯一の真剣な選択肢が政治的な生であること、そして政治的な生は哲学的な生に服することを知らなかったとすれば、つまり、政治的な生が洞窟の中の生であること、太陽の光の中での生とは壁によって部分的に遮断された生であることを知らなかったとすれば、彼はこのことを知りえなかったであろう。都市とは、全体の中にあってその本質が十全に知られうる唯一の全体、あるいはそのような全体の唯一の部分なのである。プラトンとアリストテレスは、彼らの意見の不一致にもかかわらず、都市は全体に対して閉じてもいれば全体に対して開いてもいるとする点では一致している。そして彼らは、都市を全体の残りの部分から分かつ壁の性格に関しても、一致しているのである。プラトンの唯一の政治的著作がソクラテスの登場しない『法律』であるという事実を考慮に入れるならば、次のような結論を導き出してみたくなる。すなわち、ソクラテスではなくアリストテレスが政治科学の創始者となった唯一の理由は、善のイデアへと向かう絶えざる上昇と他の人たちをその上昇に向けて覚醒させることに自らの人生を費やしたソクラテスには、そのような理由で、政治的活動を行う暇はもとより、政治科学を打ち立てるための暇さえなかったということである、という結論である。――

アリストテレスの政治科学を、少なくとも政治的な事柄の常識的理解の意識的形態であるとするわれわれの暫定的な論点に対しては、以下のような反対論の余地が残されている。すなわち、そのような科学の基盤は端的な常識などではなく、ギリシアの上流階級の常識とは言わないまでも、ギリシア人の常識であるとする反対論である。このことは、アリストテレスの『政治学』のテーマであるギリシアの都市国家（city-state）に直接示されている、と言われる。たしかに、都市国家は、非ギリシア人の間でよりもギリシア人の間で、いっそう共通するものがあったが[39]、アリストテレスがカルタゴ人の都市国家をスパルタ人の都市国家に劣らず尊敬し、そしてアテナイ人の都市国家より以上に尊敬していたという事実は、都市国家が本質的にギリシア的であるとする主張の取り下げを示すに十分である。いっそう深刻な困難が見えてくるのは、われわれが「都市国家」という表現に注意を向けるときである。都市国家には国家の特殊な形態であることが含意されている。そしてこのような考えは、アリストテレスの言語では、述べることさえできない。さらに、今日「国家」について語るとき、われわれは「国家」を、「社会」との対比の中で理解している。然るに「都市」は、「社会」と「国家」を包含している。いっそう精確に言えば、「都市」は、国家と社会の区別に先行しているのであって、それゆえ、「国家」と「社会」から構成することはできないのである。英語で「都市」に最も近い語は「国（country）」である。つまりはこうである。「私の国は正しいそれとも間違っている」と言うことはできるが、「私の社会は正しいそれとも間違っている」とか「私の国家は正しいそれとも間違っている」と言うことはできないのである。「都市」は「故国（fatherland）」と同義的に用いられうる。しかし、「都市」と「国」の相違は軽視されてはならない。「都市」は「町（town）」と同じではない。というのも「都市」は「町」と「国」の両者を包含しているからである。しかしアリストテレスが理解した都市は、本質的に都会的な社会である。[41]つまり、都市の中核は土を耕作する者ではないということである。「都市」に代わりうるものは、「国家」の別の形態ではなく、野蛮とは言わないまでもいっそう次元の低い種類の社会、つまり都市とは対照的に文明を自由と結びつけることのできない社会としての、「部族」や「祖国」である。[42]

市民にとっては、近代において都市に対応するのは国（the country）であるが、理論的な人間にとっては、それに対応するのは、自らを「文明」や「文化」へと同様に「社会」へと端的に変形させていく国家と社会の統一体である。「国（the country）」についてのわれわれの理解を通して、われわれは直接

「都市自体（the city）」に達するであろうが、理論に起源をもつ「都市」の近代的代替物によっては、都市自体への到達は阻まれる。それゆえ、一方における都市と他方におけるそれらの近代的代替物との差異の根拠を、理解することが必要である。

都市は、さまざまな種類のより小さく従属的な諸社会を包摂する、ひとつの社会である。これらの内では、家族や家庭（household）が最も重要である。都市が最も包括的で最高の社会であるのは、それが、どのような社会もが目指しうる最高にして最も包括的な善を目指すからである。この最高の善こそ幸福である。都市の最高善は個人の最高善と同じである。幸福の核心は徳（virtue）の実践、そして何よりも道徳的な徳の実践である。個人にとって最も選択に値する生は観想的生であるのだから、そこからの類推によって、観想的生はまた少なくとも都市にとっての目標でもあることになる。それはともかくとして、都市の主要な目的は、高貴な生であり、それゆえ都市の主要な関心事は、その成員の徳でなければならず、それゆえリベラル・エデュケーションでなければならないということになる[43]。何が幸福をなすかについてはいろいろな意見があるが、アリストテレスは、この問題に関して、十分に思慮深い人々の間では深刻な相違など存在しないとすることで、満足していた。現代では、何が幸福をなすかについて、さまざまな人たちがさまざまな見解を持ち、また同じ人間でさえ、さまざまなときにさまざまな見解を持つのだから、幸福に確定した意味などないと想定することが賢明であると信じられるようになっている。それゆえ、幸福あるいは最高善は、もはや政治社会が目指す共通善ではありえないのである。とは言え、幸福の観念がどれほど異なっていようと、幸福の基本的条件は、あらゆる場合に同一であると考えられている。すなわち、生きていなければ幸福ではないし、自由な人間でなければ幸福ではないし、幸福をどのように解しようと、幸福を追求することができなければ幸福ではありえないのである。

こうして、各人の自然権と理解されるようになる幸福の条件を保証し、そして何らかの種類の幸福をその成員に押し付けるのを差し控えることが、政治社会の目的となる。というのも、いかなる幸福の観念も、本来、他の観念に優ることはできないからである。たしかに、社会の全成員の生命、自由、幸福追求の保証を、公共的あるいは政治的な幸福と呼んでもよいが、それによっては、真の幸福とは私的なものであるという事実を、ただ確認しているだけでしかない。このように理解された政治社会にとって――平和に共生していく手段として、そして究極的には、幸福が何であるにせよ、各人の幸福のための手段として――、ある種の徳は不可欠でさえある。したがって、個人の目的と政治社会の目的とは本質的に異なるのである。各個人は、幸福を、自らが理解する幸福として追求する。一部は他のすべての人たちとの競争のなかで、一部は彼らとの共同のなかで行われるこの追求は、一種の網目を生み出したり、作り出したりする。その網目が、単に諸個人の幸福追求の条件を保証するだけでしかない国家とは区別される「社会」である。そこから、ある点では、国家を社会よりも上位とする考えが出てくる。というのも、国家は、万人がこぞって等しくそれを必要とするがゆえに等しく欲求されなければならないものに基づいている、つまり幸福の条件に基づいているから、というわけである。また、他の点では、社会の方が国家よりも上位であるとする考えも出てくる。というのも、社会は、諸個人が各々その最終目的と関わった結果であるのに対して、国家はただある一定の手段と関わりを持つだけだから、というわけである。言い換えれば、公共的なものと共同的なものとは、私的が何であるにせよ、私的なことに奉仕するということにある。すなわち、個人の最高のあるいは究極的な目的とは、ただ単に私的なものでしかないということである。この困難は、社会と国家がともに存している地平を超えなければ、克服できない。

アリストテレスは、政治社会についての近代の見解を予示し、したがって国家と社会の区別を予示しているように思われる都市についての見解を知っていながらそれを退けた。その見解によれば、都市の目的とは、その成員たちの道徳的性格にはまったく関わりなしに、成員たちのあいだでの暴力と外敵からの暴力に対して成員たちを保護することによって、その成員たちが彼らの財物と奉仕との交換を可能にすることである。[44] アリストテレスは、この文脈でのソフィストへの言及が十分な指示であると考えられることがなければ、都市の目的のこのような制限を正当化するために挙げられた理由を述べたりはしない。アリストテレスによって報告されているその見解は、われわれに、プラトンの『国家』における「豚の都市」[45]——身体すなわち自然的に私的であるものの自然的欠乏を満足させるのに十分な社会——についての記述を想い起こさせる。われわれは、国家とは区別される社会が視界に入ってくるのは、競争者たちが売買を行い、その売買の守護者あるいはむしろその奉仕者として国家を要求する市場として、であると言っておこう。このことを根拠とすれば、結局のところ、「政治的なもの」は「経済的なもの」から派生したと解されることになる。市場の活動は、そのように随意的であるのに、国家は強制する。しかし、随意性は、市場が関わる領域ではない。とりわけそれは、本質的に、単なる功利的なものとは区別される真正の徳に不可欠な領域である。このことから、近代にあっては、徳は強制から生み出されうるものではないがゆえに、徳の促進は国家の目的ではありえないと推断されてきた。徳が重要でないからではなく、高尚で崇高なものであるからこそ、各市民の生命、自由、財産の保護以外のいかなる機能をも持たない国家の法の侵犯とは区別される、徳や悪徳といったものに、国家は無関心でいなければならないのである。ついでに言っておくが、このような推論は、徳の獲得に対する習慣づけや教育の重要性にまったく注意を払っていないことに気づく。この推論は、徳や宗教といったものは、私的なものにならなければならず、そうでなければ、国家とは区別される社会は、随意的でない領域であるよりも私的でない領域であるという結論に至る。したがって、社会は、政治‐以下的なものだけではなく、同時に超‐政治的なもの（道徳性、芸術、科学）をも含んでいる。このように理解された社会は、もはや社会と呼ばれるのは適切ではなく、また文明と呼ばれることさえ適切ではない。そうではなく、それは文化と呼ばれるべきものである。このことを根拠とすれば、政治的なものは文化的なものから派生したと解されなければならない。文化が国家の基盤なのである。複数形で用いられる「文化」は、最高度の「都市」に対する近代的代替物である。これまで示してきた意味での「文化」の原初的形態にあっては、その起源となる核は、宗教にあると考えられていた。「国民（Volk）がそれが真理であると見なすものの定義を、自らに与えるものは、宗教である」[46]。アリストテレスに従ってもまた、神的なものとの関わりは、都市の関心事のなかにどこか最初の場所を占めるが、しかし、彼によれば、結局それも真ではない。彼の理由はこうである。すなわち、都市の関心事のなかで栄誉ある位置を占めている神的なものとの関わりは、聖職者の活動であるのに、神的なものとの真の関わりは、神的なものについての知、すなわち、オリンポスの神々とは区別される宇宙的な神々に捧げられる超政治的な知恵である、ということである。トマス・アクィナスの言葉で言えば、端的に自然的な理性ではない信仰によって告知される理性、それが堕落した理性でないことは言うまでもないが、そのような理性が、神が愛され崇拝されるべきものであることを教えるのである[47]。自然的理性は、明白に非道徳的なものであるものの誤りを示すことはできても、神的崇拝のさまざまな形態のいずれが真の形態であるのかを、決定することはできない。つまり、神的崇拝のさまざまな形態は、それぞれ自然的理性に対して、その政治的制度への妥当性を得ている、それゆえ都市に服従しているように見える。アリストテレスの見解は、思われているほどにも、聖書の見解に対立するものではない。つまり、彼もまた、とりわけ宗教の真理にかかわっているのである。しかし、「都市」と「文化」の関わりに戻して言えば、このところ一般に用いられている「文化」は原初の概念とは異なっている。そうなった決定的理由は、それがもはや文化のさまざまな要素の間の位階秩序についての評価を含意していないからである。この観点からすれば、政治という要素は人間の社会のうちで最も高次で権威ある要素であるというアリストテレスの主張は、独断的である、あるいは、せいぜいあまたある文化の中のひとつの文化の表現であるように見えるはずである。

この見解によれば文化のすべての要素は位階的に等しいのであるが、それは、現在および過去のあらゆる人間社会の記述や分析にとって適切であろうとしている。にもかかわらず、それは、ひとつの特殊な文化すなわち近代西洋の文化の産物であるようにも見える。それにまた、他の諸文化の理解のために政治を用いることによってそれらを侵害しないかどうかは、定かではない。つまり、それら諸文化は、それらがそれら自身のうちにあるように理解されなければならないのである。それぞれの文化はそれが見上げているものの光に照らして理解されるべきだと思われるであろう。それぞれの文化が見上げているものは、それぞれにとっては特殊な種類の人間存在の中に反映されるようになり、そしてそういった種類の人間存在は、当の社会を広範な陽光のなかで支配するかもしれない。アリストテレスが通常的と見なしたのは、このような特殊な場合の支配である。しかし、それは単に特殊な場合なのだろうか。あらゆる文化の要素がそれによれば位階的に等しい平等主義的文化観と呼んでもよいような見解は、平等主義的社会——平等を（そして究極的には本質的に異なった部分からなるのではない宇宙を）見上げるところから、そしてそれゆえに、普通の人間たちへの奉仕に自らを捧げるそのような普通でない人間たちを見上げるところからその性格を引き出してくる社会——を反映させている。現在の文化の多様性への関心は、あるギリシア人旅行者による諸国民の多様性への関心によって、予示されていた。ヘロドトスは、諸国民を、土地とその住人の自然本性、彼らの技術（art）や技工（craft）、書かれた法や書かれざる法、物語や体験談を考慮に入れて、研究したと言い得るであろう。このような記述的研究法では、政治的な要素は、明白に最高のものとか権威あるもの、とは言えなくなる。このような記述的アプローチとは対照的に、アリストテレスのアプローチは実践的である。彼は、さまざまな社会を、善き社会あるいは善き生についての問いによって導かれる場合にそれらが現れ出てくるように、見るのである。その場合、これらの社会それ自体は、その問いに答える試みとして視界に入ってくる、つまり社会に対して課せられるべき諸条件が与えられることによって、視界に入ってくるのである。このような観点からすれば、土地とその住人たちの自然本性が、それにある程度は、技術（art）や体験談さえもが、諸条件であるように見え、もっぱら意図された政治的秩序のように見えるのである。――

　ここでわれわれは、いましばらく、アリストテレスの反民主主義的といわれる偏見について、いくらか触れておかねばならない。彼が反対している民主主義は、都市の民主主義であって、近代の民主主義や国家と社会の分離を前提とするような類いの民主主義ではない。都市の民主主義は奴隷制の現存によって特徴づけられる。つまり、市民であることは、ひとつの特権であって、権利ではないのである。そのような民主主義は、人間としての人間の自由に対する請求権（claim）を認めず、自由人としての自由人の自由に対する請求権を、そして結局は、（人間と自由人の）両面で市民から出たとは言わぬまでも自然本性的に自由である人間たちの自由に対する請求権を認めているに過ぎない。自由人が奴隷と区別されるのは、自由人が自ら好きなように生きているという事実によってである。好きなように生きる請求権は、すべての自由人に等しく賦与されている。自由人は誰か他の者から命じられることを拒否し誰かに服従させられることを拒否する。しかし、政府が必要である以上、自由人は、進んで自分に服従しない誰に対しても服従しないよう自分に命じる。つまり、誰もが、ただ自由人であるという理由だけで、他の人と同じように行政の長になる道筋を有していなければならないのである。このことを保証する唯一の仕方が、籤引きによる選抜である。それは、候補者が自由人であるかどうか以外のことを――とりわけ功績を――考慮して投票する仕方とも異なる。候補者への投票は、民主制的であるよりも、どちらかと言えば、優秀者支配制的である。そこから、近代の民主制は、アリストテレス的観点を勘案して言えば、民主制と優秀者支配制の混合である、と言われるべきであろう。都市の民主制が要求する自由は、好きなように生きることを意味するがゆえに、その民主制は、成員の最小限の規制しか許さない。それは極度に「自由放任」なのである。[48] アリストテレスが禁欲的で厳格な「ピューリタン的」民主制を認めていないことは、奇妙に思われるかもしれない。しかし、この種の体制は、民主制的というよりも、どちらかと言えば神権支配的（theocratic）であるだろう。けれども、われわれが注意しなければならないのは、アリストテレスが、都市の民主制と、その成員たちの道徳的性格とは関わりなしに侵害から彼らを護ることで成員たちに財物と奉仕の交換を可能にすることに自らを限定している都市との関わりを、示唆していない点である。彼が理解している民主制は、他のいかなる体制と比べても、熱烈にかつ全体包括的に、政治的であるわけではないのである。

民主制は単に数多ある都市の一形態であるだけではなく、都市の通常的形態と見られる、あるいは、都市は民主制へと向かう傾向があると見られるかもしれない。都市は自由で平等な人たちの社会である、あるいはそういった社会である傾向がある。社会は、都市としてあるとき、人民であったり、人民のものであったりするが、そのような社会は、人民によって支配される必要があるように思われる。アリストテレスが『政治学』の第三巻の根本的省察を民主制の起源の議論によって始め、彼に示される市民の最初の定義が民主制における市民の定義であるのは、決して偶然ではない。寡頭制や優秀者支配制とは対比的に、民主制は万人の支配であり、一部の者の支配ではない。寡頭制や優秀者支配制が一般の人民の統治への参加を排除するのに、民主制は裕福な人や紳士を排除しない[49]。それにもかかわらず、アリストテレスによれば、民主制における外見上の万人の支配も、実際には、一部の人たちによる支配である。等しい者たちの間で、満場の一致には至らない争点に公平でそればかりか熟慮にも合致するような唯一可能な決着法は、多数者の意志を尊重することであるが、実質的に、あらゆる都市における自由人の多数者が貧しいことは、よくあることである。それゆえ民主制は、貧者の支配である[50]。民主制は、万人の支配のように見せかける、あるいは、自由への請求権に基づいているのであって、貧困への請求権に基づいているのではない。というのも、統治に対する権原(title)がより確たるものとなるのは、それが欠乏や必要に基づいている場合よりも、ある卓越した事柄に基づいている場合の方だからである。しかし、もし民主制が貧者つまり余暇のない者の支配であるなら、それは無教養な者の支配であり、それゆえ望ましくない者の支配である。アリストテレスは、統治に参加することから実際に存在している民衆(demos)を排除することは安全ではないと考えたので、最善の政体として、民衆(*demos*)のいない都市、つまり一方では紳士と、他方では外国人居住者と奴隷だけからなる都市を考案した[51]。しかし、この完璧な解決が可能なのは、最も好ましい条件下においてでしかでない。それゆえ、アリストテレスは、あまり極端ではないさまざまな解決——卓越していない普通の人たちが参加するような体制——を考慮した。彼は第三巻の基本的省察においては——少なくとも一般の人々があまり堕落させられていないような場合には——、ほとんど民主制を受け入れるまで至っている。できるかぎり広範で可能的な基礎を据えた後、彼はまず民主制の実情を述べ、それから最も傑出した一人の人物による絶対的統治の実情を述べている[52]。彼は、あたかも、プラトンの『法律』でなされている示唆に同意するかのように、振る舞っている[53]。それによれば、体制にはそれら以外のすべての体制の「母」である民主制と君主制という二つの体制が存在する、と言われている。ある種の民主制に賛同する議論は、政治的なレベルでは、確定的であるように思われる。それでは、なぜアリストテレスはそれで十全に満足しなかったのだろうか。彼を民主制からある種の絶対的君主制へと向かわせるものとは、何であるのか。最高の支配権原を有するゼウスのような人間、多数者よりもずっと高い権原を有する者とは、誰であるのか。そのような高い権原を有する者は、それゆえに都市の一部分であることのできない、最高度に自足している人間である。彼は、哲学者でないとすれば、少なくとも、哲学者の最高の政治的映像ではないのか。彼は哲学者自身ではなさそうである。というのも、最高の意味での王であることは都市の黎明期に属するのに、哲学はより後の段階に属し、哲学――アリストテレス自身の哲学――の完成は、むしろその黄昏に属する、つまり、都市の最盛期と哲学の最盛期が、まったく異なった時期に属するからである[54]。いずれにせよアリストテレスが最善の種類の民主制に対してさえ留保を付した究極的な理由は、大衆（*demos*）は自然本性的に哲学に対抗するものであるとする彼の確信であることを示唆しておく[55]。紳士だけが哲学に対して開かれている、すなわち、哲学者に耳を傾けることができるのである。他方で、近代の民主制は、哲学と人民との根本からの調和を、前提としている。つまり、普遍的啓蒙によってもたらされる、あるいは万人に有益と認められる発明や発見による人間の生存状態を緩和させる哲学（科学）によってもたらされるあるいはその両方の手段によってもたらされる調和を、前提としている。端的に合理的な社会、すなわちその成員の各々が必然的に合理的であり、したがって万人が友愛に満ちた友情によって結びつけられているような社会、そして事物の監督支配とは区別される人間たちの統治も消失しているような社会の可能性を信じることができるようになるのは、アリストテレスと袂を分かつことによってなのである。そこからまた、哲学の都市への統合が、あるいは都市の近代的照応物である「文化」への統合が、したがってまた、自然と人為の区別の自然と歴史の区別への置き換えの達成が、可能となったのである。

アリストテレスにとって、政治的不平等は、究極的には人間間の自然的不平等性によって正当化される。ある人間が自然本性的に支配者であり他の人間が自然本性的に支配されるという事実は、同時に、全体としての自然に広くゆきわたっている不平等を指し示している。つまり、秩序づけられた全体それ自体は、異なった位階の存在者からなっている。人間の内にあっては、魂は自然本性的に身体の支配者であり、精神は魂の支配的部分である。思慮深い人間が無思慮な人間の自然本性的な支配者と言われるのは、このことに基づいてのことである[56]。精神に関する不平等に訴えるのではなく、呼吸や消化に関する平等に訴える平等主義者が、問題に行き当たらないのは明白である。道徳とそれにまつわることから出発する平等主義者の場合、事情はまったく異なる。道徳的判断を下す――善き人々や善き行為を称賛し悪しき人々や悪しき行為を非難する――とき、われわれは一人の人間の行為、したがってまたその人がよい人であるか悪い人であるかは、その人の力能の内にあることを前提している[57]。それゆえわれわれは、その人の意志に先立ち、あるいは自然本性的に、すべての人間が善い人間になるか悪い人間になる可能性に関して、すなわち、最高の事項と見なされる事柄において、平等であることを前提しているのである。にもかかわらず、ひとりの人間の躾け方やその人間が生きているもろもろの条件は、決定的ではないにせよ、その人間が善くなったり悪くなったりする、あるいは善くあったり悪くあったりする可能性に大きく影響を及ぼすように思われるであろう。人間を形成するのに好ましくない諸条件に直面しながらも人間の道徳的責任を維持させるためには、その人間を、それらの諸条件に対して責任ある者にしなければならないように思われる。つまり、あたかもその人間に悪く行為させた諸条件を彼自身が意志したのでなければならないのである。より一般的に言えば、善である可能性に関して人間の間に明白な不平等が存するのは、人間的欠陥の所為でなければならないのである[58]。そこで道徳的判断は、正義に関わる神がすべての人間を善にもなれば悪になる可能性に関して等しく創造したのだ、という公理に繋がっていくように思われる。しかし、「事態」は、正しい神のこのような意図に反しているのかもしれない。それゆえに、ある種の全能なる神による、また全能なるがゆえに全知でなければならない神による、つまりは、存りて在ろうとする《もの (what He)》、恵み深くあろうとする《者 (whom He)》に恵み深くあろうとする、絶対的主権者たる《聖書》の《神》による、「無から (*ex nihilo*)」の創造を仮定しなければならなくなる。というのも、他の考慮すべき点はさておき、神の恩寵は人間的価値の関数であるという仮説こそ、人間を誇りへと導くものであるからである。このことと一致して、トマス・アクィナスは、無垢の状態にあってさえ、恩寵が継続していたなら、人間は正義に関して不平等であったであろうし、彼よりも劣った人間に対する優れた人間の統治は存在したであろう、と教えている。位階の同等でない存在者を創造し、とりわけ位階の同等でない人間を創造したということにおいて、神は不正であるのではない。というのも、正義の平等性がその場所を持つのは、懲罰においてであって、正義の行為ではなく寛大さの行為であり、それゆえ天分の不平等とも完全には矛盾しない創造においてではないからである。神は《彼の》被造物には何ものをも負ってはいないのである[59]。一方において知性と賢慮を、他方において賢慮と道徳的な徳との関係を考慮に入れるならば、道徳性に関して、人間のあいだに自然的な不平等があることを認めなければならない。そのような不平等は、完全な意味で道徳的に卓越する能力あるいは完璧な紳士になる能力とは区別される、たとえば殺人の禁に従う能力を万人が自然本性的に等しく持つ可能性と、完全に両立可能である。たとえ被造物が神に対して請求権――神の善性と寛大さに訴える請求権――を持つことを認めたとしても、正義によって、万人にその当然の義務を与える強固な意志を理解するのではなく、知恵によって和らげられた善性を理解するなら、同じ結論に達するであろう。というのも、もしこれらの仮定が与えられたならば、神の善性を根拠として正当化されるある被造物の請求権でさえ、《彼の》知恵すなわち宇宙の共通善への《彼の》関わりを根拠として、否定されなければならなかったはずだからである[60]。プラトンが、悪徳の源泉を無知に求め、知識をとりわけよき自然本性を授けられた人々の領分としたのも、これと同じ考えによる。アリストテレスに関して言えば、ここでは、次のように言っておけば十分であろう。すなわち、彼の理解したような道徳的卓越性（徳）は「あらかじめ備わったもの」がなければ可能ではない、したがってこのような理由からだけでも、自然的不平等は言うまでもなく、十全な意味での道徳的卓越性は、万人の手の届く範囲にあるわけではない、と。

古典的な見解をよりよく理解するために、近代的な特徴が最も顕著であるような類いの平等主義を一瞥しておくのがよいであろう。ルソーによれば、自然的不平等は、社会の設立を通して、人為的平等と置き換えられる。社会を作り出す社会契約は、道徳性の基礎であり、道徳的自由あるいは自律の基礎である。しかし道徳的な徳の実践、つまりわれわれの同胞である人間に対するわれわれの義務の遂行は、ひとつの不可欠な事柄である[61]。より詳細に分析すれば、道徳性の核心にあるものは、あらゆる義務の遂行とは区別される善意志であることが明らかになってくる。前者（道徳性）は等しく万人の手の届く範囲にあるのに、後者（善意志）に関しては、自然的不平等が必然的に幅を利かせている。しかし、道徳性が自律を意味する、すなわち、人間が自らに課したのではない法に服さないことを意味するのだとすれば、自然的不平等を尊重することは義務ではありえない。したがって、人間の義務とは、人間のうちにある自然的なものと人間の外にある自然的なものとを、彼のうちにあってもっぱら彼が自らの尊厳を負っているところのもの、つまり道徳法則に服従させることにある、と言ってもよいであろう。道徳法則は、各人に有徳的活動を要請する、すなわち彼の諸能力の全面的で一様な発展、およびそれら諸能力を他の者と一緒になって働かせることを要請するのである。そのような発展は、各人が労働の分割と社会的不平等の結果として健常でなくなっているかぎり、可能ではない。それゆえ、徹底して平等であると同時に最高度の水準にある社会の設立に貢献することは、道徳的な義務である。まさに自然的でないがゆえに、すなわち自然に対する決定的な戦闘に勝利しているがゆえに合理的であるような社会では、幸福がたしかに何物にも遮られえない有徳的な活動である場合に、すべての人は必然的に幸福なのである。したがって、そのような社会は、もはやいかなる抑圧も必要としない社会である(62)。自然的な出産の過程によって伝達される自然的不平等は、いくらか残存しているかもしれないが、しかし次第に消失していくであろう。というのも、抑圧が不可避であった過渡期に採用されねばならなかった人間的諸手段は言うまでもなく、獲得された諸能力もまた、相続されたものになりうることが期待できるからである。

アリストテレスにとって、自然的不平等は、都市の非平等主義的性格に対する十分な正当化であるとともに、いわば都市が優れた自然的結合体であることの証拠の一部でもある。都市は自然によって存在する、すなわち都市は人間にとって自然的なのである。諸都市を設立するに際して、人間は、彼らの自然がそうする方向へと彼らを向かわせたことを、行っているだけである。人間が自然本性的に都市へと

向かわされるのは、自然本性的に幸福の方へと向かわされているから、つまり、自然の必要とするところをその必要の自然的地位に比例して満足させるという仕方で、共生の方へと向かわされているからである。都市とは、卓越的な生に捧げられうる唯一の結合（association）である、と言いたくなる。人間とは、幸福へと向かわされた唯一の地上的存在者であり、そして幸福になることができるのである。それは、彼が理性と言語をもつ唯一の動物、純粋に見ようとし知ろうと努力する動物、あるいはその魂が多少「万物」であるような動物、つまり、人間が小宇宙だからである。全体と人間の精神との間にはひとつの自然的調和が存している。もし人間をその一部とする全体が人間に対して友好的でなかったなら、人間は幸福ではいられないであろう。もし自然が人間に食物やその他の必要物を提供してくれなかったなら、人間は生きていけなかったであろう。つまり、自然は、すべての動物ではないにせよ、少なくともそれらのほとんどを、必ずしもこの目的のためばかりとは言えないにしても、人間のために作ったのであり、したがって、人間は、自分に役立てるために動物を捕らえたり殺したりしたとしても、自然に従って行為しているのである。[63] 全体に対する人間の関わりについてのこのような見解は、語の本来の意味での「楽天主義」と言ってよいのかもしれない。つまり世界は最善の可能的世界であると言ってよいのかもしれない。われわれはもはや、世界に満ちている悪、とりわけ人間の愚かさに起源を持たない悪は、いっそう大いなる悪を生み出すことなしには存在し得なかったであろうと想定する権利を、持ってはいない。人間には不平を言ったり反抗したりする権利はないのである。このことは、以下のことを否定するのではなく、むしろ主張している。すなわち、人間の自然本性は多くの仕方で隷属化されており、ごく少数の者だけが幸福を達成できる、あるいは人間が自然本性的にその能力を秘めている最高度の自由を達成できるにすぎず、これら少数の者たちでさえつねに達成できるわけではない、と主張しているのである。したがって、現実に人間的卓越性に捧げられた都市は、控えめに言っても、きわめて稀であり、それゆえに、人間の理性よりも偶然の方が、人間によって制定されるさまざまな法に対して責任があると思われる、と主張しているのである。[64]

アリストテレスは、神的なもの（the divine）は人間の幸福を羨んだり人間に敵意を抱いたりする、という詩人の主張に抗して、幸福や人間の最終目的についての自らの見解を弁護せざるを得なくなった。[65]彼はこの主張を真剣に考えてはいなかった。それは、後の時代になって、かなり変形された形で取り上げられた。われわれが知っているような全体は、善なる神あるいは最高の神とは区別される悪の神すなわちデーモンの作である。したがって、目に見える全体の一部として、あるいは自然本性によって人間が向かう最終目的は、善ではありえない。このような見解は、人間は自然的な善性とは区別される真の善性についての知識を所有しているということを、前提している。人間は、自然的能力によっては、真の善性を知ることはできない。そうでなければ、目に見える全体は端的な悪ではないだろうからである。しかし、この理由のゆえに、真の善性の知識といわれるものは、説得力を欠いている。そこで、アリストテレスの原理についての近代の批判に向かうことにしよう。新しい十七世紀の反アリストテレス的科学が目的因を否定したというだけでは十分ではない。というのも、古典的「唯物論者」は、それと同じことをしていたにもかかわらず、近代の反アリストテレス主義者がしたように、善き生とは自然に従った生であり、「《自然》は必要な諸物を容易に供給してくれた」ということを否定はしなかったからである。アリストテレスがわれわれの自然は多くの仕方で隷属化されていると要約して述べたことをよく考えてみるなら、自然は人間にとって、ある種母のようなものではなく、苛酷な継母であるという結論、すなわち、人間の真の母親は自然ではないという結論が、容易に引き出される。近代の思想に特有であるものは、近代の思想が引き出したこのような結論自体ではなく、その結論から引き出される自分自身の弛まぬ努力によって奴隷状態から人間を解放する、という決意である。この決意は、自然の「征服」を要求すること、つまり、自然を服従すべき敵と理解し取り扱うという要求のうちに、効果的な表現を見出す。それとともに、科学は、誇り高き瞑想であることをやめ、人間の生存状態の救済に奉仕する、慎ましくも情け深い侍女となる。科学とは、力のためにあるのであり、われわれの自然的なもろもろの最終目的を達成する手段を手に入れるためにあるのである。これらのもろもろの最終目的には、それ自体として追求される知識は、もはや含まれない。それらは、心地よい自己保存に還元される。自然の潜在的征服者としての人間は、自然の外に立っている。このことは、人間の精神と全体との間に自然的調和が存在しないことを、前提している。そのような調和への信念は、いまや、ひとつの望ましい仮定、あるいは性善説的仮定であるように見える。われわれは、世界が、われわれに与えた能力によって自らと世界とわれわれを欺こうとしている悪しきデーモンの作品である可能性を、あるいは結局は同じことになるのだが、盲目的な必然性とその産物がこれまで知られるようになったどうかにまったく関わりなく、世界が盲目的な必然性の作品である可能性を考慮しなければならないのである。たしかに、われわれは自分の自然的能力を信頼する権利を持っているわけではない。極端な懐疑論が必要とされるのである。私はただ完全に私の制御のうちにあるものだけを信頼することができる。つまり、私が信頼できるのは、私が意識的に作り出した諸概念、および私の構成物であるより以上のことを私が要求しない諸概念と、私に刻印されたそれらのありのままの諸情報、およびそれらを作ったことによって私が意識している以上のことを私が要求しない諸情報だけなのである。自然の征服のためにわれわれが必要とする知識は、もちろん独断的なものでなければならないが、その独断主義は極端な懐疑主義の上に基礎づけられていなければならない。独断主義と懐疑主義の総合は、結局のところ、無限に進歩してゆくひとつの体系としての科学、あるいは無限の（*in infinitum*）改訂に曝され続けている慢性化した仮説の集塊としての科学という形をとることになる。極端な懐疑主義に基礎づけられた新しい独断主義が前提とする全体についての原初的あるいは自然的理解との断絶は、原初的な理解に基づいた最も重要な問いとして知られていた問いの変形へと至り、結局のところ、そのような問いの放棄へと至る。原初的な争点の位置が派生的争点によって占められる。この転換は、「都市」が「文化」にとって代わられたことに示されているのかもしれない。

以上のことから、近代的な立場が、もろもろの自然的な最終目的を要求しながら、それを認めることができない二重のものであることが分かってくる。その困難性は「自然状態」という用語に示されている。それは、もはや人間の完成された状態とか完全な状態を意味せず、人間の最初の状態を意味しているからである。この状態は、まったく自然的であるがゆえに、単に不完全であるだけではなく悪しき状態である。つまり、万人の万人に対する戦争の状態なのである。人間は自然本性的には社会的ではない。すなわち、《自然》は人間を分離させる（dissociate）のである。しかしこのことは、自然は、人間をして自ら社会的にならざるをえなくさせる、ということを意味する。自然がただ人間に最大の悪としての死を回避せざるをえなくさせるがゆえに、人間は自ら市民とならざるをえず、市民であらざるをえないのである。最終目的とは、人間が自然本性的にそこに向かう何ものかではなく、人間が自然本性的にそこに向けて駆り立てられる何ものかなのである。もっと精確に言えば、最終目的とは、人間を手招きするものではなく、人間をその自然的悲惨さから逃れさせるために、人間によって考案されなければならないものなのである。自然は人間にただ否定的に最終目的を与えるだけでしかない、つまり、自然状態が耐え難き状態だからである。これこそ、ニーチェが、近代的道徳の本質的に禁欲的な性格と認めたものの根拠であるように思われる。人間が自然（普遍的な強制）を征服するのは、自然が人間にそうするよう強制するからである。その結果が自由である。自由はあたかも自然がそこへと向かう最終目的であるかのようである。しかしこれは、たしかに意図されたものではない。その最終目的は、自然によるものではなく、単に自然に対して人間によって考案されたものでしかないのであって、このような意味では、自然を基礎とした考案物でしかないのである。

アリストテレスによれば、人間は自然本性的に人間的な卓越の生を送ることを、運命づけられている。この最終目的は、いかなる人間の生もその最終目的に照らしてでなければ理解されえず、存在するところのものとは見られえないという意味で、普遍的である。しかしながら、その最終目的は、きわめて稀にしか達成されない。そうであるなら、アリストテレスが理解していたような人間的な卓越の生に対する、自然本性的な障碍が在るはずではないのか。そのような生は自然に即した生でありうるのか。人間としての人間の真に普遍的な最終目的を見出すためには、何よりもまず、一定のアリストテレス主義の伝統が求めた類いの自然法のようなもの、すなわち「規範的な」法、つまり侵犯されうる法、そしておそらく遵守される以上にいっそうしばしば侵犯されうる法を求めるのではなく、万人がそれに従って行為せざるを得ないがゆえに誰もが侵犯できない法としての自然法を求めなければならないのである。後者のような待ち望まれる法こそ、新たな種類の「規範的な」法の、つまりそのようなものとしてもちろん侵犯されうるが、伝統によって説かれてきた規範的な法よりずっと容易に侵犯されることのない法の、確固とした基礎であるだろう。この新たな種類の規範的な法は、もはや本来の意味での自然法であると主張するものではない。それは、自然法とは対比的に、合理的な法である。結局、それらは「理想」となるのである。[66] 理想は、人間的推論によって、あるいは「論理的思惟（figuring out）」によってのみ「存在する（exist）」。それは「言論のうちで」のみ存在するのである。したがって理想は、古典的政治哲学における人間の最終目的や人間の完成とはまったく異なった資格（status）をもつ。それにもかかわらず、それは、古典的政治哲学における最善の政治秩序（最善の体制）と、同じ資格をもっている。現代における哲学的思想の政治化を理解したいのなら、あるいはこのことを言い換えて、自然と人為の区別に代わる近代思想における対価物を理解したいのなら、このことを心に留めおかなければならない。

われわれが述べようと試みている根本的な転換が見えてくるのは、「自然法」に「人間の権利」が代替されるようになったときである。つまり、義務を命じる「法」が「権利」によって置き換えられ、「自然」が「人間」によって置き換えられたときである。人間の諸権利は、「考える我（*Ego cogitans*）」の道徳的等価語である。「考える我」は「自然の監督の下」から完全に己を解放し、そしてついには、全体として自らが創始したのではないいかなる法に服することも拒否したり自らの創造によることを知らないいかなる「価値」にも自らを捧げることを拒否するのである。——

『政治学』のテーマはギリシアの都市国家ではなくポリス（都市）である、つまり『政治学』のテーマはポリテイア（体制）、都市の「形相（form）」であると言うだけでは十分ではない。このことは、『政治学』の第一巻以外の各巻の冒頭から、すぐに明らかになる。[67] 第一巻の冒頭において、アリストテレスは、体制の問題を提起せずに都市を取り扱っている。というのも、彼の第一の仕事は、都市としての都市の尊厳を打ち立てることにあるからである。つまり彼は、都市としての都市が自然本性的に存在すること、すなわち、家政とその他の自然的結合体とは本質的に異なるものとしての都市が、自然本性的に存在することを示さなければならないからである。彼がそうしなければならなかったのは、何らかの自然的結合体の存在を否定した人はともかく、いく人かの人たちが、都市と家政の間に違いがあることを否定したことがあったからである。『政治学』の冒頭で、アリストテレスは、都市を、都市の部分であるある種の結合体からなるものとして示している、と言うことができるかもしれない。いずれにせよ、第三巻の冒頭で彼は、都市の部分として、他の結合体ではなく、人間の個人でさえなく、市民を提示している。[68]「市民」が「体制」、つまり政治的秩序に関わることは明らかである。つまり、民主制にあって市民である人間は、寡頭制にあっては必然的に市民ではない等々、ということであろう。自然的な結合体である都市の部分の考察は、全体としては政治的に中立的であり続けるのに対して、市民がそれであるような都市の部分の考察は、必ず不和を引き起こす政治的争点に関わりをもつようになる。つまり、アリストテレスは、市民とは何であるかという問いを提起することによって、卓越した仕方で政治的な問題の核心へと接近していくのである。市民の真実であるものはよき市民の真実である。というのも、市民の活動あるいは仕事は、よき市民のそれと同じ部類に属するからである。[69]善き人間とは対照的に、善き市民も「体制」に関わりをもつ。明らかに、善き《共産主義者》は、リベラル・デモクラシーにおいては悪い市民であらねばならないし、その逆も真理である。体制とは、都市の「質料」とは対照的なその「形相」であり、その質料はとりわけ、何らかの体制によって形成されたのではないと考えられる限りにおいて、その都市に住まう人間存在からなる。市民としての市民は、その質料には属さない。というのも、市民であるかないかは、すでに形相に依存するものだからである。[70]形相は、それが「最終目的」に直接関わるがゆえに、その尊厳性において、質料よりも高い。つまり、一定の都市の性格がわれわれに明らかになるのは、その都市の重要な部分がどのような種類の人間からなっているか、すなわち、これらの人間がどのような最終目的のために献身しているのかを、われわれが知るときである。

アリストテレスは、見たところ、体制の変革が一定の都市を別の都市に変形させる、という結論を引き出しているようである。この結論は、不合理とは言わないまでも、矛盾しているように思われる。つまり、それは、体制のあらゆる変革にもかかわらず、都市が明らかに継続していることを否定しているように思われるのである。というのも、最初は絶対君主制であったそのフランスがその後民主制になったと言う方が、民主制のフランスと君主制のフランスとは違う国であると言うより、明らかによいのではないか。あるいは、一般的に言って、同じ「実体」が、「実体」と比べると「ただの」形相でしかない違った「形相」を引き続きとっているなどと言うのは、よくないのではないか。アリストテレスが「形相」の非継続性とは区別される「質料」の継続性に目を閉ざしていなかったことは、言うまでもない。その場合、たとえば、民主的な都市はひとつ以上存在しえないということをもって、都市の同一性がもっぱら体制の同一性に依存すると言っていたのではなかった。彼は、都市の同一性はとりわけ体制の同一性による、と言っているのである。[71] それにもかかわらず、彼が言ったことは、われわれの念頭にあることとは反対となっている。それはわれわれの経験に逆らうものではない。このことを見るために、通常行われるよりずっと詳細に、彼の述べていることを調べてみなければならない。彼はひとつの経験から出発している。ひとつの都市が民主的になったすぐ後、民主主義者はときどき、ある種の行為（たとえば、ある種の契約義務）について、それは都市の行為ではなく、退位した寡頭政治家や僭主の行為である、と言うことがある。民主主義者、すなわち民主主義の支持者は、民主主義が存在しないときには都市も存在しない、といったような意味のことを言う。アリストテレスが、寡頭政治家とは区別される民主主義者による言説に言及しているのは、偶然ではない。寡頭政治家ならば、おそらく、寡頭制が民主制に変わった後、崩壊するはずの都市が端的にまだ都市であると言えるかどうかはともかく、その都市は崩壊するであろうくらいは言うであろう。そこで、何らかの体制の支持者にとって都市が「存在」するのは、彼が好ましいと思う体制の魂が込められている（形相が込められている）ときだけである、と言っておこう。その他にも、極端な見解を退け、それゆえ体制の変革など都市の存在にちっとも影響しない表面的な出来事だ、と言う穏健な人々や節度のある人々もいる。このような人々は、市民が体制にどれほど関係していようと、善き市民とはどんな体制の下であっても自らの都市に奉仕する人間である、と言うであろう。これらの人間を愛郷者と呼ぶことにしよう。体制の支持者たちは彼らを裏切り者と呼ぶであろう。(72) アリストテレスは、その支持者とも愛郷者とも、意見を同じくしてはいない。彼は、体制の変革は、愛郷者が認めているよりずっと根源的であるが、体制の支持者が主張しているほどにも根源的ではないと言う。つまり、体制の変革によっても、都市が存在することを止めるわけではなく——ある点では、たしかに最も重要な点で——別の都市になると言うのである。というのも、体制の変革によって、政治的共同体は、それ以前の最終目的とは根本的に異なるひとつの最終目的に捧げられたものになるからである。アリストテレスは、人間的卓越性のことを考えているのである。つまり、ひとつの都市が捧げられる最高の最終目的、すなわち、一見奇妙とも思われる主張によって、都市が捧げられる最高の最終目的、すなわち、人間的卓越性のことを考えているのである。つまり、ひとつの都市での何らかの変革が、重要さという点で、高貴さから醜悪さへの、あるいはそれとは逆に醜悪さから高貴への、都市の方向転換と比較されうるかについて考えているのである。われわれは、彼の観点は、愛郷者の観点でもなければ通常の支持者の観点でもなく、卓越性の支持者の観点である、と言ってもよい。彼は、体制の変革によって、あらゆる点でひとつの都市が別の都市になる、と言うのではない。たとえば、先行の体制が引き受けていた責務に関しては同一の都市のままであろう。彼がそのような責務に関する問いに答えることに失敗しているのは、答えることができないからではない。そうではなくそれが厳密に言って、政治的な問いではなく、むしろ法的な問いだからである。[73] 彼がこの法的な問いに答えるのに従っていると思われる原理を見分けることは、容易である。というのも、彼が賢明な人間であったからである。つまり、もし失脚した僭主が都市にとって有益であるような責務を引き受けていたなら、都市はそれを光栄に思って引き受けるべきであるが、しかしもし、彼が私腹を肥やすためにその責務を引き受けたのなら、都市はその責務を引き受ける必要はないからである。

体制が至上であることを主張するアリストテレスのテーゼを理解するために、唯一なさねばならないことは、今日では忠誠として知られている現象を考察することである。すべての市民に要請される忠誠は、単なるむきだしの国（country）、つまり体制とは無関係の国に対する忠誠ではなく、体制つまり《憲法》によって魂が込められた国に対する忠誠である。《ファシスト》や《共産主義者》は、自分たちが《合衆国憲法》を破壊しようとするのは、《合衆国》に対する忠誠からであると主張するかもしれない。というのも、ファシストやコミュニストの意見では、《合衆国憲法》は《合衆国》の人々にとって悪いものだからである。しかし、忠実な市民であるという彼の主張は、認められないであろう。《合衆国憲法》が体質的に改変され、体制がリベラル・デモクラシーでなくなることはありうるのだから、《ファシズム》や《共産主義》か《共産主義者》かのいずれかになって、その挙句に《合衆国》の全市民が《ファシズム》や《共産主義》に対する忠誠を期待されることもあるだろう、と言うひとがいるかもしれない。しかし、リベラル・デモクラシーに忠誠を誓い自分が何をなしているかを知っているひとは、誰も、まさしくその教理がリベラル・デモクラシーに対する忠誠心を掘り崩す可能性があるという理由で、このような教理を教えたりはしない。体制が今にも崩壊しそうな状態になったとき初めて、その体制の他の体制への変換が公的に弁護されうるものとなるのである。――われわれは適法性と正当性とを区別するようになった。つまり、ある一定の社会において適法的であるものは、その究極的な正当性を、人民の主権であるにせよ、国王の神権であるにせよ、あるいは他のそういった何ものかであるにせよ、通常法や憲法といったあらゆる法の源泉である何ものかから、要するにそれを正当化する原理から、引き出してくるのである。正当化する原理は端的に正義であるわけではない。さまざまな正当化の原理が存在するからである。正当化する原理は自然法ではない。自然法は、それ自体、民主制、優秀者支配制、君主制の間にあっても中立的であるからである。正当性の原理は、どの場合も、種別的な正義についての観念、つまり、民主制的に理解された正義、寡頭制的に理解された正義、優秀者支配的に理解された正義等々、である。このことは言ってみれば、すべての政治社会は、その性格を、種別的な公共的道徳あるいは政治的道徳から、その社会が公共的に護られるべきであると見なすものから引き出しているということである。そしてこのことは、社会の重要な部分（必ずしも多数であるわけではない）が正しいと見なすものから引き出している、ということを意味している。一定の社会は、極端に自由放任的であると特徴づけられるかもしれないが、まさにこの自由放任的であることは、制定され擁護される必要があるのであり、そして、それには必然的に限界があるのである。つまり、自由放任の社会も、その構成員にあらゆる種類の非‐自由放任的なものを許すことになれば、まもなく自由放任的であるのを止めることになるであろう。それは地球上から消えていくことになるであろう。さまざまな体制という光に照らして都市を見（see）ないということが意味するのは、政治的な人間が見るように、すなわち、さまざまな種別的な公共的道徳に関わる人間が見るように都市を観（look at）ないということである。さまざまな種別的な公共的諸道徳や諸体制が、必然的に最善の体制についての問いを生じさせるのは、あらゆる種類の体性が、最善のものであると主張するからである。それゆえ、アリストテレスの『政治学』の主導的な問いは、最善の体制についての問いである。しかし、この主題は、別の機会にもっとよい仕方で論じられる。

われわれは、アリストテレスが『政治学』の最高の主題と見なしているものの一見自己矛盾していると思われるものについて、ひとつの所見を述べることによって結びとする。彼は、最善の体制についての主題的な議論を、人間の最高の最終目的である幸福は個人にとっても都市にとっても同一である、とする原理の上に基礎づけている。彼が明らかにしているように、この原理は、そういったものとして、万人に受け入れられるであろう。困難が生じるのは、個人の最高の最終目的は観照（contemplation）であるという事実からである。彼は、個人と同様に都市も、観照的生の能力を備えていると主張することによって、その困難を解決しているように思われる。しかし、都市が、せいぜい観照的な生と類似の生の能力を備えているにすぎないことは、明らかである。アリストテレスが自らの明白な結論に達するのは、厳密にかつ狭く考えられた政治的探究に相応しく、個人の最善の生という十全な意味を明示的に捨象することによってである(74)。そのようなひとつの探究において、政治を超越したもの、つまり超政治的なもの——政治的生とは対照的な精神の生——が、政治的なものの限界としてのみ、視界に入ってくる。人間は市民以上のもの、あるいは都市以上のものである。人間は、自らのうちにある最善のものによってはじめて、都市を超越するのである。このことは、最高度に卓越した都市、すなわち最善の体制の実例は存在しないのに、最高度に卓越した人たちの実例は存在するという事実のうちに反映されている——つまり最善の体制については、それが必ず言論のうちにだけ「生きている」ことが知られているだけでしかないのに、最高度に卓越した人たち（プラトンやアリストテレス）は実際にも生きていたことが知られているという事実のうちに、反映されているのである。アリストテレスは、人間が都市を超越するると主張することによって、現（近）代の時代のリベラリズムに同意している。それにもかかわらず、彼がそのようなリベラリズムと異なるのは、この超越を人間のなかでの最高の者だけに限ることによってである。人間が都市を超越するのは、ただ真の幸福を追求することによってだけであって、どのようにでも解される幸福を追求することによってではないのである。

【石崎嘉彦／訳】

第Ⅱ章　プラトンの共和国について

一般的に言って、われわれがある人の思想を知ることができるのは、その人の口頭あるいは書かれた言説をとおしてだけである。われわれがアリストテレスの政治哲学を知ることができるのは、その『政治学』をとおしてである。他方、プラトンの『国家』は、『政治学』とは対照的に、学的論述ではなく、プラトン以外の人たちの間での対話である。われわれが『政治学』を読むとき、われわれはつねにアリストテレスの言うことを聞いているのに、『国家』を読むとき、われわれはプラトンの言うことを聞いているわけではない。プラトンは、どの対話篇においても、何らかのことを語っているわけではけっしてない。それゆえわれわれは、プラトンが考えたことを、対話篇から知ることはできない。もし誰かが、プラトンがしかじかの見解を持っていたということを立証しようとして、その対話篇から一文を引用したとしよう。そのとき彼は、シェイクスピアによれば、人生とは、騒音や憤怒に満ちてはいても、何事をも語らないひとりの阿呆によって語られる物語でしかない、と言うのとほとんど同じことを、もっともらしく断言しているにすぎないのである。しかし、これはばかげた注釈である。つまり、誰もが知っていることだが、プラトンは、もちろん、彼のプロタゴラス、彼のカリクレス、彼のメノン、彼のヒッピアス、彼のトラシュマコスの口をとおしてではないが、たしかに彼のソクラテス、彼のエレアからの客人、彼のティマイオス、彼のアテナイからの客人の口をとおして、語っている。彼は自分の代弁者の口をとおして語っているのである。しかし、彼はなぜさまざまな代弁者を用いているのだろうか。彼はなぜ、彼のソクラテスを、彼のティマイオス、彼のエレアからの客人の言説の無言の聴衆に仕立てるのだろうか。彼はわれわれには語らない。その理由は誰も知らない。知っていると主張する人は、知識について考え違いをしているのである。その理由が分からないかぎり、われわれはプラトンの代弁者であるということが何を意味しているか、知ってはいないのである。われわれはプラトンの代弁者のようなものがあるのかどうかさえ、知ってはいないのである。しかし、次のように言うことはもっとばかげている。すなわち、プラトンの卓越した代弁者が、プラトンが崇敬している教師にして友人でもあるソクラテスであること、プラトン自身の教説が全面的にあるいは部分的にソクラテスに依拠していることくらいは、どんな子供だって知っている、ということである。われわれは子供以上に無知でいようとは思わないし、それゆえまた子供のような従順さでソクラテスは卓越したプラトンの代弁者であると復唱しようとも思わない。しかしソクラテスが皮肉の達人であったことは、彼の特性のひとつである。出発点に立ち返ると、その皮肉ゆえに著名な人間の口をとおして語ることは、結局何事をも断言していないということになるように思われる。プラトンが、無知の知の達人である彼のソクラテスのように、何も断言していない、つまり教説など持ち合わせていなかったというのは、いったい真実でありうるだろうか。

そこでプラトンの対話篇が教説を宣べ伝えるものではなく、ソクラテスを記念してソクラテス的生き方をひとつのモデルとして提示するものであると仮定してみよう。そうであるとしても、それら対話篇は、ソクラテスが生きたように生きよ、とわれわれに語ることはできない。というのも、ソクラテスの生が可能であったのは彼が「ダイモンからの」贈り物を持っていたからであったのに、われわれはそういった贈り物を持っていないからである。すると、対話篇は、ソクラテスがあなた方に生きよと語ったように生きよとわれわれに語っているはずである。ソクラテスがあなた方に生きるように教えたように生きよということである。プラトン的対話篇が教説を宣べ伝えてはいないという仮説は、不合理である。すべてとは言わぬまでも、きわめて多くのことが、ソクラテス的皮肉とは何であるかに懸っているように思われる。皮肉は、ある種の真理の隠蔽術あるいは、ある種の不正直（untruthfulness）である。それゆえアリストテレスは、皮肉の習慣を、何よりもまず悪習と見なした。それにもかかわらず皮肉は、悪行や悪習の隠蔽行為ではなく、むしろ善行や徳の隠蔽行為である。法螺吹きとは対照的に、皮肉屋は自らの値打ちを控え目に述べる。皮肉が悪徳であるなら、それは優雅な悪習である。それは、適切に用いられるなら、少しも悪習ではない。つまり、度量の大きい人――実際それに相応しいがゆえに自ら大いなる事柄に相応しいと見なしている人――が正直で率直であるのは、人を見下す習慣を身につけていながら、それでいて多くの人たちとの交流の中で皮肉っぽい人でもあるからである。[1]したがって皮肉は、その人の値打ちの、その人の卓越性の、高貴な隠蔽術である。卓越した人間に特有の人間性である、と言ってもよい。つまり彼は、自ら卓越していることを表に出さないようにして、自分の目下の者の感覚に気を配っているのである。卓越性の最高の形は、知恵における卓越性である。したがって、最高度の意味における皮肉は、その人の知恵、すなわちその人の賢明な考えの隠蔽術であろう。この術は二つの形態をとることができる。つまり、「賢明な」主題に関して、その人自身の考えより賢明でない考え（たとえば、一般に受け入れられている考え）を表明するか、賢明な主題に関して、誰もそれについての知識を持たないという理由で何らかの考えを表明することを控え、それゆえただ質問をすることはできるが答えを与えることはできないか、のいずれかである。もし皮肉が、本質的に、人間の間に位階の自然的秩序が存在するという事実に関わるのだとすれば、皮肉とは、異なった種類の人々に対して異なった仕方で語ることにある、ということが導き出されてくる[2]。

ソクラテスがその皮肉のゆえによく知られていたことは疑いないが、その一方で、皮肉やそれに類する語は、「敵対者たちによってソクラテスに用いられているだけであって、好ましくない意味を有していた[3]」と言っても、必ずしも誇張しているわけではない。これに対して、火のないところに煙は立たぬと答えることもできようし、あるいはむしろ、公然と言われる皮肉とは不合理なものなのだと答えることもできよう。しかしいずれにせよ、われわれは、疑いなく、最初のところに帰らなければならないようである。プラトン的対話篇が何であるかを知らなければ、プラトンが言おうとした教説を理解することはできない。プラトンの教説は、それが提示されている形式から切り離して理解することはできない。《なに》に対してと同様《いかに》に対しても注意を払わなければならない。いずれにせよ、まず「実体」に対してよりも、「形相」に対して、いっそう大いなる注意を払わなければならない。というのは、「実体」の意味は「形相」に懸っているからである。単なる文章表現の問題の研究に専心するために、最も重大な問題（哲学的問題）に関わることを先送りしなければならない。それでもなお、文章表現の問題と哲学的問題との間には、ある結びつきがある。文章表現の問題すなわち表現（presentation）の問題は、ある種のコミュニケーションに関わる。コミュニケーションは、共に生きるための手段である。コミュニケーションは、その最高の形態においては、共に生きることそのものである。表現の研究は、社会の研究の重要な部分である。さらに、真理の探究は、あらゆる点においてではないにしても、必然的にひとつの共同探究、コミュニケーションを通して行われる探究である。それゆえ文章表現の問題の研究は、哲学とはなんであるかの研究の重要な一部である。適切に理解された文章表現の問題とは、社会と哲学の関係の問題なのである。

プラトンのソクラテスは、その文章表現の問題――著述についての問題――を、『パイドロス』において論じている。彼は、著述は疑わしい価値の発明であると述べている。そう述べることによって、彼は、なぜ自分がもろもろの言論や書物を書かなかったのかをわれわれに理解させる。しかし、プラトンは対話篇を書いた。プラトン的対話は、諸もろの著述の本質的な欠陥から解放された一種の著述と見なしてよいのかもしれない。著述には本質的に欠陥がある。なぜなら、読むことのできる人なら誰でも近づくことができる、あるいは誰が語るべきでは誰が黙するべきかを知らない、あるいは誰に対しても同じことを語るからである。われわれは、プラトン的対話篇は――あらゆる著作がそうであるようにたまたま違った人々に対して異なったことを述べるのではなく――、違った人々に対して異なったことを述べるように企んでいる、あるいは根本的にアイロニカルである、と結論づけることができるかもしれない。プラトン的対話篇は、適切に読めば、口頭的コミュニケーションの柔軟性と適応性をもっていることを示している。善き著述を適切に読むということが何を意味しているかについては、『パイドロス』において、ソクラテスが善き著述の性格について述べる際、それとなく仄めかしている。ある著述が善いと言われるのは、それが「記号表記する必然性」がある場合、すなわち諸々の言葉を書くことを命じる必然性がある場合である。つまり、書かれた言葉のどの部分も全体にとって必然的でなければならないということである。言葉のそれぞれの部分が現出するところは、それが現出すべきことが必然的であるところである。一言でいえば、善き著述は、適切な働きをよくこなすことのできる健康な動物に似ているはずである。(4) 著述の適切な働きとは、ある読者たちには語り、その他の人たちには黙するということである。しかし、どの著述もすべての読者に対して語っていることは、明らかではないのか。

プラトンのソクラテスは、われわれのためにこの困難を解決してはくれないので、クセノフォンのソクラテスに頼ることにしよう。クセノフォンによれば、ソクラテスの会話の術は、二重である。誰かがある点で彼に反対意見を述べると、彼は、議論の主題となっている事柄に関して「何であるか」という問いを立て、それに一いち答えて、議論全体を支えている前提にまで立ち返ってゆく。このようにして、反対意見を述べる者たちに真理が明らかになってくるのである。しかし彼自身が主導しながらひとつの主題を議論するとき、すなわち、彼がただ聴いているだけの人たちに語りかけるとき、彼は一般に受け入れられている意見をとおして話を進め、こうして、稀有な意見の一致を生み出してゆく。このような明白な真理とは区別される意見の一致へと導いてゆく後者の類いの会話術は、ホメロスが「安全な会話者」と呼んで狡猾なオデュセウスのものであるとした技術である。ソクラテスが素直に聴いている人たちより反対意見を述べる者たちをより善く遇しているのは、不可解に思われるかもしれない。その不可解な点は、クセノフォンのもう一つの報告によって取り除かれる。ソクラテスはすべての人に同じように接するのではない、と言われているのである。彼は、一方では、自然本性的に惹きつけられる善き自然本性を所持している人たちと、他方では善き本性を備えていないさまざまな人たちとでは異なった仕方で接しているのである。善き本性を備えている人は天賦の才能のある人である。つまり、飲み込みが早く、記憶力が善く、学ぶに値するすべての主題に貪欲な人である。ソクラテスが考えることのできる人たちを真理へと導こうと努め、その他の人たちは有益な意見に同意させる方向に導くとかあるいはその意見を確証しようと努めたとしても、なんら不思議なことではないであろう。クセノフォンのソクラテスは、彼の最も祝福されるべき著作においては、友人たち、あるいはむしろ「よき友人たち」とだけ関わっている。というのも、プラトンのソクラテスが言うように、真理は分別ある友人たちの間で述べるのが安全だからである。(5) もしわれわれが、この情報を『パイドロス』から導き出される情報と結びつけるなら、われわれは次のような結論に至る。すなわち、著述の適切な働きは、他の人たちを有益な意見へと導きながら、いく人かの人たちには真に語る、あるいは真理を示すことである、という結論である。著述の適切な働きは、自然本性的に思考することに適した人たちを思考へと奮い立たせることである。善き著述がその最終目的を達成するのは、読者が著述のあらゆる部分の、それがどんなに小さくてもまたどんなに重要でないように見えようとも、その部分の「筆記の必要性」を注意深く考慮する場合である。

しかし「善き著述」とは、プラトン的対話篇がその一種（species）であるところの類（genus）であるに過ぎない。善き著述のモデルは善き会話である。しかしある書物とある会話との間には、次のような本質的な違いがある。書物では、著者は自分がまったく知らない多くの人々に向けて述べるのに、会話では、話者は自分がよく知っている一人ないしそれ以上の人たちに向けて語る。もし善き著述が善き会話を模倣しているはずであるなら、その会話は、まずは著者に知られているひとりの人ないしそれ以上の人々に向けられていなければならないと思われるであろう。そこで第一の名宛人は、著者がとりわけ伝えようとしている読者タイプの代表として振る舞うであろう。そのようなタイプの人が最善の自然本性を所持する人たちから成っている必要は、必ずしもない。プラトン的対話篇が提示しているのは、ひとりの人間が多少は知っている一人ないしはそれ以上の人間と交わした会話、それゆえに彼が、自ら述べることをその対話の相手の能力、性格、それにその人の雰囲気に対し適合させることのできた会話である。しかしプラトン的対話篇が、それが提示する会話と区別されるのは、以下の事実による。すなわち、それは、プラトンにはまったく知られておらず、プラトン自身がその人たちに向け語っているのではまったくない、多数の人も、その会話に接近できるという事実によってである。他方で、プラトン的対話篇は、献呈書簡がなしえたよりずっと明白に、どういう仕方であれば、作品をとおして伝えられる教説が主要な語り手によってその個々の聴き手に合わせられるのか、それとともに、その教説が、当の会話が行われている個々の状況を超えて妥当するには、どのように言い直されなければならないかを、われわれに示している。というのも、プラトン的対話篇においては、主要な対話篇者と会話するいかなる人も、完璧な最善の自然本性を所持してはいないからである。プラトンがさまざまな語り手を採用しているのはこのためである。つまり、ソクラテスとエレアからの客人あるいはティマイオスとの会話を提示しないことで、彼は、同等のあるいは同等と考えることのできる人たちの間でのプラトン的対話が存在しないことを示唆しているのである。

これまで見てきたところは、その大部分が、せいぜいプラトンの登場人物たちが述べたものでしかなく、プラトン自身が述べたことに基づいてはいないことを根拠として、退けることもできるであろう。そこでもう一度、表層に戻ることにしよう。知ったようなふりをすることは、一切止めることにしよう。プラトン的対話がひとつの謎であり――どこか人を惑わせ頭を捻らせるものであること――を認めよう。プラトン的対話はひとつの大きな疑問符なのである。黒板に白いチョークで記されたひとつの疑問符は、まったく意味不明である。そのような疑問符が二つあれば、われわれに何かを語るであろう。そのような二つの疑問符では、二という数が、われわれの注意を惹きつけるであろう。プラトン的対話篇としてわれわれに伝えられている対話篇の数は三五ある。それらのいくつかは現在では一般に偽書と見なされている。しかし偽書を除外する議論は、究極的には、われわれがプラトンの教えたことや考えたこと、あるいは彼がおそらく書きえたであろうことを知っているという信念、言い換えれば、われわれが彼の可能性を研究し尽くしたという信念に基づいている。いずれにしても、われわれは同じような種類の、つまり比較することのできる、多くの個別の対話篇の集まりに相対しているのである。われわれは類似点と類似していない点に注意を払うことができるし、「プラトン的対話篇」という類を複数の種へと分けることができる。われわれは推論することができるのである。三五個の対話篇を、一風変わった事物種の、一風変わった動物種の、個別の種の集まりと見なすことにしよう。動物学者のように続けていこう。これらの個々の対話篇を分類するところから始め、彼の作品の表層の表層をとおして、プラトンの登場人物とは区別されるプラトン自身が語っているところを、われわれが聞くことはないのかどうかを、見てみることにしよう。たとえプラトンの対話篇がわれわれの知るかぎり会話の言葉どおりの報告であるとする、最も凡庸で、しかし実は最も用心深い仮定を立てたとしても、それでも特にこれら三五の会話を選んだことは、プラトンの業績であるだろう。というのも、ソクラテスは、ソクラテスの会話の再現であるプラトン的対話より多くの会話を行っていて、プラトンはそれを知っていたはずだからである。ソクラテスは、プラトン自身と何らかの会話を持ったはずなのに、ソクラテスがプラトンと会話したプラトン的対話篇は存在しない。[6]

プラトン的対話篇ではすべてがプラトンの登場人物によって言われている一方で、プラトン自身が全面的に責任を負っているのは対話篇の表題に対してである。表題が主題を示している対話篇は四つ、『国家』『法律』『ソフィスト』『ポリティコス』だけである。『自然』や『真理』というプラトン的対話篇は存在しない。表題によって主題が示されている対話篇の主題は、きわめて政治的である。この提案は、プラトンの描くソクラテスによればポリスの大衆こそ最大のソフィストであるという所見によって、強められる。[7] 何らかの仕方で記録された会話に参加している人間の名前が明示されている対話篇は、二五ある。その人間は、例外なく、ソクラテスと同時代の男性である。これらの場合、その表題は、対話篇の主題に関して言えば、『アンナ・カレーニナ』や『ボバリー夫人』の表題と同様、何も、あるいはほとんど何も、明らかにしてはいない。ただ三つの対話篇の場合（『ティマイオス』『クリティアス』『パルメニデス』）、その表題は明らかに該当する対話篇の主だった特徴を表している。二つの対話篇（『ヒッパルコス』と『ミノス』）の場合は、表題は人名からなっているが、対話の参加者の名前ではなく、その対話の中で語られる過去のひとりの人間の名前からなっている。こちらの方の表題は、悲劇の表題を思い起こさせる。ソクラテスの名前が出てくるのは、ただ一つ、『ソクラテスの弁明』においてだけである。七つの表題、すなわち『国家』『法律』『ソフィスト』『ポリティコス』『ヒッパルコス』『ミノス』『ソクラテスの弁明』は、当該の対話篇の主題を表している、と言うことができるかもしれない。その主題が表題によって示されている対話篇に限って、それは、きわめて政治的である。

『ソクラテスの弁明』以外にソクラテスの名前が出てこないという事実は、どう見ても偶然ではない。クセノフォンは四つの著作をソクラテスに捧げている。彼もまた、『ソクラテスの弁明』以外のどの表題にもソクラテスの名前を挙げてはいない。ソクラテスに捧げられた彼の最も包括的な著作は、『メモラビリア』と呼ばれていて、その内容から予期される『ソクラテスのメモラビリア』ではない。ちょうどプラトンと同様に、クセノフォンも、「弁明」と結びつけるとき以外は、表題にソクラテスを挙げることは差し控えている。プラトンの『ソクラテスの弁明』は、ソクラテスによる自身の生き方についての公式で荘厳な説明を提示している。つまりそれは、死刑に値する罪を犯しているという告発に対して自らを弁護せざるをえなくなって、アテナイの都市に向けて彼が行った釈明である。ソクラテスはこの釈明を会話と呼んでいる(8)。それは、アテナイの都市との彼の唯一の会話であり、前置き的な会話（会話にまでは入っていない）にほかならない。つまりそれは、どちらかと言えば一方的な会話である。この公式の説明において、ソクラテスは、自らが習慣的に会話していた類いの人々について、一定の時間を割いて語っている。彼は、市場の両替場のテーブルで、公然と多くのアテナイ市民たちと会話しているように見える。彼の仲間の市民たちにうすうす感じさせていた彼に固有の「仕事」とは、賢明であると主張している市民たちを吟味することにあった。彼は、何らかの知識を有していると思われているすべての人を吟味した。しかし、彼がその詳細な申し立ての中で言及しているのは、たった三種類のそういった人たち、つまり政治家と詩人と手工者たちだけでしかない。たしかに、簡潔な繰り返しの中では、彼は、その前に述べていた三つの階級に雄弁家を加え、そのくり返しの直前では、アテナイ人と異国人のいずれを賢明であると信じるかを吟味したと述べてはいる。(9) しかし、『ソクラテスの弁明』の示唆によれば、異国からやって来たソフィストや弁論家やそういった類いの人たちとのソクラテス的会話を提示しているプラトン的対話より、アテナイの一般的な人たち、とりわけ政治家、手工者とのソクラテス的会話を提示しているプラトン的対話の方が、多く見られるという期待は否定できないであろう。プラトンのソクラテスは、靴作りの職人およびそれに類する人たちについて語ったことでよく知られており、また嘲笑されてもいた。しかしわれわれは、彼が靴作りの職人あるいはそれに類する人たちと話すのを、見ることもなければ聞くことも、決してない。彼が（公衆に向けたスピーチのなかで彼自身が自らを表現しているのとは区別される仕方で）実際に会話しているのは、もっぱら一般的ではない人たち——つまり最高度の意味でのエリートでは決してないし、またほとんどないが、何らかの意味でエリートに属する人たちである。クセノフォンは、『メモラビリア』のひとつの章をまるごと——と言っても一つの章だけであるが——、ソクラテスがたまたま手工者たちと会話するようになったときいかにうまく応対したかを示すために費やしている。それに続く章では、クセノフォンは、ソクラテスとアテナイを訪問していた物腰柔らかなひとりの美しい女性との会話を報告している。[10] プラトン的対話篇では、われわれは、ソクラテスが著名な女性たち（ディオティーマとアスパシア）と行った会話についての彼自身による二つの報告を見出すが、しかし舞台の上でわれわれが見たり聞いたりするのは、ただひとり、彼の妻のクサンチッペだけであって、それもただ一度だけである。とりわけ、プラトンは、ソクラテスと大衆（demos）である人間、特に手工者とのソクラテス的会話を、提示してはいないのである。彼は詩人とのソクラテス的会話をただ一度だけ提示してはいるが、将来を嘱望されている若者とは区別され、会話当時に現役であったり退役していた政治家のアテナイ市民との会話も、ほとんど提示してはいない。その表題はともかくとして、われわれがとりわけプラトンの登場人物とは区別されるプラトン自身の声を聞くのは、このような会話の選択をとおしてなのである。

次に明白になってくるプラトン的対話篇の区別は、二六ある演劇的対話篇と九つある物語的対話篇の区別である。物語的対話篇はソクラテスによって語られる（六）か、名前が挙がっている誰かによって語られる（三）かのいずれかである。そしてそれらは、誰かある人によって名前の挙がっている人に語られる（二）か、名前の挙がっていない仲間の人物に対して語られる（二）か、あるいはまた不特定の聴衆に対して語られる（五）かのいずれかである。演劇的対話篇である『ソクラテスの弁明』では、プラトンはそこに居合わせた者として言及され、物語的対話篇である『パイドン』では、不在であることが言及されている。このことから、プラトンはすべての演劇的対話篇に登場していたが、物語的対話篇には登場しなかったと考えられるべきである、と推断することはできない。それよりもむしろ、プラトンは、対話篇のほとんどでは演じる者として、またそうでない対話篇では語られる者として、そこに居合わせたという事実によって、登場人物を介在させずにわれわれに直接語っているのだ、と言わなければばならない。これら二つの劇の形式は、それぞれ、固有の利点を持っている。演劇的対話篇では、「彼は言った」と「私は言った」という語が無数に繰り返されて、話が途切れることはない。他方、物語的対話篇では、会話の参加者は、直接的あるいは間接的に、会話に参加していない者たちに対して、したがって［読者である］われわれに説明が加えられるのに、演劇的対話篇では、対話篇の登場人物と読者の間に架かる橋がない。物語的対話篇では、ソクラテスは、対話相手にはうまく語りえないようなこと、たとえば、対話の中で彼が一定の動きをしたのはなぜだったのかとか、彼が相手のことをどう考えたのかといったようなことを、われわれに語ることができる。このように彼は、秘密のいくつかを、われわれに明かすことができるのである。プラトン自身は、自らの対話篇を物語的なそれと演劇的なそれとに分けることによって何を言おうとしたのか、なぜいくつかの対話篇が物語的となり、いくつかが演劇的となったのかについて、われわれに語ってはいない。しかし、彼は、物語的対話を演劇的対話篇に改変する証人にわれわれを仕立てることによって、われわれに自らの作業場を覗き込むことを許している。ソクラテスは、自らのテアイテトスとの会話を、メガラから来たエウクレイデスに語って聞かせたことがある。エウクレイデスは、ほかのプラトンの登場人物たちのようなすぐれた記憶力をもたなかったと見えて、自分がソクラテスから聞いたことを書き留めたことがあった。もちろん、ソクラテスが語ったことを一語一句漏らさずというわけではなく、「私は言った」とか「テアイテトスは同意した」というようなソクラテスの「話の合間の言葉は……端折って[11]」のことではあるが。エウクレイデスは演劇的対話を物語的対話に変形したのであった。エウクレイデスが用いた表現は、『国家』では、ソクラテスが用いている。そこで彼が長々と説明しているように、著者が自らの登場人物のひとりあるいはそれ以上であるかのように語っているとすれば、すなわち彼が登場人物たちの「語った言葉の間にあるもの」

(「aが言った」や「bが答えた」)を飛ばしているとすれば、著者は自分自身を完全に隠しているのであり、そして彼の著述はドラマである。[12] 著者が語られる言葉の間にあるものを省略せずに、その語りを彼が描く登場人物のひとりに委ねるときもまた、著者が完全に自らを隠していることは明らかである。したがって、プラトンの描くソクラテスによれば、われわれは、プラトンはその対話篇の中では完全に自らを隠している、と言わなくてはならないようである。このことは、プラトンが自分の名前まで隠しているということを意味しているのではない。プラトンがプラトン的対話篇の著者であることは、常に知られていた。それは、プラトンが、自分の意見を隠していることを意味しているのである。われわれは、もし散文の劇があるとすれば、プラトン的対話篇は劇であるという、さらなる結論を引き出すことができる。それゆえ、プラトンの対話篇は劇のように読まれなければならない。われわれは、プラトンの登場人物のどの発言であれ、安直にプラトンの発言とすることはできないのである。このことをわれわれの実例によって説明するなら、シェイクスピアの描くマクベスとは対照的に、シェイクスピアが人生を何と考えたかを知るためには、マクベスの発言を、劇全体の光に照らして考慮しなければならない、ということである。こうしてわれわれは、劇の全体からすれば、人生とは単純に無意味であるのではなく、人生の神聖な法を犯す者にとって無意味になる、あるいは聖なる秩序はそれ自体を回復させる、すなわち人生の法を犯すことは自己破滅的である、ということを見出すのである。しかし、この自己破滅は、特殊な種類の人間存在であるマクベスという実例の中で示されているのであるから、その劇の外見的な教訓が万人の真理、あるいは普遍的真理であるかどうかは、疑ってみなければならないであろう。マクベスによる人生の法の侵犯が、少なくとも部分的には超自然的な存在者によって始められるということが事実であれば、自然法と思われているものが実際に自然法であるのかどうか、考えてみなければならないであろう。これと同様に、われわれは、すべてのプラトンの登場人物の「言論（speech）」を、「実際の行い（deed）」の光に照らして理解しなければならないのである。「実際の行い」とは、何よりもまず個々の対話の場面設定と筋書きである。つまり、ソクラテスが彼のもろもろの言論でどのような種類の人間の役を演じるか、各人の年齢、性格、能力、社会的地位、そして外見がどうであるか。いつどこでそのような筋書きにあることが起こったのか。ソクラテスは自分の意図することを達成するのか。ソクラテスの行動（action）は自発的であるのかそれとも押し付けられたものであるのか、といったことである。もしかすると、ソクラテスは教理を教える気など端からなくて、どちらかと言えば、人間を教育する——つまり人間をより善くする、より正しくより穏やかにする、自らの限界をより意識させる——つもりでいるのではないか。というのも、人間たちが真摯にひとつの教説を聞き入れることができる以前に、喜んでそうしようという気になっていなければならないからである。彼らは聴くことが必要であると意識するようになっていなければならないのである。彼らは自らを愚昧にしようとする誘惑から解放されなければならないのである。この解放が達成されるのは、言論（speech）によるよりも、沈黙と実際の行い（deed）によって——つまり彼の言論と同一ではないソクラテスが黙して行う行動（action）によって——である。しかし、「実際の行い」もまた、「言論」の中では言及されず、それでいてソクラテスやプラトンには知られている実際に重要な「事実（fact）」を含んでいる。聴衆を完全に説得する一定の言論は、ソクラテスに知られている「事実」と、一致していないかもしれない。われわれは、一部には、テーマになっていない些細なことによって、また一部には、一見さりげなく言われていることによって、これらの「事実」へと導かれるのである。登場人物たちの言論を理解することは比較的容易である。つまり、登場人物たちの言論を聞いたり読んだりした人は、誰でもその言論を理解する。しかし、ある意味で、言われていないことを理解すること、言われたことがどのように言われたかを理解することは、それ以上に難しい。もろもろの言論は、何か一般的なことや普遍的なこと（たとえば正義）を扱うが、それらは、特殊的で個別的な場面設定の中で述べられる。つまり、これやあれやの人間が、普遍的な問題について、ここで述べたりそこで述べたりするのである。実際の行いの光に照らして言論を理解するということは、哲学的なテーマの哲学的な取扱いが特殊的で個別的な取扱いによってどのように変容され、どのように修辞的で詩的な取扱いへと変形されるかを見ること、すなわち、明示的で修辞的あるいは詩的な取扱いから暗示的で哲学的な取扱いを回復させることを意味する。言い換えれば、実際の行いの光に照らして言論を理解することによって、二次元的なものを三次元的な何ものかに変形する、あるいはむしろ、本来の三次元的なものを復活させるのである。一言でいえば、「記号表記する必然性（logographic necessity）」の法則は、真剣には捉えられないのである。プラトン的対話には偶然的なものは何もない。そこにあっては、すべてが必然的である。対話篇の外で偶然的であると思われるすべてのものが、対話篇の内では、意味あるものとなる。現実のあらゆる会話では、偶然がかなりの役割を演じている。つまり、プラトン的対話篇はすべて、根源的に作為的である。プラトン的対話篇は、根本的な嘘、美しい飾り立てられた嘘の上に、すなわち偶然性の否定の上に、基礎づけられているのである。

『国家』において、ソクラテスがほかの詩的創作と対比して、劇とは何であるかを説明する際、飾り気のないアデイマントスは、もっぱら悲劇のことだけを考えている。同様にプラトン的対話篇の飾り気のない読者——そしてプラトンが自らの読者に対して行っている第一のことは、読者を飾り気のない者にすることである——も、プラトン的対話篇を新たな種類の悲劇、ことによると最良で最善の種類の悲劇であると解している。にもかかわらずソクラテスは、アデイマントスによる悲劇への言及に対して、「それに喜劇も」[13]という語を付け加えている。この点においてわれわれは、プラトン以外の著者だけでなく、プラトンには知りえなかった著者にも、依拠せざるをえなくなる。というのも、プラトンは死後も多くの世紀を生きたからである。その理由は、われわれは何よりもプラトン的伝統をとおしてのみプラトンを読んでいるからである。われわれは、解釈、翻訳、出版をプラトン的伝統に負っているのである。プラトン的伝統とは、何世紀にもわたって、《キリスト教的プラトン主義》の伝統であった。しかし、われわれがその伝統から恩恵を受けているからといって、キリスト教的プラトン主義と原初のプラトン主義の間に差異が存するという事実に目を瞑ってはならない。その差異を見ようとするとき最大の助け人となるのがキリスト教の聖者であったとしても、驚くべきことではない。私が念頭に浮かべているのはトマス・モア卿である。彼の『ユートピア』はプラトンの『国家』を自由に模倣したものである。モアの完璧な共和国（commonwealth）は、プラトンの共和国ほど質実ではない。モアは、言論と実際の行いとの関係を知悉していたがゆえに、自らの完璧な共和国とプラトンのそれとの違いを、プラトンの完全な共和国の説明が食事の場所を占めるのに、食事を終えた後に説明することによって、表現したのである。モアはその『安楽と苦悩の対話』の十三章において次のように言っている。「そして、この人生には笑いのときなどなく、むしろ泣いているときばかりであることを示そうとして、われわれが見出すのは、われわれの救世主自身が二度三度と泣いたが、彼が笑ったという話は一度たりとも聞いたことがないということである。彼が決して笑わなかったと断言するつもりはないが、少なくとも笑ったという実例は残さなかった。しかしその反対に、彼はわれわれに、泣いたという実例を残している」。プラトンが描く——あるいはクセノフォンが描く——ソクラテスの真理がそれと正反対であることを、モアは知っていたはずである。ソクラテスは、泣いたという実例をわれわれに残してはいないが、しかしその反対に、彼は笑ったという実例を残している。[14] 泣くことと笑うこととの関係は、悲劇と喜劇との関係に似ている。それゆえわれわれは、ソクラテス的会話、したがってプラトンの対話篇は、微かにではあるが、悲劇よりも喜劇に類縁のものであると言うことができるかもしれない。この類縁性は、明らかにアリストファネスの『女たちの会議』と類似しているプラトンの『国家』においても、顕著に認められる。[15]

プラトンの作品は多くの対話からなっている。というのも、それは存在の多性、多様性、異種混合性を模倣しているからである。多くの対話は、ひとつのコスモス（宇宙）を形成しており、そのコスモスは、神秘に満ちた宇宙を神秘的に模倣しているのである。プラトン的宇宙は、その原型が神秘的であることをわれわれに悟らせ、その神秘をわれわれが分節化するのを助けるために、その原型を模倣している、あるいは再生産しているのである。対話篇が多数あるのは、全体が多くの部分から成っているからである。しかし、個々の対話篇は、哲学的な科学の百科全書あるいは哲学体系のひとつの章なのではない。それ以上に、プラトンの発展してきた段階の遺物でもない。それぞれの対話篇は、ひとつの部分を扱っている。それはその部分についての真理を示している。しかし、ひとつの部分についての真理は、部分的な真理、半分の真理である。われわれはあえて、それぞれの対話篇は、その対話の主題にとって最も重要な何ものかの捨象であると言っておこう。もしそうであるとすれば、対話篇で提示されているような主題は、厳密に言えば不可能である。しかし不可能なもの、あるいはある種の不可能なものがもし可能なものとして取り扱われるなら、最高度の意味においてばかばかしいもの、慣用的に言えば、喜劇的なものである。あらゆるアリストファネス喜劇の核心は、ここで示された類いの不可能な何ものかである。プラトンの対話篇は、アリストファネスによってすでに完成されていたと考えられたものを、その完成態へともたらそうとするものである。――

プラトンの最も有名な政治的著作であり、あらゆる時代をとおして最も有名な政治的著作である『国家』は、正義をテーマとする物語的対話篇である。会話が行われた場所は、われわれにきわめて明瞭に示されているのに、時間すなわち年代は明らかにされてはいない。それゆえ、われわれは、政治的原理をめぐる会話が行われた政治的諸状況について、ある知識を欠いているのである。しかしこの点に関して、われわれはまったくの暗闇の中に取り残されているわけではない。『国家』の中でソクラテスは、そこにやって来た経緯をわれわれに語っている。その前日、彼はアテナイから、アテナイの海軍と商業勢力の中心地であり民主主義の本拠地であったペイライエウスに、グラウコンと一緒にやって来たのである。彼は、そこで正義について会話するためにではなく、女神――アテナイ人にとっては新奇な女神であったようである――に祈りを捧げ、それと同時に、その中で土着人のみならず外国人の行列も行われる新奇な祭りを見物したいという思いから、ペイライエウスにやって来たのであった。市街に戻ろうと急いでいたとき、ソクラテスとその連れ合いは、幾人かの知人たちに引き止められる。この知人たちは、彼らとともに裕福な外国人居住者（メトイコス）であるそのうちの一人の者の家に来るよう彼ら〔ソクラテスとグラウコン〕を説き伏せる。その家からなら、夕食の後、女神を祝福する新奇な松明競争を見物することも夜のお祭りを見物しに行くこともできるというわけである。その家で彼らは他の人物たちと出会う。《そこに居合わせた人たち（synontes）》（その折ソクラテスとともに居合わせ名前が挙げられている人たち）は、全部で十人いる。アテナイ人はそのうちの五人だけであり、四人は、外国人居住者であり、一人は、有名な外国人の弁論術の教師である。（会話に加わっているのは十人のうち六人だけである。）われわれは明らかに、古いアテナイとは反対の極、先祖の国政つまりマラトンの戦士たちのアテナイとは反対の極にいるのである。われわれは、新しいもの、新奇なもの――つまり頽落の空気――を吸っているのである。いずれにしても、ソクラテスと主だった彼の対話者であるグラウコンとアデイマントスは、その頽落に大きく関わり、政治的な健全さの復活について考えていることが分かってくる。『国家』においては、世に蔓延っている真新しさをもてはやす新しい政体たる民主制に対する、それまでに行われたうちで最も辛辣な告発が、一言の弁護の声もなく行われているのである。それにまた、ソクラテスも、強硬な抵抗に遭うこともなしに、きわめて根本的な改革案を提出している。その会話の何年か後に、親密さと友情によってソクラテスとプラトンに結びつけられていた人たちは、民主主義を崩壊させ、徳と正義に捧げられた優秀者支配体制を復活を目論む政治的復古運動を試みた。彼らは、ペイライエウスの十人と呼ばれる権力を打ち立てたのである。しかし、『国家』の登場人物たちは、それらの政治家たちとは異なる。『国家』の登場人物のいく人か（ポレマルコス、リュシアス、ニケラトス）は、後者の政治家たちの、いわゆる三十人僭主の犠牲者である。その状況は、ソクラテスが敗戦将軍、あるいはいまにも敗北せんとしている将軍たちと、勇気について議論している『ラケス』、および彼が将来の僭主たちと節制について議論している『カルミデス』の状況と、よく似ている。『国家』では、彼は正義を回復させるために、最も不正な人間によって企てられ流産した試みの犠牲者たちが居並ぶなか、正義を論じているのである。[16] こうしてわれわれは、『国家』で試みられる回復が政治的地平で行われるものではないという可能性に備えさせられるのである。

ソクラテス的回復の特性は、会話が始まる前の筋書き（action）によって、明らかにされ始める。正義についての会話は、まったく自発的に行われるというわけではない。ソクラテスとグラウコンが家路を急いでいたとき、遠くから彼らを見ていたポレマルコス（《戦争の主》）が召使いに彼らを走って追いかけさせ、自分が行くまで待っているように、命じさせたのである。召使いに待っていようと答えたのは、ソクラテスではなくグラウコンである。しばらくして、ポレマルコスが、アデイマントスとニケラトスと名前の挙げられていないほかの何人かを伴って、登場する。このグループで最も重要な男であるアデイマントスの名前は、その出会いのままに、真ん中に差し挿まれている。ポレマルコスは、自分の集団が人数とそれゆえまた腕力で優ることをチラつかせながら、ソクラテスとグラウコンにペイライエウスに留まるよう、要求する。ソクラテスは、説得すれば彼らも強制を思い止まるかもしれないと応える。それに対してポレマルコスは、彼とその一団の者たちは聞くことを拒否することによって、説得されないようにすることができると応えている。その直後、ソクラテスではなく、グラウコンが力に屈する。ソクラテスもまた力に屈しなければならなくなる前に、幸運にも、アデイマントスが説得の手法を用い始める。彼はソクラテスとグラウコンに、ここに逗留すれば珍しい光景を目にすることができると約束する。つまり、女神を称えて行われる騎馬の松明競争を見ることができると約束するのである。その競争が興味深いのは、女神のためでなく、馬のためである。ポレマルコスも、アデイマントスに続いて、食事の後のさらに別の光景とそれとも違う見世物もあると約束する。その直後に、ソクラテスではなくグラウコンが決心する。彼は、「まるでわれわれが留まらなければならないと言っているみたいだね」と言うのであるが、それは彼の三度目の決心である。いまや、ペイライエウスにソクラテスとグラウコンが逗留することが、全会一致で評決されたのである。つまり、ソクラテスは選択権を持たず、圧倒的多数の人たちによってなされた決定に従うよりほかないのである。無記名投票（ballot）された、票のすべてが同一の者の票になる速記投票（bullet〔アメリカの大統領選挙などに見られる投票様式〕）になっているのである。つまり、無記名投票は、速記投票のことが記憶されている限りでのみ、説得的なのである。したがってわれわれが、正義について会話できるのは、強制と説得が混成されることによってである。そのような混成、あるいはその種の混成に屈服することは、正義の役回り（act）である。正義そのもの、義務、責務は、強制と説得のある種の混成、威圧と理性のある種の混成なのである。

にもかかわらず、主導権はまもなくソクラテスに回ってくる。彼が主導権を握ったことによって、いっさいの見物はもちろん、晩餐さえ、正義についての会話のために、完全に忘れられてしまう。会話は、その日の午後から次の日の朝まで続いたはずである。とりわけ会話の中心的部分は、太陽の自然の光の助けを借りず、そしておそらくは人工の光の中で（第五巻の冒頭を参照せよ）行われたに違いない。『国家』の筋書きは、こうして、身体的快楽と欲求にさえ関わる、そしてまた観光をしたり珍しいものを見たりして喜ぶといった快楽に関わる、節制と自己抑制の実演であることが分かってくる。このような筋書きは、ソクラテス的復古運動の特性をも示している。身体と感覚に食物を与えることが、精神に食物を与えることに置き換えられているのである。しかし、ソクラテスをしてペイライエウスへ赴こうという気にさせ、そこから実際にそのようになったように、ソクラテスをしてペイライエウスに逗留すべく強制される羽目に陥らせ、そうして正義についての会話に関わるように仕向けたのは、物見をしたいという欲求ではなかったか。ソクラテスは、他の者たちや自分自身から、自分の気ままな行為を罰せられているのではないか。彼のペイライエウス逗留が強制と説得の結びつきによっていたのとちょうど同じように、彼のペイライエウス訪問は、敬神（敬虔）と好奇心の結びつきによっていた。彼のペイライエウス行きは、何らかの欲望とは区別される彼の敬神に促されてのことであったと推量しなければ、謎のままであり続けるように思われる。しかし忘れてならないのは、彼がグラウコンと一緒にやってきたという点である。グラウコンのために、グラウコンの求めに応じて、彼がペイライエウスにやってきた可能性を、われわれは排除できない。結局、われわれが見るかぎり、会話に先立ってなされた決定はすべて、グラウコンによってなされているのである。クセノフォン[17]がわれわれに語っているところでは、カルミデスとプラトンのおかげでグラウコンと友誼を結んだソクラテスが、彼の極端な政治的野心の熱を冷ましたようなのである。この熱冷ましを成就するためにソクラテスは、グラウコンを喜ばせて、まずは自分に耳を傾ける気にさせなければならなかった。プラトンのソクラテスは、ペイライエウスにしきりに行きたがっていたグラウコンを伴い極端な政治的野心にとり憑かれた彼の熱を冷ます適当な機会を見つけるために、そこにやって来たのかもしれない。『国家』が、あらゆる形態の政治的野心に対するこれまで考案された最も壮大な熱冷ましの役を担うものであることは、確かである。

会話の冒頭部分では、ポレマルコスと他の二人の登場人物たちの年老いた父であるケパロスが中心の位置を占めている。彼はまったき意味での父である。その理由の一つは、彼が富を成した男であるというものである。富は父権を強める。彼は、最も自然本性的な権威と思われるものを象徴しているのである。彼は、年寄りに特有の威厳をもっている、そしてそれによって、老人への敬愛に基づく秩序、現在の腐敗とは対蹠的な古き秩序を演じているのである。われわれは、古の秩序が、あらゆる復古運動に対してさえ優っていることを、容易に信じることができる。ケパロスは、言論を愛する者であるにもかかわらず、それがまさに始まらんとするとき、敬神のお勤め（行為）を行うために、正義についての会話から離れてゆく。そして二度とそこには戻ってこない。つまり、彼の正義は、言論あるいは理性を必要としないのである。彼が立ち去った後、ソクラテスが中心を占める。ケパロスの正義がどれほど気高いものであったとしても、それは伝統的な正義の観念によって生命を吹き込まれたものであり、その観念は、根本的に欠陥がある（366d-e）。古き秩序には欠陥がある。というのもそれは、現在の無秩序の起源だからである。つまりケパロスは、ポレマルコスの父なのである。そしてたしかに、外国人居留者であるケパロスは、古き秩序の、古きアテナイの秩序の適切な代表者ではない。善は、父なるものあるいは先祖的なものと同一ではないのである。敬神は、哲学に取って代わられるのである。

正義についての会話が計画されたものではなかったことから、その会話がどのようにして行われるようになるのかを見なければならない。会話は、ソクラテスがケパロスに問いを発することをもって始まる。その問いは、礼儀正しさの範型である。それはケパロスに、彼が所持する善きことのすべてを語る機会、いわば彼の幸福を提示する機会を与える。そしてそれは、もしかするとソクラテスが彼から何かを学ぶことのできる一般的性格、つまりどういう訳でとても古いと感じるのか、という唯一の主題に関わっている。ソクラテスがケパロスの年齢の人たちに出会うのはたしかにきわめて稀であり（『ソクラテスの弁明』23c）、彼が出会うときはその年齢の人たちは、ケパロスが行ったように問いを彼ら（老人たち）に問う機会を、与えてはいない。他方ケパロスは、いつも同世代の人たちとだけ会話していて、そして彼らは通例は高齢について話をしているのである。ケパロスは、ほとんどの彼の同時代の人たちとは一致せず、しかしまた老詩人ソフォクレスとは一致して、年寄りたちが狂暴で野蛮な主人である性欲から解き放たれているという事実を特別引合いに出して、老いを称賛している。ソクラテスとは異なりケパロスは、明らかに、自分がまだそんなに年老いていなかった頃は、その主人の下で大いに苦しめられたものであった。そしてこの点では自分の状態を不躾に問われて赤裸々に語ったソフォクレスとも異なり、老い一般について問う段になって、この主題を自発的に持ち出してくる（すでに 328d2 で言われていたことを参照せよ）。『国家』でソクラテスの最初の対話者が持ち出してきた第一の問題は、《エロス》の悪に関わる。ところで老いが称賛に値するのは、それが感覚的欲望からの自由を、あるいは節度をもたらすからである。しかしケパロスは、すぐに自説を修正する。つまり人間の善き‐存在に関連するのは、年齢ではなく、性格であると言う。性格のよい人にとっては、老いでさえ、ほどほどの重荷でしかないからである——つまり老いは、もちろん若さよりも重荷だ、という意味でしかないのである。おそらく記憶や視力の低下のことが考えられるであろうが、ケパロスはこうした衰えについては、一言も口にしていない。もしも若者を苦しめるあの性欲がそれほどまでに耐え難い苦痛であるなら、老いに対する彼の最終判断がどういう意味で真でありうるかを見ることは、容易ではない。当然のことながらソクラテスはケパロスの言説を疑っている。ケパロスがもっと十全に自説を述べるべきだと願いながら、ソクラテスは、ケパロスが容易に老いに耐えていられるのは彼の善き性格のおかげではなく、彼の大いなる富のおかげである可能性に言及している。ケパロスは富が容易に老いに耐えられる必要条件であることを否定はしない（彼はこうして、意識することなく、貧しいソクラテスに、非常に年を取ることに対処する術を助言している）が、それが十分条件であるということは否定している。つまり、最も重要な条件は、善き性格であるというわけである。ソクラテスはケパロスに彼の節度のもう一つの面——それが醸成されるには老いるまで待たなくてはならない——つまり、彼の富の獲得に関する節度の面について語る機会を与えている。この点でのケパロスの節度が真正であることは、一点の曇りもなく明らかになってくる。ソクラテスには、さらにもうひとつだけ、ケパロスに対して向けた問い（それは正義に関する問いに先立つ第三のそして最後の問いである）がある。あなたの考えでは、あなたの富によってあなたが享受する最大の善とは《何であるか》、という問いである。ケパロス自身は、自分の答えがきわめて説得的であるとは思っていない。それを理解するためには、彼を除けばそこに居合わせている他の誰も持たないような、老いの経験、あるいはそれに匹敵するところまで行かなければならないのである。ひとたびつまり、ひとはいずれ死ぬであろうことを信じるところまで行かなければならないのである。ひとたびその状態に至れば、ひとはハデスにおける事柄について語られたことが本当なのかもしれないと恐れ始める。つまり、この世で不正に振る舞ってきた者が、あの世で罰を受けねばならないかもしれないと恐れ始める。そして、誰かに何かの際に不正を行ってはいなかったかと、自問し始める。このような誠実な探索のなかで、知らないうちに誰かを騙したり、嘘をついたりしたこと、あるいはまた、神に犠牲を捧げるのを怠ったり、人間にお金を借りたりしていたことを発見するかもしれない。もし富がありさえすれば、まだ時間のあるうちに、この負債を支払うことはできる。したがって、ケパロスが間もなく自分も死んでゆくであろうと信じ始めてからは、負債を支払うことこそ、彼がその富から享ける最大の善きことなのである。われわれは、最初の点とちょうど同じように最後の点も、ケパロスの現在の状態だけに関わるという点、つまり、ただ中心的な点（富の獲得に関する節度）だけが彼の人生の全コースに関わる、という点を指摘しておく。

ケパロスの返答は、一つ以上のさらなる問いが発せられる機会を与えることになった。彼が中年のときや若かったとき、富から享けた最大の善きこととは何であったか？　死後の罰についての物語はどこまで信じるに値するか？　無意識のうちに行うごまかし（欺き）は不正であるのか？　富に関してケパロスと同じくらい節度ある人間がこれまで、不正をこれまで行いそうになったことはなかったのか？　ソクラテスはそれらの問いを一つとして、立ててはいない。というのも、それらの問いは、究極的には、彼が立てる次の問いに還元されるからである。つまり、ケパロスの答えに含まれている正義についての見解は正しいのか？　正義は端的に誠実と同等であるのか、またそれは誰かある人からされたり受けたりしたことを回復させるものなのか？　という問いに還元されるからである。ソクラテスは、人間や神に負っているものを返すことについて語る敬虔な商人ケパロスの見解を過度に狭めているように見える。ソクラテスはケパロスが神々に対する贄（犠牲）への言及を、完全に無視しているように見える。贄を捧げることが、人が神々から享けたものを神々に返すことを意味するとは考えなかったのか。というのも、われわれが持っている善きものは、すべて神々のおかげであるのだから（379cff）。その回復は、われわれの死によって、自然に起こるとは言えないだろうか。というのも、その場合、ケパロスが所有しているものをすべてその息子たちに残すという事実は言うまでもなく、ケパロスには、神々に対する負債のことで思い煩う理由がないからである。しかしこの事実はまた、贄を捧げることは、ひとが受けとったり借りたりしたものを回復させる特別な場合ではない、ということを示している。そこでわれわれは、ソクラテスが贄を捧げることを正義（cf. 331a4 を『ゴルギアス』507b1-3 比較せよ）とは区別される敬虔な行為と見なしていた、あるいは彼が会話を敬虔とは区別される正義に限定した、と仮定することにしよう。

ソクラテスにとって、ケパロスの正義についての見解、つまり正気の人間から武器を借りたり受けたりした人が、正気でなくなったその人から返すよう求められた場合、その人がそれを返せば不正を犯すことになるという見解が支持し難いものであることを示すことは容易である。それと同じように、狂気の人に本当のこと以外に何も言わないという決議によっても、不正が行われることになるであろう。ケパロスの息子でありかつ相続人であるポレマルコスが義務感のある息子として振る舞い、父を弁護するために立ち上がり、会話のなかで父が占めていた位置についたとき、ケパロスは自らの敗北をまさに認めようとしているように見える。しかしポレマルコスが弁護している意見は、厳密に言えば、父の意見と同じではない。ソクラテスの冗談を用いて言えば、ポレマルコスは父の知的財産の半分しか、そしておそらくは半分以下しか相続していないのである。ポレマルコスは、本当のことを述べることは正義の無条件の要件であるなどとは、もはや主張していない。こうして彼は、そうとは知らずに、『国家』の教説の原理のひとつを、闡明にしているのである。その作品において後に出てくるように、よく秩序づけられた社会においては、子供たちに対して、そして成人した臣民に対してさえ、ある種の真理でないことを語ることが、要求されるのである。この実例は『国家』の第一巻で行われている議論の性格を表している。そこでソクラテスは正義についてのいくつかの誤った意見に論駁している。しかしこの否定と破壊の仕事は、それ自身のうちに、その作品全体の実際的で（pdsitive）教化的な主張を含んでいる。このような観点から、第一巻で議論されている正義に関する三つの意見を考察することにしよう。

ポレマルコスによって取り上げられた、敬虔でかつ微笑ましい仕方でその場を立ち去った父ケパロスの意見とは、正義とは負債を返すことにある、という趣旨のものである。正義についてのこのまさに特異な見解を正当化できるのは、ケパロスが特異な仕方で議論を先導したということだけである。彼が求めている完全な見解は、正義についての伝統的な定義で言われている見解以外の何ものでもない。その見解とは、正義とはすべての人に、その人が権利を有しているもの、その人のものであるものを返し、委ね、与えることにある、というものである[18]。ソクラテスがケパロスとの議論で論争したのは、正義についてのこのような見解である。彼は、その反駁のなかで、ケパロスによって暗黙裡に主張されていた正義についてのもうひとつの見解、すなわち、正義は与える人（その正義のゆえに報われる人）にとってだけでなく、受け取る人にとっても善であるとする見解に、暗に訴えている。正義についての二つの見解は、どうしても共存しえない。ある人にその人のものを与えることは、場合によっては、その人の害になることがある。すべての人間がその人のものつまりその人の所有物を善くあるいは賢明に用いるわけではないのである。もしわれわれが非常に厳密に判定するなら、自分の所有物を賢明に用いる人などごくわずかしかいない、と言わざるを得ないであろう。もし正義が善きものあるいは有益なものであるなら、だれもが自分に「適した」ものだけを[19]、つまり自分にとって善であるものだけを、自分にとって善であるかぎりにおいて、所有するということが、どうしても必要になってくる。われわれはどうしても、私的所有の廃止あるいは共産制の導入を、要求せざるを得なくなるのである。それに加えて、私的所有と家族の間に関連性があるかぎり、家族の廃止あるいは絶対的な共産制、つまり所有と妻子に関する共産制をさえ、要求せざるを得なくなるのである。とりわけ、それを用いる個々人にとって、あるいはいずれにせよ、それを用いようと考えている個々人にとって、どんな物が善くて、どれだけの量の物が善いのかを決めることができるのは、ごく少数の人々であろう。それができるのは例外的な知識をもつ人たちだけである。そこでわれわれは、社会は、端的に賢明な人たちによって、厳密な意味において絶対的な力を行使する哲学者たちによって支配されるべきであると、要求せざるを得なくなるであろう。したがって、正義についてのケパロスの見解に対するソクラテスの反駁は、哲学者の絶対的統治と同様、絶対的な共産制の必要性の証明を含んでいるのである。この証明が数多くの最も適切な事柄の無視あるいは捨象に基づいていることは、言うまでもない。それは極度に「抽象的」なのである。もし『国家』を理解したいなら、このように無視された事柄が何であるのか、そしてなぜそれらが無視されたのかを発見するよう努めなければならない。適切に読めば、『国家』それ自体が、この問いに答えを出してくれるのである。

最初の意見は、ケパロスが暗に述べたものを、ソクラテスが明言した（彼が述べたのはその一部でしかない）のに対し、二番目の意見は、ソクラテスの助けがなかったというわけではないが、ポレマルコスが言明したものである。ポレマルコスの命題は、初めは、ケパロスの命題と同じものとして提出される。彼は、まだそこに父が居合わせたということもあって、ソクラテスの反駁に怯むことなく、詩人シモニデスの権威をもっていっそう権威づけして父の命題を強化し、自分の命題として述べているのである。ケパロスが立ち去りソクラテスがケパロスの命題の論駁を繰り返し述べた後になって初めて、ポレマルコスは正義についての最初の意見が誤っていたこと、そしてシモニデスの意見はケパロスの意見と異なるものであることを認める。つまり、シモニデスの意見はソクラテスの強力な反対論に曝されてはいないということである。ポレマルコスの解しているシモニデスの意見は、結局、正義とは、すべての人にその人のものを与えることにあるのではなく、すべての人にその人にとって善いものを与えることにある、というものである。より正確に言えば、ソクラテスがケパロスの見解を論駁したときに友のものについて語っていたことを思い起こしながら（331c6）、ポレマルコスは、シモニデスの名によって、正義とはその人の友に善いことをすることにある、と言っているのである。ソクラテスが敵に関していかなる正義が要求されるかを質問する段になって初めて、彼は、正義も敵を害することを要求することがある、と言う。正義はその人の友を助け、敵を害することにあるとする見解は、『国家』第一巻で詩人を賢者とするソクラテスの称賛とともに終始論じられている三つの見解のひとつでしかない。それは、クレイトポン（410a6–b1）――プラトン作品の通説的順序によると『国家』に先行する対話である――によれば、ソクラテス自身の唯一の正義についての見解である。このように理解された正義は、与える人にとって善い人である受取人に対してのみならず、まさにそのゆえに、与える人に対しても同様に、明らかに善である。それは、ケパロスの理解している正義のように、神的な報いと罰によって支えられる必要はない。ポレマルコスはその後をトラシュマコスに引き継がれるのであるが、それゆえに、ポレマルコスは神的懲罰を脱落させているのである。にもかかわらず、ポレマルコスの見解は、それ自身の困難に曝されることになる。その困難とは、ポレマルコスの意味において理解される仕返しをするというような正義は単なる受け身のものであるとか、あるいは友や敵を得るときに人が最初にするような行為を含んでいないということではない。というのも、正義は、どのように理解されようと、それ自身においては正でも不正でもない事柄を前提しているからである。たとえば、すべての人間存在は生まれた瞬間から友、つまり自分の両親（330c4–6）を持つと言われ、それとともに敵、つまり自分の家族の敵を持つと言われる。要するに、人間存在であるということは、友と敵を持つことを意味するのである。難しいのはどちらかといえば後者の方である。もし正義が他者に対してその人のものを与えることであると解されるなら、正しい人が知らなければならない唯一のことは、己れが関わりをもつ人のものとは何なのか、あるいはことによると、何が自分のもので何が自分のものでないかということである。この知識は法律によって与えられる。そして原理的には、法律は、単なる聞くことによって、誰にでも容易に知られうるものである。しかし、もし正義がその人の友たちに彼らにとって善いものを与えることであるとすれば、正しい人自身が判断を下さなければならない。彼自身が自分の友のそれぞれにとって何が善いものであるかを知らなければならないのであり、彼自身が、自分の敵から自分の友を、正しく区別することができなければならないのである。正義は高次の知を含んでいなければならない。控え目に言っても正義は、医術に比されうるような技術でなければならず、それによって人間の体にとって何が善いものであるかが知られ生み出される、それゆえ何が悪いものであるかも知られかつ生み出される技術でなければならない。しかしこのことが意味しているのは、病気の友を快癒させ、敵に毒を盛ることが最も上手な人は正しい人ではなく、医者であるということである。しかし、医者はまた、友に毒を盛ることが最も上手な人でもある。これらの諸困難に直面して、ポレマルコスは、いずれが正義に付随する知識や技術であるか、あるいは、いずれが正義の知識や技術であるのかを突き止めることができない。彼の論駁は三段階で行われている。真ん中の段においてソクラテスは、友と敵を知ることの難しさを、彼に指摘している。誰かが自分の友であると誤って信じているのかもしれないし、その人から利益を受けたと信じているのかもしれない。人に利益を与えたつもりで実際にはその人の敵を助けていることがあったかもしれない。また誰をも害していない人、つまり正しい人や善い人を害していたのかもしれない。したがって、正義とは正しい人を助け、不正な人を害することにあると言う方が、より善いように思われる。あるいは、これまで自分を助けてくれたと思えない人を助ける理由もなく、他の人を害しはしても自分を害したとは思えない人を害する理由もないところから、正義とは善い人たちが友である場合には助け[20]、悪い人たちが敵である場合には害することにある、と言う方がより善いように思われる。明らかに、自分を助ける人たちを助けることであると解された正義の方が、両陣営にとって、有益である。しかし、ひとを害した人を害することは、有益なことだろうか。この問いは、彼のポレマルコスとの会話の第三段において、ソクラテスによって提出されている。人間を害することは、犬や馬を害するのと同じように、人間をより悪くする。賢明な人や正しい人は、それゆえ、馬や犬を害さないのと同様、人間を害するようなことはしない（『ソクラテスの弁明』25c3–e3 および『エウテュプロン』13a12–c3 を参照せよ）。この段でソクラテスは、正義はひとつの技術であるという前提を用いている。それは、第一段において議論されてはいたが、第二段にはなかった前提である。

ここで思い起こされるのは、ポレマルコスがいずれの技術が正義なのかと言っていると思われていたことである。正義は友と敵に関わるのだから、何か戦争の技術のようなものでなければならない（332e4-6）。つまり、正義とは、構成員の各々が他のすべての構成員を助け、一緒になって敵を打ち負かし、敵に彼らが善いと思う害を与える戦闘集団へと人々を仕立て上げることを可能にする技術なのである。にもかかわらず、ソクラテスは、ポレマルコスを説き伏せて、正義とは平和のなかでも、平和的な交易のなかでも、金銭的な事柄のなかでも有用であるが、しかしもちろん金銭の使用に関してではなく、金銭やそのほかのものの管理に関して、有用であることを認めさせている。すると技術とは管理の技術ということになろう。しかしその技術は盗みの技術と同じであることが明らかになる。つまり、管理のために必要とされる知識は、盗みに必要とされる知識と同じなのである。こうして、正しい人間は泥棒と同じ、すなわち明白に不正な人と同じであることが明らかになる。その議論が論駁しているのは、ポレマルコスの命題ではなく、正義が技術であるという仮定である。もし正直な護衛と盗人の仕事の知識つまり知的な部分だけを考えに入れるだけで、彼らの正反対の道徳的動機を考えに入れなければ、彼らは必然的に同じになってしまう。にもかかわらず、ポレマルコスの命題は、まったく非道徳的なものであった――このことはまた、彼が本当の友と単なる見かけの友の違いを見落とした理由でもあり、それゆえ彼は、当然の報いを受けるのである。彼の父にはその困難は存在しなかった。彼の父の考えでは、正義は、すべてを知っている神々と結びついていたからである。しかしこの説明では十分ではない。というのも、ソクラテスは、道徳的な徳そのもの、つまり徳が知識であることを知らないからである。いいかえれば、知識とは区別される意図や意志とは何であるか？　知識に基づいた善意に悪意はないのではないのか？　善意がある種の知識と同一であることは可能ではないのか？　が問われなければならないのである。善意は悪意のない意見に基づいている。しかし、ひとつの主題に関するあらゆる意見は、その主題に関する知識の方を指示しているように思われる。探究するまでは、正義が、医術に匹敵するような技術でないのかどうか、つまり、魂や哲学の医術でないのかどうかさえ、われわれには知ることができないのである。会話におけるポレマルコスの第一の誤りは、正義と戦争の技術との同一視にこだわる過ちを犯したことである。「平和」時にあっては、正義とは、同盟した諸個人の中立に向けた振る舞いなのである。端的な平和は、決して存在しない。第二に、ソクラテスのポレマルコス論駁が効力をもつのは、正義と盗みは両立しないという前提においてのみであるが、しかし、正義と嘘が両立することは、少なくとも彼の父との会話では認められていたのであって、盗みを意味するギリシア語は、騙すことに加え密かに何かを行うことをも表わすことができるのである。しかし、このうえなく重要な点は、正義は友である善き人たちを助け誰も害さないことにあるという命題において、ポレマルコスの命題の完璧な論駁が頂点に達するという事実である。つまり、それが頂点に達するのは、正義はすべての人を助けることにあるという命題においてでもなければ、すべての善き人たちを助けることにあるという命題においてでさえない、という事実である。[21] 正義は慈善の行いではない。もしかするとソクラテスは、人を益することのできない人間が存在する、つまり、愚かな人たちに関してはただ否定的な正義（害することを控える）だけが可能であると、言っているのかもしれない。正義とは賢明な人を助け、誰をも害さないことにあるのである。ポレマルコスの元来の主張に関して、彼の命題が彼の父のものと同じであったことを思い起こすならば、正義とは、真理を述べることによって賢明な人を助け、彼らに彼らのものを与え、愚かな者や狂人には彼らのものを与えないことにある、と言ってよいということであった。それはともかく、ソクラテスはたしかに、また何かそれ以上に、もっと直接的に重要なことを言おうとしているようである。ポレマルコスの命題は正義に関する最も力強い意見を反映している——つまり、正義とは、公共的な精神性や共通善への関わり、潜在的に他の都市に敵対している特定の都市としての自らの都市への全面的献身、あるいは愛国心を意味するという意見を反映している。このように理解された正義は、たしかに友を助け仲間の市民を助けることにあり、敵すなわち余所者を憎悪することにある。このように理解された正義は、どのような都市においてであっても、何であれ正しいことを抜きにしてはありえない。というのも、最も正しい都市といえどもひとつの都市であって、ひとつの特定あるいは閉じたつまりは排他的な社会だからである。それゆえソクラテス自身は、後に（375b-376e）、都市の守護者は、自然本性的に、自らの人民には友好的で、余所者には過酷で険悪でなければならないことを、要求している。彼はまた、禁欲的でない詩人、この都市にとって大いなる悪を他の都市へ追放すべきことを要求するのである（398a5-b1）。とりわけ彼は、正しい都市の市民はすべての人間存在を自分の兄弟と見なすことを止め、友愛の感覚や行動を仲間の市民に限ることを要求する（414d-e）。『国家』の実際的で建設的な部分のなかに完全に保存されている、第一巻のポレマルコスの意見は、正しく理解されるなら、一般に知られている正義についての唯一の見解である。繰り返しになるが、この意見は、結局のところ、正義とは共通善に対する完全なる献身であるというものである。それは己自身のすべてを都市に捧げることを要求する。それゆえにそれは、自ずと絶対的共産制を要求するのである。

『国家』第一巻で議論されている第三のそして最後の意見は、トラシュマコスが擁護する意見である。彼との議論は、『国家』第一巻の中心的部分でないとはいえ、飛び抜けて長い部分を形成している。しかし、ある意味では、ソクラテスの対話者の交代に即してその作品を(1)ケパロス―ポレマルコス（父と子）、(2)トラシュマコス、(3)グラウコン―アデイマントス（弟と兄）に区分するなら、それは、全体としての『国家』の中心部を形成している。トラシュマコスはソクラテスと同様一人で立っているが、彼の孤独性は、どちらかといえばキュクロープス〔一つ目の巨人〕のそれと似ている。トラシュマコスは、その作品のなかで怒りを顕わにし、無礼にそして野蛮的にさえ振る舞う唯一の語り手である。彼の論戦への参入は、ソクラテスのような一人の穏やかな人間によって、今にも八つ裂きにせんばかりの勢いで彼とポレマルコスに襲い掛からんとする野獣に比されている。――トラシュマコスは、力と野蛮さを武器とする、言論の優美さを欠いた発言者として振る舞っている、と言ってもよいであろう（336b5–6; cf. 411e1 およびその文脈）。そこに居合わせている最も野蛮な人間なればこそ、正義についての最も野蛮な命題を述べ立てて当然であるということも、まったく当を得ているように思われる。トラシュマコスは、正義とは強者の利益であると主張する。それは他人の善であり、受け取る者だけの善であり、与える者にとっては悪である。それはひとつの技術であるどころか、ばかげたことなのである。したがって彼は、不正を称賛する。彼は、実際の行いにおいても言論においても、無法であり無恥である。彼が顔を赤らめるのは、ただ暑さのためだけでしかない。そして言うまでもないことではあるが〔この部分、needless at it may be to say so の at を Ralf Lerner 教授の指示に従って as に訂正して読む〕、彼は金銭と名声に関しては貪欲である。『雲』においては《不正の言論》が言論で勝利するのに『国家』においては《正の言論》が勝利していると解するなら、ソクラテスが《正の言論》のプラトン版であるのに対し、トラシュマコスは《不正の言論》のプラトン版であると言うこともできる。ポレマルコスが民主主義者を演じていて（327c7）ケパロスが寡頭制論者を演じていると認めたい向きには、トラシュマコスは不正の化身である僭主を演じていると言ってよいのかもしれない。しかしその場合、なぜひとりの僭主がトラシュマコスのようにしきりと僭主政治の原理を教え、自分の競争者を生み出そうとするのか、その理由を説明しなければならないであろう。それに加えて、トラシュマコスの部分が始まるところとそれが終わるところ（354a12–13）を対比すれば、ソクラテスがトラシュマコスの手懐けに成功していることに気づかされる。つまりソクラテスはクリティアスを手懐けることができたのではないのである。しかし、手懐けることは正義と同類のことである（486b10–12）。つまり、ソクラテスは、どこかトラシュマコスを正しくすることに成功しているのである。かくして彼は、敵に先導されてはいないひとつの友情である、彼のトラシュマコスとの友情の基礎を据えているのである（498c9–d1）。プラトンはいともたやすく、われわれをトラシュマコス嫌いにさせている。通常は、トラシュマコスのように振る舞い語る人々を嫌悪すべきであるし、そういった人たちの行いを模倣すべきではないし、またその言説に従って行為すべきではない。しかしそこには考慮されるべき別の目的がある。いずれにせよ、トラシュマコスが振る舞うように、怒りっぽく、狂信的に、あるいは野蛮な仕方でトラシュマコスに対して振る舞ってはならないということが、『国家』の理解にとっても、また一般的にも、最も重要なことなのである。

そこで、憤ることなくトラシュマコスの憤りを見てみれば、われわれは、ソクラテスのポレマルコスとの会話に対する彼の粗暴な反応が、ある程度は常識的反応であることを、認めなければならなくなる。その会話は、誰かを害することはその（害を加える）人にとって善いことではない、あるいは、正義とはその人自身を含めて決して誰かを傷つけることではないと断言するに至った。都市としての都市が時折戦争を行わねばならないような社会であり、そして戦争が無辜の人々を害することと分かちがたいものであるがゆえに（471a-b）、人間存在を害することに対する無条件の非難は、最も正しい都市さえをも非難することになってしまうのである。この反対論はたしかにトラシュマコスが提出しているわけではないが、彼の命題の中に含まれている。その命題は、ただ単に明白な仕方で野蛮でないだけでなく、高く尊重されてしかるべき意見からの帰結でしかないことが分かってくる。トラシュマコスが最初にソクラテスの推論に啞然とせざるをえないくらいに驚かされたとき、ポレマルコスはその機に乗じて、自分はソクラテスと合意に至ったとこの上なく力強く表明している。そのすぐ後、ポレマルコスがソクラテスの仲間であるのとちょうど同じようにトラシュマコスの仲間であるクレイトポンが（336b7 と 340c2 をも参照せよ）トラシュマコス弁護に立ち上がる。このようにしてポレマルコスとクレイトポンの、全部で七つの言論からなる、ちょっとした対話が始まる。この間奏部の中心にわれわれは次のようなクレイトポンの言説を見出す。すなわち、トラシュマコスによれば正義とは支配者に従うことにある、というのがそれである。しかし、支配者に服従するとは、なによりもまず、支配者が制定した法律に従うことを意味する（338d5–e6）。そこで、トラシュマコスの命題は、正義とは法律に従うことにある、正義とは合法的あるいは適法的であることと同じである、すなわち慣習や都市の法が命じることと同じである、ということになる。この命題は、正義に関する、最も明白で自然的な命題である。[22] 正義についての最も明白な見解は、『国家』においては、明示的に言及されていないことはもちろん、まったく論じられてさえいないことは、銘記されて然るべきである。それは都市それ自体の命題でもあると言えるかもしれない。つまり、法律を不服とする訴えを認める都市は存在しないということである。というのも、たとえひとつの都市が法律を超えた法の存在を認めるとしても、その高次の法は、都市によって設立され適切に構成された権威によってか、あるいはそうでない場合は、その共同社会では正しいことがまた適法でもある多くの諸都市を構成するひとつの共同社会を設立する、適切に構成された権威によって、解釈されなければならないからである。したがって、もし正義が適法的なものと同じであるなら、正義の源泉は立法者の意志であることになる。それぞれの都市の立法者は、その体制、つまり僭主、一般の人々、卓越した人々、等々である。それぞれの体制は、それ自身の保存と安寧を見込んで、それ自身の利益のために、法律を制定する。ここから、法や正義に対する服従は、体制に属さない人や被支配者にとっては必ずしも利益ではなく、悪しきものであるかもしれないという結論が導かれる。体制は支配者と被支配者の共通善を見込んで法を制定することができるはずだと考える人がいるかもしれない。共通善が本質的に善であるのは、単にそれが制定されたものであるとか、同意されたものであるという理由からだけではない。それは自然本性的に正しいものであるだろう。それは都市が正であると宣言するものとは独立に、それよりもいっそう高く、正なるものであるだろう。したがって正義とは――都市の命題とは対照的に――、第一義的にかつ本質的に適法性ではないであろう。それゆえ、都市の命題が自然本性的な共通善を排除するものであるがゆえに、その命題は、正義や法に対する服従は必然的に被支配者の利益となるのであり、支配者にとって悪しきものである、という結論に至る。そして支配者について言えば、正義は単純に存在するものではない。彼らは「主権者（sovereign）」である。正義が悪いのは、それが、単に個人の善でしかありえない自然本性的な善を目指さないからである。その人自身の善を配慮するのに必要とされる知性は賢慮である。賢慮は、人が罰を受けないでいられるときはいつでも法に従わない――その限りで賢慮は法廷弁論を必要とする――か、そうでなければ僭主になろうとするかの、いずれかを要求する。人が僭主になろうとするのは、僭主だけが、他者を気にかけずに、自分自身の善を追求することができるからである。トラシュマコスの命題――「法実証主義」の命題――は、都市それ自体を破壊する都市の命題に他ならないのである。

さてそこでもう一度、最初の二つの意見を考えてみよう。ケパロスの意見では、正義とは、すべての人にその人に相応しいもの、その人のものを与え、委ね、取り戻させることにある。しかし何がひとりの人間のものであるかは、法によって決まる。すると、ケパロスの意味での正義は、トラシュマコスの意味での正義の一部であるにすぎない。（アリストテレスの用語法では、特殊的正義は普遍的正義に含まれる。）正義についての最初の意見と三番目の意見は、不可分である。ひとりの人間のものであることを決定する法律は、賢明でないかもしれない。すなわち、その人にとって善くないものを割り当てているかもしれないからである。法律とは区別される知恵だけが、正義の役割を果たす、すなわち各人にとって真に善いものを、自然本性的に善いものを、割り当てる役割を果たすのである。しかし、正義についてのこの見解は社会と両立するだろうか。法の必要性を含意しないポレマルコスの正義についての見解は、この困難に配慮している、つまり、正義とは、その人の友を仲間の市民として助けること、共通善に自らを捧げることにある、とするのである。しかし、正義についてのこの見解は、各人の自然本性的善に対する関心と両立可能であろうか。『国家』の実際的な部分は、正義についての対立しあうこの二つの見解――正義とは適法性あるいは法令－順守[23]であるとする見解と、正義とは都市への献身であるとする見解――を和解させることができるかどうか、あるいはどのように和解させることができるかを示さなければならないであろう。ここではわれわれは、父の命題を最終的に放棄したポレマルコスがトラシュマコスに対抗する方向に向かっていくこと、つまり、初歩的レベルにおいてはポレマルコスとソクラテスとが共通善の弁護者として一体であるということを指摘するだけにしておく。

ポレマルコスとクレイトポンの短い対話は、ソクラテスとトラシュマコスの対話あるいはとにかくその最初の部分が訴訟の性格を持っていることを示している。被告人はソクラテスである。つまりトラシュマコスが、ソクラテスを悪行を働いた廉で告発しているのである。それはひとつの正義の要求であって、他の陣営すなわちトラシュマコスも、公正な審問を受けているのである。一同の者は、ソクラテスがトラシュマコスについてわれわれに語っていることを聴いている。しかし、われわれはまた、トラシュマコスがソクラテスについて考えていることにも、注意を払わなければならない。ソクラテスはトラシュマコスが野獣のように振る舞っていると考えている。ソクラテスはまったく悪気はなく受け身に立っている。トラシュマコスは以前にもソクラテスに会ったことがある。彼のそのときの憤激は、以前につまり実際には何度か会ったときの経験が下地となっている。彼はソクラテスが皮肉屋すなわち猫被り、ソクラテスには物事を非常によく知っていながら知らないふりをしている人間であると、確信しているのである。彼は、無知あるいは無垢どころか、怜悧で狡猾なのである。それに彼は恩知らずである。道徳的なソクラテスは、ただただ恐れている、あるいは恐れたふりをしているのに、無道徳的なトラシュマコスは、道徳的に憤激しているのである。いずれにしてもトラシュマコスの最初の爆発の後、ソクラテスは、自分がポレマルコスとともに犯したかもしれない過ちの弁明を申し出ている。トラシュマコスはトラシュマコスで、単に告発人のようにではなく最高の権威者のように振る舞っている。彼はソクラテスに対して、自分の質問に対してある答えを述べることを禁じている。ある機会に、彼はソクラテスにこう尋ねている。つまり、「君の見解では君に対してどういうことがなされるべきなのかね」と。ソクラテスがそれに対して提案した罰則とは、実質的には、彼の収穫であり報酬である。そこでトラシュマコスは、ソクラテスは自分にお金を払うべきだと要求する。ソクラテスが自分にはお金がないと応えたとき、グラウコンが歩み出て、「われわれがみんなでソクラテスに対してカンパする」と宣言する。その状況は、ソクラテスが法廷に立たされていた日とそっくりである。つまり、彼が「禁じられた答え」——アテナイの都市によって禁じられた答え——を述べた廉でアテナイの法廷に告発され、そしてとりわけグラウコンの弟であるプラトンがソクラテスの支払うべき罰金の保証人になったあの日の状況に酷似している。トラシュマコスは都市を演じ都市に似ているが、このことは、ソクラテスとトラシュマコスの両者に受け入れ可能な推論（350c7–8）に従えば、トラシュマコスが都市であることを意味している。彼は、自分が都市であるがゆえに、正義に関して都市の命題を支持しているのであり、ソクラテスが都市の命題に暗に敵対しているといってソクラテスに怒りをぶつけているのである。しかし、トラシュマコスは、目に見える形で都市であるわけではない。彼は都市の戯画であるにすぎず、都市の歪められたイメージ、一種の都市の模倣でしかない。つまり、彼は都市を模倣しているのである。彼は都市を演じているのである。彼は弁論家であることによってソフィストに似ているのであり、そして卓越したソフィストは都市である（492aff.;『ゴルギアス』465c4–5）。トラシュマコスのレトリックは、とりわけ大衆の怒りの感情を掻き立てたり宥めたりすることに、人間の性格を攻撃したりその攻撃を撃退したりすることに、同様にまた、誇張に不可欠な演劇的要素に、関わる。(24) トラシュマコスは、『国家』に顔を出してくるとき、怒れる都市を演じているのである。『国家』において、後に明らかになるように、その怒りは都市の侮りがたい部分である。

トラシュマコスとソクラテスとの会話が進むにつれて、トラシュマコスの怒りあるいは猛々しさは、彼の存在の核心ではなく、彼の技術に付属するものであることが明らかになってくる。ソクラテスは、もっぱら自分自身の利益を考えて法を制定する支配者が過ちを犯すかもしれないという事実に起因する困難に、注意を引いている。その場合、法の制定者は、自らに対して有害で配下の者に有利な行動を命じるであろう。その場合、配下の者たちは、正しく振る舞う、すなわち法に従うことによって、自らを利するであろう。言い換えれば、正義は善であろう。言葉を換えて言えば、トラシュマコスの仮説では、配下の者たちの善くあることは、全面的に支配者の愚かさに懸っているのである。トラシュマコスは、この困難が指摘されたとき、その理解力の鈍さのゆえにややためらってから、支配者が過ちを犯すようであれば、あるいは過ちを犯したとすれば、そのような支配者は支配者ではないと宣言する。つまり、厳密な意味での支配者は、ちょうどその他の知の所有者は、厳密な意味での技術者（artisan）や賢者がそうであるように、過ちを犯すことなどありえない、と宣言するのである。ソクラテスがトラシュマコスに対抗するのにきわめて巧みに用いているのは、トラシュマコスがソクラテスの手を借りて「厳密な意味での技術者」という概念へと変形させた「厳密な意味での知者（knower）」という概念である。というのも、厳密な意味での技術者は、自分自身の利益にではなく彼が奉仕する他の者の利益を心がけていることが分かるからである。つまり、靴屋は他の人のために靴を作るのであって、自分のために作るというようなことは、たまにしかない。医者が苦痛を伴うことを患者に指示するのは、患者にとってそれが利益になるからである。したがって、トラシュマコスが認めているように支配することが技術に似た何ものかであるなら、支配者は被支配者に奉仕するのであり、被支配者の利益のために支配しているのである。厳密な意味での技術者は誤ることはありえない、すなわちその仕事を善く行うのであり、彼はただ、他の人が善くあることを心がけているだけである。しかし、このことが意味しているのは、厳密に理解された技術は、正義であるということ――つまり実際の行いにおける正義であって、単なる法遵守としての正義の意図ではないということである。「技術が正義である」というこの説は、徳は知識であるとするソクラテスの主張を反映している。ソクラテスのトラシュマコスとの議論から浮上してくる提案は、正しい都市とは、万人が厳密な意味での技術者であるような人々の結合体、手工者（craftsman）や職人（artificer）の都市、それぞれが善く行い、それに専心できるひとつの仕事を持っている、つまり自分の利益を考えることなく、ただもっぱら他人の善や共通善だけを心がけていられる男たち

（それに女たち）の都市であるという結論に至る。この結論は『国家』の教説の全体に行き渡っている。その中でひとつの範型として構築される都市は、「一人の人間は一つの仕事」、あるいは「各人は自分自身の職務に専心すべし」という原理に基づいている。そこにあっては、兵士は、都市の自由の制作者（artificers）である（395c）。哲学者は、そこでは、公共の徳の制作者である（500d）。そこには天空の制作者もいる（530a）。神でさえ、ひとりの技術者として――まさに永遠のイデアの制作者として位置づけられている（507c, 597）。両性の違いが重要性を持たなくなる、言い換えれば、両性の平等が打ち立てられるのは（452c–455a; cf.452a）、正しい都市の市民権がひとつの種類のあるいは別の種類の職人的技能だからであり、手工や技術の在り処が魂であって、身体ではないからである。最善の都市は技工者たちの連合である。つまりそれは、引退して私的な生を送っている（496d6）という意味で「自分自身のことに専心している（mind）」紳士の連合でもなければ、父親の連合でもないのである。

もしトラシュマコスが、支配者ももちろん誤りを犯すことがある（340c1–5）といった常識的なところに問題を留めておけば、あるいは、あらゆる法は支配者によってもっぱらその見かけの（必ずしも真ではない）利益を考慮に入れて立案されると言っていたなら、彼は破滅せずに済んだであろう。にもかかわらず、彼が都市であるがゆえに、あるいは都市を演じているがゆえに、どうしても彼にとって致命的であると分かるような選択肢を、選ぶ羽目に陥らざるを得なくなったのである。もし正しいことが合法的なことに留まっていたなら、つまり法律と支配者以外に訴えるものがなかったなら、支配者たちは誤りを犯すことはなかったはずである。法が配下の者たちにとって悪いものであり、支配者にとってもすくなくとも善いものでないなら、法は尊敬されるべきあらゆる性格を失うであろう。しかしこのことは、法律がその尊厳性をひとつの技術に負っていることを意味する。そのような技術は、トラシュマコスに従って言えば「立法者」が僭主であるかもしれないという事実、すなわち、一般の見解に従って言えば支配者は法律がなくても支配するという事実が示唆しているように、また技術による支配がそれ自体絶対的支配であるという事実が示唆しているように、法律を不必要にさえするかもしれない（『ポリティコス』239a6–c4）。法律ではなく技術（人為）が正義を作り出す。技術が法律にとって代わるのである。しかし、トラシュマコスが都市を演じることのできた時代は、過ぎ去ってしまった。それに加えて、われわれは、トラシュマコスが高貴な人間でないことを知っているがゆえに、われわれには、彼が自分自身の利益を見込んで致命的な選択をしたのではないかと疑ってみる権利がある。彼は有名な弁論術の教師であった。ついでに言っておくと、それゆえ彼は、『国家』のなかで、ひとつの技術を公言している、唯一の人間なのである。説得の技術は、説得を行う支配者にとって、とりわけ支配を行う集会参加者にとって必要である。支配者自身でさえ、その配下の者たちにもっぱら支配者の利益を考慮して作られた法律が配下の者たちの利益に役立つことを言い聞かせるために、説得の技術を必要とする。トラシュマコス自身の技術は、支配を行うために説得がこのうえなく重要であるという見解に懸っているのである。このような見解の最も明白な表明は、誤りを犯す支配者はまったく支配者などではないという命題である。技術を称賛することは、トラシュマコスの私的な善に貢献するのである。

本質的に他者に奉仕する技術が正しいものであり、トラシュマコスが唯一そこに居合わせている技術者であるとすれば、ソクラテスは、トラシュマコスを正当に打ち負かしながら、しかし、その意に反し、またその知を超えて、トラシュマコスこそそこに居合わせている最も正しい人間であることを、暗黙のうちに認めていることになる。そこで、彼の破滅をもっと詳細に考察してみることにしよう。その破滅は、厳しい反駁によってもたらされたのでも、たまたま彼がその役を引き受けたことによってもたらされたのでもなく、彼による正義の軽視と彼の技術の含意、つまり、技術は正義であるという見解に何らかの真理があるという含意との間の矛盾によって、引き起こされたと言ってよいのかもしれない。これに対して——そして実際にトラシュマコス自身がそう言っているのだが——、ソクラテスの結論はきわめて単純に過ぎると言えるであろう。というのも、その結論によれば、支配者もその他の技術者も、自分自身の利益のことを少しも考えていないからである。本来の技術者に関して言えば、彼らはもちろん自分の仕事の対価として受け取る報酬のことを考えている。医者が特徴的にその謝礼金と呼ばれるものに関わりをもつ限りにおいて、彼は医術という技術を行っているのではなく、お金儲けという技術を行っていることは確かであるかもしれない。しかし、医者にとっての真理であることは同様に、靴職人やその他の手工者の真理でもあるのだから、唯一の普遍的な技術、すなわちあらゆる技術に伴う技術、つまり技術の技術とは、お金儲けの技術であると言わなければならないであろう。それゆえさらに、他人に奉仕することや正しくあることが技術者（与える人）にとって善いものとなるのは、ただ彼がお金儲けをする技術を実践することによってであるにすぎない、あるいは、誰も正義のために正しいわけではないし、また正義をそれ自体として好む者もいない、と言わなければならない。言い換えれば、ソクラテスとポレマルコスは、無益な仕方で正義なる技術を追い求めていたのである。そうしている間に、われわれには技術としての技術が正しいことが分かってくる。正義は多くの技術のなかの一つの技術なのではなく、あらゆる技術に行き渡っているのである。しかしあらゆる技術に行き渡っているただ一つの技術は、お金儲けの技術である。実際のところ、われわれがひとりの技術者を正しいと呼ぶのは、彼が彼の技術を行使したことに対してよりも、その仕事の見返りとして要求する報酬に関しての振る舞いに対してである。しかし本来の技術とは区別されるお金儲けの技術は、たしかに本質的に正しくはない。

したがって、本質的に正しい技術は、本質的に正しくはないひとつの技術を提供することのうちにある。個人の善を最高のものとするトラシュマコスの見解は、勝利しているのである。

しかし、ソクラテスが最も困惑させられる議論は、支配者によって支配されている者を最も無慈悲に抜け目なく搾取するのに明白に役立てられる技術のうちに見られる。その技術とは、羊飼いの技術——ソクラテスの議論を打ち負かすためにトラシュマコスが賢明にも選び取った技術——である。それが選ばれたのは、とりわけ、太古より王やそのほかの支配者たちが、羊飼いと比べられてきたからである。羊飼いは、たしかにその羊の群れの安寧に関わっている——そのおかげで、羊は、人間に美味しい羊肉を供給してくれるかもしれない。もしわれわれがはぐれた子羊を集めたり、病弱な子羊の世話をしている羊飼いの感動的な絵に騙されることがなければ、羊飼いは、結局のところ、所有者の善、そして羊飼いの善にもっぱら関わっていることが分かる（343b）。しかし——ここでトラシュマコスの勝利は彼の最終的な敗北へと転じるように思われるのだが——、所有者と羊飼いの間には明らかな違いがある。最も美味しい羊肉は、羊飼いが不正直者でないかぎり、所有者のものであって羊飼いのものではない。だとすれば、支配者と被支配者の両者に関わるトラシュマコスの立場あるいはトラシュマコスのような人間の立場は、そっくりそのまま所有者と羊の両者に関わる羊飼いの立場であることになる。つまり、トラシュマコスが彼の技術から利益を引き出すことができるのは、すなわち、彼が支配者（その支配者が僭主であるか、公人であるか、はたまた卓越した人であるかに関わりなく）に助力を与えて利益を引き出すことができるのは、彼が支配者に忠実であり、彼が支配者のために自分の仕事をうまく行い、彼が契約した役目をきっちりと守る、つまり彼が正しい場合に限られるのである。彼の主張とは裏腹に、人間の正義は、他者に対して、そしてとりわけ支配者に対して有益であるだけでなく、自分自身に対しても有益であることを、彼は認めざるを得ないのである。支配者を助ける者にとって真であることは、支配者自身にとっても真であり、また、たとえ不正なことであってもその企てに他人の助けを必要とする（僭主や悪辣な人間を含む）あらゆる人間存在にとっても真である。つまり、その構成員たちの間で正義が行われていなければ、いかなる連合も存続することはできないのである（351c7-d3）。しかしながらこのことは、結局、正義とは、たとえ不可欠な手段であるにせよ、不正のための、すなわち羊の毛を刈り食べるための、単なる手段でしかないということを、認めることと同じである。正義とは、友を助け、敵を害することにある。都市の共通善は盗賊や盗人の共通善と根本的に異なるものではない。技術のなかの技術は、お金儲けの技術ではなく、戦争の技術である。トラシュマコスの技術に関して言えば、彼はそれを技術のなかの技術、僭主的支配者であれ非僭主的支配者であれ、とにかく彼自身の技術と考えることはできない（344c7-8）。しかし、ポレマルコスの見解のこのような復権は、トラシュマコスの地平、すなわち共通善は私的な善から計算によって導かれるという地平の上で達成されたことが分かってくる。つまり、トラシュマコスの原理に欠陥があるのではなく、彼の推論に欠陥があることが明らかになったのである。

羊飼いの技術という実例に基づいたトラシュマコスの議論に応える際、ソクラテスは再び、「厳密な意味での技術」という観念に依拠している。いまや、彼は、技術に誤りはないことについては黙しているが、お金儲けの技術を、報酬を得る術とか、金銭目当ての術と呼んではいるものの、そのお金儲けの技術の実践を通してはじめて、技術それ自体も技術者にとって有益になるという事実について、以前（341d5）にもまして強調して語っている。彼は、支配者は支配することを好むというトラシュマコスの主張を否定しながらも、トラシュマコスが正しいとすれば、支配者たちは、彼らがやっているように、支配の報酬を要求したりはしないだろうと主張する。というのも、人間を支配するということは彼らに奉仕すること、すなわち、自らを他の人たちの善に関わらせることを意味し、他の人たちから利益を得るより他の人たちに利益を得させることを善しとし、それゆえ不自由な状態でいることを意味するからである（346e9, 347d2-8）。これまで、正義の友であるソクラテスは、その人の単なる安楽を含めて私的な善を共通善のために犠牲にするほうに与していると思われていた。いまや彼は、トラシュマコスの原理、つまり自分の利益にならなければ、他者に奉仕したり他者を助けたり正しく行為したりすることなど誰も好みはしない、という原理を採用しているように思われる。賢者はもっぱら自分自身の善を求めるのであって、他の人の善などを求めはしないのである。正義は、それ自身においては、悪である。ここで、ソクラテスは、友であるか敵であるかに関わりなく、あるいは善人であるか悪人であるかに関わりなく、正義とはすべての人を助けることにあるなどとは決して言わなかったという事実を、思い起こしておこう。そこで、トラシュマコスとソクラテスの違いは、トラシュマコスによれば正義は不必要な悪であるのに、ソクラテスによれば必要悪であるという点だけである。この途方もない結論は、この問題をめぐって行われたソクラテスとグラウコンのやり取りによっても、決して十分に和らげられることはない。実のところ、ソクラテスがグラウコンに対して言っていることは、この結論は、結論であるとともにそれを否定してもいることを示唆している。それゆえ、ソクラテスには、その直後に、正義が善であることを証明する必要が生じてくる。彼はトラシュマコスに対して向けられた三つの議論のなかでこのことを証明している。それらの議論は最終的なものからはほど遠い。それらの議論には、議論の手順（procedure）、つまりソクラテスが提案しグラウコンもそれを是認してトラシュマコスに押し付けられた手順に、欠陥がある。その手順は、「計算し見積もる」代わりに、彼らが同意している前提に基づいて、とりわけ、何かがXに似ていればそれをXとする（348a7–b7; 350c7–8, d4–5; 476c6–7）という前提に基づいて、彼らが議論すべきことを要求する。それに加えて、誰も支配することを好まないというトラシュマコスの主張に対するソクラテスの論駁が、望まれるべきものをそのままにしていることも事実である（347b8–e2）。それほど「単純」ではないがひとつの異なった種類の（351a6–7）唯一の議論は、その構成員たちの間で正義が行われていなければどんな不正な社会も存続できないことを立証する最も重要な議論である。ソクラテスが正義の善性の証明を完了したとき、彼は率直に、その証明が根本的に不十分であると言明している。つまり彼は、正義の何であるかを知らずに正義が善であることを証明したと言うのである。このことは、表面的には、ケパロスとポレマルコスとトラシュマコスによって続けさまに提出された正義についての三つの見解が論駁されてしまったこと、それでいてその他の見解が吟味されず、口にさえされていないことを、意味している。にもかかわらず、それら三つの見解の論駁とそれらの省察によって明らかになってきたことは、おそらく、正義とは何であるかではなく、正義の問題とは何であるか、ということであった。正義とは、一方では、それぞれの市民にその人の魂にとって善いものを割り当て、他方では、都市の共通善を決定する技術であることが明らかになったのである。それゆえ、あらかじめ正義とは何であるかを決めておかずに正義が善であることを証明しようとするソクラテスの試みも、正義とは今述べた二つのうちの一つであることは決着済であるのだから、不合理というわけではないのである。もし共通善がすべての個個人の善と同一であるか、少なくとも調和することが確認できれば、困難はないであろう。われわれがまだ正義は善であるとはっきりと言うことができないのは、この調和をまだ確認することができていないからである。正義とは善であるのか悪であるのか――第一に考えなければならないのは共通善かそれとも個人自身の善かという問題を生じさせるものは、正義のなかにあるその緊張なのである。

ソクラテスの生き生きとした描写によれば、トラシュマコスは彼が話し始めたとき、咆哮する野獣のように振る舞っている。第一巻の最後では、彼は完全に手懐けられていた。彼はソクラテスによって手懐けられたのである。つまり、第一巻の筋書きは、ソクラテスのこの上ない勝利ということにある。われわれが見てきたように、その筋書きはまた、正義の擁護者ソクラテスの不面目な敗北でもある。トラシュマコスが決してソクラテスによって正義の善性を説得されなかったことは、ほとんど言うまでもないことである。このことは、トラシュマコスの手懐けを説明するのに大いに役立つ、つまり、トランシュマコスの推論が貧弱であることが分かっていながら彼の原理は勝利したままでいられることを、説明するのに大いに役立つ。彼は、ソクラテスの論法が全体として自分の論法に勝っていないことを知って、少なからず慰みを覚えているはずである。その一方で、彼はソクラテスがわざと下手くそに議論している賢明さと、自分の論証の弱さを最後に認めるこの上ない率直さには、強く印象づけられたはずである。しかし、こういったことはすべて、ソクラテスがトラシュマコスに対する立場の優位さを確立するのに完璧に成功したことを含意している。トラシュマコスは、それ以後、もはや教えようと努めないだけでなく——話し手であろうとさえしなくなるであろう。その一方で、彼は、景色や食べ物や飲み物、それに加えて自らの虚栄の満足(344d1)、何時間も誰にも手を差し伸べられずにそこに留まっているという事実によって、やる気のある聞き手、つまりソクラテスの部下になったことを示している。彼は、最初から、自らの技術は支配者に役立つ、したがって自らを行政に携わる者(ministerial)と見なしていた。彼の技術は支配者を、そしてとりわけ支配している大衆を喜ばせることにある。都市を模倣していた彼の最初の発言では、自分を都市を喜ばせようと願い、また喜ばせることのできる一人の人間として描き出していた。彼は次第に、ポリスの大衆を喜ばせてもポレマルコスの家に集う大衆を喜ばせることにはならないことを察するようになる。少なくとも、後者の意味での大衆である遠慮会釈なしにものを言う多数の人たちは、明らかにソクラテスの側に立っている。[25] トラシュマコスは『ゴルギアス』のポロス以上にずけずけとものを言い、容易に言葉を控えることができない一方で、カリクレスほども大胆にずけずけとはものを言わないのであるが、それは確かに、彼がアテナイ市民でないことと関係している。[26] あるときから彼は、自ら提出している命題を確認するのに、奇妙なためらいを見せるようになる。彼がものを言うのを控えているのだとすれば、彼とソクラテスの議論は、ある意味で、悪ふざけ（joke）であることになる（349a6–b1）。ソクラテスとトラシュマコスの会話では、正義がふざけて、それゆえ正しくない仕方で取り扱われている、と言うこともできるのである。このことは、まったくの驚きというわけではない。というのも、たとえば『エウテュプロン』と『ラケス』の登場人物たちとは対照的に、トラシュマコスは議論のなかでは、徳を真剣に取り上げてはいないからである。彼は自らの技術を真剣に考えているのである。これらすべての事柄のなかでわれわれが決して忘れてならないのは、ソクラテスがトラシュマコスを描写する際に用いているレトリックである。そのような描写という光に照らして、彼とトラシュマコスの議論を読むことは、きわめて容易である。その描写の力強い効果は、物語的対話の長所を、みごとに示している。

ソクラテスがトラシュマコスの節で行っていることは、グラウコンの強烈な反応を引き出すために行ったのでなければ、許されないことであろう。グラウコンは、まったく予期しなかったかのような反応を示している。グラウコンの発言によれば、彼がソクラテスのペイライエウス逗留（ソクラテスのペイライエウス訪問は言うまでもない）に責任があることはもちろんであるが、『国家』の大部分に対して、つまり最善の都市を作り上げることに対しても、責任があることになる。グラウコンの登場は、兄のアデイマントスの登場のすぐ後であるが、彼の登場によって、議論ががらりと変わる。議論がまったくアテナイ的なものになるのである。第一巻でソクラテスが言葉を交わした三人の非アテナイ人たちとは対照的に、グラウコンとアデイマントスには、マナーを欠くようなところは、些かもない。彼らは、アリストテレスがその『ニコマコス倫理学』で述べている条件、すなわち高貴な事柄についての議論の参加者が満たさなければならない条件を、かなりの程度満たしている。彼らは自然本性的に、それぞれ寡頭制や民主制や僭主制に属している第一巻の登場人物たちよりも、いっそう高貴な政体に属しているのである。彼らは、名誉に専心している名誉支配制（timocracy）に属しているわけでもない。グラウコンは、知的な正義の愛好者であることによって、不正義が正義よりも好ましいとか、正義が必要悪であるとすればそれ自体悪であるというトラシュマコスの主張に対するソクラテスの恥ずべき反論を、まったく不愉快に思っている。つまり彼は、ソクラテスがトラシュマコスに媚びているだけだ、と思っているのである。勇敢で高邁な精神であることによって、まさに計算づくの勘定高い正義の提案を嫌って、彼は、ソクラテスが、そこから帰結することやそれが目指すところに関わりなく、それ自体として選ぶに値する正義を称賛するのを聞きたいと願っているのである。したがって、正義が会話のテーマであるという事実はソクラテスに責任があるのに、その取り扱い方は、グラウコンに責任があることになる。彼は、正義それ自体の確固とした称賛を聞くために、確固とした正義の非難、称賛の範型としても役立ちうる非難を、提示するのである。明らかに彼は、ソクラテスのトラシュマコスへの反論に満足していないだけでなく、同様にまた、不正の実例についてのトラシュマコスの言説にも、満足してはいない。グラウコンは、トラシュマコスが提出した見解にまったく精通していなかったならば、トラシュマコスを超えることはできなかったであろう。その見解は、トラシュマコスに固有のものではなく、「多くの人たち」によって、「きわめて多くの他の人たち」によって唱えられていたものである。グラウコンは正義を信じている。このことは、言ってみれば、彼のきわめて強力な正義に対する攻撃を権威づけている。というのも、不正な人間は、正義を攻撃するようなことはしないだろうからである。不正な人間はむしろ、他の人たちが騙されて正義を信じるままにしておくだろう、そうしておけば、彼らは、自らの手先になるかもしれないからである。他方、正しい人間も、正義の称賛に憤激を覚えさえしなければ、決して正義を攻撃したりはしないであろう。トラシュマコスの正義の攻撃に対するグラウコンの不満は正当化される。トラシュマコスは既存の法と都市から出発した。つまり彼はそれらを当然視した。彼は「意見」の限界の内に留まったのである。彼は「自然」に帰りはしなかった。こういったことになるのは、彼の自らの技術に対する関心、それゆえにまた、彼の技術そのものに対する関心のゆえである。ソクラテスがトラシュマコスの厳密に理解された技術の観念を発展させるとき、彼は、技術が関わる事柄の自己充足性の欠如とは対照的な、トラシュマコスによる技術の、それもすべての技術の自己充足性の全面的な是認について語っているのである。彼は、医療技術の善性を、たとえば人間の身体の劣悪さと対比しているのである。彼はまた、医療の技術が人間の身体と関わるのは、ちょうど景色が目と関わるのと同じであるとも述べている。トラシュマコスが示唆したことを詳しく調べていくなかで、ソクラテスは、技術の善性を自然の悪性と対比するまでに至っている。(341c4-342d7 を 373d1-2, 405aff. および『プロタゴラス』321c-e と比較せよ。)これに対してグラウコンは正義を称賛しながら、善としての自然へと回帰していく。しかし彼は、不正とは何であるか、そしてそれゆえに正義とは何であるかを、どのようにして知るのだろうか。彼は、正義がいかにして生成したのかという問いに答えることによって、正義とは何であるかの問いに答えることができると考えている、つまり正義の《何であるか》、あるいは正義の本質と、その生成とが同一である、と考えているのである。しかし、正義の起源は、不正を行うという善と不正を蒙るという悪であることが、分かってくる。この困難が克服されうるのは、あらゆる人が自然本性的に自分自身の善にのみ関心があり他の人の善にまったく関心がないとすれば、自分自身の善に貢献してくれる仲間を何らかの仕方でためらわず害してしまう、と言うことによってである。すべての人間が、自然本性に従って行為するなら、彼らは皆、その大多数の者が耐えられない状況をもたらす。多数の者、つまり弱者たちのそれぞれが、彼らの間でお互いに傷つけあわないことに同意すればうまくやっていけるであろうことは解っている。こうして彼らは法律を制定し始める。こうして正義が生まれてくる。だが、大多数の者にとって真であることも、自分の世話ができ、法や慣習に従わなくてもうまくやっていける「真にひとりの人間」であるような者にとっては、真ではない。しかし、そのほかの人たちでさえ、法や不正に従うことによって、自らの自然本性を害している。彼らはただ不正がもたらす悪い結果を恐れて、つまり不正が発覚したときの結果を恐れて、従っているだけなのである。したがって、その不正を完全に隠しとおすことのできる完璧に不正な人間は、完璧に正しいと見なされるがゆえに、最も幸福な人生を送ることになる。それに対して、その正義が完全に知られないままでいる完璧に正しい人間は、完全に不正であるという評判を得て、最も惨めな人生を送ることになる。（このことは、トラシュマコスが完全に不正な人間ではないことを含意している。）したがってグラウコンが期待するように、正義はそれ自体として選択するに値するものであるからこそ彼は実際には、ソクラテスに対して、究極の悲惨と悪評のなかで生きかつ死んでゆく正しい人間の人生が、幸福に満ち溢れ栄光に包まれて生きかつ死んでゆく不正な人間の人生よりも善いものであることを示すように、要求するのである。

その場合、正義を適法性と考える点では、グラウコンはトラシュマコスと一致している。しかし、彼はこの見解を、いっそう精確なものにしている。つまり、正義とは、それに反する自然的不平等にとって代わる、法的に打ち立てられた平等の尊重であるというのである。したがって彼は、正義とは強者の利益であるという説を否定する。彼によれば、正義とは、弱者の利益である。[27] トラシュマコスが正義とは強者の利益であると主張したとき、彼は、自然本性的な強者ではなく（彼は自然とではなく技術と関わりがある）、実質的な強者のことを考えていたのであり、そして、彼が知っていたように、自然本性的に弱者である多くの者も、力を合わせれば、自然本性的に強者よりも強くなるかもしれないと考えていたのである（『ゴルギアス』488c-e）。それゆえわれわれは、トラシュマコスの見解はグラウコンの見解よりいっそう真実味があり、いっそう真剣で、いっそう散文的であると言いうるのである。グラウコンとトラシュマコスの最も重大な差異についても、それと同じことが当てはまる。グラウコンは、誰かが真正に正しいということを否定するのに、トラシュマコスは、本当に間抜けな奴と軽蔑したいくらいに正しい人たちが数多くいるということをいささかも疑っていない。グラウコンは真正な正義に関心があるのに、トラシュマコスは隠し立てしない振る舞いで満足している。グラウコンは心のなかを見ているのであって、それでももし誰かが、すべての人間の心のなかを見ることなどできないと言おうものなら、グラウコンは自分自身の心のなかを見ていたのであって、そこに自らの善き躾と断固として格闘する不正義を見出したのだ、と言うことで我慢するであろう（619b7-d1 参照）。彼は真に正しい人間を捜し求めているのである。真に正しい人間を見るために、あるいはむしろ真に正しい人間などいないことを示すために、彼は神話に基づいた作り話を用いざるを得なくなる（359d5-8）。彼は不可能なことが可能であると仮定しなければならなくなる。真にそして純粋に正しい人間と、真にそして純粋に正しくない人間との関わりを理解するために、自然本性的に不可能なものを可能なものとして提示する「模倣の」技術者（361d4–6）にならざるを得なくなるのである。正義をそれ自体選択に値するものとして彼が称賛するモデルをソクラテスに与えるためには、こういったことがすべて必要である。このことから、われわれは根本的なところでグラウコンがトラシュマコスと袂を分かっていることを理解する。トラシュマコスとの議論においては、正義と技術のあいだの類縁性の示唆によって、その争点はいくらかぼかされていた。グラウコンは、彼の技術に可能なことと不可能なことをはっきり区別する完璧な技術者と完璧に不正な人間とを比較することによって、その争点をはっきりさせている。その一方で、彼は、完璧に正しい人間を、正義以外にはいかなる特質も持たない単純な人間と考えている。つまり、彼は、完全に不正な人間を描く代わりに、正しく敬虔な人間をそつのない創造的精神をもつ人間と描くアイスキュロスの詩の何行かを引用までしているのである[28]。ひょっとすると彼は、自らの言い直しによって、その思想を、マラトンの戦士アイスキュロスの精神にいっそう合致させることになる、と考えたのかもしれない。グラウコンの完璧に正しい人間は、技術からも自然からも切り離されている。つまり、完璧に正しい人間は、完全に拵え物の一部品なのである。

グラウコンがトラシュマコスと一致して主張した見解は、個人の善と共通善の間には解消することのできない矛盾が存することを含意している。それとよく似た前提から出発したホッブズは、正反対の結論に達した。というのも彼は、社会や平和や共通善が存在しないとき個々人が享受できる善と個々人を脅かす悪が量的に同じであることを、否定したからである。トラシュマコスとは対照的にグラウコンはこの考えの重要性を指摘してはいるが（358e4–5）、しかし、彼はまた、ホッブズによって否定された、自然本性的に弱い多数の者と自然本性的に強い少数の者との根本的差異にも言及している。グラウコンはこうして、再びトラシュマコスに与して、善き生とは僭主的な生であり、自分自身の利益だけのために、すなわち唯一の自然的善のために社会や慣習を、多少は隠された仕方で、利用することだと考えるようになる。ホッブズが自然的平等を根拠にして試みた[29]このような《不正の言論》の否定は、ソクラテスによって、自然的不平等を根拠にして、試みられていたのである。つまり、適切に理解された自然的不平等は、まさしく僭主的な生を否定する議論ともなるのである。しかしながら、ホッブズは、僭主と王の区別を整合的に維持することはできない。グラウコンが暗黙のうちにトラシュマコスの見解に対立させた見解に関して言えば、それは、われわれにカントの見解を思い起こさせずにはおかない――つまり、絶対的に価値ある唯一のものである善意志より他にいかなる特質ももたない単純な人間についてカントが行った感動的な記述を、われわれに思い起こさせずにはおかないのである。彼の『人倫の形而上学への基礎付け』の最初の言明は、彼の理解する道徳性が他のいかなる徳よりも正義に類縁のものであることを明らかにしている。カントが理解している道徳性は、グラウコンによる正義と同様、技術からも自然からも切り離されている。つまり、道徳法は、自然法でもなければ技術的な規則でもないのである。『国家』におけるグラウコンの見解の運命は、カントの道徳哲学の運命を予示している。しかしグラウコンが意図していることとは、「善意志」によってよりも「名誉」によってのほうがより善く示される。《合衆国独立宣言》の署名者たちが「われわれはお互いに、われわれの生命、われわれの財産、われわれの聖なる名誉にかけて誓う」と言うとき、彼らが言おうとしたのは、彼らが自分の生命と財産は断念するが、しかしその名誉は維持すると決意するということである。つまり、名誉は、《独立宣言》において言及されている生命を含む最初の自然権の他のすべての項目がそのために犠牲にされる場合でも、際立って燦然と輝いているのである。名誉あるいは正義は、生命を前提とし、そして両者は生命に奉仕する。にもかかわらず、ランクの上では、それらは生命よりも高いのである。[30] グラウコンが完璧に正しい人間を描き出す際にわれわれの注意を惹きつけているのは、この見せかけのパラドクスである。『国家』の中でこのような考えが準備されるのは、「厳密な意味での技術」という観念、すなわち、技術者の強みから技術を切り離しそこに含まれている自然を軽視することによってである。

グラウコンのソクラテスに対する要求は、彼の兄アデイマントスによって強く支持されている。アデイマントスの言論（speech）から、正義はそれ自体のゆえに完全に選択に値するものでなければならないとするグラウコンの見解、つまり正義の堕落は人類の出現と同じくらい古くからあるとする見解が、まったく新しいものであるということが明らかになる。グラウコンの正義の非難は、気づかないうちに正義の称賛に変わってしまったのである。アデイマントスは、グラウコンが最も重要な点を除外していたことを見出す。アデイマントスの言論は、正義の非難ではなく、むしろ正義の一般的で普遍的な称賛に対する非難であり、それでは、正義はもっぱら結果に関して称賛され、本来は悪いものとして称賛されていることになる。アデイマントスの意見では、グラウコンは、一般的な正義の称賛とりわけ詩人たちの正義の称賛における善への依拠、つまり、正義が善であるのは神々によって報われるからであり、不正義が悪であるのは神々によって罰せられるからであることを、十分に強調していなかったのである。そこで、アデイマントスは、真正な正義の称賛は神的な罰と報いを排除することを要求する。真正な正義の称賛は、必ずや詩人たちの追放を要求するのである。しかしまた、正義と不正義に関しては別の種類の発言も存在しており、そういった正義は私的にも詩人たちによっても提出されている。節度と正義はたしかに高貴なものとして普遍的に称賛されてはいるが、しかし厳しく骨の折れるものであって、慣習によって高貴ではあるが、自然本性的には好ましくないもの、したがって悪しきものである。そこで、アデイマントスは、真の正義の称賛とは、正義を本質的に好ましいもの、容易なものとして示すことを要求する（364a2–4, c6–d3; cf. 357b5–8）。しかし、二番目の種類の言論のうち最も奇妙なのは、神々は多くの善き人に対して苦痛を与え多くの悪しき人に対して至福を与えるというところ、すなわち、正義に苦痛が伴い不正義の方が安楽であるという性格は神々に責任があるというところである。そこでアデイマントスは、真の正義の称賛は、神的な罰と報いを除外するだけでなく、人間に対するいかなる神的作用をも除外したものであることを要求する。そして、もし神々が人間を意識しながら人間に作用しないという主張が困難だと分かれば、真の正義の称賛は、人間的な事柄についての神的知識を除外することを要求するのである。いずれにしても、これまでの普遍的な正義の称賛は、もし不正義が自らをうまく装って正義であると偽装するなら、不正義への最も強い誘因を提供するものとなる。そのような不正義は、安楽なものではない。不正義はそれ自身の仕方では、古い見解による正義と同様、困難である。それは技術、つまりレトリックの技術なしには、可能ではないのである。しかるにそれは、至福へと至る唯一の道である（365c7–d6 を 364a2–4 と比較せよ）。そもそも、いっそう普遍的であるかほぼ普遍的に抱かれている信念では、不正の議論はきわめて強力であるので、ただ二種類の人間だけが自発的に正しい、つまり、神的な自然本性のおかげで不正に行為することに嫌悪を感じる人たちと、知識を獲得したことによって不正に行為することを控える人たちの、二種類の人間だけが正しいのである。これら二種類の人間は、いずれも不正に対して怒りを覚えるであろう。その一方で、前者は、彼らが不正に行為しようと思えばできたと考えるだけで、嫌悪を感じる。

二人の兄弟が語っていることは、それぞれの性格に合致している。グラウコンは節度や冷静さよりも男らしさと猛烈さによって特徴づけられ、そしてアデイマントス（恐れ知らず）には、その反対のことが当てはまる。したがって、グラウコンは正義が苦痛を伴うことのうちにその輝かしさを見るのに、アデイマントスはむしろ、その心地よさと安楽さのうちに、およびそれが怒りから解き放たれていることのうちに輝かしさを見る。グラウコンの正しい人間は純粋に正しいのであって——つまり、彼は正義以外のいかなる特質をも持たず、とりわけ技術を持たないのである。彼には、哲学者を思い起こさせるところは微塵もない。他方、アデイマントスの正しい人間は、知識の人であるかもしれない。アデイマントスはグラウコンよりも控えめである。グラウコンの言論は詩が用いられている。アデイマントスの言論は、言ってみれば、詩の告発にほかならない。正義とは何であるかを発見するために、ソクラテスは、グラウコンに特有の気質である勇敢とアデイマントスに特有の気質である節度とを、一緒にして編み上げなければならないであろう。彼にこのようなことができるのは、二人の兄弟の差異が彼らの一致よりも大きくない限りでのことである。彼らは正義をそれ自体のゆえに選択するに値するもの、あるいは喜ばしいものとして称賛するようソクラテスに求めている点では一致している。あるいは彼らは、通常悲惨の極致と信じられているものの只中にあってさえ、正義をそれ自体で人間を完璧に幸福にするのに十分なものとして称賛するようソクラテスに求めている点では一致している。彼らは、この要求をなすに際して、われわれがソクラテスの正義の称賛を判定するのにそれをもってしなければならない基準を打ち立てている。彼らはこうして、『国家』のなかでソクラテスが、正義が上述のような性格を持つことを証明しているのかどうか、あるいはどこまで証明しているのかを、われわれが探求しなければならないように強いるのである。

ソクラテスは、二人の兄弟の攻撃から正義を護ることはできないと、自ら宣言している（368b4-7, 362d7-9）。しかし、彼がきわめて長々と、それに答えていることは、疑いない。彼は、少なくとも、グラウコンの要求に十分応えられない理由を示すぐらいのことは、しなければならないだろう。彼の手続きを理解するために、われわれはもう一度第一巻の結末を思い起こさなければならない。正義が視界に入ってきたのは、各人にその人の魂にとって善いものを割り当てる技術として、そして共通善を見極め獲得する技術としてであった。このように理解される正義は、いかなる都市にも見られない。それゆえ、明確に定められた正義が実践されうる都市を打ち立てることが必要になる。難しいのは、その人にとって善いことを各人に割り当てることと共通善を得ることとが同じであるのかどうか、あるいは少なくとも両立するのかどうかという問題である。もし共通善が各人の私的な善と同じであるなら、この困難は解消するだろう。また、もし都市と個人との間に本質的な違いが存在せず、単に量的な違いが存在するだけであるなら、あるいは、もし都市と個人との間に厳密な並行関係が存在するのであれば、このことは可能であろう。ソクラテスはそのような並行関係を想定することによって、まずは都市における正義の探究へと向かい、そしてより特殊的には、それとともに都市の正義と不正義が出来してくる都市の設立（coming-into-being）へと向かう、すなわち、ポリス以前の個々人からの都市の設立へと向かうのである。このような手続きをソクラテスに取らせたのは、グラウコンであったと言ってよいであろう。グラウコンは正義の《何であるか》あるいは正義の本質を、その生成（coming-into-being）と同一視した。正義には、契約と法が、それゆえ都市が、先行するように見える。そして、都市もまた都市で、もっぱら自分自身の利益にのみ関心を抱く個々人が先行しているように見える。ソクラテスもまた、もっぱら自分自身の利益にのみ関心を抱く個々人から出発しなければならなかったが、そのことは、第一巻の帰結からしても、すぐに分かる。

それにもかかわらず、なぜソクラテスが正義の生成なんかに関心を持つのか、あるいはなぜ彼が正義の《何であるか》、その本質、正義の観念（idea）を把握することに自らを限定しないかについては、考えてみなければならない。というのも、ソクラテスは、グラウコンとは対照的に、事物の《何であるか》ということとその生成とを同一視することは、できなかったはずだからである。ちょうど等しいという観念が、二つの小石とか二つの山が同一であるかどうかに関わりなく同一であるのと同様、個人がそれに関与するのか都市がそれに関与するのかに関わりなくもちろん同一である正義の観念を見ることによって、彼は多くの困難を回避できたはずである。彼は、他の対話編では他の何らかの徳を探究しているが、その際彼は、それらの徳がそれに関与する存在者の生成を探究することなど、夢にも思ってはいない。ソクラテスが個人の正義からではなく都市の正義から出発するのは、都市の正義の方が個人の正義より大きな文字で書かれているからである。しかし都市は、勇気、節制のうえに知恵をも備えていなくてはならないがゆえに、それら諸徳のための対話篇においては彼は、それらの諸徳についての探究を、都市の徳として考察することから始めなければならなかった。『エウテュプロン』『ラケス』『カルミデス』などの探究が積極的な結論に達しなかったのは、このような理由によってではなかったか。『国家』におけるソクラテスの手続きは、次のように説明されうるのではないだろうか。つまり、正義と都市との間には、とりわけきわめて緊密な繋がりがある。そして、正義には観念（idea）が存在するのに、ひょっとすると都市の観念は存在しないのではないか。というのも、「万物」の観念は存在しないからである。永遠の観念と不変の観念は、生成し消滅してゆく特定の事物、そしてそれらが当の観念を分有することによって存在している特定の事物とは区別される。それゆえ特定の事物は、その観念にまで遡及できない何ものかを含んでいるのであり、それゆえにそれらが存在（being）とは区別される生成（becoming）の領域に属することを説明し、とりわけ何ゆえにそれらが存在する諸観念とは区別される諸観念を分有するのかを説明する何ものかを含んでいる。ひょっとすると都市は、根本的には生成の領域に属するがゆえに、都市の観念というようなものは存在しないのではないか。アリストテレスは、プラトンは自然的諸存在の諸観念を認めただけであると言っている[31]。おそらくプラトンは、都市を自然的な存在とは見なかったのであろう。しかし、もし都市と人間の個人のあいだに厳密な並行関係が存在しているのだとすれば、都市は自然的存在であると見なされるであろう。たしかに、ソクラテスは、その並行関係を強調することによって、都市は自然に反するという主旨のグラウコンの命題を否定している。他方で、ソクラテスは、都市の生成を強調することによって、われわれが立ててきた問いを立てるよう強いているのである。

都市は自然的存在者のように生成してくるのではない。それは、グラウコンとアデイマントスとともに、ソクラテスによって、設立されるのである(369a5–6, c9–10)。しかし、よく知られたほかのすべての都市とは対照的に、それは自然に即しているであろう。グラウコンとアデイマントスは都市の建設へと向かうまでは、不正の側に立っていた。彼らは設立者としての行動を開始するその瞬間、正義の側に立つのである。この根本的変化、この転換は、ソクラテスが行った誘惑や魅惑のために生じたのでもなければ、それが基になって生じる真の転換の原因でもない。不正の側に立つということは、僭主的生を称賛し選択すること、つまりひとりの僭主になること、ただそのひとの最大の力と名誉にだけ身を捧げることを意味する。しかし、他の人たちの作品である都市を食い物にする僭主の名誉は、都市の設立者である人間の名誉に比べれば、取るに足らぬものである。都市の設立者は、ただそのひとの栄光のためにだけ設立するのであるから、最も完璧な都市の設立に関わらねばならない、あるいは自身を完全にその都市への奉仕に捧げなければならないのである。不正の「論理」は、ちょっとした犯罪から、僭主を経て、不滅の設立者にまで至る。最善の都市の設立でソクラテスに協力しているグラウコンとアデイマントスは、『法律』で言及されているひとりの若い僭主、正義を所持していないが賢明な立法者に協力している、若い僭主を思い起こさせる（709e6–710b3;『国家』篇 487a を参照せよ）。

善き都市の設立は、三つの段階で行われる。豚の都市と呼ばれる健康な都市の設立、純化された都市あるいは戦闘部隊の都市の設立、《美しき都市》あるいは哲学者によって支配される都市の設立である。

都市は人間的欲求をその起源とする。つまり、あらゆる人間存在は、正しい者も不正な者も、多くの物を必要とし、少なくともこの理由から、他の人間存在を必要とする。われわれは、各人の利己心から出発することによって、各人自身の善のために、都市とともに共通善を必要とするところに行き着く（369c7, 370a3–4）。ソクラテスは、ある程度まで正義の問題を都市の問題と同一視し、都市の由来を人間の必要にまで辿ることによって、正義の機能や帰結を顧慮せずに、正義を称賛などできないことを示している。グラウコンが主張したように、根本的な現象は、他の人より多くを持とうとする欲望ではなく、生命に必要なものに対する欲望である。より多くを持とうとする欲望は二次的である。健康な都市は、最も重要な欲求、つまり身体的欲求を適切に満足させる。このような適切な満足のためには、すべての人がそれぞれただひとつの技術を遂行する仕方で自分の生活のために働くことが必要とされる。このことは自然に即している。つまり、人間は自然本性的にお互いに異なっている、あるいは、さまざまな人がさまざまな目的のために世に送り出されているのであって、なされるべき仕事の自然本性が、このような「専門化」を要求するのである。すべての人がひとつの技術に自らを捧げるとき、正しい人間についてのグラウコンとアデイマントスの対立的な見解は和解させられる。つまり、正しい人間とは、単純な人間であり、正しい人間とは知識をもつ人間（397e）ということになる。その結果、すべての人はその仕事をほとんど他の人のためにすることになるが、しかし他の人もまたすべての人のために仕事をすることになる。すべての人は、その生産物を彼らの生産物として、相互に交換するであろう。つまり私的な所有が存在することになるだろう。他の人の利益のために働くことによって、すべての人は自分の利益のために働くことになるであろう。すべての人は、自然本性的にその人に最も適した技術を行使するのであるから、すべての人にかかる負担も軽くなるであろう。健康な都市は幸福な都市である。健康な都市は貧困も知らなければ、抑圧も統治も知らず、戦争も知らず、動物のように喰らうことも知らない。その都市は、そのすべて成員が幸福であるというような仕方で幸福である。つまり、その都市は、すべての人たちの奉仕とその人たちの報酬とが完璧に調和しているがゆえに、統治を必要としないのである。他の誰かを侵犯する者がいないのである。それが統治を必要としないのは、すべての人がその人に最も適した技術を自ら選択しているからである。つまり、すべての人が、その人に固有の職業を、あたかもアヒルが水を得るがごとく得ているがゆえに、統治を必要としないのである。そこには自然の贈り物と選択との完璧な調和が存している。そこにはまた、個人にとって善きもの（彼は自然本性的に彼に最適の技術を選択している）と都市にとって善きものとの完璧な調和も存している。つまり、自然が事態を非常にうまく調整しているので、鍛冶屋が過剰になって靴屋が不足するようなことは起こらないのである。健康な都市が幸福であるのは、その都市が正しいからであり、その都市が正しいのは、その都市が幸福だからである。その都市は自分が正義と関わっていなくても誰もが正しいのである。それは自然本性的に正しいのである。健康な都市はまったく自然的である。健康な都市が医者をほとんど必要としないのは、その都市の政体が、トラシュマコスとの会話のなかで想定されていたほど、悪くはないからである（341e4-6, 373d1-3）。健康な都市にあっては、正義に自己犠牲的な色合いは微塵もない。正義は安楽なものであり、愉快なものである。正義が安楽で愉快であるのは、誰も己を共通善に関わらせなくてもよいからであり、共通善に身を捧げなくてもよいからである。共通善に関わると見られる唯一の行為は、子供の数を制限することくらいであるが（372b-c1）、それだけが自分自身の善だけを考えているすべての人に影響を与えるであろう。健康な都市はアデイマントスの要求を満たしている。それは、ある程度、アデイマントスの性格を満たしている。[32] それはアデイマントスの都市である。しかし、彼の弟には、まったく受け入れがたいものである。それはグラウコンの贅沢という欲求を、何よりも食事に対する欲求を、満足させるものではない。（彼は晩餐の約束を取り付けてはいない。）しかし、かりにもしわれわれが彼を信じるべきだとしても、彼を過小評価することはできるだろう。もちろん彼は、嘘を言っているわけではない。それどころか彼は、自分が何ゆえ健康な都市に反旗を翻しているのか、十分に分かっていないのである。健康な都市はある意味では正しいのかもしれないが、徳あるいは卓越性を欠いている（372b7–8 を 607a4 と比較せよ）。つまり、健康な都市が所持している正義は、徳ではないのである。グラウコンは、食事を欲求することと徳を希求することとを区別できないという事実によって、特徴づけられる。（彼は健康な都市を豚の都市と呼ぶ人物である。この点からもまた、彼は自分が何を言っているのかまったく分かっていないのである。健康な都市とは、文字通り、豚のいない町である。370d-e および 373c を参照せよ。）徳は、骨折りや努力、あるいはその人自身による悪の制止がなければ、不可能である。健康な都市においては、悪は休止しているだけでしかない。死は、健康な都市から次の段階への移行がすでに始まったときに、初めて口にされるのである（372d）。徳は健康な都市においては不可能であるがゆえに、健康な都市も不可能である。健康な都市、あるいは何らかの無政府的社会は、人間が無邪気なままでいられる場合には可能であるだろう。しかし、無邪気は、それが容易に失われるということをその本質とする。人間は知識によってはじめて正しくありうるのである。「自己実現」は、本質的に、社交性と調和的であるわけではないのである。

ソクラテスは健康な都市を本当の都市、あるいは単純に都市と呼んでいる（372e6–7, 374a5, 433a2–6）。それは、いくつかの理由で、特に優れた（par excellence）都市である。その理由のひとつは、それが最善の都市の基本的特性を示していることである。ソクラテスが人間を一緒にさせる基本的欲求について語るとき、彼は、食べること、住むこと、着ることを口にしてはいるが、生殖については黙している。彼は、自然的に満足させられる自然的欲求とは区別される、技術によって満足させられる自然的欲求についてだけ、語っているのである。彼が生殖を捨象するのは、都市を技術者たちの連合として理解できるようにするためである。換言すれば、都市と技術をできるだけ完全に一致させようとするためである。都市と技術は一体なのである。聖書が都市と技術を同一の起源にまで遡らせようとしているかぎりにおいて、ソクラテスは聖書と一致しているように思われる[33]。いずれにしてもわれわれは、健康な都市の自然的特性を再考せざるを得なくなる。健康な都市についての記述が自然によるものとしていた人間への配慮は、これまでは自然が提供していたものを、大きく超えている。その原因はもっぱら神にある。健康な都市の市民が神々への賛歌を歌うことは当然である。それ以上に注目すべきは、ソクラテスとアデイマントスが健康な都市における神々の効果について、沈黙していることである。

健康な都市は、純化された都市の出現あるいはむしろ建設以前に、衰退してしまうはずである。その衰退は不必要なものに対する欲望の解放、すなわち身体的な健全さに必要でないものに対する欲望の解放によってもたらされる。こうして贅沢な都市、熱にうなされる都市が出現する。それは、無際限に富を得ようと駆り立てられていることを特徴とする都市である。そのような都市では、諸個人がもはや自然本性的に適しているただひとつの技術だけに従事してはいないであろうし、真のものであれ偽のものであれ何らかの技術に従事するとか、最も利益の出る技術を組み合わせたものに従事するといったことが、見込まれるであろう。あるいは、そこではもはや奉仕と報酬との間に厳密な対応は存在しないことが見込まれるであろう。それゆえ不満と争いがあるだろうし、したがって正義を回復させるための統治も必要であるだろう。それゆえにまた、健康な都市にはまったく存在してもいなかった他の何ものか、すなわち少なくとも支配者の教育が、そしていっそう特殊的には正義への教育が必要であるだろう。正義はもはや自然的に有効であるわけではない。このことは会話のなかに反映されている。つまり、健康な都市についての記述では、ソクラテスとその対話者たちは都市の設立の見物人であったのに、いまや彼らは設立者に、つまり、正義が有効であることに対して責任を負う人間にならなければならないのである（374e6 を 369c9–10 とともに参照せよ。378e7–379a1）。また、所領を追加する必要もあるだろうし、したがって戦争、つまり侵略戦争もあるだろう。「ひとりの人間に一つの技術」という原則に立脚しながら、ソクラテスは、軍隊が戦争の技術以外にいかなる技術ももたない人間から成ることを要求する。戦士や守護者の技術は、その他の技術に比べてずっと優れているように思われる。これまで、あらゆる技術は等級が等しく、唯一の普遍的技術あるいはすべての技術に付随する唯一の技術は、金銭を作る技術であった（342a–c, 246c）。いまやわれわれは、諸技術の真の秩序を初めて目撃しているのである。その秩序は位階的である。普遍的な技術が最高度の技術であり、ほかの技術を管理監督する。それ自体最高の実行者によって遂行されなければならない技術である。とりわけそれは、金銭を作る技術の遂行者によって実践されることはできない。その諸技術のなかの技術が哲学であることが明らかとなるであろう。当面の間、われわれはただ、戦士は哲学的な野獣である犬の自然本性に似た性質をもっていなければばならないとだけ言っておこう。というのも、戦士は勇敢でなければならず、それゆえ一方では短気で無情でなければならないのであるが、他方では穏やかでなければならないからである。それは、彼らが余所者には公平無私に嫌悪感をもち、彼らの同市民には公平無私に好ましく思う気持ちをもつからである。そのような特殊な自然本性をもつ人間は、さらに特殊な教育を必要とする。彼らは自分たちの仕事のことを考えに入れて、戦争の技術、すなわち都市を守る技術を訓練しておく必要がある。しかしこれが、ソクラテスが大いに関心をもっている教育ではない。われわれは防人の技術が盗人の技術と同じであったことを思いだす。守護者の教育は、彼らが盗みやそれと似かよったことを、おそらくは外敵に対する場合を除いて、行わないよう注意するものでなければならない。戦士は自然本性的に最善の闘争者であろうし、それに加えて彼らは、唯一の武装者であるだろうし、武術の手ほどきを受けた者であるだろう。つまり、彼らは不可避的に、唯一の政治的な力の所有者であるだろう。さらに、無垢の時代が過ぎ去ってしまったからには、都市には悪が蔓延り、それゆえにまた戦士たちにも悪が蔓延る。戦士が他の誰よりも必要とする教育は、それゆえ市民的な徳の教育である。このことは再度会話のなかに反映される。健康な都市に反旗を翻すのはグラウコンであった。彼の反抗は、贅沢、より多くをもつこと、戦争のスリルと破壊への欲望（471b6–c1 を参照せよ）によって支えられている。彼はいまや、ソクラテスによって、軍事の専門職を贅沢や獲得物から完全に切り離すことを受け入れさせられる（374a3）。つまり、贅沢や獲得物の精神は訓練と私心なき奉仕の精神と置き換えられるのである。この点では、グラウコンの教育は、『国家』の全体で報告されている会話による節度の教育の一部なのである。

戦士に市民的徳を得させる教育は、「音楽」教育、つまり詩と音楽による教育である。詩や音楽がすべて、人々を一般に善き市民に仕立て上げ、特に善き戦士に仕立て上げる傾向があるというわけではない。それゆえ、ここで問われているような徳の獲得の助けにならないような詩と音楽は、都市から追放されなければならない。詩が与えてくれる特殊な喜びは、高貴な人によい結果をもたらす場合、つまり性格の気高さを促す場合にのみ許容される。この要求の厳しさは、ふたたびソクラテスの対話相手となっているアデイマントスと、完全に符合しうるものである。ソクラテス自身はそのような要求を暫定的なものと見なしている。議論の全体は、神話の性格を帯びている。[34] 敬虔への教育が第一の位置を占めている。敬虔が要求するのは、ただ神々についての正なる種類の物語が語られていることだけであって、最も偉大な詩人たちが語る種類の物語ということではない。正なる種類の物語を示すために、ソクラテスは、アデイマントスが「神学」と呼ぶものに関して、二つの法律を制定している。そのような神学を適切に理解するためには、文脈を考察しなければならない。神学は、小さな子供たちに語られる真実ではない物語のモデルとして役立つ（377c7-d1 および a）。われわれも知っているとおり、真実ではない物語は、小さな子供のためばかりか、よき都市の大人の市民のためにも必要であるが、しかし彼らができるだけ早い時期からそのような物語を吹き込まれていたなら、それが最善であっただろう。豚の都市では真実でない物語は必要ではなかった。このことは、ソクラテスがその都市を「真なる都市」、すなわち真理に満ちた都市、と呼んだ理由のひとつであったかもしれない。いずれにせよ、ソクラテスとアデイマントスの神学についての会話は、知らぬまに神々についての高貴な嘘の要求から神々についての真理の要求へと転じているのである。会話者たちは、神々は存在する、あるいは神は存在する、そして自分たちは神とは何であるかを知っている、という暗黙の前提から出発する。その困難はひとつの実例によって示すことができる。ソクラテスはアデイマントスに、神は嘘をつくのか、それとも神が古のことを知らないがゆえに真実でないことを述べるのかと問い、アデイマントスは、それはばかげた問いであると応えている（382d6–8）。しかし、アデイマントスの見解では、どうしてそれがばかげた問いとなるのか。というのも、ティマイオスが示唆しているように、神々は自分自身のことを最もよく知っているはずだからである（*Timaeus*, 40d3–41a5）。たしかに、ティマイオスは、はっきりと目に見え回転している神々と、宇宙的な神々とオリュンポスの神々とを選択する限りにおいて現れてくる神々とを区別しているのに対し、オリュンポスの神々だけが確認されるだけの『国家』の神学においては、そのような区別はなされていない。しかし、まさにこの事実こそ、神学の「神話的」な性格を示しているのであって、「神とは何であるか」とか「神々とは誰のことか」という問いを立てそれに答えられないことの重大さを、示しているのである。その他のソクラテスの発言は、ソクラテスの答えを確証することを可能にするかもしれないが、しかしそれらは、アデイマントスの答えを確証することには役立たないし、それとともに、ソクラテスとアデイマントスが到達した一致がどれほど深いのかを判断するのにも、役立たない。彼らは次の点に関しては一致している。すなわち神々が人間を超えた存在者であるという点、神々が人間を超えた善性や完全性を備えているという点では、意見が一致しているのである（381c1–3）。神が善であるというのは、第一の神学的な法の命題でさえある。このことから、神は万物の原因であるのではなく、ただ善き事物の原因であるだけである、ということが帰結する。これは、結局、神は正しいと言うに等しい。つまり、第一の神学的な法の命題は、正義とは友を助けること、すなわち分別ある人を助けることにあり、誰かを害することにあるのではないとするポレマルコスとの会話の結論を、神に適用しているのである。[35] 明白な困難は、もっぱら、神の単純さを主張するものであって、ある程度までは第一の法の単なる補遺でしかない他の法に関わる。第二の法は二つの含意をもつ。(1)神はその姿や形（エイドスやイデア）を変えない。すなわち、神はさまざまな形姿をとらず、あるいは形態を変化させるものではない。⑵神は欺いたり嘘をついたりしない。第一の法とは対照的に、第二の法は、アディマントスには直接的に明白ではない。このことはとりわけ、第二の含意について当てはまる(380a7, 381e11, 382a3)。アデイマントスは明らかに、神々は善でありかつ嘘をつくことを同時に主張することに、何らの困難も見ていない。つまり、神々はあらゆる徳を備えており、それゆえまた正義も備えている。そして正義はときには嘘をつくことを要求する。ソクラテスがこの文脈で一部を明らかにし、また少し後で一部を明らかにしているように、[36]支配者は、その臣下の者たちの利益のために、嘘をつかねばならないのである。もし神々が正しい、あるいは支配者であるなら、彼らも嘘をつかなければならないように思われる。ところで、アデイマントスの抵抗は、真理への愛(382a4-10)あるいは哲学とは区別される、彼の正義への関心に基づいている。彼は、神々の単純さを宣べるドグマに抗っているのである。というのも、彼は弟以上に、正義とは本質的に単純さであるよりも知識や技術と同類であることを認めようとしているからである。彼の抵抗は、彼が第二巻の冒頭に近いところで行っている長い演説が含意していた事柄と、まったく一致していない。[37]このことは何ら驚きではない。つまり彼には、なお学ぶべきことが多くあるのである。結局、彼は正義とは何であるのかを、まだ知らない。少し後の会話において、ソクラテスは、正義とは具体的には人間的な徳であると示唆している(392a3-c3)。その理由はおそらく、正義が、神々は自己充足的でありそれゆえエロスから自由であるのに、すべての人間的存在者は自己充足的ではなく、したがって都市へ向けて秩序づけられ、それゆえ人間は本質的にエロス的存在である、という事実に根差しているからであろう。エロスと正義は、こうして、同じ根をもっているようなのである。

ソクラテスが描く戦士の教育は、ほとんどすべての徳への教育である。敬虔、勇気、節度、そして正義は、明らかに、このような教育の目標として認めうるものである。その一方で、知恵は誠実さと置き換えられ、笑いを愛でることの否定と置き換えられる。戦士を正義へと教育するやり方の議論は、対話者たちが正義とは何であるかをまだ知らないことを根拠に、後回しにされる[38]。この根拠はどちらかといえばもっともらしいものである。というのも、他の徳が何であるかについて彼らが知っているとも言えないからである。われわれが本当の根拠を見るのは、会話が音楽に固有の問題に向かい、音楽と笑いながら再登場を果たしたエロス的なグラウコンが、兄（アデイマントス）にとって代わったという事実に注意を向けるときである（398c7, e1; 402e2）。一般的に言って、『国家』で最高のテーマが議論されるとき、いつもソクラテスの対話の相手を務めているのは、グラウコンである。ソクラテスが戦士たちの教育の究極目的を明らかにしているのも、グラウコンとの会話においてである。その究極目的は、美あるいは高貴のエロスであることが明らかになる。そのようなエロスは、とくに勇気と、そしてとりわけ節度、言い換えれば、品位と結びつけられる[39]。正義は、狭い意味では、節度から、あるいは節度と勇気の適切な結びつきから生じる、と言うことができる。こうしてソクラテスは、盗賊の一味と善なる都市の違いを、もの言わずして明らかにする。つまり、この種の社会が本質的に異なるのは、善き都市の武装した支配的部分が、すべての美しく優美なものに対するエロスによって動かされているからだというのである。その違いは、善き都市が、ギリシアの都市であれ異国の都市であれ他の諸都市と関わりをもつ際に、正義の尊重によって導かれているという事実が元になっているのではない。つまり、善き都市の支配領域の大きさは、その都市自身の適切なもろもろの必要によって決まるのであり、それ以外の何ものによってでもないということである（423a5–c1; 422d1–7 参照）。都市と他の諸都市との関係は、正義の分野であるよりもむしろ知恵の分野に属する（428d2–3）。善き都市は、諸都市の共同体の一部でもなければ、そのような共同体の共通善に捧げられているのでも、また他の諸都市に奉仕するものでもない。それゆえもし、都市と個人との間に並行関係のようなものが保たれているとすれば、少なくとも、正義以外の徳によって個人の徳を理解するよう努めなければならないのである。美しいものへのエロスが暫定的に正義の位置を占めているのは、このような試みと関連しているのである。このような段階における善き都市の情況は、健康な都市における情況とは正反対である、と言ってよいのかもしれない。

都市と個人の間の並行的関係は、このように秘密裡に成り立っているがゆえに、それが問題になるのも、秘密裡においてでしかない。都市は、可能なかぎり善きものであるためには、可能なかぎり統一され、一つでなければならないのであって、それゆえに個人もまた可能なかぎり一つでなければならない。つまり、すべての市民は心を一つにして一つの技術に身を捧げなければならないのである(423d3–6)。正義とは単純さである。したがって教育も単純でなければならない。つまり、構成され、「洗練され」、複合された形態より、単純な体育と単純な音楽の教育が優先されなければならないのである(404b5, 7, e4–5; 410a8–9)。しかし、人間は身体と精神から成る二重の存在である。つまり、教育された戦士となるためには、それゆえに、体育と音楽という二つの技術(411e4)を実践しなければならないのである。[40]

この二重性は、この文脈で議論されている医者つまり身体を治癒する者と、裁判官つまり魂を治癒する者との根本的な違いによって、説明されている。音楽が二つの技術、つまり詩と狭義の意味での音楽から成っていること、それに加えて、読む技術と書く技術から成っていることは、言うまでもない(402b3)。もしアスクレピウスの息子たちが医術と戦争という二つの異種的(heterogeneous)な技術を結びつけているのだとすれば、戦争の技術に身を捧げる人間をその他のあらゆる技術者から厳密に区別するのが、ソクラテスの最後の言葉なのではないかと考え始める。ソクラテスがここで示しているように、とりわけわれわれがこの文脈から学ぶところによれば、同一の人間が善き喜劇詩人であるとともに善き悲劇詩人であることも不可能ではないのかもしれない。われわれがこの文脈から学ぶことは、その単純さのゆえに決して低級な人間を模倣しようとしない高貴なまでに単純な人間も、戯れのなかでは、それにもかかわらず、模倣するかもしれないということ、つまり、遊びと真剣さとの二元論は、きわめて単純な仕方で、単純さの理解に対してわれわれに警告を発しているのである。しかしながら、そのような単純な理解は、最善の都市の支配者は一方における哲学者と他方における王という二つの異種的な活動を結びつけなければならないという事実を思い起こすことによって、いとも素っ気なく反故にされてしまう。

戦士の教育の最終目的である正義と美のエロス（愛求）の違いは、ソクラテスの支配者についての議論のなかで明らかになってくる。支配者は戦士たちのエリートのなかから選抜されなければならない。支配者は、市民を護る技術をもっているのに加えて、都市を世話し、都市を愛する特性を備えていなければならない。この愛（philia）はエロスではない。例の市民を護る技術は、それ自体では盗みの技術でもある。人間は、おそらく、その人の利益と自分自身の利益が同じであると信じる人、あるいはその人の幸福が自分自身の幸福の条件であると信じる人を、最も愛するであろう。そこで、支配者に要求される愛は、善き支配者は自分自身の利益に関わりなく都市を愛するであろうという意味での自発的な愛でもなければ無私無欲の愛でもない。彼に期待される愛は、ある種の勘定高い愛である。共通善に対する献身としての正義は、技術でもなければエロスでもない。それは、それ自体のゆえに選択するに値するものであるようには見えない。自らの都市を世話することは、ひとつの仕事である。都市を支配すること、すなわち都市に奉仕することの困難さを理解することが、もうひとつの仕事である。このことは、ソクラテスがなぜ、よき支配者たちが在命中も死後も礼遇されることを要求した（414a1-4; 347d4-8を参照せよ）のか、ということの理由を説明してくれる。しかし、こういった褒賞も、被支配者の心を動かすわけではない。それゆえ、この点においてソクラテスは、特に被支配者、とりわけ都市の最強部分である兵士たちのことを考慮して、一段と優れた高貴な嘘を導き入れるのである。つまり、高貴な嘘は、都市を世話することと被支配者の側ではお互いを世話することとの最大の効果をもたらすはずのものである（415d3-4）。それゆえ、善き都市は、根本的な欺瞞なしには可能ではないのである。それは、真理つまり自然の境位にあっては、存在しえない。高貴な嘘は二つの部分から成る。第一の部分は、市民に彼らの教育に関する真理を忘れさせる、あるいは単なる人間存在から、言い換えれば、自然的な人間存在と言われうるものから市民に成長していくことの真の特性を、忘れさせようとするものである[41]。それは確かに自然と技術の区別、自然と人為（コンヴェンション）の区別を曖昧にしようとしている。それは、市民が自分たちを同一の母と乳母と大地の子と見なすこと、したがって自分たちを兄弟と見なすことを要求するのであるが、しかしそのような仕方で、その大地がその大地の一部、つまり件の特定の都市に帰属する特定の土地あるいは領土と同一視されることを要求しているのである。つまり、あらゆる人間存在の友愛は、あらゆる仲間の市民の友愛によって置き換えられるのである。高貴な嘘の第二の部分は、このように条件づけられた友愛を、兄弟たちの根本的不平等によって条件づける。友愛はその起源を大地にもつのに、不平等はその起源を神にもつ。神があらゆる善きことの原因であるのだとすれば（380c8-9）、不平等も善きことであると思われるであろう。しかしながら、神は、いわばある者には支配を他の者には服従を選ぶといった具合に、恣意的な決定によって兄弟たちを不平等に創造したわけではない。神は、単に自然的差異を容認しただけでしかない、言い換えれば、ただ判を押しただけでしかないのである。神は少なくとも自然が保証しないことを保証している、すなわち、支配者は支配者だけを生み出し、兵士は兵士だけを生み出し、農夫と手工者はただ農夫と手工者だけを生み出すことを期待する向きもあるかもしれない。しかし、神は、高貴な父親の恥ずべき息子はより低い階級に格下げしその逆の場合は格上げを要求するだけに、すなわち、自然的な秩序を実直に尊重するよう要求するだけに自らを限定しているのである。人類を独立の自己充足的な都市へと分割することは、端的に自然的であるわけではない。都市における階層秩序は、もしそれが十分な威力によって神的に認可されていたなら、端的に自然的であったであろう。高貴な嘘の第二の部分は、自然の位階秩序に神的な認可を付加することによって、兵士が支配者に服し、衷心から都市に奉仕するために必要な動機を与える。しかしもし、上述の神的認可に文書では保証されない重石を与えておかなかったならば、示唆された動機では十分ではないことを認めなければならないであろう。このような理由からソクラテスは、この段階で共産主義の制度を導入しているのである。つまり、正義への動機がまだ不十分であるため、不正を行う機会が取り除かれなければならないのである。ごく短めの財産に関する共産制の議論において強調されているのは、避難場所の問題である。つまり身を隠す場所がないであろうという問題である。誰もがつねに、すべてを曝けだしてではないにせよ、少なくとも緩やかな検閲のもとで、つまり、誰もが他の誰かの居住地に自由に入って行けるような仕方で生きていかざるを得ないのである。兵士たちは、もっぱら手工者たちに対する奉仕の報酬として、何らかの金銭ではなく、ただ十分な量の食料とその他の生活必需品だけを受け取るであろう。軍事キャンプのような都市では、私的な家庭であるギュゲスの指輪に近づくことはないのである。つまり、不正によって幸福になれる人などいないのである。というのも、不正がうまく行われるためには秘密を必要とするが、秘密はもはや可能ではないからである。

さらにまた、これまで述べてきた善き都市では、正義はなお、不正への機会がないことに依存している。グラウコンはその長い演説でそのことを告発してきたのである。われわれはまだ、真正の正義に対面するまでには至っていない。したがって、グラウコンの望むところによれば、われわれはまだ真の幸福にも対面するに至ってはいないのである。言い換えれば、健康な都市の没落とともに失われた自己の利益と他者の利益あるいは都市の利益との一致は、まだ、兵士たちに関するかぎりでは、少なくとも回復されてはいないのである。一般の人々は羊であり、兵士は犬であり、支配者は牧人である（416a2-7）。しかし、誰が所有者なのか。誰が全体の企てから利益を得るのか。それによって誰が幸せになるのか。第四巻の冒頭で、静かでどこか散文的なアデイマントスが、戦争の喜びのことなどすっかり忘れて、それゆえそれ自体で選択に値する兵士たちの平和的活動にも気づくことなく、真の都市の所有者である兵士の側に立って、ソクラテスを非難しているのである（419a2-4）。ソクラテスは以下のように自らを弁護している。つまり、われわれは、都市のどれか一つの部門の幸福よりも、むしろ都市の幸福に関わっているのだ。われわれは、都市のそれぞれの部門に、都市に対する一定の奉仕あるいは正義に見合う程度の幸福を与えるのだ。われわれは、都市の各部門にその部門の自然本性が要求するあるいは許す程度の幸福を与えるのだ、と。しかし、その部門は個人からなっている。個人の幸福にとって、その個人の属している部門がその部門の政治的機能が可能にするのと同じくらい幸福であればそれで十分であるのかどうか、また、個人の幸福がその人の都市の幸福への完全な献身あるいはその人の正義と一致するのかどうか、さらに、個人は不正であってもいっそう高次の段階の幸福に達しうるのかどうかは、明らかではない。われわれは、幸福のために要求されるのは真の正義かそれとも真の不正義かという問いに彼らが答え始めるときまでに、そのことが明らかになっていたのかどうかを見てみなければならない。

グラウコンが、健康な都市の市民が徳を欠いていたからではなくテーブルに着く喜びを感じなかったから反対したのとちょうど同じように、アデイマントスは、その市民に真の正義がなかったからではなく、富を持っていなかったから軍事キャンプの都市に反対するのである。その議論の不完全さは、対話相手の訓練の不完全さに符合している。食卓の喜びへの欲望を取り除くものは、節制に見出された。富への欲望を取り除くものは、正義のうちに見出されなければならない。もし後者を取り除くものが、彼らが幸福のために真の正義は必要なのかどうかという問いに答え始めるまでに見出されていたなら、前者を取り除くものよりもいっそう容易に見出されたはずである。その理由は、富は感覚的な快楽よりいっそう政治（ポリス）的だからである。つまり、都市としての都市は食べることも飲むこともできないのに、自分の財産を所有することはできるのである。ソクラテスがアデイマントスの非難に対して自らを弁護し終えた後、アデイマントスは富の弁護論を、もちろん個人の富ではなく、戦争を遂行するために必要とされる都市の富の弁護論を開陳している（422a4–7, b9, d8–e2）。その弁護論に論駁することによって、ソクラテスは、軍事キャンプの都市に対するアデイマントスの抵抗を克服し、それとともに、真の正義のための弁護論を完成させる。ソクラテスによれば、富にとって代わるもののひとつは、善き都市の行う政策、つまり善き都市が対峙する都市の少数の富める者に敵対する多数の貧しい者たちと同盟する政策である（423a3–5, cf. 471b2）。しかしこれが、改革嫌いの（424d3–e4）頑強な反民主主義者であるアデイマントスにソクラテスが服用させた最強の薬というわけではない。ソクラテスはその機に乗じて、女性と子供に関する共産制の要求を、そっと持ち出してくる。歌に関する改革（それは歌の種類に関する改革とは異なる）の必要性さえ（424c1–5）アデイマントスに押しつけている。彼のソクラテスの論難は、先に示されていた安全策では不十分であること、あるいは、これまで言われてきたよりいっそう根本的な慣習からの逸脱が必要とされる、つまり、熱のある都市の浄化のためには、これまで知られていたような都市の完全な破壊を要求することを示していた。それには、最大の不正と考えられることを行為に移すことが、要求されるのである（cf. 426b9–c2）。このような根本的な変化は、最初の、最も重要な、そして最もまばゆいばかりの善き都市の法的制度、すなわちこれら厄介な神的崇拝の制度が、先祖的解釈者の決定に委ねられているという事実によっても、つまりあらゆる人間存在にとってそのような事柄に関する先祖的解釈者である神、デルフォイのアポロに委ねられているという事実によっても、その性質を失わない。というのも、もしアポロが単なるギリシアの神であったとすれば、単にギリシア的であるのみならず同時に善でもあるべき都市のために、この役目を果たすことはできないからである。

善き都市の設立が完了した後、ソクラテスと彼の友人たちは、その都市のどこに正義と不正義が存するか、そして幸福である人間は正義を所持しているのか不正義を所持しているのかについての探索へと向かってゆく。たしかに彼らは、正義とは何であるかを宣べることには成功した。このことは、『国家』の全体を通して、おそらく最も奇妙な出来事であるだろう。正義という主題に捧げられているプラトン的対話篇は、その作品の前半部が終るよりもずい分前に、十分な考察が加えられはしたものの、正義の本質が適切な仕方でうまく定義づけられえないことについての考察のない、それゆえ最も重要な諸事実の解明のずっと前に、正義とは何であるのかという問いに答えているのである。『国家』が到達する正義についての定義が、せいぜい正義が属している属を定義するだけであって、正義の種差を定義するものでないことは疑いない（433a3 を参照）。そこで、『国家』を、所与の徳とは何であるかという問いを立てている他の対話編と対比せざるを得なくなる。ほかの対話篇も、それらが扱っている問いに答えてはいない。それらの対話篇はアポリアに陥る（aporetic）対話篇である。『国家』は、そこで真理が表明されている、つまりドグマティックな対話篇であるように思われる。しかし、『国家』の真理は、著しく不完全な証拠に基づいて提出されているがゆえに、実際には、いわゆるアポリアに陥る対話篇と同様、アポリア的対話篇と言わざるを得なくなる。何ゆえにプラトンは、他の諸徳を取り扱う対話篇とは区別される、正義を取り扱う対話篇において、このような仕方で論を進めたのであろうか。正義は普遍的な徳であり、最も明白な形で都市に関わる徳である、と言えるかもしれない。『国家』のテーマは、一方ならぬ意味で、政治的であり、そして、きわめて差し迫った政治的問いは、後送りにするわけにはいかない。つまり、正義の問いは、たとえ適切な答えを出すために要求されるあらゆる証拠が揃っていなかったとしても、是が非でも答えられねばならない問いである。『ラケス』は、「正義とは何であるか」という問いよりいっそう実践的な問い、戦いのなかで一定の種類の戦い方がよいのか悪いのかという問いとともに始まる。軍事の専門家たちの意見が一致しないところでソクラテスが議論に入ってゆき、いずれにせよそこに居合わせている人々の目からしても異論のない仕方で、そのような問いは勇敢とは何であるかが知られるまでは答えられないことを示す。勇敢とは何であるかについての議論は、結論を出すことができず、主要な実践的な問いに対する答えは結論が出ないまま先送りされるか、むしろその主要な実践的な問いが完全に見失われてしまう。その問いが何事もなく忘れ去られてしまうのは、それが非常に重要で火急であったわけでもないからである。そうでなければ、勇敢とは何であるかという問いに対する適切な答えを待つことなく、その筋の権威によってきちんと決着がつけられていたであろう。というのも二つの問いのあいだには必然的連関などないからである。『ラケス』は、勇敢とは何であるかという問いに答えないままでいるが、その対話の注意深い読解は、少なくとも『国家』が正義とは何であるかという問いに答えているのと同様に、『ラケス』もその問いに答えていることを示すであろう。

アポリアに陥る対話篇と教説を伝える対話篇との区別は、当てにならない。誤魔化されることがないよう、教説を伝える対話篇、とりわけソクラテスが主要な話し手であるすべての対話篇が、『国家』で作用している強制と対比的な強制の下で行われていないかどうか、考えてみなければならないであろう。たとえば、『パイドン』で報告されている会話が完了しているのは、それがソクラテスの死ぬ日に行われているからである。『饗宴』に関しても、そこで伝えられている教説は、ソクラテスがディオティーマのものとしていることを忘れてはならない。

正義とは何であるかについての探究が可能になるのは、対話者たちがソクラテスの善き都市の設立は完了したという主張を受け容れたからである。つまり、第一のもの、最も重要なもの、最も輝いているもの、すなわち最高のものが完備された後、何かを欠いたものなど存在しうるだろうか。それに関して、ソクラテスは、ある種の正義をもって、彼らに、その都市のどこに正義があり、その都市のどこに不正義があるのかを探索すべきであると要求している。にもかかわらずグラウコンは、正義の手伝いをするという約束を彼に想い起こさせることによって、無理やり彼をその探索に参加させ、いやそれどころか無理やりその探索を主導させようとしている。しかし、ソクラテスが自分の関わりの条件あるいは任務の条件を変更していることに、対話者たちは気づいていない。彼は、正義はそれ自体のゆえに選択に値するものであり、単にそれからの帰結のゆえに選択に値するものではないことを証明していると思われてきたが、彼はいまや、ひとりの人間が幸福であるためには、正義を所有していなければならないのか、不正義を所有していなければならないか、そのいずれでなければならないのかという問いを宣言しているのである。つまり、正義は、それ自体のゆえに選択に値するものではなく、ただ手段として必要である、あるいは必要悪であるとしても、幸福であるために不可欠の条件であるかもしれないと、宣言しているのである。しかし、正義がこのような制限された意味においてでさえ善であるのか否かという問いがなおまったく未解決のまま残されていると言われていながら、ソクラテスは、そのすぐ後で、彼らが言論のなかで築いた都市がもし善きものであるなら、その都市はあらゆる徳を所有していなければならない、それもとりわけ正義を所有していなければならないと述べているのである。すなわち、彼は、正義が善であることを当然視している、あるいは、その決定的な問いを仮定のうえで述べているのである。これらの論点移動が成功しているのは、グラウコンがまだ争点を明確に把握していないからである。彼は、正義に好意を寄せる人ではあるが、正義を中傷する人たちの言論に惑わされてもいるのである。彼は正義が最高のものであると信じたいのであるが、正義よりも低いとは思われない他のもののことも気懸りなのである。そうであるがゆえに、ソクラテスが正義の探査に直接向かわず、最初に他の諸徳を議論しているとき、グラウコンの他の諸徳への関心は十分に大きなものとなっていたので、ソクラテスの回りくどい手法に抗議の声を抑えることができなくなるのである（430d4–e1 を参照せよ）。もし正義それ自体についての議論の始まりが奇妙なことに単純性を欠き、そして正義も単純性と同類であるように見えることに気づけば、誰かに対して不正であるようなことはないのである。

ソクラテスとグラウコンは、最初、正義以外の三つの徳を探し求めている。自然本性に従って打ち立てられる都市においては、知恵は、支配者のうちに、しかも支配者のうちにおいてのみ、存している。というのも、賢明な人たちは自然本性的になんらかの都市の最小の部分であるからであり、彼らが舵を握っていなければ、知恵は都市にとって善いものではないからである。善き都市においては、勇気は戦士のなかに存している。というのも、獣的な恐れ知らずとは区別される政治的勇気は、教育を通して、自然本性的にその勇気に適した人々のなかにのみ生じるからである。節度を見出すことは、それほど容易ではない。もしそれが快楽と欲望に関する自制であるなら、それも支配者と戦士の領分である（431b9-d3)。しかしそれはまた、自然本性的により善き者による自然本性的により悪い者の抑止であるとも理解されうる。すなわち、それによって全体が調和のとれたものとなるもの、言い換えれば、都市において、自然本性的により優れた者と自然本性的により劣った者のうち、どちらが支配すべきかに関しての同意とも理解されうるのである。このように理解された節度は、善き都市のすべての部分に行きわたっている。たとえそうであるにしても、それは、知恵と勇気の単純性と単一性を欠いている。抑止することと抑止されることとは異なるがゆえに、より高次の階級の節度は、より低次の階級の節度とは異なる。ソクラテスとグラウコンが善き都市における最初の三つの徳を見つけだすことは容易であるのに、彼らがそのなかに正義を見つけだすことは難しい。正義はそこに達することが難しい場所に、深い影の中に横たわるように存しているように思われる。しかしながら、実際には、それは彼らの足下で転げ回っていたのである。彼らがそれを見つけられなかったのは、彼らがそれをどこか遠くの方に求めていたからである。他の徳を見つけることに比べて正義を見つけることが難しいのは、正義への教育が他の徳への教育に比して議論されてこなかったという事実を反映している。正義はまさにその最初から善き都市の設立を導いてきた原理であって、すでに健康な都市にあっては不完全ながら実施されてはいても、われわれも知るとおり、軍事キャンプの都市においてはまだ完全には実施されてはいなかった原理であることが分かってくる。正義とは、その人の自然本性が最もよく適している都市に相応しいひとつの事柄を各人が行う、あるいは端的に各人が自分自身の仕事に専心することにある。つまり、ほかの三つの徳が徳であるのも、このように理解された正義によってであるということである（433a-b)。より精確に言えば、ひとつの都市が正しくあるのは、その三つの部分（お金儲けをする者、兵士、支配者）のそれぞれが己れ自身の仕事を行い、しかも己れ自身の仕事だけを行う場合に限られるということである。したがって、正義は、節度に似ており、知恵や勇気とは異なり、ただ一つの部分の領分であるのではなく、あらゆる部分から要求されるものである。それゆえ、正義は、節度に似て、三つの階級のそれぞれのなかにあって異なった特性をもつのである。たとえば人は、賢明な支配者の正義は（彼らに正義に対する特異な動機があることは言うまでもない）、その知恵によって着色され、お金儲けをする人の正義は、その世俗的性格によって色づけされている、と想定しなければならない。というのも、もし戦士の勇気でさえ唯一の政治的あるいは市民的勇気であるとすれば、そしてもしそれが純粋で端的な勇気でないとすれば（430c;『パイドン』82a 参照）――お金儲けをする者の正義についてもまったくその通りであるが――、彼らの正義もまた、純粋で端的な正義でないことは、当然のことだからである。戦士たちの勇気が純粋で端的な勇気ではないのは、それが本質的に法に依存しているからである（429c7 を 412e6–8 および 413c5–7 と比較せよ）、あるいは彼らは、最高度の責任を欠いているからである。そこで、純粋で端的な正義を発見するためには、個々の人間存在のうちにある正義を考察することが必要になる。この考察は、もし個人における正義が都市における正義と同じであるなら、きわめて容易だろう。このためには、個人、あるいはむしろ個人の魂が、都市と同じ三つの種類の「自然」から成っていることが要求される。われわれは、善き都市の帰趨がその成否にかかっている都市と個人の並行関係が、身体の捨象を要求していることに気づく（434d–435c における個人から魂への移行を参照のこと）。魂についての暫定的な考察が、いま言った要求を立証しているように思われる。つまり、魂は、欲望、気概あるいは怒り（440a5, c2）、そして理性を含んでいるのであって、それはちょうど都市が、お金儲けをする者や戦士や支配者から成るのと同じである。そこからわれわれは、人間が正しいのは、これら三つの魂の部分がそれ自身の働きをなし、ただ自分自身の仕事だけを行っている場合である、すなわち、その魂が健康な状態にある場合である、と結論してもよい。しかし、もし正義が魂の健康であり、反対に不正義が魂の病気であるとすれば、ひとが正しくあるあるいは正しくないことが知られていようと知られていまいと、それとは関わりなしに、明らかに正義は善であり不正義は悪なのである（444d–445b）。ひとりの人間が正しいのは、魂の理知的部分が賢明でかつ支配している場合であり（441e）、そして、理知的部分の臣下であり支持者である気概的部分がそれを助けて、ほとんど不可避的にますますいっそう多くの金銭への欲望を脹れあがらせる多くの欲望を抑制する場合である。しかしながら、このことは、ただ、その人のうちで適切に啓発させられた理性が、適切に啓発された二つの他の部分を支配している人間だけが、すなわち、ただ賢明な人だけが、真に正しくありうるということを意味している（442c）。もし魂の諸部分のひとつ、とりわけその最善の部分が衰退するならば、そのときその魂は、健康ではありえなくなる。それゆえ、結局は、正しい人間が哲学者と同一であることが明らかになることは、疑いのないところである（580d–583b）。そして、哲学者は、正しい都市の成員でなくても、正しくあることができる。お金儲けをする者と戦士が真に正しくないのは、彼らの正義が、もっぱら、哲学とは区別されるひとつの種類の、あるいは他の種類の、習慣づけ（心術）から導き出されたものだからである。それゆえ彼らは、その魂の最も深い部分においては、僭主制を、すなわち、完全な不正を待ち望んでいるのである（619b–d）。それゆえ、ソクラテスが善き都市のなかに不正を発見できるのではないかと考えたとき、彼がいかに正しかったかがわれわれには理解できるのである（427d）。もちろんこのことは、哲学者でない者が、善き都市の成員として、現実の都市の成員として行為するよりもいっそう正しく行為することを、否定するものではない。

賢明でない者たちの正義は、一方では都市における正義の考察と、他方では魂における正義の考察においては、異なった光のなかで明らかになってくる。この事実は、都市と魂の並列が誤解を招きやすいことを示している。その並列に欠陥があるのは、その並列を支えている正義の定義に欠陥があるからである。正義は、都市あるいは魂のそれぞれの部分が「それぞれにとって自然本性的に最も適した仕事をしている」、あるいはその「種類」の仕事をしていることにあると言われている。都市あるいは魂の一部分が正しいと言われるのは、「一定の仕方で」その仕事をしている、あるいはそれ自身の務めに注意を払っている場合である。もし「一定の仕方で」を「最善の仕方で」あるいは端的に「うまく」と置き換えるなら、不明瞭なところは取り除かれる(433a-b, 443c4-d7; アリストテレス『ニコマコス倫理学』1098a7-12)。もし都市のそれぞれの部分がその仕事をよくこなし、それゆえに徳やそれぞれに帰属する諸徳を有しているとき、その都市は賢明であり、勇敢であり、節度があり、そうであることによって、完璧に善である。つまり、都市はそれに加えて正義など必要としないのである。個人の場合はそれとは異なる。もし個人が賢明であり、勇敢であり、節度があるとしても、彼はまだ完璧に善であるわけではない。というのも、進んで他者に危害を加えないこととは区別される、仲間に対して善くあろうとすることとか、仲間を助けたいと思うこととか、仲間を世話することとか、仲間に奉仕しようとすることなどは、最初の三つの徳を有していることから導き出されるものではないからである。最初の三つの徳が都市にとって十分であるのは、都市が自足的だからである。そして、それらの諸徳が個人にとって不十分であるのは、個人は自足的ではないからである。ソクラテスとグラウコンが正義を求めながら、なかなか見つからないのは、善き都市の場合、明確な徳としての正義は必要ではないからである。

都市と個人を並行させて論じるためには、ちょうど都市において戦士がお金儲けをする者よりも高い地位を占めるように、魂においては気概が欲望よりも高い地位を占めることが、要求される（440e2-7）。内外の敵に対して都市を擁護しかつ音楽の教育を受けている人が、音楽の教育を受けていないだけでなく公的な責任を問われることのない人よりいっそう高く尊敬されるべきであるというのは、きわめてもっともである。しかし、気概それ自体が欲望それ自体より高いランクにあるべきであるというのは、それほどもっともではない。たしかに気概には、不正や邪悪や卑劣に対する最も高貴な憤激から、どんなに悪いものでもそれを取り上げられて憤慨する駄々っ子の怒りにいたるまで、きわめて多種多様な現象が含まれる（cf. 441a7-b2）。しかし、欲望についても同じことが当てはまることは、明白である。つまり、エロスは欲望のひとつであるが、それにも広がりがあって、健全なものでは、子孫による不死の願望から、名声による不死の願望を経て、知識によってあらゆる点で不変的な事物に与ることによる不死の願望にまでおよぶ。それゆえ、気概そのものが欲望そのものよりもランクが高いという主張には、問題があるのである。グラウコンが誓いを立ててそれを否定したにもかかわらず、あるいはそれを否定したがゆえに、気概は理性に反する欲望と重なるのである（440b4-8）。われわれはまた、哲学的なエロスが存在するのに、哲学的な憤激、哲学的な勝利欲、哲学的な怒りといったものが存在しないことを、けっして忘れないようにしよう（536b8-c7 を考慮せよ）。都市と魂の並列は、熟慮の上でのエロスの捨象という『国家』を特徴づける捨象に基づいている。この捨象が最も際立った仕方で表に現れてくるのは、以下の二つの事実においてである。すなわち、ソクラテスは人間の社会で生じる基本的な諸欲求に言及するとき、生殖の欲求には口を閉ざしているという事実と、僭主のことを述べるとき、僭主を《エロス神》の化身と述べているという事実である（573b-e, 574d-575a）。『国家』がエロスを呪うところから始まっているという事実も、これに関わっていることは言うまでもない（329b6-d1）。気概と欲望のそれぞれの等級をテーマとして論じている箇所で、ソクラテスはエロスについては触れていない[42]。エロスと都市のあいだに、したがってまたエロスと正義のあいだには、緊張が存しているように思われる。エロスを軽視して初めて都市は都市自身となることができるのである。エロスは、それ自身の法に従うのであって、どれほど善いものであっても都市の法に従うのではない。愛する者は必ずしも仲間の市民であるわけではない（つまり仲間の党派の一員であるわけではない）。善き都市においては、エロスは端的に都市の要求するところに従わされる。つまり、ただ正しい種類の子孫を産むことのできる者たちだけが、子供をもうけるためにお互いに一緒になることが許されるというわけである。プライヴァシーを取り払うことは、エロスに加えられる一撃なのである。都市は、ある意味では愛欲的結合を前提としてはいるものの、愛欲による結合体ではない。支配者や戦士やお金儲けをする者というような諸階級があるのと同様に、都市の愛欲的階級といったものがあるわけではない。都市は、熟慮したり戦争を遂行したり財を得たりするように子孫を作るようなことはしない。愛国心、共通善への献身、正義は、できるかぎりエロスの代役を果たさなければならないが、愛国心は、エロスに対してよりも、気概や好戦的や「スズメ蜂的性格」や憤慨や怒りに、いっそう類縁のものである。愛欲的結合も政治的結合も、ともに排他的ではあるが、しかし、それらは異なった仕方によって排他的である。愛する者たちは、他の人たちと対立してはいなくても、あるいは他の人たちを憎んではいなくても、他の人たちから（「世間（界）」から）引きこもるのに、都市が「世界」から引きこもるということはできない。つまり、都市は他者と対立したり他者に抵抗したりすることによって、己を他者から分離するのである。《我々と彼ら》の対立は、政治的結合体にとっては本質的なことである。気概の欲望に対する優越性は、人間的な気概がもたらすあらゆる行為は、ひとは正しいという意味を含んでいるように見えるという事実によって、示されているように思われる（440c）。正義の行為のかなりの部分は、処罰の行為であり、処罰の行為は、控えめに言っても、怒りによって補佐されている。[43] 怒りは正と密接に関わるので、生命のないものでさえ、あたかもそれらが悪いこと（wrong）をなしうるかのように扱う。気概は、欲望に比べると、いっそうその対象を「擬人化」する傾向がある（cf. 440a1-3; 469e1-2）。しかし、この事実が欲望に対する気概の端的な優越性を立証しているのかどうかは、われわれが「擬人化」の価値をいかに考えるかに懸っている。『国家』はこの問題を思考するために、とりわけ、その作品のなかで最も気概のある話し手であるグラウコンの発言を通して、食物（材料）を供給している。《気概》の権化であるこの人物は、正しい都市の設立に際して、《理性》の助手となる。『国家』のなかでエロスの捨象について言われていたことは、戦士の教育が美のエロスにおいて頂点に達すると考えられている事実によっても、否定されはしない。そのエロスは、哲学的なエロス、つまり哲学者に固有のエロスを指しているのであって（501d2）、哲学は、正義の観念（idea）よりも高次の観念である善の観念についての知識の探求となるのである。『国家』が無条件にエロスを捨象することができるのは、ただそれが哲学を捨象できる場合だけでしかない。しかし、哲学と都市のあいだには緊張が存している。この緊張の地平にあっては、エロスと正義の緊張が再発する。『国家』は、哲学と都市の緊張が克服されるのは、哲学者が王になる場合であろうと主張する。われわれはその緊張が実際に克服されるのかどうか、探究しなければならない。われわれがこの探究へと導かれるのは、これまで指摘してきたとおり、エロスの限定された捨象によってである。

善き都市は、とりわけ、哲学においても、また戦争に関しても、最善の人（543a5）の統治であることを――つまり処女神であり、かつ子宮のなかから形成されてはこなかった女神である、女神アテナ（『ティマイオス』24c7-d1）に最も近づいた人の統治であることを――、特徴とする。それゆえ善き都市は、理性と本来の意味でのエロスとは区別される気概の卓越性によって、特徴づけられるのである。哲学が出現する以前には、善き都市は、欲望よりも気概により高い地位を与えているという事実、およびそれが技術者の都市であるという事実によって、特徴づけられていた。これら二つの事実には関連がある。技術は性愛的ではない。性愛的でないというのは、それらが有用なものを生み出すということ、特定の物品や財物を産み出すことに関わるからである。それに対して、エロスは完全な善に向かう傾向がある。にもかかわらず、部分的であるという性格のゆえに、諸技術は諸技術の技術に仕え、諸技術の技術を要求する。諸技術の技術、すなわち哲学は、端的に完全な善に、つまり「善の観念（イデア）」に関わる。技術とちょうど同じようにエロスも、その最高の形態を指すものとして哲学を指示する。最も散文的で功利的であるものと、最も功利的でないものである、技術とエロスは、明白に、哲学へと向かって収斂していく。気概もまた哲学に向かうべきだというのは、控えめに言っても、それほど明白ではない(44)。

善き都市の設立は、人間には自然本性的に違いがあるという事実から始まり、そしてこの事実が、人間が自然本性的に同等でない階層からなることを意味していることを明らかにする。人間は、第一に、その徳を獲得する能力に関して、同等ではない。自然に起因する不平等は、異なった種類の教育や習慣づけによって、そして善き都市のさまざまな部分が享受するさまざまな生活様式（共産的あるいは非共産的）によって、増大し深化する。その結果、善き都市は、ひとつの身分制社会に似てくる。『国家』の善き都市の説明を聞いているプラトンの登場人物は、それによって、古代エジプトで確立されていた位階制度を思い起こす。もっとも、エジプトでは、支配者が、哲学者ではなく、神官であることは、言うまでもない（『ティマイオス』24a-b）。にもかかわらず、『国家』の善き都市においては、家柄ではなく、すべての者の自然的な天賦の才が、いずれの階級に属するかを決する。しかし、このことはひとつの困難に行き当たる。共産主義的な生き方をしている上位階級の成員は、自分たちの自然的両親が誰であるかを、知っているようには思われないのである。というのも、彼らは、上位階級の年のいった世代に属するすべての男女を、自分たちの両親と見なしていると思われるからである。他方で、天賦の才能を与えられた低い階級の共産的でない子供たちも、上位の階級に移されることもある（そしてその逆もある）。彼らの卓越した才能が、生まれた時点では必ずしもはっきりしていないところから、彼らは自分の自然的両親を知ろうとするようになるかもしれないし、彼らに愛着を抱くようになることさえあるかもしれない。こうしたことは彼らがより上位の階級に移るためには、適切でないと思われるであろう。この困難を克服するには、三つの仕方がある。その第一は、両親の正しい選別（その選別は上位階級の両親の選別を意味することは言うまでもない）によって望ましい結果を担保して、出生後の選別を不必要にするというものである。つまり、適切に選ばれた両親の子供は、上位の階級に属するのが相応しいということである。これが結婚の数についてのソクラテスの議論の根底にある解決案である（546c6–d3）。第二の仕方は、共産制と——生き方と教育との繋がりを考慮して——音楽教育を低位の階級にまで広げるというものである（401b–c, 421e–422d, 460a, 543a）。アリストテレスによれば（『政治学』1264a13–17）、ソクラテスは、善き都市において絶対的な共産制が上位の階級に限定されるのか、それとも低位の階級にまで広げるのかを決定しないまま残しておいたということになる。この問いに決着をつけないまま残しておくのは、ソクラテスの表明している低位の階級の重要性についての低次の意見に呼応してであろう（421a, 434a）。音楽教育に関する曖昧さは、言い方を変えれば、音楽教育と最高の教育とを、あらかじめ比較したことによるものである。最高の教育と比較すれば、戦士の教育とお金儲けをする者の教育の違いも、とるに足りないものになってしまう。それにもかかわらず、最高のものを除いた何らかの観点からすれば、その違いはもちろん、きわめて重要である。お金儲けをする者の階級には、控えめに言っても、よき自然本性を欠いてはいても治癒できるために殺されずに済む人たちも含まれていることを忘れてはならない（410a1-4, 456d8-10）。したがって、ソクラテスは、戦士にではなく、美や名誉に無感覚な人に向けて語られる非真なる物語の必要性を、すなわち恐怖や処罰を示唆するような嘘の必要性を仄めかしているのである。というのも、完全に政治的な権力を剝奪された多数の者こそ、心の底から支配者に服従する動機を、最も必要としているからである。その場合にも、ソクラテスが共産制と音楽教育を上位の階級に限定しようと望んでいる節はある（398b2-4, 415eff., 431b4-d3）。それゆえ、議論のなかでの困難を取り除くために、彼は、個々人が上位の階級に帰属するか下位の階級に帰属するかを世襲にすることを、したがって、正義の最も枢要な原理の侵害を、回避することができなかったのである。このことに加えて、戦士という職業に対する天与の者と天与でない者とを完全に分かつ明確な線引きができるのかどうか、したがって、諸個人を完全に正しく上位の階級に振り分けたり下位の階級に振り分けたりすることが可能であるのかどうか、それゆえまた、善き都市は完全に正しくありうるのかどうかについて、考えてみることもできるのである（cf. 427d）。加えてまた、共産制がもし上位の階級に限られるとすれば、お金儲けをする階級においても哲学者としての哲学者たちの間においても、自由な私的生活は存在するであろう。なぜといって、おそらく都市に哲学者は一人しかいないであろうし、群れや小隊といったものは、きっと存在しないであろうからである。つまり、戦士だけが、完全に政治的で公共的で、完全に都市に捧げている、唯一の階級だからである。それゆえ戦士だけが、「正しい」という語のひとつの意味での正しい生の最も明白な実例を示しているのである。

なぜ共産制が上位の階級に限定されるのか、あるいは共産制に対する自然的障碍とは何であるのかを理解することは必要である。自然本性的に私的であるもの、あるいはその人自身のものであるものは、身体であり、ただ身体だけである（464d;『法律』739c を参照せよ）。最も完全な共産制は、それゆえに、身体の完全な捨象を要求するであろう。『国家』において要求されわれわれが絶対的共産制と呼んできた純粋で端的な共産制に近づくには、身体の完全な捨象に近づくことが要求されるのである。身体の欲求や欲望は、人間に、私的なものの領域、各人が自分のものとする領域を、できる限り広げるよう促す。この最も強力な欲動は、節度をもたらす音楽教育によって、すなわち、ただ少数の人間だけが能くなしうる最も厳しい魂の教育によって、克服される。それにもかかわらず、この種の教育は、各人自身の諸事物（それに人間的諸存在）に対する自然的欲望を根絶するものではない。つまり、戦士は、もし哲学者に服していなかったなら、絶対的共産制を受け入れないであろう。こうして次のことが明らかになる。つまり、その人自身のものに対する欲動は、究極的にはただ哲学によってのみ、それ自体が誰かの私的な所有物ではありえない真理の探求によってのみ押し止められるということである。この上なく私的であるものが身体であるのに対し、この上なく共通なるものは、一般的な魂であるよりもむしろ、心つまり純粋な心である。というのも、ただ純粋な思考（thoughts）だけが、さまざまな諸個人のなかにあっても端的に同一であり、端的に同一であると知られうるからである。『国家』で教えられている共産制の非‐共産制に対する優越性は、哲学の非‐哲学に対する優越性の反映として、はじめて理解されるようになる。にもかかわらず、哲学は最も共通のものであり、前の節で示されていたように、最も私的なものでもある。ある点からすれば、戦士の生は優れて正しい生である一方、他の点からすれば、正しいのはただ哲学者の生だけである。『国家』おける哲学者と都市との関わりに関する教えを人が理解するまでは、正義に含意されている二つの意味の違いは、明らかにはなりえないのである。それゆえわれわれは、新たに開始しなければならないのである。

第四巻の掉尾では、あたかもソクラテスがグラウコンとアデイマントスに押し付けられた仕事を完了したかに見える。というのも彼は、魂の健全さとしての正義がその結果のゆえにだけでなく、とりわけそれ自体のゆえに望ましいことを、示していたからである。しかしその後、第五巻の冒頭で、われわれは突然、まさしく全巻の始まりの箇所で現れた場面が再現されることによって、新たな開始に直面させられる。全巻の始まりにおいても第五巻の始まり（他の箇所ではない）においてもともに、ソクラテスの仲間たちは、ひとつの決定を、いやそれどころか投票を行っているのであり、その決定に加わっていないソクラテスがそれに従っている（449b–450a を 327c–328b3 と比較せよ）。どちらの場合も、ソクラテスの仲間たちは、都市であることが可能な最小の都市であるとしても、とにかくひとつの都市（市民たちの集まり）のように振る舞っている（369d11–12）。しかし、その二つの場面には、決定的な違いがある。つまり最初の場面ではトラシュマコスが不在であるのに、第二の場面では、彼は、都市の成員となっている。善き都市の設立のためには、トラシュマコスがその市民のひとりに転向させられる必要があるのである。

第五巻の冒頭でソクラテスの仲間たちは、ソクラテスに、女性と子供に関する共産制の問題を取り上げるよう強制している。彼らは、四巻の始まりのところでアデイマントスが所有に関する共産制に反対したような仕方で、その提案それ自体に反対しているわけではない。というのも、アデイマントスでさえ、もはやそのときの彼と同じ人間ではなくなっているからである。彼らは、ただ、女性と子供に関する共産制を扱う明確なやり方を、知りたいと思っているだけである。ソクラテスは提出された問いを、次のようないっそう的を射た問いに置き換える。つまり、(1)そのような共産制は可能であるのか？(2)それは望ましいものであるのか？という問いに置き換えるのである。女性に関する共産制は、なすべき職務に関する両性の平等から帰結するものであり、そのような平等を前提している。つまり、都市は、その労働部隊と戦闘部隊の成人人口の半分を失うことなどできないのであって、男女間のさまざまな技術に対する自然本性的な天分の本質的な違いは存在しないのである。両性の平等を要求するには、慣行を根本から変えることが必要であるが、ここでは衝撃的な仕方でよりも、むしろ笑いを誘うような仕方で示されている。そのような要求が正当化されるのは、ただ有用なものだけが立派であり高貴であるということ、そして悪しきものすなわち自然に反するものだけが笑いを誘うということに基づいている。両性の間で行いが慣習的に異なることは、自然に反するとして退けられ、そこで提案されている革命的変革は、自然に従った秩序をもたらそうとするものである（456c1-3）。というのも、正義は、すべての人間存在が、慣習や慣行が命じることなど気にせずに、彼あるいは彼女に自然本性的に相応しい技術を実践すべきである、と要求しているからである。ソクラテスは最初に、両性の平等が可能であること、すなわち彼らの自然本性がさまざまな技術を実践する素質に関して見られる場合に明らかになるように、それが両性の自然本性と一致していることを示し、それから、それが望ましいものであることを示している。その可能性を立証するのに、彼は、生殖に関する両性間の違いを、明示的に捨象している。われわれが繰り返して言わなければならないように、このことは、都市が男性と女性の技術者の共同体とする『国家』の議論が、全体として、「技術によって」ではなく「自然によって」生じるその都市に本質的な活動を、できるかぎり最高度に捨象していることを意味している。それと同時にそれは、人類のうちにある最も重要な身体的差異を捨象している、すなわちできるかぎり身体を捨象している、つまり男と女の違いが、禿げ頭の男と長髪の男の違いと比較できるかのように取り扱っていることを意味している（454c-e）。その上で、ソクラテスは女性と子供たちに関する共産制へと向かい、それが都市をよりいっそう「一なるもの」となしそれゆえ、それが独立した家族からなる都市よりもいっそう都市を完全なものになすゆえに、望ましいものであること、つまり、都市は、できるかぎり単一の人間存在と似たものであり、あるいは単一の生きた身体（462c10-d7, 464b2）、すなわち自然的存在と似たものであるべきことを示しているのである。都市の最大限可能な統一に向けた政治的議論は、都市の自然性に向けた超 - 政治的議論を隠蔽する。家族の廃止は、もちろん放縦や乱交の導入を意味するのではない。それは、都市にとって何が有用なのか、共通善のために何が要求されるのか、といった観点からの、最も厳格な性的な交わりの統制を意味している。有用性の考慮は神聖さの考慮に優る（458e4）、つまり、最善の子孫を残すことをもっぱら考慮に入れて、犬や小鳥や馬の繁殖家のような精神で、人間の男と女も掛け合わせるべきだ、と言う人がいるかもしれない。エロスの要求は端的に沈黙させられている。新しい秩序は、自ずと、慣習的な正義の最も神聖な規則である近親相姦の慣習的な禁止という形をとる（461b-eを参照せよ）。その新しい計画案では、誰も自分の自然的な両親、子供、兄弟、姉妹を決して知ることはないであろうし、また誰もが歳のいった世代のすべての男や女を自分の父や母と見なすであろうし、自分と同じ世代の男や女を自分の兄弟や姉妹と見なし、自分より若い世代の男や女を自分の子供と見なすであろう（463c）。しかしながら、このことは、自然に従って打ち建てられた都市が、最も重要な点で、自然よりもいっそう人為に従って生きていることを意味している。このような理由から、われわれは、ソクラテスが女性と子供に関する共産制が可能かどうかという問題を取り上げておきながら、即座にそこから手を引いているのを見て、失望させられる（466d6ff.）。男が自分自身の子供を持ちたいという欲望を自然的にもつことが事実だとすれば、その可能性を証明することは、ソクラテスにとってさえ、あまりに荷が重すぎたかのように見える（cf. 330c3-4; 467a10-b1）。当の制度は善き都市にとって不可欠であるがゆえに、ソクラテスは、善き都市すなわち正しい都市そのものの可能性の問題を、このように未解決のままに残しているのである。そして、ソクラテスの話を聞いている者と『国家』の読者にこの問題が分かってくるのは、彼らが正義のために、最大の犠牲——家族という犠牲とともにエロスという犠牲——を払った後のことである。

ソクラテスは、長らく、正しい都市の可能性の問題に答えるという、厄介な義務から逃れることを許されなかった。彼を無理やりその問題に向かわせたのは、男性的でどちらかと言えば気概のあるグラウコンであった。もしかするとわれわれは、戦争という主題へとあからさまに逃避することによって——戦争という主題は、女性と子供に関する共産制以上に、グラウコンにとってそれ自体より容易で、魅力的でもある——、しかしそれでいて正義という厳粛な主題に合致したやり方でその主題を取り扱い、その魅力の大半を剝ぎ取ることによって、彼〔ソクラテス〕は、グラウコンに、自分を強制して根本的な問題に回帰させるよう、強いていると言うべきであるのかもしれない。われわれはまた、ソクラテスは戦争へと主題を転じることによって、女性と子供たちの共産制という主題や両性間の平等という主題から本当に逃げたりはしていない、と言うべきなのかもしれない。というのも、両性間の唯一の示差的な違いは、女より男の方が強いことである、と言われていたからであるが（451e1-2, 455e1-2, 456a10-11, 457a9-10）、その違いこそ、戦いに最も密接に関わるものであり、それにまた、女性闘士の死は、都市にとって、生殖において両性に与えられている機能から言って、男性闘士の死よりも損失が大きいからである。さらに、戦争は家族の廃止を準備すると言われている。いずれにせよ、彼らが回帰していく問題は、彼らが残してきた問題と同じではない。彼らが残してきた問題とは、善き都市は人間の自然本性に合致しているという意味で可能なのか、という問題である。彼らが回帰していく問題とは、善き都市は現実の都市の変形によって存在を得ることができるかという意味で可能なのか、という問題である。後者の問題は、最初の問題に対する肯定的な答えを前提にしていると考えられるかもしれないが、しかしこれはまったく正確ではない。われわれがいま学んでいるように、正義とは何であるかを発見しようとするわれわれの全努力（したがってわれわれは、それがいかに幸福と関わるかを見ることはできないであろう）は、「範型」としての「正義それ自体」の探求であった。範型としての正義を求めるということは、正しい人間と正しい都市も完璧に正しくあるわけではないということ、実のところ、できるだけ近く正義それ自体に接近するということを意味する（472a–b）。つまり、完璧に正しいのはただ正義それ自体だけだということである（cf. 479a; 538cff.）。こうしてわれわれは、善き都市を特徴づける諸制度（絶対的共産制、両性の平等、哲学者の支配）でさえ、端的には善でないことを学ぶのである。正義それ自体は、それが存在を得たものになりうるという意味では「可能」ではない、というのも、それは、何であれいかなる変化を蒙ることもなく、常に存在しているからである。正義とは、「形相」、あるいは「観念（idea）」、多くの「諸観念」のひとつである。諸観念は、厳密に言って、「存在する」事物であるにすぎない、すなわち非‐存在という混入物なしに存在しているのである。諸観念は、あらゆる生成を超えており、生成するものは何であれ、存在と非‐存在の間にある。諸観念は、あらゆる変化を超えた単なる事物であるがゆえに、ある意味では、あらゆる変化の原因である。たとえば、正義の観念は、何であれ正しく生成したもの（人間存在、都市、法、指令、行動）の原因である。それらは常に存立している自‐存的存在者である。それらは最高に輝かしいものである。たとえば、正義の観念は完璧に正しい。

しかしこの輝きは身体の目には止まらない。諸観念はただ精神の目に対してだけ「見える」のであって、精神としての精神は、諸観念以外の何ものをも知覚しない。にもかかわらず、多くの諸観念が存在し、それらの諸観念を知覚する精神が根源的には諸観念それ自体とは異なるという事実が示唆するように、何か諸観念より高次のもの、つまり善の観念が存在しなければならない。その観念は、ある意味では、すべての諸観念の原因であるとともに、それを知覚する精神の原因でもある（517c1–5）。プラトンとアリストテレスは、最高度のところで、完璧な知るものと完璧な知られるものとが結びつけられなければならないとする点で、一致している。しかし、アリストテレスによれば、最高度のものとは知識、あるいはそれ自身を思惟する思考であるのに対し、プラトンによれば、最高度のものとは、知るものと知られるものとの違いを超えたものであり、言い換えれば、思惟する存在者ではないのである。プラトンが理解したような最高のものが、なお観念と呼ばれるのが正当であるのかどうかということもまた、問題になってくる。ソクラテスは、「善の観念」と「善」を、同義的に用いている（505a2–b3）。善き都市が存在するに至り、しばらくのあいだ存続できるのは、ただ、適切に備えている人間存在の側での善の知覚をとおしてであるにすぎない。

ソクラテスが対話者たちに対して詳細に述べている諸観念の教理は、理解するのが非常に難しい。何よりもまず、それは、突拍子もないとまでは言わぬまでも、まったくといってよいくらいに信じ難いものである。これまで、われわれは、正義とは根本的に人間の魂のある一定の性格、あるいは都市のある一定の性格、すなわち自‐存的でない何ものかである、と理解させられてきた。いまやわれわれは、正義が自‐存的であり、いわば人間存在および正義に関与する他のすべてのものとはまったく異なるところに居を構えるもの、と信じるよう求められる（cf. 509d1–510a7;『パイドロス』247c3）。これまで誰も、このような諸観念の教理に十分で明快な説明を与えることに成功しなかった。しかし、どちらかと言えば、その中心にある困難さを精確に定義することは可能である。「観念」は、第一義的には、事物の外見や形姿を意味する。したがって、それは、それらすべてが同じ外見、同じ性質あるいは力、すなわち同じ「自然本性」を所持しているという事実によって結びつけられている諸事物の種（kind）や類（class）を意味する。それとともに、それは、当の類に属している諸事物の類的性質あるいは自然本性を意味する。つまり、諸事物の観念とは、われわれが事物あるいは諸事物の類の「何であるか」あるいは「自然本性」を見出そうとする際に、われわれが求めるところのものなのである。「観念」と「自然本性」との繋がりは、『国家』においては、「正義の観念」は「自然本性的に正しいもの」（501b2）と呼ばれ、諸観念でない諸事物とは対照的に諸観念が「自然のうちに」あると言われているという事実から、明らかになってくる（597b5-e4）。しかし、このことは、何ゆえ諸観念がひとつの観念を分有している諸事物から「分かたれた」ものとして示されるのか、言い換えれば、何ゆえ「犬的であること」（犬の類的性質）が「本当の犬」なのかを、説明してはいないのである。ソクラテスの主張に論拠を与えている現象は、二種類あるように思われる。第一は、数学的な諸事物そのものは、感覚的な諸事物のうちには、決して見出され得ないというものである。砂の上や紙の上に引かれた線は、数学者が意味している線ではない。第二に、そしてとりわけ、われわれが正義やそれと同類の諸事物によって意味しているものは、それ自体では、人間存在や社会のなかに必然的に見出される純粋さや完璧さのうちにあるものではない。どちらかと言えば、正義が意味しているものは人間がこれまで達成してきたすべてのものを超越している、ということであるように思われる。精確に言えば、最も正しい人間とは、自らの正義の不十分さに最も気づいている人たちであったし、また気づいている人たちである。ソクラテスなら、数学的な事物と徳の明白に真であるものは、普遍的な真であると言うように思われる。つまり、円の観念と正義の観念のように寝台の観念や机の諸観念が存在する、と言うように思われる。ところで、完璧な円や完璧な正義がすべての見られうるものを超えていると言うことは明らかに合理的であるのに、完璧な寝台とはこれまでその上で人が休んだことのないものである、あるいは完璧な遠吠えが完全に聴き取れないものである、と言うことは困難である。それはともかくとして、グラウコンとアデイマントスは、比較的容易にこの諸観念の教理を受け入れている。確かに彼らは、それまでに何度も諸観念について、善の観念についてさえ聞いていた。しかしこのことは、彼らがその教理について真の理解を得ていた、ということを保証するものではない[45]。それにもかかわらず、彼らはなおいっそう頻繁に、正義の女神（***Dike***）や勝利の女神（***Nike***）のような神々が存在すると聞いていたし、ある意味では知っていた。つまり、この勝利のでもなければあの勝利のでもない、またこの勝利の女神像でもあの勝利の女神像でもない、ある意味では、あらゆる勝利の原因であり、信じられないような光輝の原因でもある、同一の自-存的存在者である勝利の女神（***Nike***）が存在すると聞いているし、知っているのである。もっと一般的に言えば、グラウコンとアデイマントスは、神々が存在すること――あらゆる善きことの原因であるとともに、信じられないような光輝の原因でありながら、それらが決してその「形相」を変化させないがゆえに、感覚では把捉しえない自-存的存在者が存在することを、知っているのである（379a-b と 380d ff. を参照せよ）。このことは、『国家』の神学において理解されている神々と諸観念との間に深遠な相違が存在することを、否定するものではない。それはただ、そのような神学を受け入れるようになった人たちが最もよく諸観念の教理を受け入れることに備えている人たちである、ということを言っているにすぎない。『国家』の読者が目にしている運動は、法とそして究極的には神々に服している父たちの連合としての都市から、哲学者と究極的には諸観念に服している技術者たちの連合としての都市へと向かう運動なのである。

われわれはここで、正しい都市の可能性という問題に戻らなければならない。われわれはこれまで、正義はそれが存在を得ることができるという意味では、「可能」でないことを学んできた。その後すぐ、単に正義それ自体だけでなく正しい都市もまた、いま言われたような意味では「可能」でないことを学ぶ。このことは、『国家』で目指されその輪郭が描かれている正しい都市が正義それ自体のような観念であることを意味するのではないし、いわんやそれがひとつの理想（ideal）であるということを意味するのでもない。つまり、「理想」は、プラトンの用語ではないのである。正しい都市は、正義の観念のように自-存的存在者であるのではなく、言わば、天上のあるところに掲げられているのである。それの置かれている境位（status）は、どちらかと言えば、絵描きが描くことによってはじめて存在を得る、絵に描かれた完璧に美しい人間存在の境位に似ている。それは、完璧に不正であると考えられている完璧に正しい人間と、完璧に正しいと思われている完璧に不正な人間というグラウコンの置かれていた境位と同類である。より精確に言えば、正しい都市は、ただ「言論の中」でのみ存在する。つまりそれは、一方では、正義それ自体あるいは自然本性的に正であるものを想定して、他方では、人間的あまりに人間的なものを想定して描き出されて、はじめて「存在する」のである。正しい都市の地位は、正義それ自体よりも決定的に低いものではあるが、範型としての正しい都市でさえその青写真のように存在するものとはなりえないのである。実際に存在し、単に言論において存在するのでない都市においては、ただ範型への接近が期待されうるだけでしかないのである（472b1-473b3; 500c2-501c9 を 486c6-d3 および 592b2-3 とともに参照せよ）。このことが何を意味するのかは、明らかではない。それが意味するのは、最も可能性のある解決がひとつの妥協であるということなのか、それゆえわれわれも、ある程度私有財産（たとえば、すべての兵士に、生きているかぎり、自分の靴やそれに類するものを保持することを許さなければならない）および両性の不平等（たとえば、一定の軍事的な職務と統治の職務では男性戦士の領分を残しておく）と調和的にならなければならないということなのだろうか。ソクラテスの言おうとしたことはこういったことであると想像する理由はない。会話の続きの部分に照らし合わせてみるとき、以下のような示唆はもっともと思われるであろう。正しい都市は青写真としては存在することにはなりえないという主張は、暫定的であるか、あるいは、正しい都市は青写真としては存在を得ることとなるけれども、そう容易にそういったものになりえないという主張を準備しているかである。いずれにせよ、合理的に期待されるのは善き都市への接近だけであると宣言した直後、ソクラテスは、現実の都市における《いずれの》実現可能な改変が、その都市を善き都市に変形するための必要十分条件であるのか、という問いを提出している。その条件とは政治権力と哲学が「一致」することである、つまり、哲学者が王として支配するか王が真にかつ十分に哲学するのでなければならない、というのが彼の答えである。その一致は「悪の停止」を、すなわち、公的な幸福と私的な幸福をともにもたらすであろう（473c11–e5）。このことは、都市に対する全面的な献身としての正義がそれ自体のゆえに選択されるべきものである場合には、少なからず可能であるはずである。この条件は、都市が至上の善性のもの、すなわち「人類の」幸福をもたらすといった善性のものである場合に、はじめて満たされる。哲学と政治権力との一致が普遍的な幸福の必要条件であるだけでなく十分条件でもあるのかどうか、すなわち、絶対的な共産制と両性の平等がそれでもなお必要なのかどうかさえ疑問視され始める。ソクラテスの答えは、まったく驚くべきものというわけではない。もし正義が、各人にその人の魂にとって善きものを与える、あるいは委ねることであるなら、魂にとって善きものとは徳であるから、「徳そのもの」を知らない人、あるいは一般に諸観念を知らない人、言い換えれば哲学者でない人は、誰も真に正しい人ではありえないことになる。

ソクラテスは、いかにして善き都市は可能であるかという問いに答えることによって、哲学を『国家』のテーマとして導き入れる。このことが意味しているのは、『国家』において哲学は、人間の最終目的としてではなく、正義を実現するための手段として、それゆえ正しい都市を実現するための手段として導入されているということ、つまり、上級の階級すなわち戦士の階級における絶対的な共産制と両性の平等によって特徴づけられる軍事キャンプとしての都市を実現するための手段として、哲学が導入されているということである。アリストテレスが『国家』の批判的分析において正当にもこの制度を無視しているのは、哲人支配が正しい都市の構成要素としてではなく、単に正しい都市を実現するための手段として、導入されているためである。哲学は、願望の問題とは区別される軍事キャンプのような都市の可能性の問題という文脈のなかで、導入されている。可能性の問題――何が自然本性に合致したものであるのか、そしてとりわけ、人間の自然本性に合致したものであるのかという問題――は、健全な都市に関しては浮かび上がってはこなかった。可能性の問題が前面に出てくるのは、ようやく第五巻の冒頭で、ポレマルコスが発議して議論が中断された結果としてである。それ以前のそれとよく似た二度の中断――健全な都市について述べられた後のグラウコンによる中断と、私的所有と私的領域全般の廃止の後のアデイマントスによる中断――は、願望の問題に限定されていた。つまり、ポレマルコスは、ひとが望んでいる以上に、『国家』の筋書き（action）にとって重要なのである。(46) 彼は、二人の兄弟の行動（action）、とりわけグラウコンの行動に対して、不可欠の修正を加えている。ポレマルコスの行動が遠因となって生じた帰結から、ソクラテスは、正しい都市の可能性の問題を、哲学と政治権力の一致の可能性の問題に還元することに成功するのである。そのような一致が可能であるはずなどとは、最初のうち、まったく信じられていない。つまり、すべての人が、哲学者は、政治的な（ポリス的な）事柄においては、有害ではないにせよ、役立たずと見ることができるからである。自分自身の都市での自らの経験から――つまり自らの死刑によって報いられるという経験から――ソクラテスは、哲学者の告発を、より深く掘り下げる必要があるとはいえ、十分に根拠あるものと見なしている。彼は、哲学者に対する都市の敵対の原因を、何よりもまず都市に求めている。つまり、現存する都市、すなわち哲学者によって支配されていない都市は、哲学者になる素質のある大多数の人を堕落させ、また強い抵抗に抗ってみごとに哲学者になることに成功した人がいたとしてもその人たちが愛想を尽かして背を向けてしまう、狂人の集まりに似ている。しかし、ソクラテスは哲学者を免除するようなことは一切なかった。ただ都市と哲学者の側での根本的変化だけが、両者が自然本性的に達成しようと意図しているように思われる調和をもたらすことになるのである。その変化とは、精確に言えば、都市が哲学者によって支配されることを進んで受け入れ、哲学者も都市を支配することを進んで受け入れることである。哲学と政治権力のこの一致は、達成がきわめて困難であり、ほとんどありえないことではあるが、しかし不可能というわけではない。都市の側、つまり非哲学者あるいは大衆の側に必要な変化をもたらすためには、正しい種類の説得が必要であり、それで十分である。正しい種類の説得は、説得の技術によって、つまりトラシュマコスの技術によって与えられ、哲学者によって、哲学するなかで行われる。それゆえ、このような文脈で、ソクラテスがトラシュマコスとは、これまでもお互いに敵というわけではなかったが、たったいま友達になったと宣言したとしても、何ら不思議ではない。非哲学者である多数の人たちも自然本性的には善い人たちであって、それゆえ説得することが可能である。「トラシュマコス」なしには、正しい都市は決して存在しないであろう。われわれは、ホメロスやソフォクレスは追放せざるを得ないが、トラシュマコスは招き入れなければならないのである。トラシュマコスは、当然のことながら、『国家』の対話者たちのなかでは中心的な場所を、つまり、父と子からなる組と兄弟からなる組とのあいだに場所を占めている。ソクラテスとトラシュマコスが「たったいま友達になった」のは、まさにソクラテスが、都市の破壊を回避するために、都市は哲学することを若者に許してはならない、それもとりわけ、最も深刻な種類の「若者を腐敗させる」「言論」に関わる哲学することを若者に許してはならない、と言ったことによってである。アデイマントスは、トラシュマコスはこの提案に激しく反対するであろうと信じている。しかし、真実をよく弁えているソクラテスは、その提案によって、都市であるとともに都市を演じているトラシュマコスの友人になった、と考えているのである。トラシュマコスの友人になった後、ソクラテスは、大衆は哲学の重要さを説得されないという厄介な告発に反対する大衆向けの論証へと、言い換えれば、大衆の手懐けへと向かっていく（497d8–498d4, 499d8–500a8, 501c4–502a4）。しかしながら、彼が大衆とのあいだで収める成功は、真の意味での成功ではない。というのも、大衆はそこに現存してはいないからである。すなわち、彼が手懐けている大衆は実際の大衆ではなく、言論の上での大衆でしかないからである。彼には実際に大衆を手懐ける技術が欠けている。トラシュマコスの技術である単一の技術である大衆の怒りを掻き立てる技術の対極にある大衆を手懐ける技術が、ソクラテスには欠けているのである。大衆は、トラシュマコスから話しかけられねばならないであろうし、そしてそれまではソクラテスに耳を傾けていた者が、成功を収めるであろう。

しかし、それはそうとして、ソクラテス自身は言うに及ばず、年長の哲学者たちが、直接的にせよあるいはトラシュマコスのような仲介者をとおしてにせよ、哲学および哲学者の優越性に関して多数の人たちの説得に成功しなかったのはなぜだろうか。また説得によって哲学者の支配と、それによる都市の救済と幸福をもたらすことがなかったのはなぜだろうか。奇妙に思われるかもしれないが、会話のこの部分において、哲学者に多数の人たちを支配するよう説得するより、多数の人たちに哲学者の支配を受け入れるよう説得するほうが、容易であるように思われてくる。つまり、哲学者は、説得されることはありえず、ただ、都市を支配せざるをえなくさせられるだけなのである（499b-c, 500d4-5, 520a-d, 521b7, 539e2-3）。ただ非‐哲学者だけが、哲学者に都市の世話をせざるをえなくさせることができるであろう。しかし、哲学者に対する偏見のことを考えれば、最初に哲学者が非‐哲学者たちを説得して強制的に自分たちを支配させるようにしておかなければ、それにまた、哲学者は好んで支配するものではないとすると、このような強制はうまくいかないであろう。そこでわれわれは、正しい都市が可能でないのは、哲学者たちが進んで支配しようと思わないからである、という結論に達する。

なぜ哲学者は進んで支配しようと思わないのだろうか。哲学者は、ひとつの必要なこととしての知識に対する欲望すなわち知識に対するエロスに支配され、あるいは哲学が最も喜ばしく祝福されるべき所有物だということを知ることによって、自身の世話はもとより、人間的な事柄に目を留める暇がなくなる。彼らは、自分たちは生きながらにしてすでに自分たちの都市を離れ、「《祝福された者たちの島》」に住み着いていると信じている。したがって、正しい都市での公的な生活、すなわち哲学者を適切に育て上げることをその最も重要な仕事と心得ている都市での公的な生活に哲学者を加わらせるには、ただ強制によるよりほかないのである。真に素晴らしいものを知ったことによって、哲学者は、人間的な事柄をつまらないものと見なす。彼らがこれこそ正義であるとするところのもの——仲間の人間存在を誤らせないようにすること――は、非‐哲学者たちが熱心に守り抜いてきたものを軽蔑するところから出てくる。哲学者は、哲学に捧げられているのではない生が、それゆえ最善の政治的な生でさえ、都市が《洞窟》と同一視されるくらいに洞窟のなかでの生に似ていることを知っている。[47] 洞窟の住人、すなわち非‐哲学者たちは、ただ人工物の影を見ているだけである(514b-515c)。すなわち、彼らは、知覚するものは何であれ、立法者の命令によって正当化された正しい事柄と高貴な事柄に関する意見、すなわち作り出され合意によって制定された意見に照らして理解する。そのため、彼らは、自分たちが最も大切にしている信念が意見以上のものではないことを、知らないのである。というのも、もし最善の都市ですら、それが高貴な嘘であるにせよ、根本的な嘘と運命を共にしているのだとすれば、不完全な都市がそれに立脚しまたそれを信じている意見は、控えめに言っても、真なるものではないことが、予期されるからである。そもそも、最善の非‐哲学者である善き市民は、それらの意見に熱烈に愛着を覚え、それゆえ、意見を超えて知識に至ろうとする試みである哲学に、激しく立ち向かうものである(517a)。つまり、多数の人たちは、われわれが議論の始まりのところで楽天的に想定していたように、そう簡単に、哲学者に説得されるものではないのである。これこそ、哲学と政治権力の一致がきわめて困難であることの真の理由である。つまり、哲学と都市とは、お互いに反対の方向へと向かっていくものなのである。

都市と哲学者たちとの間の自然本性的な緊張を克服することの困難さのゆえに、ソクラテスは、正しい都市は人間の自然本性に合致するという意味で「可能」であるのかどうかの問いから、正しい都市は現実の都市を変形することによって明るみに出されうるという意味で「可能」であるのかどうかの問いへと向かわざるを得なくなる。最初の問いは、第二の問いとは対比的に、正しい都市は、以前にはまったく没交渉であった人たちを一緒にすることによって存在するようになりうるのかどうか、という問いを指し示す。ソクラテスは、正しい都市は現実の都市を変形してもたらされうるのかどうか、という問いへと転じることによって、前者の問いに対して暗黙の裡に否定的な答えを与えているのである。善き都市は、まだいかなる人間的な訓練もほどこされていない人間存在によって、つまり「原始的」で「愚かな動物」によって、あるいは残虐であるにせよ物静かであるにせよ「野蛮人」によって、明るみには出されない——つまり善き都市は、『国家』の健康な都市から明るみに出されることは、ありえないのである。善き都市の潜在的成員は、すでに市民として生きるための基本的諸原理を獲得していなければならない。前‐政治的人間が長い期間を費やして政治的人間となっていくその経緯は、善き都市の設立者や立法者が行う仕事ではなく、設立者や立法者によって前提されていることである（376e2-4 を参照せよ）。しかし、他方では、潜在的な善き都市が古い都市でなければならないとしたら、その市民は、その都市のまったく不完全な法や古くからの人々が神聖視した慣習によって形成され、そして、それらに熱烈な愛着を抱くようになったのであろう。それゆえ、ソクラテスは、哲学者が支配することが正しい都市が存在を得るために必要でかつ十分な条件である、という最初の提案を、改訂せざるを得なくなる。彼は、初めのうちは、もし哲学者が王になるならば善き都市は存在するようになるであろうと示唆していたのに、最終的には、哲学者が王になって、十歳以上のすべての人を都市から追放し、子供たちを完全にその両親と親たちの生活様式から引き離し、まったく新しい善き都市の様式で育て上げるなら、そのとき善き都市は存在を得るようになると示唆するのである（cf. 540d-541b; 499b; 501a, e）。都市を引き継ぐことによって、哲学者は、その主題は野蛮人でいることではないことを、確認する。彼らは、十歳以上のすべての人を追放することによって、自分たちの臣民が、伝統的な市民的あり方での奴隷化でないことを確認するのである。その解決は、格調高くはあるが、哲学者がまだ戦士階級の者たちを、絶対的に服従するよう訓練し終えていないがゆえに、いかにして哲学者が十歳以上の者を追放と引き離しの命令におとなしく従わせることができるかという問題を、未決着のままにしている。このことは、ソクラテスが、多くの優れた若者たちと少なからぬ年寄りたちを説得できたことを否定するものではない。彼はたしかに、都市を離れ、荒野に住まうよう説得はしなかったが、哲学者によって、都市を離れ、子供を哲学者に委ね、そして荒野に生きれば正義は行われるであろうことを、多数の人たちがもちろん強制ではないが、説得されうるであろうと、信じ込ませたからである。

それゆえ、正しい都市は不可能である。それが不可能であるのは、自然に反しているからである。つねに「諸悪は停止」すべしということが、自然に反するのである。「というのも、何であれつねに善に対抗する何ものかが存在すべきであるということ、そして死すべき自然本性のものや現世の領域をめぐっては、必然的に悪がついて回るからである[48]」。弁論術がそれに帰される力を持つべきであるということ、つまり、人間の自己愛に根差したそして究極的には身体に根差した抵抗は克服されうるべきであるというのは、自然に反している。アリストテレスが言ったように、魂はただ専制的にのみ身体を支配することができるのであって、説得によって支配できるものではない。『国家』は、それを克服するために言論の力を尊重した、ソフィストたちの誤りを繰り返している。正しい都市が自然に反するのは、両性の平等と絶対的な共産制が自然に反するからである。それは、家族を何か本質的に人為的（契約的）であるとしてそれを破壊しようとする正義の愛好者や、それを人為的でない両親や子供たちや兄弟姉妹のことを誰も知らない社会と取り換えようとする正義の愛好者以外には、魅力的ではない。『国家』は、この種の正義の愛好者が最も典型的な種類の正義の愛好者でない場合に、正義の実際に最も重要な意味での作品ではないであろう。あるいは、このことを今日いっそう理解させやすい仕方で言い表わせば、『国家』は、これまで物されたうちで最も広範で最も深遠な政治的理想主義の分析を伝えている。

『国家』で哲学を取り扱っている部分は、その書物の最も重要な部分である。したがって、それは、正義についての問いに対する答えを、『国家』において与えられる限りで、後世に伝えている。正しい人間とは、魂のそれぞれの部分がその働きを最もよくなしている人間であるということを思い起こそう。しかし、哲学者においてはじめて魂の最善の部分である理性がその働きを最もよくなすのであって、もし魂の他の二つの部分も善くその働きをなしていなければ、このことは可能ではないのである。つまり、哲学者は、必然的に、自然本性的に勇敢であり、節度もある（487a2-5）。ただ哲学者だけが真に正しくありうる。しかし、とりわけ哲学者が関わりをもつ仕事は、本質的に魅力的であり、実際に、それが最終的にいかなる結果をもたらすかにかかわらず、最も愉快な仕事である（583a）。したがって、哲学のなかではじめて、正義と幸福は一致するのである。言い換えれば、哲学者こそ、都市が正しくありうるという意味で正しい唯一の個人である。つまり、自己-充足的であり、真に自由であり、言い換えれば、都市の生が他の都市の奉仕に捧げられるものでないのと同じように、彼の生は、他の個人の奉仕に捧げられるものではないのである。しかし、善き都市の哲学者は、仲間の人たち、仲間の市民、つまり都市に奉仕するという意味においても、また法に従っているという意味においても、正しいのである。すなわち、哲学者は、正しい都市のすべての成員、そして、ある意味で、それが哲学者であるか哲学者でないかに関わりなく、何らかの都市のすべての正しい成員は正しい、という意味において正しいのである。しかし、この第二の意味における正義は、本質的に魅力的なものでもそれ自身のゆえに選択に値するものでもなく、ただその結果に関してのみ善いのである。あるいは、それは高貴であるのではなく、必要なのである。つまり、哲学者は、都市に、善き都市にさえ奉仕するのであるが、彼が真理を求めるとき、自然的性癖からつまりエロスからではなく、強制されてである（519e–520b; 540b4–5, e1–2）。第一の意味での正義は、強者、すなわち最も優れた人間の利益であると言うことができるかもしれない。そして、第二の意味での正義は、弱者、すなわちより劣った人間たちの利益であると言うことができるかもしれない。もし強制が自己‐強制であるなら、それは強制であることを止めはしないと付け加える必要はないはずだが、それでもそれは必要である。[49] ソクラテスの定義において言及されている正義よりもっと一般的な正義の観念によれば、正義とは他人を害さないことにある。このように解された正義は、その最高度のものに関して言えば、端的に哲学者の魂の偉大さに付随するものであることが分かってくる。しかし、正義が、もしより広範な意味で、つまり各人にその人の魂にとって善きものを与えることにあるという意味で解されるならば、その与えることが与える人にとって本質的に魅力的である場合と（潜在的な哲学者の場合がこれに当たる）、その与えることが単なる義務とか強制的である場合とを、区別しなければならなくなる。ちなみに、この区別は、ソクラテスが自分の意志で行っている会話（彼が自発的に求めて行った会話）と強制されて行っている会話（彼が適当に避けることができなかった会話）の違いが基になっている。その結果とはまったく関わりなしに自体的に選択に値し、そして哲学と等価的である正義と、ただ必要なだけで、その最高度に想像できるものが哲学者の支配と等価である正義との明確な区別が可能になるのは、『国家』を特徴づけているエロスの捨象によってである。その捨象は《洞窟》の比喩においても、印象的に示されている。その比喩が、洞窟から太陽の光への上昇を、完全に強制的なものとして描いているのは、その捨象を示しているのである（515c5–516a1）。というのも、哲学者が愛国心といった類いのその人自身の愛からする政治的活動に関与すべきでないということに、理由など

ないと言ってもよいだろうからである。(50)

第七巻の最後になって、正義は全面的に視界に入ってきた。ソクラテスは、正義はその結果の如何に関わりなくそれ自体のゆえに選択に値する、それゆえ無条件に不正より好ましいことを示すことによって、グラウコンとアデイマントスによる彼に対する義務を果たしたのである。それにもかかわらず会話は続く。というのも、われわれによる正義の明確な把握は、不正義の明確な把握を含んでいないので、まったくの不正な都市とまったくの不正な人間の明確な把握によって補完されなければならないように思われるからである。つまり、われわれは、まったく正しい都市とまったく正しい人間を見てきたのと同じ明確さでもって、まったく不正な都市とまったく不正な人間とを見た後に初めて、われわれは、不正義を選択したソクラテスの友人トラシュマコスに従うべきか、それとも正義を選択したソクラテスに従うべきかを、判断することができるように思われるからである（cf. 545a2–b2; 498c9–d1）。ここから今度は、正しい都市の可能性についての作り話（fiction）の維持が要求されてくる。実のところ、『国家』は、神々や神々の息子たちの社会（『法律』739b–e）とは区別される、人間存在の社会としての正しい社会が可能であるという作り話を、捨てたわけではなかった。ソクラテスは正義の研究に向かうとき、以前にも増して、この作り話をいっそう強力に打ち固めることが、必要とさえなってくる。不正な都市は、正しい都市が可能であればあるほど、それだけいっそう醜いであろうし、非難に値するであろうし、憤怒を掻き立てるであろう。怒り、憤怒（アデイマントスのお気に入りの情念――366c6–7 とともに 426e4 を参照せよ）、気概は、正しい都市が可能でないなら、本領を発揮することはできないのである。あるいは逆に言えば、気概を称賛することは、真剣に考えられたユートピアの――つまり、悪をなくすことは可能であるという信念の――不可避的な副産物なのである。あらゆる悪は人間の欠陥に由来するという信念は、人間を無限に応答可能な（責任を負いうる）者にする。そこから、悪徳ばかりかあらゆる悪が自発的であるということが、結論として導き出される。しかし、正しい都市の可能性は、正しい都市が決して現実のものでなかったとすれば、疑わしいままであり続けるであろう。したがって、ソクラテスは、今度は、正しい都市はかつては現実のものであった、と主張することになる。より精確に言えば、彼はムーサたち（Muses）にそう主張させる、あるいはそれを暗示させるのである。善き都市はかつて実在した、あるいは、原初において現実的であったという主張は、よく言われるように、最善のものは最古のものであるという神秘的な前提と一致する神秘的な主張である。そこで、ソクラテスは、ムーサたちの口をとおして、悪の出現、すなわちより劣悪な種類の都市の出現に先立ち、原初期には善き都市は現実的であったと主張する（547b）。つまり、より劣悪な都市は、善き都市の堕落した形態、無傷であった純粋な都市の汚された残骸であると主張するのである。そこから、ある種の劣悪な都市も、時間的に正しい都市に近ければ近いほど、より善い都市であって、逆に、時間的に正しい都市から隔たっていればいるほど、より劣悪な都市である、ということになる。善き都市と劣悪な都市について語る以上に、善き体制と劣悪な体制について語ることが、いっそう適切である（543c7ff. における「都市」から「体制」への移行を参照せよ）。ソクラテスによれば、語るに値する体制には五つの種類がある。(1)王政あるいは優秀者支配制、(2)名誉支配制（timocracy）、(3)寡頭制、(4)民主制、(5)僭主制である。体制の下降順は、ヘシオドスが述べた人間の五つの種族、つまり、金の種族、銀の種族、銅の種族、神的な英雄の種族、鉄の種族（546e–547a; ヘシオドス『労働と日々』106ff.）の下降順を原型としている。われわれはただちに、プラトンにおいてヘシオドスの神的な英雄の種族に当たるものが、民主制であることを見る。われわれは、この一見すると奇妙な対応の理由を見つけておかなければならないであろう。

『国家』は、都市と魂の間には厳格な並行関係が存する、という仮説に立脚している。それゆえに、ソクラテスは、ちょうど体制の種類が五つあるように、人間の性格も五つあると主張しているのである。今日の政治学にあって暫くのあいだ人口に膾炙していた、権威主義的な社会と民主主義的な社会の区別に対応するものとされた権威主義的なパーソナリティと民主主義的なパーソナリティの区別は、ソクラテスの優秀者支配制的、名誉支配制的、寡頭制的、民主制的、僭主制的体制に対応する、魂あるいは人間の王制的あるいは優秀者支配制的、名誉支配制的、寡頭制的、民主制的、僭主制的な区別を、漠然とかつ粗雑な仕方で反映させたものであった。この連結が言おうとしていることは、体制について述べながら、ソクラテスは、それらの体制に属する「イデオロギー」について語っているのではない、ということである。彼が関わっているのは、宇宙論や神学や形而上学や歴史の哲学すなわち神話に基づく何らかの超政治的正当化とは対照的に、それぞれの種類の体制の性格と、その体制が明確にかつ承知の上で追い求める最終目的であり、その当の最終目的の政治的正当化である。彼は、そのより劣悪な体制を研究するなかで、それぞれの場合に、まずはその体制を吟味し、その後でそれに対応する個人を吟味している。彼は、体制とそれに対応する個人をともに、それに先行するものから出来して存在するに至ったものとして、示している。ここではわれわれはただ、彼の民主制についての説明にだけ考察を加えることにするが、『国家』の議論にとっては、それが決定的に重要だからである。民主制は、名誉支配制から生じる寡頭制から生じてくる。名誉支配制は、気概の優越性によって特徴づけられる不十分に音楽的な戦士の支配である。寡頭制は、欲望を至上とする最初の体制である。寡頭制において支配的な欲望は、富や金銭や無制限の獲得欲である。寡頭制的人間は質素で勤勉であり、金銭に対する欲望以外のあらゆる欲望を抑制するが、教育が欠けていて、むき出しの利己心から派生するうわべの正直さを身につけている。寡頭制は、各人に、適当と思うときに財産を処理する無条件の権利を与える。こうしてそれは、「ぐうたら人間（オス蜂）」、すなわち、借金を背負っているか、すでに破産しているかのいずれかで、それゆえ市民権を剝奪された支配階級の成員の出現を不可避となす。それは乞食であって浪費した資産を追い求め、体制変革によってその資産と政治的権力を取り戻すことに期待を寄せている人たちである。さらに、正統な寡頭制的人間自身は、裕福で徳も名誉も気にかけないがゆえに、自らを、そしてとりわけ息子たちを、小太りで甘やかされた軟弱者にするのである。こうして、彼らは、身が締まって強靭な貧しい者たちに軽蔑されるようになる。その貧しき者たちが裕福な者たちに優越感をもつようになって、おそらく、自らの階級の裏切り者として振る舞い、通常支配階級の成員だけがもっている技能を所持する幾人かの居候に導かれて、貧しい者たちが、好機を捕らえて、裕福な人間たちを打ち負かし、その幾人かを殺したり追放したりして、またその他の者たちには全面的な市民権をもたせて共に生きることを許して、自らをその都市の主人となすとき、そのとき、民主制が出現し、存在を得るようになるのである。民主制自体は、したいことを口にし、したいことを行う権利を含む自由、つまり、すべての人が自分を最も喜ばせる生き方を追求できるということによって、特徴づけられる。それゆえ、民主制は、最大の多様性を育む体制である。そこには、あらゆる生き方、あらゆる体制が見出される。それゆえわれわれは、最善の体制以外では、民主制こそ、哲学者が自らの独特の生き方を妨げられることなく送れる唯一の体制であることを理解しなければならない。つまり、いくらか誇張してではあるが、民主制が他のどの時代よりも黄金の時代に近いヘシオドスの神的な英雄たちの種族の時代に喩えられるのは、このような理由からである。プラトン自身は、アテナイの民主制を、三十人僭主の支配からそれを回想しながら、「黄金の時代」と呼んだ（『第七書簡』324d7-8）。民主制は、他の三つの悪しき体制とは対照的に、悪くはあるが許されるものであるがゆえに、最善の体制の率直な探求が自由に行われうるところなのである。つまり、『国家』の筋書きのようなことが行われるのは、民主制の下においてなのである。確かに民主制の下では、哲学者である市民は、政治的な生活に参与すること、あるいは公職に就くことが強制されているわけではない。こうして、なぜソクラテスが、最善の体制が不可能であることが分かっていながら、民主制に劣悪な体制のなかでの最高の地位を割り当てなかったのか、あるいはむしろ、端的に最高の地位を割り当てなかったのを、考えるよう導かれる。彼は、実際の行動によって、つまり、自らの全生涯を民主制的なアテナイで過ごし、またアテナイの戦争に際してはその都市のために戦い、そして、その都市の法に服して死ぬことによって、民主制に対する自らの選好を示したのだ、と言うことができるのではないだろうか。それはともかくとして彼は確かに、言論においては、民主制を、他のすべての体制に優先させているわけではない。彼が、正しい人間が正しくあるのはひとつ以上の意味においてであるところから、哲学者が満足していられる（well-being）のみならず、同様に、非 - 哲学者も満足していられることを考えていたこと、そしてまた、民主制は、非 - 哲学者ができるだけ善くなろうとするよう考案されてはいないと思っていたことも、その理由である。彼がそう思うのは、民主制の最終目的が、徳ではなく自由、すなわち、その人の好みにしたがって高貴に生きもすれば卑劣に生きもする自由だからである。それゆえ彼は、寡頭制がある種の規制を要求するのに、彼が示しているように、民主制は、あらゆる種類の規制を忌み嫌うがゆえに、民主制に寡頭制よりも低い地位を割り当てているのである。自分自身を自らの主題に適合させる、彼は、規制を嫌う体制について語るとき、あらゆる規制を放棄しているのだと言うことができるのではないか。民主主義にあっては、好まなければ、誰も支配したり支配されたりすることを強要されはしない。彼は、自分の都市が戦争しているさなかにあってさえ、平和に生きることができる。死刑判決でさえ、有罪宣告された人にほとんど何の重大な影響も与えない。つまり、彼は拘禁さえされないのである。支配する者と支配される者の秩序は、完全に逆転させられる。つまり、父親はあたかも自分が少年であるかのように振る舞い、少年は父親を尊敬もしなければ恐れもせず、教師は生徒を恐れているのに、生徒は教師に注意を払うこともなく、両性のあいだには完全な平等が存している。馬やロバでさえ、人間に出くわしても、もはや道を譲らない。プラトンは、あたかもアテナイの民主主義がソクラテスの刑の執行を行わなかったかのように書いているし、ソクラテスも、あたかも、アテナイの民主主義が、シチリア遠征が始まったときのヘルメスの像の破壊の際のように、有罪と無罪の行き過ぎた追及に手を染めなかったかのように語っている[51]。ソクラテスによる古典的民主主義に対する破格の温情的態度の誇張には、ほとんどそれに匹敵せんばかりの民主主義的人間の放縦を著しく誇張することによって、釣り合いが取られているのである。もちろん、彼が、劣悪な体制についての議論で自らが従っている手順から逸脱することを望まないなら、彼は後者の誇張を避けることはできなかったであろう。その手順――都市と個人の並置の帰結――は、劣悪な体制に対応する人間を、先行する体制に対応する父の息子として理解することにある。そこから、民主制的人間は寡頭制的人間の息子として、お金儲けよりほかに何ごとにも関わりを持たない裕福な父の息子として、視界に入ってくる。つまり、民主制的な人間は、なまくらで、小太りで、軟弱で、金遣いの荒い遊び人、《ロトスの実を食らう者（安逸に浸る者）》なのである。彼は、等しい物と等しくない物に一種の平等を割り当てる人であって、最低の欲望に完全に身を任せることで一日を過ごし、次の日は禁欲的に過ごす人である。あるいは、そのような人は、マルクスの理想にしたがって言えば、「朝には狩りをし、午後には釣りをし、夕べには家畜の世話をし、夕食後には哲学することに専念する[52]」人、すなわち、いつも自分がしたいと思ったことをする人のことである。民主制的な人間は、ただ一つの仕事に専念し、身が締まっていて、強靭で質素な農夫や手工者ではないのである（cf. 564c9–565b1, 575c）。熟慮の上で誇張されたソクラテスの民主主義批判は、それが直接誰に向けられていたのかを、つまり禁欲的なアデイマントスに向けられていたことを、ちょっと考えてみさえすれば、ある程度理解できるようになる。彼は、笑いの友ではないし、戦士の教育に関する節の禁欲的な詩についての議論の聞き手でもあったのである。つまり、ソクラテスは、その誇張された民主主義批判によって、アデイマントスの民主主義の「夢」に、賛成しているのである（cf. 563d2 with 389a7）。また、都市と哲学との調和を立証するために暫定的に不可欠とされた大多数の人々についての楽天的な説明は、修正される必要があることを忘れてはならない。民主主義の誇張された非難は、再度、哲学と民衆との間にある不調和を、われわれに思い起こさせるのである。

ソクラテスが、この上なく不正な体制とこの上なく不正な人間を明るみに出し、そして、この上なく不正な人間の人生を完璧に正しい人間の人生と比較した後、正義が不正義よりも好ましいものであることが、一点の曇りもなく明るみに出されてくる。それにもかかわらず会話は続く。ソクラテスは突然、戦士の教育が考察されたときかなり長きにわたってすでに議論されていた詩の主題に、立ち返る。われわれは、明らかに動機の不明なこの回帰を理解するよう、努めなければならない。僭主制についての議論からはっきりと逸脱するなかで、ソクラテスは、詩人が僭主を讃えていること、そして詩人も他のより善き体制には誇りとされていないのに僭主には（そして民主制にも）誇りとされていることに、気づいたのである（568a8–d4）。僭主制と民主制は、最も無法なものを含む肉欲的欲望に溺れることによって特徴づけられる。僭主は《エロス》の具現化である。そして詩人は、《エロス》の讃歌を歌うのである。詩人は、ソクラテスが『国家』において、まさしくそこから自分の最善の力を抽出してくる現象に、大いなる注意と敬意を払っている。それゆえ詩人は、不正義を助長するのである。それをするのがトラシュマコスである。それゆえ、ソクラテスが、それにもかかわらずトラシュマコスの友になることができたのとちょうど同じように、詩人の友、とりわけホメロスの友になりえない理由など、なにもない。もしかすると、ソクラテスは、別の機会に行った「エロス」の尊厳を回復させるために、詩人を必要としているのではないだろうか。その別の機会とは、『饗宴』のことであるが、ソクラテスが詩人と会話していることが示されている唯一のプラトン的対話篇である『饗宴』は、もっぱら「エロス」の賛美に捧げられているのである。

『国家』においてトラシュマコスのたどった運命を、詩についての真理に至る鍵として用いるとき、われわれが念頭に置いているのは、『ゴルギアス』で示唆されているような弁論術と詩の類縁関係である（502b1–d9）。しかしわれわれは、弁論術と詩の違いを見過ごしてはならない。弁論術には二つの種類がある。ソクラテスがその達人であるとともにトラシュマコスによっては確かに代表されない『パイドロス』で述べられているエロス的弁論術と、トラシュマコスによって代表されるもうひとつの種類の弁論術の、二つが存在するのである。もうひとつの種類の弁論術は、法廷弁論術、討議的弁論術、修辞的弁論術の三つの形態から成る。『ソクラテスの弁明』は法廷弁論術のひとつである。それに対して、『メネクセノス』では、ソクラテスは修辞的弁論術で戯れている。ソクラテスは討議的弁論術、すなわち本来の政治的弁論術には関わっていない。『全プラトン著作』のなかで最も討議的弁論術に近づいているのは、『饗宴』におけるパウサニアスの演説であるように思われる。そこでは、語り手は、愛する者にとって好都合なように、アテナイの「エロス」に関する法律を改正するよう提案しているのである。

第十巻において詩に回帰する根拠は、劣悪な体制と劣悪な魂についての議論がいまにも始まらんとするところに敷設されていた。最善の体制から劣悪な体制への移行は、明示的な仕方で、「悲劇的に」物語る《ミューズ》のせいにされていた。そして、最善の人間から劣悪な人間への移行は、実際には、微かに「喜劇的な」性格をもつ（545d7–e3, 549c2–e2）。つまり、最高のテーマ——哲学と解される正義——からの下降が始まるとき、その先陣を切るのが詩なのである。劣悪な体制と劣悪な魂の説明によって先鞭をつけられた詩への回帰の後を受け、「徳に対する最大の報酬」についての議論、すなわち、正義や哲学それ自体のうちに本来的に備わってはいない報酬についての議論が、引き続き行われている（608c, 614a）。詩についての第二の議論は、会話が最高のテーマから下降していく『国家』のその部分の中心をなしているのである。このことは何ら驚きではない。というのも、真理の探求としての哲学は、人間の最高の活動であり、詩は真理と関わりをもたないからである。

詩についての最初の議論では、ひとつのテーマとしての哲学の長い導入部が先行させられているが、そこでは、真理と関わりをもたないことが、詩の主要な長所とされていた。というのも、そのとき必要とされたのは、真ならざるものの方だったからである（377a1–6）。最も卓越した詩人が都市から追放されたのは、彼らが非真理を教えるからではなく、間違った種類の非真理を教えるからである。しかし、しばらくして、哲学する人間の生は、その人間が哲学しているかぎり、その生のみが正しい生であることと、そして、その生は、非真理を必要とするどころか、非真理を全面的に退けることが明らかになったのである（485c3–d5）。たとえ最善の都市であったとしても、都市から哲学者への進歩のためには、詩の条件付きの受容からそれの無条件的拒絶への進歩が、必要であるように思われる。

哲学の光に照らして見れば、詩は、真理の諸々の模倣の模倣、すなわち諸観念の模倣として姿を現してくる。諸観念の観想は哲学者の活動であり、諸観念の模倣は普通の技術者の活動である。そして、技術者の作品の模倣は、詩人と他の「模倣的」技術者の活動である。初めにソクラテスは、これら諸項の階層秩序を示している。つまり、諸観念の（たとえば寝台の観念）制作者は神であり、その模倣（利用できる寝台）の制作者は技術者であり、そして、模倣の模倣（寝台の絵）の制作者は模倣的技術者である。その反復のなかで彼は、これらの諸項の階層秩序を述べている。すなわち、最初は利用者、それから技術者、そして最後が模倣的技術者というわけである。そこでわれわれは、寝台の観念は、そのためにそれが用いられる最終目的を考えに入れてその「形」を決定する利用者のなかに存在している、と言うだろう。そのとき利用者は、最高の、あるいは最も権威ある知識を所有する者である。つまり、最高の知識は、何らかの技術者その人の知識であるのでは決してないのである。利用者からするとその対極に位置している詩人は、いかなる知識も所有してはいないのであって、正なる意見すら所有してはいないのである（601c6–602b11）。本来的な諸技術に与えられている優先順は、ある種の美的な歓びに関わるよりも、有用さに関わるのであるが（389e12–390a5）、その優先順は、善き都市とは技術者の都市であるという考えに呼応している、あるいはエロスの捨象に呼応している。われわれはまた、第十巻の前半部で言及されている階層秩序が戦士を捨象しているという事実を見落としてはならないであろう。それはあたかも、戦士を知らないあるいは模倣的技術者を知らない（373b5–7）健康な都市が、それに付加さるその自然的頭脳——哲学者たち——によって回復されるかのようである、という事実を見落としてはならないということである。ソクラテスの一見常軌を逸しているように見える詩についての判定を理解するために、詩人がその作品を模倣する技術者の何であるかをまず始めに確認しておかなければならない。詩人のテーマは、とりわけ徳と悪徳に関わるすべての人間存在である。詩人はその人間存在を徳の光に照らして見る。しかし彼らがそれに目を向けている徳は、不完全で歪められてさえいる徳の模像である（598e1–2, 599c6–d3, 600e4–5）。詩人が模倣する技術者は、その人自身が徳の不完全な模倣者である、非-哲学的な立法者である（501b および 514b4–515a3 を参照せよ）。とりわけ都市によって理解される正義は、必然的に立法者の作品である。というのも、都市によって理解される正しいことは、法律的なものだからである。「詩人たちはつねに何らかの道徳の従者である[53]」と述べたニーチェ以上に、ソクラテスが暗示したことを明解に言い表した者はいなかった。しかし、フランスの諺によれば、従者に英雄はいない、つまり、詩人たち（少なくともまったく愚かでない人たち）は、彼らの英雄の秘密の弱みに気づいていないのではないか。ソクラテスによれば、このことは確かに事実である。たとえば、詩人というのは、ひとりの人間が自分に親しい誰かを亡くしたときに感じる悲しみ——つまり、世間の尊敬を集めているそれなりの人間なら、人前で口にするのは場違いで適当でないために、ひとりでいるとき以外はまともに口にはしない感情——の威力を余すところなく明るみに出す人なのである。つまり、詩人というのは、われわれの自然本性のうちにあって法律が強制的に規制しているものを、明るみに出すのである（603e3–604b8, 606a3–607a9）。情念の代弁者としての詩人は、理性の代弁者としての立法者に対抗している。にもかかわらず、非-哲学的立法者が、無条件に理性の代弁者であるわけではない。彼の法律は、端的に理性が命じたものであるなどとは、とても言える代物ではない。詩人は、情念と理性の葛藤（390d1–6）としての人間的生についての広範な見解を、立法者以上にもっている。詩人は法律の限界を示すのである。しかし、そうであるとしても、もし詩人こそ法律が規制すべき情念の自然本性を最もよく知る者であるとすれば、詩人こそ、単なる立法者の召使いであるどころか、賢明な立法者がその人から学ぶべき人間ということになる。哲学者の観点からすれば、真の「哲学と詩の抗争」（607b5–6）は、詩そのものの価値に関わるのではなく、哲学と詩の位階秩序に関わるのである。ソクラテスによれば、詩が適法的であるのは、ただその優れた「利用者」、つまり、哲学者であるところの王（597e7）の役に立つ場合に限られるのであって、自律的なものとして適法的であるわけではない。というのも、自律的な詩は、人間的生を、自律的なものとして提示するのであって、すなわち哲学的生に向けられたものとして提示するのではないからである。そしてそれゆえ喜劇による哲学的生の歪曲として以外には、決して哲学を提示しないからである。そこから、自律的な詩（それが劇的であるか否かに関わりなく）は、必然的に悲劇か喜劇（あるいは何かそれら両者の混合されたもの）かのいずれかになる。というのも、非-哲学的生には、その根本的な困難を免れる道がないか、そうでなければ、ただばかげた道だけがあるかの、いずれかだからである。しかし、補佐的な詩は、非-哲学的生を、哲学的生を補佐するものとして、そしてそれゆえにとりわけ、哲学的生それ自体を補佐するものとして提示する（604e を参照）。補佐的な詩の最大の実例は、プラトン的対話篇である。

『国家』は、正義に対する最大の報酬と不正に対する最大の罰の議論をもって終わる。その議論は、三つの部分からなっている。(1)魂の不死の証明、(2)人間が生きているあいだに受ける神的および人間的報酬と神的および人間的罰、(3)死後の報酬と罰である。その中心部分は、哲学については何も言わない。つまり、生存中の正義に対する報酬と不正に対する罰を必要とするのは、哲学者に固有の正義が備えている本来的魅力をもたぬ非-哲学者だけだというわけである。正義の二重の意味を理解している人なら誰も、一般的に言って正しい人が受け取る生前の報酬に関するソクラテスの「ペリシテ人的（俗物的）」発言（613d, c4）の必然性を、見過ごしはしないであろう。グラウコンを知っていたソクラテスは、『国家』の読者の誰にもまして、グラウコンにとっての善とは何であるかについてのよき判定者である。

そして確かに、近代の「理想主義者」よりもよき判定者である。というのも、近代の「理想主義者」はと言えば、それもたしかに能力や巧みさと完全に切り離しえないにせよ、その人の高潔さゆえに安定した社会の支柱である人間がその社会から報われる傾向にあるとする思想に対して、まったく男らしくなくただうち震えている手合いだからである。このような思想は、グラウコンの長い演説の中での真に正しい人間が被る極度の苦難についての誇張された言説を和らげるものである。つまり、グラウコンは、真に正しい人間とは何であるかについて、知ることができなかったということである。より弱い人間を人間的な事柄におけるある種の秩序と礼節の可能性に絶望させることは、ソクラテスのような真に正しい人間の義務ではありえないが、とりわけ、その性向、その礼節、その諸能力のゆえに、何らかの公的な責任を負わされるかもしれない人の義務でもありえない。グラウコンにとっては、ペイライエウスでの思い出の夜にソクラテスが彼のために魔法で呼び出した多くの壮麗で込み入った光景を、それ以後の日々にも記憶にとどめ、他の人たちに伝えることができたとすれば、それ以上のことはない。死後の報酬と罰の説明は、神話の形で与えられている。その神話に根拠がないわけでない。それは魂の不死という証拠に基づいているからである。もし魂が多くの事物から組み立てられたものであれば、その構成が最も完璧でないかぎり、不死ではありえない。しかし、われわれが自分の経験から知っているような魂は、その完璧な調和を欠いている。真理を発見するためには、推論によって、原初のあるいは真の魂の自然本性が回復されねばならないであろう（611b–612a）。この推論は『国家』では成し遂げられていない。すなわち、ソクラテスは、魂の自然本性を明るみに出すことなく、魂の不死を証明しているのである。『国家』の最後の場面は、第一巻の最後の場面に、きっちりと対応している。そこにおいてソクラテスは、正義の《何であるか》、あるいは正義の自然本性を知ることなしに、正義が有益であると自らが証明したことを明らかにしている。第一巻に続く議論は、正義の自然本性を、魂の正なる秩序として明るみに出している。しかし、もし人が魂の自然本性を知らないのだとすれば、人はいかにして魂の正なる秩序を知りうるのだろうか。ここで、もう一度、『国家』で言明されている魂の教理の前提である、魂と都市の並行関係が、明白に問題を孕んでおり支持しがたいものであるという事実を、想い起しておこう。『国家』が魂の自然本性を明るみに出すことができないのは、それが身体を、そして「エロス」を、捨象しているからである。身体と「エロス」を捨象することによって、『国家』は、実際は、魂を捨象しているのである。『国家』は自然を捨象している。特定の都市の共通善に全面的に捧げられた正義が、それ自体のゆえに選択に値するものとして称賛されるべきだとすれば、この捨象は必然的である。そして、この称賛がなぜ必然的であるかについては、論じるまでもない。もし、正義とは何であるかを精確に探り出すことに関心があるなら、魂についてのわれわれの研究においては、『国家』でとられた道よりも長い、もうひとつの回り道を採用しなければならない（504b; 506d を参照）。このことは、われわれが正義について『国家』から学ぶことは真ではない、あるいはまったく暫定的なものでしかない、ということを意味するわけではない。第一巻は、確かに、正義とは何であるかを教えていない。しかし、そうでありながらも、第一巻は、ソクラテスによるトラシュマコスの手懐けを正義の行為として提示することによって、われわれに正義を見せてくれるのである。正義に関する『国家』の教説は、完全ではないにしても、正義の自然本性が都市の自然本性に決定的に依存しているかぎり——というのも、超-政治的なものでさえ、都市が理解されないかぎり、そのものとしては理解されえないからである——真でありうる、そして、都市はその限界が完璧に明らかにされうるものであるがゆえに、完全に知られうるものである。つまり、これらの限界を見るためには、全体に関する問いに答えておく必要などないということである。その目的のためには全体に関わる問いを提起しておく必要などないということである。したがって、『国家』はたしかに、正義とは何であるかを明らかにしている。キケロが述べたように、『国家』は最善の可能な体制を明るみに出すものではなく、むしろ政治的な事柄の自然本性を明るみに出すもの(54)――つまり、都市の自然本性を明るみに出すものなのである。ソクラテスは『国家』において、人間の最高の欲求を満足させるためには都市はどのような性格のものでなければならないかを、明らかにしている。彼はこのような要求に従って打ち立てられる都市が可能でないことをわれわれに見させることによって、都市の本質的な限界、つまり都市の自然本性を、われわれに見せてくれているのである。

【石崎嘉彦／訳】

第Ⅲ章　トゥキュディデスの『ペロポンネソス人たちとアテナイ人たちの戦争』について

1　政治哲学と政治史

アリストテレスとプラトンからトゥキュディデスへ向かうと、われわれはまったく異なった世界に入っていくように思われる。ここはもはや政治哲学の世界ではない、すなわち過去や現在に実在したり、そして未来に実在するであろうことは決してないけれども、可能である最善の政体（the best regime）の探求の世界や、俗衆の喧騒やその他の調和を欠いたあらゆるものからはるかに離れた高貴な高台の上に建設された、輝きかつ純粋な神殿の探求の世界ではない。最善の国制（polity）、真の正義の秩序、正義あるいは哲学の光の下に見られると、政治的生活ないし政治的偉大さは、その魅力のすべてではないにしても、その多くを失う。建国者と立法者の偉大さの魅力だけがすべての試練の中の最も厳しい試練を生き延びるように思われる。トゥキュディデスのページを繰る時、われわれは最も強烈な政治的生活の中に、国外と国内の両方の流血の戦争の中に、生死を賭けた闘争の中に瞬時に没頭することになる。トゥキュディデスは政治的生活をそれ自身の光の下に見る。彼はそれを超越しない。彼は混乱の上に立たず、その真っ只中に立つ。彼は政治的生活をあるがままに真剣に受けとる。彼は建国者や立法者から区別される実在の都市、政治家、陸軍と海軍の指揮官、市民や扇動政治家についてのみ知っている。彼はわれわれに政治的生活をその過酷な壮大さ、荒涼さや薄汚さの中において提示する。一方においてソクラテスがそして他方においてトゥキュディデスがどのようにテミストクレスとペリクレスについて語るのかを、そして一方においてプラトンがそして他方においてトゥキュディデスがどのようにニキアスを提示するのかを思い出すだけで充分である。トゥキュディデスは自由のために戦うに際して、そして帝国を建国し、支配しそして拡大するに際して繰り広げられる政治的偉大さに共感し、そしてわれわれをそれに共感させる。プラトンの諸対話篇で生じる最も騒ぞうしい出来事は、泥酔したアルキビアデスが彼の友人たちの饗宴の中へ乱入することである。トゥキュディデスは、シケリア遠征の端緒における狂乱状態の希望やシュラクサイの採石場における筆舌に尽くしがたい苦悩を、われわれに聞かせる。彼は政治的なものを市民や政治家と同じ方向において注視するだけでなく、同じ地平線の内部においても注視する。それにもかかわらず彼は単なる政治的な男ではない。われわれはトゥキュディデスとそのような政治的な男との差異を、伝統がわれわれに命じるように、トゥキュディデスを歴史家と呼ぶことによって暗示する。

プラトンとトゥキュディデスとの差異がいかに深遠であろうとも、彼らの教えは必ずしも両立不可能なものではない。それらは相互に補完するかもしれない。トゥキュディデスのテーマは彼に知られていた最も偉大な戦争、最も偉大な「運動（motion）」である。『国家』において（そして『政治学』において）記述されている最善の都市は静止している。しかし『国家』の続編において、ソクラテスは最善の都市が「運動している」、すなわち戦争中であるのを見たいという欲望を表明している。「運動している最善の都市」は最善の都市についての言論（speech）に続く必然的な続編である。ソクラテスは運動している最善の都市を適当に賞賛することも、適当に提示することもできないと感ずる。[1] 最善の都市についての哲学者の言論は、哲学者が与えることができない補足を要求する。あらゆる偶有的なことを避ける最善の都市の記述は、ある不特定の場所で、ある不特定の時に生きている無名の都市と無名の人間たちを取り扱う（『国家』499c8-d1 を参照せよ）。けれども戦争は、あの時にあるいはこの時に、あれらのあるいはこれらの指揮官の下における、この特定の都市と他の特定の諸都市の間の戦争でしかありえない。ソクラテスは政治哲学を補完するあるいはそれを完全にすることができるだろうトゥキュディデスのような人間の援助を要求するように思われる。たまたま、ソクラテスの三人の対話者の一人クリティアスが、次のようなことを子供の時に彼の非常に年老いた祖父から聞いていたのだが、この祖父はその父親からそれを聞いていて、この父親はその親類かつ親友のソロンからそれを聞いていて、ソロンはあるエジプトの神官からそれを聞いていた。それは非常に古い時代に、当時究極に卓越した都市であったアテナイが、西方の信じがたいほど大きな島アトランティスに対抗して戦争を戦ったという話である。アトランティスの王たち――驚くべき偉大な力の男たち――に率いられた国民は、アテナイとギリシアの残りの地域と地中海に隣接するすべての国を隷属しようと試みた。しかしアテナイは、ある時にはギリシア諸国の統率者として、ある時には他の諸国が彼女を放棄してしまった時に孤軍奮闘し、襲撃者たちを敗北させ、こうして隷属からすべての地中海の国民を救った。ソクラテスの最善の都市の説明の補足となるはずのものは、虚構の神話（『ティマイオス』26e4-5）ではなく、まさにこの真実の語り（speech）なのである。それはトゥキュディデスの作品を思い出させる、というのもアトランティス戦争は単に「最も偉大な運動」の説明であるからだけではなく、その戦争はペロポンネソス戦争をも、あるいはより正確にはその戦争のシケリアの部分をも思い出させるからである。アトランティス戦争はシケリア遠征を思い出させながら、それを無限に凌駕する。それは第一にそれを西方における島とその武装した軍勢との巨大な規模によって凌駕する。それはなかんずくそれをその栄誉（glory）によって凌駕する。すなわち西方におけるその島へのアテナイ人たちの不正義な攻撃は不名誉な敗北に終わったのに、不正義に攻撃してくる西方の島の男たちに対抗したギリシア全土とギリシア近隣のすべてにわたるアテナイ人たちの正義の防衛はきわめて栄誉ある勝利に終わった。アトランティスを制した勝利は、大きさと栄誉とにおいて、ペルシア戦争における連合の実際の勝利とシケリア遠征における希求された勝利とをはるかに凌駕している。それはあたかもどこかのクリティアスが、クリティアスの競争相手アルキビアデスを、それら自体においてもうすでにほとんど信じがたいほど大きなアルキビアデスの諸行為や諸計画を無限に凌駕している演説によって凌駕することを試みてしまっていたように見える。これはしかしながらプラトンとトゥキュディデスの関係についての最初の印象を確認しているだけに思える。すなわちペロポンネソス戦争はトゥキュディデスとプラトンの両者に欠陥があるとみなされた政体によって息吹を与えられ、そして彼らが見ることを通して彼らに知られていたようなアテナイによって戦われた。アトランティス戦争はこの上なく善い政体によって息吹を与えられ、そしてあるエジプトの神官の報告を通してのみ知られているようなアテナイによって戦われた。それにもかかわらず、これら二人の思想家が合意する小さくない重要な一つの論点がある。プラトンは彼のクリティアスにアテナイの最高の栄誉を記述するのを許可しなかった。すなわち、彼はアテナイを賞賛することをアテナイ人に許すことを希まなかった。歴史家トゥキュディデスはまさにアテナイを賞賛することを彼のペリクレスに許可するように強いられた。しかし彼はペリクレスの《追悼演説》がアテナイに対する彼自身の賞賛であると誤解されるのを阻止すべく彼の最善を尽くした。

どちらの方向へわれわれが向かおうとも、われわれはトゥキュディデスが歴史家であるという事実によって彼はプラトンから区別されるという陳腐な断定に退くことを余儀なくされるように思われる。彼を歴史家として理解することは、歴史主義の時代の息子たちであるわれわれにとっては、特段に容易である。十九世紀と二十世紀の「科学的歴史」とトゥキュディデスの思想との特段に近い親縁関係するあるように思われる。事実の問題として、トゥキュディデスは「科学的歴史家」と呼ばれてきた。しかしトゥキュディデスと科学的歴史家の差異ははかり知れない。第一に、トゥキュディデスは軍事史と外交史のみにそしてせいぜい政治史に彼自身を厳しく制限している。彼は「経済的要因」を無視しないが、それについて驚くほどわずかしか述べない。彼は文化史、宗教史あるいは知性史に関してはほとんど何も述べない。第二に、科学的歴史家たちの諸作品は「決定的（definitive）」であると真剣には主張しないのに対して、彼の作品はすべての時代にとっての財産となることが意図されている。第三に、トゥキュディデスは単に諸行為を物語りかつ解き明かし、そして諸公文書を引用するだけでなく、彼は彼によって構成された行為者たちの諸演説を挿入する。けれども、トゥキュディデスは近代的意味における歴史家であることなしに歴史家であるかもしれない。そうであるならば、前‐近代的意味における歴史家とは何であろうか？　アリストテレスによれば、詩人は起こるかもしれないような種類の事柄を提示するのに対して、歴史家は起きたことを提示する。すなわち「それゆえに詩は歴史よりもより哲学的でかつより真剣である、というのも詩はどちらかといえば諸もろの普遍的なもの（universals）を陳述し、歴史は、しかしながら、諸もろの単独的なもの（singulars）を陳述するからである」[(2)]。詩は歴史と哲学の間にある。すなわち歴史と哲学は反対の極に立つ。歴史は単に非哲学的であるか前‐哲学的である。それは諸もろの個別的なものを取り扱う（個別の人間存在たち、個別の都市たち、個別の王国たちあるいは帝国たち、個別の連合たち）。哲学は種（species）としての種を取り扱うのに対して、歴史は、詩がそうするようには個別的なものたちの中に、そして個別的なものたちを通して、われわれをして種を見させることさえしない。哲学は、たとえば、戦争を戦争としてあるいは都市を都市として取り扱うのに対して、トゥキュディデスはペロポンネソス人たちとアテナイ人たちとの戦争を取り扱うのみである。アリストテレスはこうして哲学と詩の間にはほとんど対立がないように、哲学と歴史の間にはいかなる対立もないと暗に示す。しかし問題はトゥキュディデスがアリストテレスの意味において歴史家であるかどうかである。時折、トゥキュディデスは彼がその意味において歴史家であると示唆しているように思われる。問題となっている章句において（I 97.2）含意されている歴史の観念は、次のように陳述されるかもしれない。すなわち、われわれは諸もろの人間や諸都市がすべての時代において行ったことや被災したことに関する継続的で信頼できる明確な説明を、しかも同時代の人によって書かれたおのおのの時代の説明を思い通りにできるように所持することは望ましくかつ必要でさえある。けれどもトゥキュディデスは、彼の作品からの外見上は不必要な脱線を解き明かしたりあるいは言い訳したりするために、この歴史の観念を示唆している。彼はなぜ彼がこの作品を書いたのかを陳述する時には、この観念を示唆していない。彼の作品全体の文脈の内部において見られると、あの示唆はそれが伝える歴史の見方の拒絶のように解される。彼がその見解を拒絶する理由を識別するのは困難なことではない。彼はペロポンネソス戦争についての彼の説明を書いた理由を解き明かす時に、その出来事の唯一無比の重要性を強調する。前–近代的であれ近代的であれ、歴史の通俗的観念は、重要なことと重要でないこととの差異を十分に斟酌していない。

なかんずく、トゥキュディデスは彼が物語る個別的出来事において、そしてそれを通して、われわれに普遍的なものを確かに見させる。すなわち彼の作品がすべての時代にとっての財産となるように意図されているのは、まさにこの理由からである。アリストテレスの発言を基礎にして、ひとはそれゆえにトゥキュディデスが単なる歴史家ではなく歴史家 - 詩人（a historian-poet）であると言うことを強いられる。詩人たちが詩の要素（element）において行うことを、彼は散文の要素において行う。けれども彼が単なる歴史家ではないように、彼はほとんど歴史家 - 詩人でもない。彼は彼が何を彼の課題（task）としてみなすかを明示的に陳述していながら、彼は彼が何を歴史家の課題としてみなすかを明示的には陳述していない。事実の問題として、ヘロドトスとは区別対照的に彼は「歴史」についてまったく語っていない。この事実だけでもひとに彼を歴史家と呼ぶのを躊躇させるであろう。彼は彼が詩人たちの特徴としてみなすものを事実陳述している。すなわち彼は諸もろの事柄がそうであるように精確にそれらを提示するのに対して、詩人たちはそれらがそうであるよりもより大きくかつより壮大にそれらを提示する（I 21.1 と 10.1）。われわれが、アリストテレスの区別の光の下に、トゥキュディデスを理解しようとする試みを放棄しなければならない決定的理由は、その区別は哲学を前提しているからであり、そしてわれわれにはトゥキュディデスにおいてあるいはトゥキュディデスにとって哲学が存在していると想定する権利はないからである。おそらくトゥキュディデスの「真理の探求（quest for the truth）」（I 20.3）は本質的に、すなわち、時間的にではなく、歴史と哲学の区別に先立つことであろう。彼の作品がすべての時代の財産になるように意図されているのは、それがそれを未来の時代に読む人たちが過去、つまりペロポンネソス戦争とそれに先立つ「昔の諸もろの事柄」についてだけでなく（I 1.3 冒頭を参照せよ）、彼ら自身の時代についても真理を知ることを可能にさせるからである（I 22.4）。トゥキュディデスがペロポンネソス戦争（と「昔の諸もろの事柄」）について真理を発見するのに費やした労苦は、それらの読者が彼らの時代の出来事を理解するうえで、同じような労苦を費やすことから免除するであろう。彼の作品はかの種類の探究（inquiry）を余分なものとするような種類の探究の（あるいは「歴史」の）諸結果を提示する。もしもわれわれがアリストテレスの区別をもう一度使わせてもらえるならば、トゥキュディデスは彼の時代の（そして「昔の諸もろの事柄」の）「諸もろの単独的なもの（singulars）」の中に「普遍的なもの（universal）」を発見したのである。プラトンにおける類似するものに言及してもまんざら誤解に導くことにはなるまい。すなわちプラトンもまたある単独的な出来事の中に――ソクラテスという単独の生の中に――普遍的なものを発見し、そしてこうしてある単独的なものを提示することを通して普遍的なものを提示することができるようになったと言われうるのである。

アリストテレスに由来する伝統が決定的に揺らぎつつあった時代に、ホッブズはアリストテレスからトゥキュディデスに向かった。彼もまたトゥキュディデスを哲学者から区別される歴史家として理解した。しかし彼はアリストテレスが理解したのとは異なった形で歴史家と哲学者の関係を理解した。歴史は「単に物語的（merely narrative）」であるのに、哲学者の役割は「諸戒律の隠し立てのない伝達」である。歴史もまたその場合には諸戒律を伝達する。最も重要な具体例を挙げると、ホッブズによれば、トゥキュディデスの作品は君主政治の他のいかなる統治形態に対する優越性、しかしとりわけ民主政治に対する優越性を教えている。けれどもいずれにしても善い歴史においては「物語は秘密裏に読者に教示することができ、そして戒律によって可能な限り教示されうるよりもより効果的に教示しうる」。トゥキュディデスが彼の読者たちに秘密裏に教示するという自らの主張を擁護するために、ホッブズはユストゥス・リプシウスと、とりわけマルセリヌスの判断を引き合いに出す。すなわち「マルセリヌスは彼が故意に不明瞭であったと言っている。一般の人びとが彼を理解できないように。そしておそらくそうであろう。というのも賢者は(すべての人びとによって理解される語を使ってではあるが)賢者たちだけが彼を褒めることができるように書くべきであるからである」。トゥキュディデスは「かつて著述した最も政治的な歴史叙述家(the most politic historiographer)」であるので、彼の読者は「諸もろの物語(narrations)から彼自身にとっての諸もろの教訓を引き出すことができるかもしれない」。すなわちトゥキュディデスは教訓を引き出さない。ホッブズはこうして歴史家(あるいはいずれにしても最も政治的な歴史家)と哲学者との特徴的差異を歴史家は諸もろの普遍的なものを秘密裏に提示するという事実に見ている。彼はトゥキュディデスが挿入した諸演説(speeches)は当該の教示を伝達していないことを当然のことであると考えている。諸演説は「その語り(narrative)の構成の文脈に」属する。[3] これはトゥキュディデスの登場人物の演説において表現されたいかなる感情もそのようなものとしてはトゥキュディデスに帰することはできないことを含意している。この鉄則は、次のような必然的帰結によって制限されるどころか、より精密にされるだけである。すなわちあるトゥキュディデスの登場人物がある一定の見解を表現するという事実は、その見解がトゥキュディデスに知られていたことを証明する。もしも前者の見解が後者の見解の中に明らかに含意されているならば、それはそれゆえにトゥキュディデスによって陳述された見解を完結するために利用されるかもしれない。トゥキュディデスの寡黙を減じるどころか、諸演説はそれを増加させるだけである。彼は諸もろの普遍的なものに関してあれほどまでに寡黙であり、そして諸演説はそれらに関して簡潔に力強く表現された諸陳述にあれほどまでに豊富であるので、彼はいわば読者たちに彼自身の見解を表現しているものとしてそれらの陳述を受けとるように誘惑する。知的であるあるいは品位のある人間が反対することができないように思われる諸見解を演説者たちが表現する時、この誘惑にはほとんど抵抗できないようになる。

もしもトゥキュディデスがホッブズの示唆的発言がわれわれにそう考えるよう促すかもしれないほどに寡黙であるならば、どれほどの確実性をもってしてもトゥキュディデスの教えを確立することはほとんど不可能であると思われる。ホッブズは「トゥキュディデスが王家の出身であったので、彼は王の統治を最善と是認した」と考えた。[4] 今日生きている誰もこの判断にほとんど賛成しないだろう。今日かなり多くの人びとはトゥキュディデスが民主政治に単に反対であったどころか、アテナイの民主政治とともに歩んだ帝国主義に共感していた、あるいは彼は「パワー・ポリティクス」を信奉していたと信じている。それに一致して、彼らはトゥキュディデスの包括的見解はメロス人たちとのアテナイ人たちの対話において後者によって陳述されていると思っている。この解釈はトゥキュディデスの寡黙によって、その対話について彼が判断を下していないことによって、まさに可能であるとされる。けれども同じ沈黙は正反対の解釈をも正当化するであろう。トゥキュディデスの現代の鋭敏な解釈者たちは「パワー・ポリティクス」を超越したもの、ひとが人間的なもの（the human）あるいは人間味あるもの（the humane）と呼ぶことができるかもしれないものが彼の思想の中に存在していると注記している。しかしもしもひとがパワー・ポリティクス的なものと人間味あるものがいかにして相互に和解するのかの問いをトゥキュディデスに向けるならば、ひとは彼からいかなる答えをも受けとれないのである。[5]

ひとはその最初の印象から回復した後で、いかに多くの判断をしかもいかに重要な判断をトゥキュディデスが明示的に彼自身の名前において下しているのかを見て驚く。これらの判断は彼の教えの理解のための唯一の正当な出発点を形成する。

2　スパルタ擁護論――節度と神法

トゥキュディデスの最初の明示的判断はペロポンネソス人たちとアテナイ人たちの戦争はそれ以前の諸戦争よりも偉大であったという趣旨である。この断定を証明するためには、彼は「古代人たちの弱さ」を示さなければならない。彼はこうして古代を褒め称えた詩人たちの仕業であったと思われる華麗さを古代から剝奪する。古代の弱さから現在の強さへの道を追いながら、彼は現在の戦争の主役たち、アテナイとスパルタの出現を素描する。アテナイ人たちの国土の土壌は貧しかったので、そしてそれゆえに他者の欲望の対象にならなかったので、アテナイ人たちは平和のうちに放置され、そしてこうして彼らの都市はスパルタよりもはるかに早くある程度の偉大さに成長した。アテナイ人たちは古代の野蛮な生活様式を緩め、むしろ贅沢な諸慣行へ向かった最初の国民であった。けれどもスパルタ人たちはギリシアに特有の生活様式、共和主義的簡素さと平等の様式、つまり野蛮な極貧と野蛮な虚飾の中間を導入した最初の国民であった。それに一致して、スパルタは非常に昔の時代から秩序と自由を途切れることなく享受してきた。彼女の政体は先行する四百年間同一であり続けた。彼女の政体はこうして現在のギリシアの諸政体の中で最も古い政体である。彼女の政体こそが、すなわち戦争ではなく、彼女の傑出した力の源泉であったし、現在もそうである。スパルタは僭主たちの支配からギリシアを解放した、そしてなかんずく彼女はペルシア戦争においてギリシア人たちのリーダーであった。スパルタの力は彼女の「見かけ（looks）」が裏づけるように思われるかもしれないよりもより偉大である。すなわち彼女の力は堅固な力である。トゥキュディデスが彼の書物の冒頭近くでわれわれの注意を引きつけているスパルタの力と彼女の政体との関連は、彼がその末尾近くでスパルタについて言っていることの中に最も明確に引き出されている。すなわちスパルタ人たちは、トゥキュディデスが少しでも直接的な知識をもっていた他のすべての国民に抜きん出て、繁栄しながらも同時に節度あることに成功した。アテナイ人たちは強い戦慄によって落胆した時に、彼らは節度あるようになった、そして惨事によって促されて、節度ある政体を樹立した。スパルタ人たちは他方において、節度を育んだ彼らの安定しかつ節度ある政体のおかげで、繁栄の中にあってでも節度があった。[6] トゥキュディデスの嗜好はプラトンとアリストテレスのそれと同じである。

共和主義的徳、政治的安定、および節度に関するスパルタの優越性は、たぶんより重要な他の点における、たとえば帝国的偉大さや壮麗さ（brilliance）に関する彼女の劣等性の裏返しに過ぎないと言うひともいるかもしれない。この異論は競争相手双方の作法についてのトゥキュディデスの最終的判断から明らかな支持を受けとる。すなわちアテナイ人たちはスパルタ人たちよりも軍事的に優越していた、というのもスパルタ人たちは緩慢であったし大胆さに欠けていたのに、アテナイ人たちは敏捷であったし進取的であったからである（VIII 96.5）。遅延、警戒、慎重、および節度の親縁関係を考慮すると、[7] その判断は節度が戦争において欠陥であるということを含意すると考えられるであろう。しかしこの点においてさえも節度は無条件的に欠陥であるというわけではない。結局のところ、スパルタ人たちがこの戦争に勝ったのである。これがどうあろうとも、われわれはトゥキュディデスが節度そのものの地位についてどのように考えているのかを確かに見つけ出さなければならない。

トゥキュディデスは、ペロポンネソス戦争の期間にギリシア諸都市において発生した諸もろの内戦〔市民戦争〕（civil wars）が、判断する作法と行動する作法にいかに影響したのかについての彼の諸省察において、彼の嗜好を最も明示的にかつ最も包括的に開示している（III 82-83）。これらの作法は完全に堕落した。この堕落（depravation）は習慣的な賞賛と非難の放棄そして習慣的な行動の仕方の放棄に現れた。その本質は大胆さの精神とその類縁物が節度の精神とその類縁物に対して完全な大勝利を収めたことに存する。男たちは最も無謀な大胆さ、機敏、怒り、復讐、不信、秘密、および策略を賞賛し、そして節度、警戒、信頼、性格の良さ、隠し立てのない率直な取り引きを非難するようになった。男らしさと呼ばれたものが節度の位置を占めた。演説と行為とにおける節度の衰えには、法に対する尊敬、すなわち、人間たちによって制定された諸法に対する尊敬だけでなく神法に対する尊敬の衰えもまた伴っていたし(8)、さらに正しさ（right）に対する尊敬の衰え、そして自分の派閥（それが多数者であれ少数者であれ）の便益（benefit）とは区別されたその都市の便益に対する尊敬の衰えが伴っていた。節度、正義、および敬虔は同類である。それらの敵は大胆さと狡猾さないし知力を自称する。あらゆる内戦が対外戦争の帰結とは限らない、そしてあらゆる対外戦争が内戦に極まるとは限らないとはいえ、それにもかかわらず戦争と内戦との間には親縁関係がある。すなわち諸都市も諸個人もともに、戦争においてよりも、平和においてそして諸事がうまく行われる時に、より善い考えをもつ。戦争は暴力的教師、すなわちすべての人間ではないが大抵の人間の激怒の諸情念を強める、暴力による暴力の教師である。戦争は平和と内戦の中間の段階である。これは節度、正義、および敬虔、そしてこれらの行為振る舞いの仕方の賞賛は、戦争中の都市よりもむしろ平和な都市を住家とするということを意味する。このすべてから、スパルタとアテナイとの十全に発展した対照は、平和な都市と内戦の只中にある都市との対照であるということが帰結するように思われる。もっと具体的に言えば、（スパルタのような）善い政体は戦争を嫌悪し、そして回避しうるあらゆる戦争を回避するだろうということが、帰結するように思われる。

なかんずく、たとえ節度は戦争においては不利な条件になろうとも、その反対のものに対するその優位性は疑わしくはならないことが帰結するように思われる。

内戦が原因となった堕落、かの人為的疫病は、本来の疫病が原因となった堕落に似ている。疫病の圧倒する力（force）、全員の不安感は全般的無法状態、刹那的諸快楽への屈服をもたらした。神がみへの恐怖あるいは敬虔も人間の法も何びとをも拘束しなかった。快適なものと高貴なものとの区別は崩壊した。すなわち高貴なものは快適なものの餌食となった（II 52.3, 53）。堕落は、なかんずく、節度の破壊である。

トゥキュディデスのスパルタについての好意的な判断——この判断の大前提は節度、正義、および敬虔の善さである——は彼が挿入した演説のいくつかに反映されている。彼の話者たちの判断は、彼自身のものとは同一視されえない、けだしその話者たちは無条件に真理に関心があるわけではなく、彼らの都市あるいは派閥の諸利益に関心があるからである。スパルタにおけるコリントス人たちの最初の演説（I 68–71）はアテナイに反抗してスパルタ人たちを戦争にただちに赴かせようと駆り立てることを意図していた。アテナイ人たちの手によるスパルタ人たちを脅かす危険の大きさを彼らに示すために、そしてまたスパルタ人たちにはその危険を把握する能力がないように見えることを解き明かすために、彼らはスパルタ人たちの性格とアテナイ人たちのそれとを対比する。スパルタ人たちの性格的資質はこれらであると言われている。すなわち節度、平静あるいは落ち着き、彼らの所有するものへの満足、このゆえに不易な法への執着と本国から離れることへの嫌悪、守旧性（old-fashionedness）、信用できること、そして外国人たちへの不信を伴った彼ら自身の間での信頼、そしてこのゆえに彼らの同盟諸国を無視すること、否、裏切りさえすること、躊躇、遅延、創意工夫の欠如、きわめて確実な計算の結果さえ信頼しないこと、心配性。アテナイ人たちの作法はその正反対である。すなわち常に静止せず、進取的であり、発明しかつ執行することに迅速であり、彼らの力を超えた大胆さ、希望に満ちていることなど。スパルタ人たちはその危険を克服するためには彼らの諸作法を変え、彼ら自身をアテナイ人たちに同化させなければならないであろう。コリントス人たちに返答するアテナイ人たちは（I 72–78）スパルタ人たちが安心し続け、そしてゆっくり熟慮するように誘うことを希む。彼らはこうしてスパルタ人たちがアテナイの増大にそのように資すると判明した彼らの諸作法を継続するように誘うことを希む。それに一致して、彼らはアテナイとスパルタの差異は、コリントス人たちが断定したほどには過激でもなく、スパルタにとって危険でもないことを示さなければならない。彼らはこのことを部分的にはこの差異について沈黙することによって、そして部分的にはアテナイ人たちの作法はすべての人間に（そしてこのゆえにスパルタ人たちにも）共通する作法と異ならないと一般的に陳述することによって為すのである。すなわちこの差異は諸環境の差異にのみ起因する。彼らは諸環境の差異が、トゥキュディデス自身によって、コリントス人たちによって、そしてなかんずくペリクレスによって彼の《追悼演説》において強調されている、まさにあの作法の差異を惹き起こしたかもしれない可能性については、ほとんど沈黙する。彼らはアテナイの拡張への第一次的動機は恐怖ないし安全への配慮であったと実際言っている。けれども、彼らさえもアテナイが彼女の偉大さを負っている自分たちに独自の大胆さと知力について自負をもって語っている。知力があり節度もあるという評判のあったスパルタ王アルキダモスは、平和を保つことを希む（I 79–85）。彼は静かにゆっくりと熟慮することを推奨する。彼はそれゆえにコリントス人たちにしたがえばスパルタを深刻な危機に陥らせたスパルタの作法を擁護するよう強いられる。同時に彼は、ちょうどアテナイ人たちが同じ理由からしたように、スパルタの作法とアテナイの作法の差異を最小化しなければならない。このスパルタ人はスパルタの作法をスパルタの作法で賞賛するように強いられる、とわれわれは言ってもよいかもしれない。彼の演説は提案された戦争に関する醒めた懸念を表明している、言いかえると、アテナイとの何らかの平和的合意に到達する可能性に関する希望以外のすべての希望がないことを表明している。その希望はアテナイ人たちが、スパルタの作法で戦争の諸もろの危険よりも自ら持っているものの静かな所有を好むかもしれないという可能性に基づいている。彼はコリントス人たちが異議を申し立てたスパルタ人たちの諸資質はスパルタの自由および彼女の傑出した名声の原因であると断定している。節度は成功時の不遜な高慢に抗しての保証であり、災難時の意気消沈に抗しての保証である。そしてそれはスパルタ人たちを協議において賢くさせそして戦闘において勇敢にさせる。というのもそれは畏敬あるいは羞恥の感覚に似ているからであり、そしてこれは翻って勇敢さに似ているからであり、そしてそれは彼らをして諸法の優越する知恵に服従させるからである。

たとえトゥキュディデスが他のあらゆる点でアルキダモスの意見に同意していたとしても、彼のその状況把握について彼は不同意であった。トゥキュディデスによれば、危険を冒すことを嫌い、そして戦争を始めるのにあれほどまでにも逡巡していたスパルタ人たちも、アテナイ人たちに対抗して戦争に赴くことをアテナイ人たちによって強制された。トゥキュディデスはこうして結果的には、スパルタの民会でのアルキダモスの平和的助言に反対する厳しくかつ不愉快なスパルタの監督官に同意する。トゥキュディデスはアルキダモスが事実において善い判断力をもっていたとは言わずに、単に彼は善い判断力をもつとの評判であったと言っているにすぎない(I 23.6, 84, 88, 118.2)。もしもわれわれが節度と、古代への畏敬との、なかんずく神法への畏敬との関連を考慮に入れるならば、われわれは次のことを学んでも驚かない。すなわち、デルポイに送られたスパルタ人たちが、彼らはアテナイ人たちに抗して開戦すべきか否かをその神（the god）に尋ねた時に、もしも彼らが彼らのすべての力をもってその戦争を戦うならば、彼は彼らに勝利を請け負った、そして加うるに、彼自身は呼ばれようと呼ばれまいと彼らを助けるであろう、と告げたということをである（I 118.3）。そしてスパルタ人たちはその戦争に勝った。

もしもわれわれが節度、優しさ（gentleness）、正義、および神法の関連を考慮に入れるならば、われわれはスパルタ的作法に対するトゥキュディデスの賛美を理解するだけではなく、なかんずく、彼の人間性（humanity）をも理解するのである、その人間性はパワー・ポリティクス的テクストの欄外にしか見えてこないかもしれないけれども、しかしそれは合法的政治と非合法的政治を分離する境界ないし限界を指し示す可能性がより高いのである。彼は子供たちのための大きな学校を所有する小さな町、ミュカレッソスに降りかかった悲痛な惨事について――女たち、子供たち、および獣たちの無分別で卑劣な大量虐殺について――語る時（VII 29.4–5, 30.3）、彼は激怒した情念や殺人的残忍性の犠牲者たちに対する彼の同情を最もはっきりと開示する。彼はなかんずくニキアスの運命についての彼の発言において彼自身を開示する。すなわちニキアスは、法に導かれ鼓舞された卓越性の実践への彼の完全な献身のゆえに、トゥキュディデスの時代のすべてのギリシア人の中で彼の悲惨な最期に最も相応しくなかった（VII 86.5; 77.2–3 を参照せよ）。トゥキュディデスが同じ文脈において物語っているように、ニキアスの同僚の指揮官デモステネスも彼に劣らない悲惨な最期を迎えた。しかし――これはニキアスについての彼の判断に含意されているが――デモステネスの運命はニキアスのそれほどまでには完全に相応しくなかったというわけではない、けだしデモステネスは法によって育まれた徳に彼ほどには完全に献身していたわけではなかったからである。トゥキュディデスによって期待された、法によって、そして確かに神法によってでも導かれた徳に対する献身と、善い最期との関連、つまり功績と運命との関連は、正義の神がみの支配を指し示す。

トゥキュディデスは古代人たちが弱かったという彼の断定の証明を完結させてしまい、そして加うるに古代の事柄とペロポンネソス戦争それ自体の両方を扱う彼の作法について語ってしまった後で、彼は奇妙に見える仕方で彼の《序説》を結論づける一つの章（I 23）を加えている。もしもひとがこの章をそれ自体によって、それがどのように《序説》に適した結論であるかもしれないという疑問を視野に入れながら読み、そしてもしもひとがトゥキュディデスの最も包括的な諸判断によって伝えられるメッセージに留意するならば、この章は奇妙に見えることをやめる。この章は二つの部分から成り、最初の部分は再びペロポンネソス戦争がすべての以前の戦争に対して優越していることを証明し、そして第二の部分はペロポンネソス戦争の諸原因を取り扱っている。最初の部分においてトゥキュディデスは、ペロポンネソス戦争が、人間的諸惨禍に関してペルシア戦争を凌駕したことを示すことによって、以前の諸行為の中でも最も偉大であったペルシア戦争よりも優越していることを証明し、そしてそれとともに以前の戦争のすべてよりも優越していることを証明する。これらの惨禍の一半は人間たちによって、そして他の一半はわれわれが天変地異と呼びたくなるものによって惹き起こされた。すなわち地震、日食、旱魃およびそれらの帰結としての飢餓、そして最後ではあるが重要さにおいて劣らない疫病である。一方において人間存在たちによって負わされた惨禍について、他方において「諸もろのデーモン的（神的）事柄」について語るのが少なくとも適当である（II 64.2）。トゥキュディデスが触れているそれぞれに独立した四つのデーモン的事柄はひとに四つの元素（elements）を想起させる。[9] 諸もろの日食は実際惨事ではないが、しかしそれらは惨事を告げ報せると考えられてもよいであろう。人間的起原の惨事と他の種類の惨事との関連はしたがって神的支配によって提供されているだろう。すなわち神がみはギリシアを兄弟殺しの戦争の咎で罰した[10]、そして彼らはその戦争に責任があったギリシア人たちをとりわけ罰した。それに一致して、トゥキュディデスはすぐに誰がその戦争に責任があったのかについての問題に向かった。彼の答えはアテナイ人たちがスパルタ人たちをその戦争へ強いたということである。その疫病はアテナイ人たちを強襲したが、スパルタ人たちを強襲しなかった。アテナイ人たちを強襲した疫病を送ったのはアポロではなかったか（II 54.4-5）。ギリシア人の大多数はアテナイ的僭主政治からのギリシアの解放者たちと見られたスパルタ人たちに共感した（II 8.4-5）。いずれにしても、もしもひとがトゥキュディデスがアテナイから区別されるスパルタの賞賛において以前に述べていたことを想起するならば、ひとは《序説》を結ぶ章が当惑させるものであると感じるのをやめるだろう。

トゥキュディデス自身によってなされた最も包括的な諸判断から出発することによって、われわれはこの偉大なアテナイ人がアテナイ的作法よりもスパルタ的作法を選好したという結論に到る。これはそれ自体において逆説的ではない。すなわちある男が、そしてとくに偉大な男が、彼の生誕の場所において広く行われているものに、あるいは最も評価されているものに、あるいは先祖伝来のものに彼自身を同一化する必然性はない。われわれが出発点とした諸判断は、《追悼演説》におけるアテナイの賞賛に比べてあまり華麗ではないが、しかし《追悼演説》はトゥキュディデスの諸感情ではなくペリクレスのそれらを表現しているのである。たとえ彼の読者たちが控え目なものよりも壮麗なものによってより強い印象を与えられたとしても、それはトゥキュディデスの過失ではない。ペリクレスがアテナイを素晴らしく賞賛したようには、スパルタ人の誰もがスパルタを賞賛できなかったのは、まさにスパルタとアテナイの差異の一つである。すなわちスパルタ人たちはアテナイ人たちよりも雄弁ではない、あるいは、弁舌がより簡潔（laconic）である（IV 84.2 を参照せよ）。他方において、非-スパルタ人の誰一人としてペリクレスがアテナイを賞賛したのと同じように無条件にスパルタを賞賛する理由はもたなかった、というのもスパルタの敵たちではなかったすべての非‐スパルタ人は、スパルタからの不承不承に与えられた援助を要請しながらも、スパルタ的作法に対して彼らの不満を表現するように強制されたからである。ペリクレスの《追悼演説》は、しかしながら、耳を傾けるあらゆるひと——アテナイ人であれ外国人であれ——をしてアテナイ的作法とアテナイ的政策にきわめて満足させる目的にはっきり奉仕するのである。このすべては、《追悼演説》の中でのアテナイの賞賛に力において匹敵しうるスパルタの賞賛がないことは、トゥキュディデスの見解ではスパルタがアテナイよりも高い賞賛に値しなかったことを証明するものではないということを示すことになる。トゥキュディデスはペリクレスを実際賞賛している。しかしこの賞賛はペリクレスと彼のアテナイよりもスパルタの方を選好することと完璧に両立しうる。ペリクレスは平和の時もその戦争期間中もアテナイを安全に導く彼の能力によって彼の後継者たちよりも格段に優越していた。アテナイは彼の支配の下で彼女の最も偉大な力に到着した（II 65.5–13）。けれどもトゥキュディデスは、彼がスパルタについて言っているようにはペリクレスのアテナイについて、それが繁栄と節度を結合するのに成功したとは言っていないし、ましてやアテナイはペリクレスのおかげでこれに成功したとは言っていない。彼は彼のペリクレスの頌徳演説の中で節度（*sophrosyne*）に触れてさえいない。彼のペリクレスはその三度の演説のいずれにおいても節度に一度も触れていない。この啓示的沈黙は、クレオンとメロス島へのアテナイの使節たちの両者がその語を使っているという事実によって曖昧にはされない、というのもペリクレスは何を彼が語っているのかを知っている点が、まさに彼の後継者たちに対する彼の優越性の証しであるからである。ある法律への従順において宣告された《追悼演説》は、まさにその法律の非難とともに開始する。すなわちペリクレスは人間が自らを法律よりも知恵があるとみなすのを阻む節度を欠いている（II 35; I 84.3 を参照せよ）。このように述べたからと言って、ペリクレスの諸演説と、アテナイ人たちとメロス人たちとの有名なあるいは悪名高い対話との環については何も言っていないのであるが、まさにその対話の中で膨張への欲望を制限する神法の存在は公然と否定されている。ペリクレスは躊躇することなくアテナイの臣民諸都市を制する彼のアテナイの支配の半僭主的性格を認めている（II 63.2; V 104–105.2）。《追悼演説》は全体として、とくにスパルタ的作法と区別対照されるアテナイ的作法――警戒、厳格、および恐怖に対立するものとしての大胆さ、許容性、および希望――の賞賛である。ペリクレスの下に、あるいはペリクレスのおかげで、アテナイが最も強力になった事実は、彼の下に、あるいは彼のおかげで、それは「最も善く」なったという証明にはならない。前四一一年に樹立された国制は、トゥキュディデスには彼の生涯においてアテナイが有した最善の国制であるように見えた（VIII 97.2）。ペリクレスの政体――名前においては民主政治であるが事実においては第一人者の支配（II 65.9）――は劣っていた。それは実際に民主政治からそれ自身を救出し、そして以前に成し遂げられたあらゆるものを超えたアテナイの力や華麗さを増大させたが、しかしそれは捉えどころのない運（chance）に体質的に頼らなければならなかった。すなわちペリクレスのような人物の現存に頼らなければならなかった。健全な政体は、そこにおいてかなり高いレヴェルの市民の徳によって統合されたかなり多くの集団が白昼堂どうと、それ自身の正しさ（right）において支配する政体である。ペリクレスの諸もろの功績がどれほど偉大であったとしても、彼の支配はアテナイ的民主政治から分離されえない。それはアテナイ的民主政治に属する。ペリクレスの支配についての判断はその基礎の不堅実な性格を忘却してなされてはならない。健全な政体は節度に捧げられた節度ある政体である。

このすべては、トゥキュディデスの地平は都市の地平であるとする、われわれの最初の印象に一致している。あらゆる人間存在とあらゆる社会とは、それが仰ぎ見る最高のものによって、それがあるところのものなのである。都市は、もしもそれが健康であるならば、それが作ったのと同様に元に戻すこともできる諸法律を仰ぎ見るのではなくして、不文の諸法、神法、都市の神がみを仰ぎ見るのである。都市はそれ自体を超越しなければならない。都市は神法を無視することができる。それは行為によってそして演説によって傲慢（*hybris*）の罪を犯すようになりうる。すなわち《追悼演説》の後に疾病が続き、そしてメロス人たちとの対話の後にシケリアにおける惨事が続く。これはトゥキュディデスが沈黙のうちに伝える最も包括的な教示であると思われるだろう、そして、その伝達の沈黙的性格は彼の敬虔の慎み深い性格によって要請されているのである。[11] もしもこれが実情であるならば、われわれはなぜ彼が経済的文化的事柄についてあのように沈黙しているのかを不思議に思うのをやめるであろう。そのような事柄は彼には、たとえば、どちらの軍隊が戦闘の後にその戦場を手中にしたかという問題に比べると重要ではない。これは究極的には自分の死者の埋葬は一つのきわめて神聖な義務であるという事実に起因していた。戦場を放棄しなければならなかった軍隊は、敵に対して彼らの死者を集めるために許可を求めることを、そしてこうして公式に敗北を認めることを強制された。これは戦場の占拠がかくも重要であったことのさらなる理由であった。[12] トゥキュディデスが「前四二五年に［アテナイの同盟諸国の］貢ぎ物を二倍にすることあるいは三倍にすること」に触れていない——現代の歴史家の観点から「彼の物語における最も特記すべき省略」[13]——時、これはトゥキュディデスにとって、そして諸都市にとって、貢ぎ物の支払いそれ自体、すなわち自由の減少は、貢ぎ物の金額よりもはるかに重要であったという事実に起因するものでもあるかもしれない。都市にとって最も重要なものはその自由、アテナイという僭主都市（tyrant city）によって危険にさらされた自由である。すなわちスパルタは、安定した自由にかくも好都合な彼女の政体あるいは彼女の政体に近似しているもの以外には、彼女の同盟諸国に貢ぎ物を課さなかった（I 19）。われわれがトゥキュディデスの明示的な諸陳述から引き出した一般的結論は、これらの陳述を確かに超えていく。すなわちわれわれは、とくに彼の沈黙によって提供された証拠の光の下に、彼の見解において都市を超越するものに関するわれわれの暫定的示唆を再考慮しなければならないだろう。どこにその再考慮がわれわれを導いていこうとも、それが、最も重要な考慮は都市を超越するものに、あるいは都市よりも高次のものに関わるという事実を疑わしくすることはできない。それは都市に無条件に従属する諸もろの事柄には関わらないのである。

3　アテナイ擁護論――大胆さ、進歩、および諸技術

われわれの再考慮の最初の主題は、ペロポンネソス戦争はそれ以前の諸戦争よりも偉大でありそれは最も記憶されるべき戦争であった、とするトゥキュディデスの最初の判断でなければならない。彼がこの戦争を選択したのは、彼がそれに同時代人としてたまたま居合わせたからだけではなく、彼がそれを単独で記憶されるべきものとみなしたからでもあった。この戦争の偉大さはそれゆえに彼のテーマの選択の理由だけでなく、それ自体で一つのテーマであり、彼の戦争の説明における重要な構成要素でもある。すなわちもしもペロポンネソス戦争が最も偉大な戦争であったと知らないならば、ひとはそれについての真理を知らない。最初の断言の証明は、ペロポンネソス戦争はそれが惹き起こした諸惨禍のゆえにペルシア戦争をはるかに凌駕したとトゥキュディデスが示している数行によって提供されているよう

に思われる。しかしおそらくペルシア戦争よりも大きな諸惨禍を惹き起こしたもう一つの戦争があったであろう。そしておそらくある戦争の偉大さはそれが惹き起こした惨禍の量のみによっては確立されないであろう。トゥキュディデスのような簡勁な著者が、ペロポンネソス戦争は最も偉大なあるいは最も記憶されるべき戦争であったという彼の強い主張を証明するために、およそ十九章をも著述したという事実は、あの戦争にはペルシア戦争とは違うもう一つの競争相手があったことを示している。その競争相手はトロイア戦争であった。彼よりも一世代後にイソクラテスは依然としてトロイア戦争が最も偉大な戦争であったという見解を保持していた。[14]

　ペロポンネソス戦争が最も偉大な運動であったのは、それがすべてのギリシアおよび野蛮人たちの一部、「いわば人類の最も広大な部分」[15]に影響を及ぼしたからであった。それはいわば最初の普遍的運動であった。それが最も記憶されるべき戦争であったのは、それがいわばすべての人間に記憶されるべきであったからである。その普遍性は必ずしもすべての野蛮人がそれによって影響を及ぼされなかったという事実によって損なわれることはない。それは、すべてのギリシアおよびいくらかの野蛮人が、ギリシア人トゥキュディデスにとってギリシア人たちの特別な重要性のゆえに、それによって影響を及ぼされたという事実によって十分に保証されている。ペロポンネソス戦争が最も偉大な運動になるためには、戦争が勃発した時にギリシア人たち、すなわち先導するギリシアの諸都市がそれらの頂点にあったことがまさに決定的に重要である。すなわちペロポンネソス戦争は絶頂の戦争である。普遍的で絶頂であるので、それは完全な戦争、絶対的戦争である。それは戦争そのもの（*the war*）であり、大書された戦争（war writ large）である。[16]すなわち戦争の普遍的性格は最大の戦争において他のいかなるより小さな戦争においてよりも可視的になるであろう、そして最大の戦争において他のいかなるより小さな戦争においてよりも戦争のより大きな部分があるであろう。ペロポンネソス戦争は、凌駕することのできない仕方ですべての時代にとって、戦争の自然本性（nature）を余すところなく開示する、かの単独の出来事である。

トゥキュディデスにはペロポンネソス戦争が絶対的戦争であり、普遍的で絶頂の戦争であるという彼の強い主張を証明する義務がある。普遍的戦争はすべての都市の間の通信、そしていわばすべての国ぐにの間の通信、とくに海外の通信を要求する。それは強力で裕福な諸都市の存在を前提とする。彼はこうしてこれらの要求が彼自身の時代よりも過去においてははるかに少ない程度にしか満足させられていなかったことを証明しなければならない。彼は「古代人たちの弱さ」（I 3.1）を示さなければならない。彼はその戦争の普遍性（「いわば人類の大部分」）についての彼の示唆を、（ひとが伝統によって知っている最も太古の古代とは区別されるものとしての――I 4 冒頭を参照せよ――）最も太古の古代に関する、すなわち無条件的に最初の事柄に関する示唆と対抗させる。彼はペロポンネソス戦争の優越性に挑戦すると考えられうる、かのより以前の出来事、すなわちトロイア戦争、そしてさらにより太古の事柄について、証拠によって支持される意見に到着するのは困難であると示唆する（I 1.2）。すなわち彼は最も太古の事柄に関して何か知られうるのであろうかとわれわれに疑問を抱かせる。けれどもわれわれが現在まで何らかの直接的知識をもつその古代からの発展は、概ね、安全、力、および富における進歩であるので、最初に限りない不安全、弱さ、および貧困があったことが十分に明らかになる。これを支持する理由は、静止なき状態、運動が最初に無制限に支配したことである。非常にゆっくりとそして散発的にひとはいくらかの静止を発見した。静止と安全の諸期間――それらと交互に起こる運動の諸期間よりも長く続いた諸期間――の間に力と富は増大させられた。力と富は、運動においてではなくそして運動を通してでもなく、静止においてそして静止を通して増大させられた（I 2, 7, 8.3, 12, 13.1）。静止が、運動ではなく、平和が、戦争ではなく、善である。この過程はスパルタとアテナイにおいてペロポンネソス戦争の勃発の時にその頂点に到着した。ペロポンネソス戦争、最も偉大な運動は、最も偉大な静止に続いて発生し、最も偉大な静止を具現する。この理由だけからしても、それは最も偉大な運動でありうる。それゆえに、戦争の自然本性を明白にするペロポンネソス戦争の理解は、平和の自然本性をも明白にする。すなわちトゥキュディデスの作品はすべての過去および未来の戦争だけでなく、無条件に過去および未来の事柄をもひとが理解するのを可能にさせる（I 1.3 末尾、22.4）。

原初の普遍的不安全、弱さ、および貧困から、安全、力、および富への隆盛は、一定の場所において原初の普遍的野蛮性からひとがギリシア性（Greekness）と呼ぶことができるもの、すなわち自由と、美に対する愛との合一への隆盛となる。この「ギリシア人たち」という名称はまさに最近のものである。ギリシア的生活様式もそうである。原初、ギリシア人たちは野蛮人たちのように生活していた。原初、ギリシア人たちは野蛮人たちであった。最も太古の古代にはいかなるギリシア人も存在しなかった（I 3, 6）。最初の普遍的な静止のない状態すなわち運動においてすべての人間は野蛮人であった。静止、長期間にわたる静止はギリシア性の出現のための条件であった。ギリシア性は遅くそして稀に現れる。それは例外である。ちょうど人類がギリシア人たちと野蛮人たちとに分割されるように、ギリシア性は翻って二つの極、スパルタとアテナイをもつ。運動と静止の根本的対立はギリシア性のレヴェルにおいて再帰する。スパルタは静止を大切にするのに対して、アテナイは運動を大切にする。スパルタとアテナイはペロポンネソス戦争の勃発においてその頂点に到達した。かの最も偉大な運動において、長い静止の間に築き上げられた力、富、およびギリシア性は使用されそして使用され尽くした。ギリシア人たちと野蛮人たち、諸元素と神がみは、ギリシア性に対して最大限の損害を与えるために共謀したように思われる（I 23.1–3）。没落が始まる。最も偉大な静止はギリシア性がその中においてその頂点に到達する静止である。それはその最も偉大な運動においてその最高点、その終局（end）を見出す。最も偉大な運動は力と富だけでなく、ギリシア性をも弱め、危険にさらす、否、破壊する。それは都市の内部における再－野蛮化である、かの静止なき状態、内乱（*stasis*）に間もなく導いていく。ギリシア性が築き上げられることによってゆっくりと克服された最も残忍で殺人的な野蛮性はギリシアの真只中に再び現れる。すなわちアテナイに買われたトラキア人の傭兵たちはギリシアの学校に通っている子供たちを殺害する。トゥキュディデスはスパルタとアテナイの廃墟を思い描く。すなわちちょうど彼の同時代人たちがアポロの島の上の野蛮人たちの残存物を注視したように、彼は彼の精神の眼でスパルタとアテナイの廃墟を見たのである（I 8.1, 10.1–2）。彼は「自然によってすべての事物もまた最終的には没落するであろう」という思想に慣れ親しんでいた、というのも彼は彼のペリクレスにその思想を表現させるからである（II 64.3）。彼が北部地域の新しい諸勢力、偉大なオドリュサイ帝国、そしてなかんずく、アルケラオス王治下のマケドニア王国の驚くべき進歩について報告するのは無駄なことではない（II 97.5–6, 100.2）。

ペロポンネソス戦争、一つの単独の出来事は、それが絶頂のギリシアの戦争であるという事実によってすべての他の単独の出来事から区別される。その戦争を研究する中で、ひとは運動においてその頂点にあるギリシア人たちを見る。ひとは下降の始まりを見る。ギリシア性の頂点は人間性の頂点である。ペロポンネソス戦争とそれが含意するものは人間の諸もろの可能性を使い尽くす。ちょうどひとは最も偉大な静止を理解せずには最も偉大な運動を理解できないように、ひとは野蛮性を理解せずにはギリシア性を理解できない。すべての人間的生は戦争と平和の両極の間そして野蛮性とギリシア性の両極の間を動く。ペロポンネソス戦争を研究することによってトゥキュディデスはすべての人間的事柄の諸限界を把握する。古代の事柄を背景にしてこの単独の出来事を研究することによって彼はすべての人間的事柄の自然本性を把握する。彼の作品がすべての時代にとっての財産であるのはまさにこの理由からである。

トゥキュディデスが古代人たちの弱さを明るみにだすことによって、ペロポンネソス戦争の至高性を証明するのを強制されたのは、人びとがトロイア戦争の至高性を信じていたからである。トロイア戦争はその名声をホメロスに負っていた。トロイア戦争の至高性を疑うことによってトゥキュディデスはホメロスの権威を疑う。古代人たちの弱さを証明することによって彼は古代人たちによって与えられた説明が決定的な点において真理ではなかったと証明する。すなわち彼は知恵に関して古代人たちの弱さを、そしてとくにホメロスの弱さを証明する。ペロポンネソス戦争を戦ったギリシア人たちが彼らの頂点にあったと証明することによって、彼は彼の知恵がホメロスの知恵よりも優越していると証明する。もしもトゥキュディデスの探究がなかったならば、古代の魅惑——ホメロスによって不死となった魅惑——はトゥキュディデスの時代の堅固な優位性よりも常によりよく輝くであろう。トゥキュディデスはわれわれにホメロス的知恵とトゥキュディデス的知恵との間での選択に直面させる。彼はホメロスとの競争に従事する。ホメロスはトロイア戦争のずっと後に生きた。これだけでも彼をトロイア戦争の疑わしい証人にする。なかんずく、ホメロスは詩人である。詩人たちは拡大し装飾し、そして彼らは寓話的な諸もろの話を話す。彼らはこうして人間存在たちや人間的自然についての真理を隠す。ホメロス的知恵は、拡大され装飾された諸行為と諸演説を提示することによって、人間的生活の性格を開示する。トゥキュディデス的知恵は、拡大も装飾もされない諸行為と諸演説を提示することによって、人間的生活の性格を開示する。ギリシアの君主たちは、トロイアをめざしてアガメムノンに、詩人たちが示唆するように親切さ（graciousness）からではなく、恐怖あるいは強制によって従った。トロイア戦争の奇妙な行程はギリシア人たちの軍資金の欠如によって散文的に説明されるべきである。[17] トロイア戦争についてのトゥキュディデスの散文的な扱い（ペロポンネソス戦争の彼の扱いは言わずもがな）は、騎士の諸国遍歴についてのセルバンテスの扱い方を予示する。

新しい知恵はしたがって知恵として昔の知恵よりも優越している。けれどもトゥキュディデスがトロイア戦争についての真理を明らかにするのに成功するのは、まさにホメロスを信頼することによってなのである（I 10.1-3）。なかんずく、ホメロスが賛美されていた理由は、彼が知っていた真理をきわめて快適な仕方で彼が真理を開示したからである。トゥキュディデスは彼の知恵もまた快適なものになるであろうことを否定していないように思われる。すなわち「わたしの説明の非‐寓話的性格は、おそらく耳にあまり快適ではないように思われるであろう」。適格に訓練されてきた人たちの耳には、ホメロスの詩よりもあまり快適でないようには思われないであろう。[18] トゥキュディデスの厳格で飾りのない知恵もまた音楽である。つまり、ミューズによって、すなわち、ホメロスのミューズよりもより高く、そしてそれゆえにより厳格でより飾らないミューズによって鼓舞されつつ。一言で言えば、科学的歴史家としてトゥキュディデスを見るよりも、ホメロスとの競争に従事するトゥキュディデスを見るほうがおそらくより啓発的であろう。人間的知恵こそが他の何ものよりもギリシア性の核である。

トゥキュディデスは彼の作品への《序説》の中で最初にペロポンネソス戦争のそれ以前のすべての戦争に対する優越性を取り扱い（I 1-19）、そして次にそれ以前のすべての説明に対する彼の説明の種類の優越性を取り扱う（I 20–22）。トゥキュディデスはその戦争だけでなく彼のロゴス（*logos*）にも関心をもっている。彼によって達成された知恵における進歩は、彼の「考古学」において彼が最も包括的に語る進歩に親縁的である。彼の時代は、とくにアテナイで、経験、技能（craft）、および知識においてすべての過去を乗り越えた進歩を自慢できたであろう（I 49.1-3, 70.2, 71.2-3）。彼の考古学は、彼のペリクレスが先行諸世代の諸業績と比較した彼の世代の諸業績について（II 36.1-3）、そしてホメロス的知恵の疑問視しうる性格について（II 41.4）《追悼演説》の中で述べていることに完璧に一致している。トゥキュディデスがいかに高くスパルタ、節度、および神法について考えていたかもしれないとしても、彼の思想は守旧的なスパルタよりもむしろ進取的なアテナイのほうにまったく属している。彼の作品の慣習的な巻頭（「トゥキュディデス、アテナイ人」）は非‐慣習的メッセージを伝えている。

トゥキュディデスはひとに最も古代の事柄について何かが知られうるかどうか疑わせる。けれども最も旧い事柄はすべての時代にある事柄を含み、そしてすべての時代にとっての財産が関わっているのはまさにこのような種類の事柄である。トゥキュディデスは人間的自然をそのすべての結果――戦争と平和、野蛮性とギリシア性、市民の調和と不和、海軍力と陸軍力、少数者と多数者――の安定した根拠として見ている。人間の自然は全体としての自然の何らかの理解なくしては理解されえない。戦争は一種の運動でありそして平和は一種の静止であるので、それらは運動と静止というすべてに行き渡る普遍的相互作用の特殊な形態にすぎない。それに一致して、トゥキュディデスは人間的事柄と同じように人間以外の事柄にも関心をもっており、そして疫病や地震のような直接にペロポンネソス戦争に影響を及ぼすような非‐人間的事柄にだけ関心をもっているのではない。彼は海に食い込む陸地について、そして陸地に食い込む海について語り、そしてこれらの出来事の自然的諸原因を示唆している（II 102.3–4, III

89)。彼はオデュッセウスのカリュブディスの自然的説明を示唆している（IV 24.5)。彼〔オデュッセウス〕の狡猾なデモステネスが「場所の自然」と呼んだと思われるものを、彼は「その場所自体」と呼んでいる（IV 3.2, 4.3)。最も衝撃的であるのは疫病についての彼の説明である――その疫病は強大な変化であり、このゆえに運動である――その疫病はペロポンネソス戦争が以前のすべての戦争（II 47.3, 48.3, 53.2）を凌駕したのと同程度に至る所において記録に残っているありとあらゆる人間存在たちの破壊を凌駕したのである。海と陸の（そしてこのゆえに海軍力と陸軍力との、そしてそれゆえにとくにアテナイとスパルタとの）対立が究極的に運動と静止との対立の光の下に理解されなければならないのかについて思いを巡らす代わりに、われわれは一方において進歩と退歩に対する運動と静止の関係、他方においてスパルタとアテナイに対する運動と静止の関係を再考慮する。進歩がいかに多く静止に負うとしても、進歩それ自体は運動である。加うるに、静止だけでなく運動も、とくに戦争もまた力と富とに導いていく（I 15.1–2, 18.2–3, 19)。最後に、何人かのトゥキュディデスの登場人物が強く主張するように、静止は技能と知識に対して破滅的であるのに、その正反対のものは運動について真理である（I 71.3, VI 18.6)。けれども移り気な大衆とは対蹠的にペリクレスのように知識を獲得した政治家は、人間的運動の真っ只中における超人間的静止――運動に対質し、理解し、そして征服する静止――を代表することもまた真理である（I 140.1, II 61.2, 65.4)。トゥキュディデスの作品が著述されえたのは、彼が最も偉大な運動の真っ只中において静止を見出したからである（V 26.5)。われわれがアテナイに見出す最も高い事柄は静止に似ている、あるいは静止の最も高い形態である。というのも古代の貧困、弱さ、および野蛮性を説明するものは、運動というよりもまさに運動と静止の一定の種類の相互作用であるからであり、そして現在の富、力、およびギリシア性を説明するものは、静止ではなく、まさに他の種類の運動と静止の相互作用であるからである。いかに多くすべての事柄が常に運動の中にあろうとも、人間の思想が到達する最高のもの——運動と静止——は安定している。静止の最高の形態は、スパルタによって代表される形態のようには大胆さに反対せずに、最大限の大胆さを前提とする。すなわち昔の時代に人間たちは大胆さをもたなかった（I 17）。静止の最高の形態はそれゆえに節度と同じ秩序に属しえない。

もしも運動と静止が最も古代の事柄であるならば、それらは神がみを超越するあるいは包含するであろう。ホメロスのアキレウスの《盾》からわれわれは、神がみは平和よりも戦争においてより可視的であると学ぶことができるかもしれない。他のいかなる戦争よりもより戦争であった戦争において、すなわちトゥキュディデスが最も詳細な事柄さえも研究した最も偉大な戦争において、彼は神がみのいかなる形跡をも見出さない。彼らはより小さな諸戦争およびとくにトロイア戦争においてより効果的であった可能性があるのだろうか？　あるいはホメロスがトロイア戦争およびその出来事の多くを神がみに遡及させていることは、まさにホメロスの拡大することや装飾することの核なのではなかろうか？　古代人たちの野蛮性および弱さ、そしてとくに彼らの知恵に関する弱さへのわれわれの洞察は、神がみや、決定的に古代的である神的事柄についてのわれわれの見解に影響を与えはしないだろうか？[19]　トゥキュディデスの古代についての説明においては二人の男、すなわちミノスとアガメムノンが突出している。彼はミノスの先祖については何も言わず、アガメムノンの先祖についてはいくらか手を入れた仕方でだけ語る。[20]　彼の考古学は、神がみとは彼にとって遥か遠い昔にとてつもなく拡大された野蛮人たち以外の何ものかでありえたであろうかとひとに疑わせるままにする。もしもこれが正しいと判明すれば、彼があれほど力強く言及する神法は、いかなる神によっても制定された法ではありえない。その起原、そしてこのゆえにその本質はまったく不明瞭になる。しかしながら、もしも適格に理解された神法とは運動と静止の相互作用であるならば、ひとは彼の作品をその神法がいかに通常の理解における神法と関係しているのかの問いの光の下に研究しなければならない。

トゥキュディデスはある意味でペリクレスのアテナイ——アナクサゴラスとプロタゴラスが教えそして不敬虔を根拠に迫害されたアテナイ——に属する。[21] 彼のペリクレスがその中で彼のアテナイが象徴するものを説明する《追悼演説》は神法について沈黙している。彼のペリクレスは諸不文法について、あるいはもっと精密にいえば、不正義を被る人間存在たちの便益のために制定されていたような諸不文法についてだけ語る。これらの法の蹂躙はアテナイでの恥辱（disgrace）に導いていく——それに神的報復が続くという趣旨のことは一切言われていない。彼は神がみあるいは厳密な意味での超人間的なものについて沈黙している。彼は諸もろの供犠に実際触れている。すなわち、その都市によって提供される労苦からの諸もろの解放について語る時に触れている（II 37.3, 38.1; アリストテレス『ニコマコス倫理学』**1160a19–25** を参照せよ）。彼の三つの演説の中にあらわれる超人間的なものへの唯一の言及の中で、ひとは敵が与える苦しみを「勇敢に」耐えなければならない一方で、ひとは（疫病のような）超人間的なものを「必然的として」耐えなければならない、と彼は言っている。ひとは超人間的なものを崇敬しなければならないと彼は決して言わない（II 64.2）。神への唯一のペリクレスの言及——女神（アテナ）の像の金銭的価値への言及——が、トゥキュディデスによるペリクレスの演説の要約の中央部分にあらわれているのは特徴的である（II 13.5）。スパルタ、節度、および神法を支持するトゥキュディデスの論拠——実際重要ではあるが——は彼の教えの一部でしかない。スパルタの賞賛——考古学の内部にあらわれる最高の賞賛——は、その結論まで考え抜かれれば、最古の古代の最高の賞賛へ導いていくであろう。[22] この思想の全体の流れは、考古学全体としての明示的かつ巻頭のテーゼ——ペロポンネソス戦争の至高性を断言するテーゼ――とそのテーゼが含意するすべてに矛盾する。この矛盾は守旧的なスパルタと進取的なアテナイとの、頂点としての古代に対する賛美と現在に対する賛美との対立に対応する。前者――善いものと古いものあるいは先祖のものとの同等視――だけが都市としての都市の見解に一致するように思われる。けれども都市は異なった時代に異なったように思考する。われわれはトゥキュディデスから次のことを学ぶ、すなわち、ちょうど節度に対する賛美のように、古代に対する賛美は平和時に住家をもち、男たちは彼らが従軍しているあらゆる戦争を、あらゆる現在の戦争を、最も偉大な戦争(I 21.2)とみなす傾向にあるが、おそらくその理由は、戦争中は現在が至高の努力を要求するからであろう。ペロポンネソス戦争の至高性に関するトゥキュディデスの大胆な断言は、こうして自然的偏見に一致しており、そしてそれゆえに人びとに不快感を与えない。しかし、多くの場合に単に偏見であることが、ペロポンネソス戦争の場合にはたまたま論証されうる真理であったのであり、そしてその真理が論証された暁には、人びとが安全にかつ保護されて生活する平和時に住家をもっている古代を支持する非常により力強い偏見を恒久に根絶するのである。戦争に属する見解、現在に対する賛美、およびこれが含意するすべては、決して単に誤っているどころか、正反対の見解よりもより真である[23]。戦争は「暴力的教師」である。すなわちそれは人びとに暴力的に行動するように教えるだけでなく、暴力について、そしてそれとともに真理についても教えるのである。戦争はトゥキュディデスを除くあらゆるひとにとってだけでなく、トゥキュディデス自身にとってもまた暴力的教師であった。その教師によって教えられながらトゥキュディデスは、戦争が展開するに従って、それを提示する。一般的に言って、彼はわれわれに戦争をおのおのの点においてそれがその時点において見られうるように見させるのである。彼はわれわれに戦争を異なった諸観点から示すのである。これをする中で彼は平和時の見解から戦争時の見解への彼自身の転換、すなわち、彼の最も進んだ教育を提示せざるをえなかったのである。彼の作品に生命を吹き込むこの最も内奥の部分の過程の結果は古典的政治史（the classic political history）である。彼の作品の中にわれわれは政治史の生成、その起原との関連をなおも目にすることのできる生成状態の政治史（political history *in statu nascendi*）を観察するのである。トゥキュディデスは他のあらゆるものにもまして戦争に関心をもっている、もっと一般的に言えば対外政策に関心をもっている。国内政治、都市の中の善き秩序への圧倒的関心を、トゥキュディデスは節度ある市民たちに委ねる（IV 28.5 を参照せよ）。

トゥキュディデスの作品に生命を吹き込んでいる過程〔という表現〕によって、われわれはその場合に彼が必ずしも気づかなかった彼の思想の変化や、彼が必ずしも意識しなかった彼の作品の中に諸もろの痕跡を残した彼の思想の変化を意味しない、われわれはむしろ彼の思想における二つの異なった観点の間の熟慮ある動きを心に抱いているのであり、その動きは同一の主題について、たとえば、アテナイの諸もろの僭主殺害について異なった観点からの熟慮ある二重の取り扱いの中に表現されているのである。彼は最高の賞賛を、あの高貴なスパルタ人ブラシダスの正義と善性（goodness）に捧げるが（IV 81）、次に、ブラシダスは彼の諸もろの勝利から引き出した名誉のゆえに彼はスパルタとアテナイの平和に断固として反対したのだと断言する（V 16.1）。最初の判断はその戦争全体を調査する人間のそれである。第二番目の判断は、どのようにブラシダスがその時点で諸和平派にとって、とくにスパルタにおける和平派にとって見えたかを際立たせる。[24] 彼の教師に似ていなくもなく、トゥキュディデスは厳格であるのと同じように柔軟でもある。彼が明示的には特定していない多様な観点から事物を見たり示したりしていることは、われわれを自然に彼の登場人物たちの演説に導いていくが、それらの演説を通して彼はある特定の時点で名指しされた個人あるいは都市に対して事物がどのように見られたかを示すのである。それらの演説の著述はこうしてトゥキュディデスの一般的手続きの特殊な場合にすぎないように見える。あらゆる演説はトゥキュディデスの演説の一部――独得な種類の一部――である。

4 行為者たちの諸演説とトゥキュディデスの演説

われわれはどのような特定の種類のトゥキュディデスの演説が彼の登場人物たちの諸演説によって構成されているのかを発見することを試みなければならない。それ以前のすべての戦争に対するペロポンネソス戦争の優越性、あるいはむしろ古代に対する現在の優越性についての彼の証明を完結してしまった後で、彼は古代に関する真理の発見に伴う困難について語るようになる[25]。その真理は時間によって隠蔽されている。しかし時間的距離は人びとが誤る唯一の理由ではない。場所的距離もまたある程度重要である。「人間存在たち」すなわち「多数者[26]」は過去について、そして外国の事柄について、堅固に抱かれた考えをこれらの困難によってもつことを抑止されはしない。これらの考えは男たちの演説を通してトゥキュディデスに知られるようになった。彼によって光にもたらされる古代についての真理、あるいは同じことであるが、ペロポンネソス戦争のそれ以前のすべての戦争に対する優越性についての真理は、人びとが言っていることすなわち諸演説からではなく、諸行為（deeds 諸事実）それ自体から出発することによって、諸事物を眺める人びとによって真理であると見られるようになるであろう（I 11末尾も参照せよ）。古代の事柄についての彼の扱い方を語ってしまった直後に、彼はペロポンネソス戦争についての彼の扱い方に向かう。彼の作品の大部分について彼が言っていることは、彼の考古学についいて彼が言っていることよりも短い。ペロポンネソス戦争は時間的距離の理由から接近するのが困難ではないし、場所的距離の理由からまったく接近するのが困難であるというわけでもない。このゆえにこの場合に、諸演説、すなわち諸行為についての諸報告は真理の発見にとっていかなる障害にもならないように思われるであろう。「人間存在たち」が彼らの眼前で起こっていることについても、最も遠くの国ぐにの最も遠くの過去の諸もろの出来事についてと同程度に深く誤っているかもしれないとの思想に対して、トゥキュディデスがわれわれの心を開くのは、まさにこの繊細な作法においてである。最初の困難はペロポンネソス戦争の勃発前とその戦争中になされた諸演説に関わる。それらの演説のいくつかをトゥキュディデス自身は聞いていた。しかし彼にとって精確な言葉遣い（exact wording）を記憶するのは困難であった。精確な言葉遣いを知る困難は、控えめに言っても、彼がそれらの知識のためには、他者による諸報告に頼らなければならなかった諸演説の場合における困難に劣るものではなかった。彼はそれゆえに諸演説を自分自身で著述する決断をしたが、演説者たちが言ったことの主旨（gist）にできる限り近づけようと心がけながら――それぞれの場合に、どのように一人の人間あるいは複数の人間集団が目前の主題についてそれらの環境の中で適切であったことを最高の程度まで語ったと彼に「思われた」のかを著述したのである。（このことが含意するのは、ある特定の演説者が犯したかもしれない口述の諸欠陥を彼が捨象したが、いかなる演説者にも彼に欠けていた理解力と選択力の資質を付与しなかったということである、とわたしは信ずる。）戦争中になされた諸行為に関して言えば、彼に「どのようにそれは思われた」かということは、彼の物語の中にはとうてい入らなかった。[27] 諸演説についてトゥキュディデスが言っていることの前後は「諸行為」への諸言及によって囲まれている。[28]

諸演説についてのトゥキュディデスの陳述から十分な明晰さをもって出現するように思われる唯一の

事柄は、トゥキュディデスに「思われた」ことが諸行為についての彼の説明の中よりも諸演説の中により多く現在していることである。彼はなぜそもそも彼が諸演説を著述したのかをまったく明確にしていない。彼は単に諸演説を著述すると決定した後に、どのように彼がそれらを真理にできる限り近づけようとしたのかを明確にしているだけである。なぜ彼が諸演説を著述したのかの問いは、ホメロスの実践への言及によっても答えられないのは言うまでもない。いくつかの論点は、トゥキュディデスの陳述の直近の文脈の考慮を通して学ばれるかもしれない。どれほど諸演説の価値が偉大であろうとも、諸行為は諸演説よりも信頼できる。けれども諸行為は部分的には諸演説を通して、すなわち目撃証人たちの諸報告を通してトゥキュディデスに知られるようになった。これらの報告は、報告者たちの記憶力の悪さや党派性によってある程度損なわれた(I 22.3)。その作品の内部に記録されている諸演説の話者のすべてが、これらの欠陥を免れていたというわけではないということ、そしてトゥキュディデスがそれらの話者に帰した諸演説を著述した時、彼はこの特性を適切に保存したと想定するのは理にかなっている。彼は彼の作品の主題を、戦争前と戦争中になされた諸演説と、戦争中の諸行為とに区分する。彼は戦争前になされた諸行為にかなりの紙幅を割いているので、彼はこうしてわれわれの注意を、重要な点において諸演説が諸行為に無条件に先行している事実に惹きつける。諸行為に無条件に先行する諸演説は、諸行為の諸原因、男たちの諸計画および諸意図に関わる。すなわち諸演説だけが明白でないもの(the immanifest)を明白にすることができる(III 42.2)。それらはなかんずく戦争の諸原因に、すなわち、語られないままであり明言されないままである最も真なる原因から区別されるものとしての公然と「語られた」諸原因に関わる(I 23.4)。すなわち諸演説が欺瞞的であるかもしれないのは、話者たちの記憶力の悪さと党派性とのゆえだけではない。それらはまた欺こうと意図されていたのかもしれない。諸演説については、トゥキュディデスは精確な言葉遣いを記憶するのは困難であり、そしてこのゆえに彼はそれを記憶しなかったと言っているのに対して、諸行為については、彼は苦労してそれについて真理を見出したと言っている。彼の書物が必然的に不快であることを否定する時、彼はまずもって諸演説について考えていたのかもしれない。

諸演説についての最も完璧な報告でさえもが成し遂げられないであろう何を諸演説は成し遂げるのか？　そのような報告はわれわれに演説の意図、その意図を支持するために話者によって使用された諸論拠、および敵たちを論駁するために使用された諸論拠、諸論拠の順序、および話者がそれぞれの論拠に割り振った重さを開示したであろう。それは話者の諸能力、話者の諸作法、話者の現在の気質の記述と同様に聴衆の気質の記述を含んでいたであろう。それはわれわれに話者の演説は、彼の諸行為と一致したかどうか、あるいはどの程度一致したかを語ったであろう、もしも後者が語り（narrative）を通してはわれわれに知られることにはならないならば。われわれに依然として欠けているであろうものは話者の現存である。すなわちわれわれは彼を聞くことによって彼を見ないであろう。われわれは彼にわれわれ自身をさらさないし、彼によって影響を受けないし、おそらく彼によって魅了されないであろう。諸演説についての最も完璧なトゥキュディデスの諸報告は、トゥキュディデスの演説の他のすべての部分のように、その演説の諸部分であろう。われわれはトゥキュディデスの演説をその特異さにおいて見ないであろう。そしてわれわれはトゥキュディデスだけにわれわれ自身をさらすだろう。というのも何がトゥキュディデスの演説を彼の登場人物たちの諸演説から区別するのであろうか？　諸演説は二重の意味で部分的（partial）である。それらは特定の（particular）状況ないし困難を取り扱い、そしてそれらは交戦中の諸都市あるいは論争中の諸党派のいずれかの側の観点から語られているからである。トゥキュディデスの語り（narrative）はこの部分性を矯正する。すなわちトゥキュディデスの演説は二重の意味で部分的ではない。それは、少なく言っても、戦争全体を取り扱っているので、それは党派的（partisan）ではなく、そしてそれは包括的である。政治的諸演説を真であり包括的な演説の中に統合することによって、彼は政治的演説と真の演説の根本的な差異を可視化するのである。いかなる政治的演説も真理そのものを開示する目的に決して奉仕することはない、あらゆる政治的演説は特定の政治的目的に奉仕し、そしてそれは、勧説したりあるいは諫止したりすることによって、糾弾したりあるいは無罪を証明したりすることによって、賞賛したりあるいは非難したりすることによって、懇願したりあるいは拒絶したりすることによって、それを成し遂げようと試みる。諸演説はそれゆえに賞賛と非難とに溢れているのに、トゥキュディデスの演説は控えめである。話者たちは、トゥキュディデスが答えない諸もろの問い——そして単にその時点の諸もろの問いだけでなく、人間的行動（action）に関する最も基本的かつ恒久的な諸もろの問い——に答える、しかも彼らはきわめて説得力のある作法でそうするのである。こうして読者はほとんど抗し難いほど話者に同意するように誘惑され、そして結局のところその演説を著述したトゥキュディデスが話者を彼の代弁者として使用しているに違いないと信じるように誘惑される。トゥキュディデスは諸演説の知恵を判断するのにわれわれを実際助けるが、それは諸行為についての彼の説明によってだけではなく、われわれに実際に諸演説の知恵ではなく、話者たちの知恵についての彼の判断を与えることによって実際助けるのであるが、けれども彼はすべての場合においてこれを行うわけではない、そして、なかんずく、どんな場合にも、それが人間たちについてであれ諸政策についてであれ、彼の明示的判断は完全ではないのである。事実、他の何にもましてまさに諸演説はわれわれに話者たちについての彼の判断を伝達し、しかも単に話者たちについてのそれだけではない。

アテナイ人たちに話しかけている間、ケルキュラ人たちは「無意識の矛盾」を犯しているように思われる。すなわち「ケルキュラはそれを両方の方法でとろうとするであろう――「戦争はいずれにせよやってくるだろう」そして「この行動は開戦の原因（*casus belli*）を含まないであろう」[29]」。けれども予期される戦争を視野に入れて望まれるあるいは必要な行動は、たとえその行動が仮想される敵によって挑発的であるとみなされても、その勢力との条約の違反を必ずしも構成しないし、そしてケルキュラ人たちはそのような条約の違反より他に開戦の原因はないと考慮するのである。しかしながら、トゥキュディデスの話者たちによって無意識に犯される矛盾は、必ずしもトゥキュディデスによって無意識に犯されるわけではないという事実を認識することは、もっと重要である。すなわちそれはその話者の苦境を開示し、そしてそれを開示することを意図されている。その演説はまたどのように話者は彼が自らを見出す苦境を克服するかを開示するかもしれない。スパルタ人たちは僭主都市（tyrant city）アテナイに対抗してすべての都市の自由のためにこの戦争を戦うと主張する。アテナイに従属する諸都市や彼女と同盟する諸都市は、しかしながら、諸条約によって彼女に縛りつけられていた。アテナイとの同盟からスパルタとの同盟への変更は、とくにアテナイ人たちが追い詰められていた時には、不正義であるだけでなく不名誉であるとも考えられた（III 9）。それに一致して、スパルタのブラシダスはアカントス人たちにアテナイとの彼らの同盟を放棄するよう誘おうと試みる時に、彼はその同盟の事実を仄めかしさえしない。彼はある都市が脅迫なしにアテナイと同盟しえないという見解を暗に伝達している。もしもアカントス人たちが彼の要請に応じないならば、彼がアカントス人たちに行うであろう諸もろの脅威を完全にはなしで済ますことはできないであろう、しかし彼が彼らを脅すのは、彼が彼らが自由になるように強いるであろうということだけである。この強制力の使用が完璧に正義であるのは、アカントス人たちからである。それでもやはりアカントス人たちは、スパルタ人たちがアテナイによって現在隷属させられている諸都市を解放してしまった後に、今度はスパルタ人たちが彼らを隷属させるであろうと恐れるかもしれない。ブラシダスは、彼がスパルタの政府をその政府がこの種類のことは決して企てないという最も強い宣誓によって拘束してきたとアカントス人たちに保障することによって、この恐れに反論する（IV 85-87）。ちょうどブラシダスの演説がギリシアの政治の問題すべてを演説によって巧みな作法で解決するように、ジェラにおける全シケリア民会へのヘルモクラテスの演説（IV 59-64）は、政治家に相応しい先見の明の傑作である。その出来事よりも何年も前に、シケリアを征服せんとするアテナイの企てを予見しつつ、彼はシケリア人たちの共通の敵、彼らの「自然による」敵に対抗して彼らを統一するために、シケリア内のすべての軋轢に終止符を打つよう試みる。シケリアはまさに「自然によって」ドーリア人たちとイオニア人たちへと分離され、そしてアテナイ人たちはイオニア人たちである。しかしアテナイの侵略は人種的な嫌悪によってではなく、シケリア全土の富に対する欲望によって駆り立てられるであろう。ヘルモクラテスをしてその危険を遠くから見させ、そして時間的に間に合う治療法を示唆させたのは、人間的自然についての彼の理解である。彼がアテナイ人たちの攻撃性に対して彼らを非難しないのは、彼の見解では、強大化への欲望は、諸もろの慣習や語（「名前（names）」）が何をひとに信じさせるかにかかわらず、人間としての人間にとっては自然的であるからである。けれども、彼が認めることを強いられるように、シケリア人たちを統一するものは「自然」（人種 race）よりはむしろ「名前（name）」である[30]。そして、彼が現在の環境下においては認めることを強いられないように、もしも強大化への欲望が人間としての人間あるいはいずれにしても都市としての都市にとって自然的であるならば、強力で隣接するシュラクサイが、より強力だが遠く離れたアテナイと同じように、彼女より弱い隣国たちによって恐れられるはずなのである。ブラシダスが最高のスパルタの権威の最も強い宣誓の中に信頼を置くよう主張することによって克服する困難は、自然に訴えることを強いられるヘルモクラテスによっては克服されえないのである。聴衆の気質を完全に無視し続けながら、他方でしかしながらそれがある程度品位のある男たちから成ることを想定しながら、われわれは、最も偉大な困難がアルキビアデスによってスパルタでの彼の演説において直面されなければならなかったことを発見するかもしれない。不敬虔の衝撃的な諸行動に関連してアテナイ人たちによって死罪で告訴され、スパルタへ逃走していたので、彼はスパルタ人たちにいかにして彼らと彼の敵を撃ち倒すことができるかを示すことによってアテナイに復讐しようと希む。彼は彼自身に不利な二つの強力な偏見を克服しなければならない。まず第一に、アテナイの政治家（politician）として、彼はスパルタの敵として悪名高かった。なかんずく、彼は彼自身の都市をその最も偉大な敵たちにまさに売りわたしたあるいは売りわたそうとしていた。彼は二つの異議申し立てに対して同一の返答によって決着をつける。すなわち彼がスパルタ人たちに反対していたのは、彼らが彼を不当に扱っていたからである。彼は彼が今やアテナイ人たちに敵対するのは、彼らが彼を不当に扱っているからである（VI 89-92）。彼の独得の能力を意識するのと同じようにその能力ゆえの彼の名声を意識しつつ、そして彼の無限の多芸多才（versatility）によっていかなる特定の都市にも縛りつけられていないので、彼は諸宣誓に訴えることによって自己矛盾を回避するように強いられない。彼は民主政治に対する彼の姿勢および彼の家族の姿勢に関して実際矛盾したことを述べる。すなわち彼らが管理したアテナイの政体は必ずしも真に民主的ではない、しかもそれは民主的であるが彼らはその戦争のゆえにそれを変えることができなかった（VI 89.4-6）。しかし両方の返答は彼の目的に等しくうまく奉仕するのである。

トゥキュディデスはシュラクサイの扇動政治家アテナゴラスの演説を通してアテナイの民主政治についての間接的な性格づけを与える（VI 36-40）。アテナイの侵略の艦隊が近づいていたという趣旨の報告が多方面からシュラクサイに届いていた、しかし諸報告がシュラクサイ人の少数派によってさえ信じられるまで長い時間がかかった。諸報告が真理であることをもちろん確信していたヘルモクラテスがシュラクサイの民会に向かって演説をしてしまった後に、アテナゴラスは彼に反論し、そして諸報告は大衆を怖がらせこうして自分たちをその都市の主人たちにすべくシュラクサイの寡頭派によってなされた愚かな動きとして、それらの報告を退けた。アテナゴラスの見解では、アテナイ人たちはあまりにも利口であるので、シケリアの征服のような無謀でかつ絶望的な企てに着手することはできない。シュラクサイの寡頭派の若者たちの破壊的諸活動に終止符を打つであろう唯一の事柄は、民主派によるテロルである。このテロルが正当化されるのは、民主政治——公正でもあり賢くもある政体——に反対するための健全なあるいは尊敬すべき理由がないからである。すなわちそれは富者たちの中の相応しい男たちに、共通善に関して平等な分け前以上のものを与え、そして大衆が演説者たちの知恵の最善の判定者である。トゥキュディデスは彼の作品の中にあらわれる民主的見解の最も明確でかつ最も包括的な説示（exposition）をアテナゴラスに委ねた、というのも《追悼演説》の鳴り響く文章は民主政治そのものを描写するのではなく、アテナイの政体を描写するからである。[31] この事実だけでも彼の演説をわれわれにとって最大の関心の対象にさせるに違いない。諸行為によって示されるように、シュラクサイの民主派は少なくとも彼がアテナイの民主政治を知らずにかつ理解しなかった程度において誤っていたのである。すなわち、アテナイの侵略軍はアテナイの大衆の全面的な承認をもって実際攻めてきた、そしてもしもアテナイにおけるアテナゴラスに対応する人物たちが、アテナゴラスの諸理由に似ていないことはない諸理由から、アテナイの大衆の全面的な承認をもってその侵略軍からアルキビアデスを罷免していなかったならば、その侵略軍はその任務に成功してしまっただろう。アテナゴラスがアテナイの大衆を知らなかったのは、彼がシュラクサイ内部の党派争いを超えて見ることができなかったからである。彼にはヘルモクラテスが所有していた理解力ばかりか情報さえ欠けていた。アテナイの民主政治は特別な種類の民主政治であり、彼女のいわゆる同盟諸国に対して擬似僭主的支配を行使する帝国的民主政治であった。クレオンでさえ、否、まさにクレオンは、帝国と民主政治を組み合わせる困難――彼はそれを不可能と呼ぶことすらできる――について述べる。クレオンがこの組み合わせをある程度維持できたのは、彼がペリクレスを模倣あるいは猿まねすることができたからである。[32] これらのような諸観察は事柄(matter)の根(root)までは届いていない。それらはアリストテレスならばアテナイの民主政治の質料(matter)、すなわちアテナイの人びとの自然(nature)と呼ぶであろうものに触れていない(I 70.9を参照せよ)。海戦前の諸部隊への演説の最後において、ペロポンネソスの指揮官たちは彼らに次のように語る、すなわち彼らの誰も臆病者として行動することへの言い訳はしないであろう、そしてもしも誰かが臆病に行動しようと試みるならば、彼は適格に罰せられるであろうが、勇敢な者たちは適格に名誉に浴すであろう、と。アテナイの指揮官ポルミオンの演説の中でこの結論に並行するものは、諸部隊はまさに偉大な戦いに従事しようとしているという彼の陳述である。すなわち彼らは海軍の勝利に対するペロポンネソス人たちの希望に終止符を打つか、さもなければ海に関する恐怖をアテナイ人たちにより身近に痛感させるであろう。ペロポンネソス人たちは個人の自己利益に訴える。[33] そのアテナイ人は都市が危機に瀕していることに訴えるだけである。二つの演説のこの差異にとってのさらなる諸理由――特定の状況に関連した諸理由――があることには疑問の余地がない。けれどもこれは、トゥキュディデスのポルミオンが、もしも彼のペロポンネソスの敵対者たちと対比されるならば、すなわち無意識のうちにも、コリントス人たちによって明示的に陳述された、アテナイ人たちは独得に公共心に溢れていたという見解を確証している、という事実を排除するものではない。すなわちアテナイ人は彼の都市のために彼の身体を犠牲に供すべく、彼の身体をあたかも彼にとって最も外部にあり最も無縁な物のように使用し、そして彼は彼の都市のために何かをすべく、彼の最も深い部分の思想、彼にとって最も特有なものを使用する(I 70.6)。

トゥキュディデスはスパルタにおけるアテナイ人たちの演説を通してその無名のアテナイ人をおそらく最も力強く、しかし確かに最も優雅に提示した(I 72-78)。それらのアテナイ人たちが彼らの都市の用事でたまたまスパルタにいたのは、コリントス人たちと他のスパルタの同盟諸国がアテナイの諸もろの侵略についてスパルタの民会に対して苦情を申し立てることによってアテナイに抗する戦争をスパルタに煽り立てることを試みた時であった。この反アテナイの行動を聞いた後に、彼らはコリントス人たちの告発の諸効果を無効にすべく、スパルタの民会に対して演説をすべくスパルタの許可を要請し、そしてその許可を受け取った。この演説は、彼らの都市によってそれをする権限を与えられないままに彼らの都市を代表して彼らが取りかかった行動を構成する。これはトゥキュディデスの作品の中でこの種類の唯一の演説である。この演説はトゥキュディデスの諸演説一般に関わるさらにもう一つ別の理由によって独自性がある。それはトゥキュディデス自身の名前において彼によって与えられた、その演説の要点の要約――演説者たち自身が彼らの演説の始めに彼らの演説の趣旨(purport)について述べていることにある程度文字通り一致する要約――によって先行されている唯一の演説である。[34] トゥキュディデスの要約とその演説自体の冒頭の発言との最も重要な差異はこれである。すなわちトゥキュディデスはアテナイ人たちが彼らの都市が力に関していかに偉大であるかを示そうと希んだと言っている。アテナイ人たちは彼らが彼らの都市は論及に値する、つまり重要であるということを明白にすることを希むと言っている。いかにしてその場合に彼らはアテナイの力を開示するのであろうか？　彼らの演説のどの部分もこの主題に充てられていない。この演説の主要な主題はこれらである。すなわち(1)アテナイはペルシア戦争においてギリシアの高い評価を受けた(73.2-74)。(2)アテナイは彼女の帝国の獲得に対してもあるいは彼女がそれを管理するやり方に対しても非難されえない(75-77)。ペルシア戦争におけるアテナイの行動は帝国への基礎を据えたので、その演説はアテナイの力の展示とは区別対照的に、アテナイ帝国の正当化に充てられていると言われうる。なるほど、わずかにアテナイ帝国に論及するだけでも彼らはアテナイの力を指し示すであろうが、しかし居合わせた誰でもがアテナイ帝国の存在を知っていたので、彼らの最悪の敵でさえも、彼らが彼らの都市の力がいかに偉大であるかを示した、と言うことはできなかったし、彼らが彼らの力を自慢した、とはなおさら言うことはできなかった。彼らの最悪の敵、スパルタの監督官は彼らが彼ら自身を賞賛したと実際言っているが、しかし彼はその賞賛は彼らがペルシア戦争におけるアテナイの功績について言った点で正しいと気づいている[35]。彼らがアテナイの力についてはっきりと語ることに最も近づくのは、まさにペルシア戦争に充てられた彼らの演説の一部においてである。アテナイ人たちは最大の数の軍艦、きわめて知力のある指揮官（テミストクレス）、そして最も大胆な情熱を提供することによってギリシアを救った、と彼らは言う。しかしアテナイをして帝国に値するものにさせたものは、大きな海軍ではなく、サラミスにおいて示された情熱と知力である(74.1-2, 75.1)。これらの資質――彼らのリーダーたちの優越的知力および国民の大胆な情熱――こそがアテナイの力の核である、と彼らは仄めかすのであり、そして海軍ではない。トゥキュディデス自身はわれわれに、サラミスの時点においてスパルタがこれらの資質以外のすべての点においてアテナイよりもさらにより強力であったと告げている（I 18.2）。あるいは、彼のペリクレスが述べるように、彼らが彼らの都市を放棄してしまったサラミスの時において、アテナイ人たちにはいわば彼らの知力と大胆さ以外には何もなかった、そしてアテナイの力がこれらの男らしい（virile）資質を創造してしまっていたのではなく、それらの資質こそがアテナイの力を創造したのである（I 143.5, 144.4）。彼らがするように、語ること、すなわち、行動することによって、スパルタにおけるアテナイ人たちはアテナイの現在の力の主軸（mainstay）を前に示す。この限りにおいて彼らは沈黙のうちに、アテナイ人たちとすべての他者の深遠な差異についてコリントス人たちがスパルタの民会で言ったことを確証するのである。しかしコリントス人たちはこの差異から、アテナイ人たちがそれゆえにすべての他者に対してそしてとくにスパルタ人たちに対して脅威となると推論した。アテナイ人たちはこの推論の健全さを否定しなければならない。彼らはこれを異常な作法で行う。彼らは彼らの威嚇する力を強制に遡及する。すなわち彼らは彼らの帝国を恐怖によって、名誉によって、そして利益によって築き上げるよう強制された。この強制に譲歩することによって、彼らはスパルタ人たちが、否、すべての他者が彼らの立場にあったならば行っていたであろうことを行った。すなわち彼らは人間的自然に譲歩した。彼らの帝国的力の行使をすべての他者のそれから区別するのは、彼らの臣民たちを彼らが扱う際の独自な公正さである。彼らがアテナイの力を開示するのは、なかんずく、まさに彼らがアテナイ帝国の獲得を擁護するのに用いる驚くべき率直さによってである、というのも最も強力な者だけが彼らが口にする諸原理を発するだけの余裕があるからである。アテナイがスパルタを脅しているという告発は彼らによって軽蔑をもって取り扱われる。すなわちアテナイ人たちはちょうどスパルタ人たちのように彼ら自身と同等の力を相手にして戦争を始める過ちを決して犯したことがなかった。一方におけるアテナイと、他方におけるスパルタおよび彼女の同盟諸国とのすべての不和は、平和的に、条約に従って解決されうるしかつ解決されるべきである。「まったく明晰だが、トゥキュディデスはそれが挑発的であるのがアテナイの目的であるとは考えなかった、それどころかまったく逆に考えた」と断言しつつ、ひとはアテナイ人たちの挑発的なアイロニーについて語っている(36)。その演説は入念で (fastidious) かつ率直であるとしてより良く記述される。ソクラテスと同じようにトゥキュディデスもアテナイ人たちの聴衆の前でアテナイを賞賛するのは容易であると知っていた(37)。アテナイ人たちがスパルタにおいて行ったことは容易ではなかった。トゥキュディデスは少なくともこれらのアテナイ人たちと同じように入念である。ひとは、しかしながら、彼について彼が寡黙な表現をもっていなかったとは言うことはできない。

スパルタにおけるアテナイ人たちの唯一の演説を余すところなく評価するためには、ひとはまたそれをアテナイにおけるスパルタ人たちの唯一の演説と対比させなければならない (IV 17-20)(38)。デモステネスの鼓舞する統率力の下で、アテナイ人たちはピュロスにおいてスパルタ人たちを敗北させることに、そしてスパクテリアの島の上でかなりのスパルタの分遣軍を孤立させることに成功した。スパルタの当局は、その分遣軍の包囲を解くことに絶望し、そしてその捕獲あるいは破壊をどんなことがあっても回避することを切望し、和平交渉を始めるためにアテナイへ使節団を派遣する。使節たちは彼らの演説において彼らの目下の苦境すなわちアテナイ人たちの偉大な成功に言及せずに済ますことはできない。彼らはアテナイ人たちの幸運について述べることによってそれを行う。すなわち、もしも諸君が賢明に行動するならば、諸君は幸運に加えて名誉と栄光を得るであろう。彼らはアテナイ人たちの勝利は、彼らに名誉と栄光をもたらさなかったと狡猾にも示唆している。彼らは彼らに運が常に彼らの味方であるだろうと信頼すべきではないと警告する、というのも戦争において運は最大限に重要であるからである。もしもアテナイ人たちがいま和平に同意せず、そしてその後の彼らの企てに失敗するならば、彼らは彼らの目下の成功を運に負い、そして彼らの強さおよび知力には負っていないと考えられるであろう(17.4–18.5)。この陰険で不承不承の作法で、彼らは先行する文章において否定していた事実、すなわち、アテナイ人たちが彼らの目下の成功を彼らの徳に負っているという事実を実際承認しているのである。彼らの率直さの欠如と矜持の欠如とは丁重さ(graciousness)によって埋め合わせられなかった。彼らの王アルキダモスは、彼らだけが彼らの節度のゆえに成功にあってても傲慢になることなくそして彼らが逆境に対して他者よりも少なく譲歩する、と断言していたのであった。成功において彼らの節度について妥当するものが何であろうとも、行為において彼らはピュロス以後の逆境に、アテナイ人たちがシケリアで彼らの惨事の後に譲歩したよりも無限に多く譲歩したのである。[39]

少なくともいくつかの場合に話者たちは彼らの諸演説が事実において伝達している彼ら自身についての印象を伝達しようと意図しなかったと結論するのが安全である。より一般的に言えば、トゥキュディデスによって著述された諸演説は、話者たちにではなく、トゥキュディデスに属する諸思想を伝達している。これは、トゥキュディデスが、歴史家であるので、話者たちが実際に語ったことにできる限り忠実であるようにしたという可能性、あるいはいかなる演説において表現された意見もトゥキュディデスの意見であるとは想定されえないという可能性と完璧に両立する。諸演説の語の使用は確かにトゥキュディデス自身の仕事である。実際の話者たちが、トゥキュディデスによって編集された彼らの演説が始まっているのとまったく同じ語で始めたとまで極言するひとはいないであろう。たとえば、この作品にあらわれる最初の演説は「《正義である（Just）》《正しい（Right）》」という語とともに開始し、そして最初の演説への応答である第二番目の演説は「《必要である（Necessary）》《強制される（Compulsory）》」という語とともに開始する。これらの二つの開始の語を考え合わせることによって暗示される思想、正しさと必要の関係の問い(40)、正しさと強制の差異、緊張、おそらく対立の問いの思想——いずれの演説のテーマでもない思想——は、トゥキュディデスの思想である。この思想は、それほどにも控えめにそしてそんなにも繊細に暗示されていながら、これら二つの演説に先行するあらゆるものとそれらの後に続くあらゆるものを照らし出す。これら二つの開始の語はトゥキュディデスがペロポンネソス戦争を眺めた観点を暗示する。

5　ディケー（*Dike*）

どのようにペロポンネソス戦争は正しさと強制の区別の光の下で視野に入ってくるのであろうか？トゥキュディデスの見解では、アテナイ人たちがスパルタ人たちを強制して彼らに対抗して開戦させた。この強制こそがその戦争の最も真なる原因である、ただしそれは公然と明言された諸原因から区別されるものとして最も語られなかった原因ではあるけれども。公然と明言された諸原因はケルキュラとポテイダイアに関するアテナイとコリントスの諸紛争であった（I 23.6）。トゥキュディデスは最初に、明言された諸原因を構成する諸事実について、そして次に、明言されていない原因を構成する事実について語り、こうして出来事の時間的順序を逆にする。すなわち真の原因は隠蔽されそして隠蔽され続けるのに、明言された諸原因は「われわれに関して最初（first with regard to us）」である。しかしひとはこれらの明言された諸原因の彼の説明を研究する時、ひとはそれらが最も真なる原因と同様に真であり、そして事実において後者の一部分、否、その決定的な部分でさえあると観察する。この戦争の最も真なる原因は、アテナイ人たちが偉大になり、そしてこうしてスパルタ人たちを恐怖させることによって、彼らを開戦へと強制したということであった。けれどもアテナイ人たちの諸行動は、いずれにしてもケルキュラに関しては、アテナイ人たちがそれらの行動以前にあったよりも彼らをさらにより偉大にさせ、あるいは少なくとも彼らをさらにより偉大にさせることを約束したのである。明言されていない原因よりも真理においてより劣っている明言された戦争の原因はアテナイの成長する力によって行使された強制から区別されている、その強制がケルキュラ事件以前に行使されたか否かにかかわらず。それはスパルタおよび彼女の同盟諸国とアテナイおよび彼女の同盟諸国との間の三十年条約の違反である、すなわち、不正義の（unjust）行動、正しさ（right）に反する行動である。「強制」は「正しさ」から区別される。

　トゥキュディデスが最も真なるかつ最も明言されていない原因と公然と明言されかつより少なく真なる諸原因を対比させる同じ文脈において、彼はアテナイ人たちとペロポンネソス人たちは条約を破ったと言っている（I 23.4, 6）。ちょうど彼が「強制」の代替肢は「正しさ」であることを明確にはしなかった——もっとも彼はその強制がアテナイによって行使されたことを実際に明確にしたが——ように、彼は正義を侵犯したのは、すなわち、条約を破ったのは誰であったのかを明確にはしなかった。語るに値するほどのいかなるそのような侵犯も、アテナイのケルキュラとの同盟以前には、発生していなかった。アテナイ人たちは、ケルキュラとの彼らの条約の締結およびその履行の両方において、ペロポンネソス人たちとの彼らの条約を破らないように配慮した（I 44.1, 45.3, 49.4; 35.1-4, 36.1 を参照せよ）。コリントス人たちはケルキュラとアテナイの同盟が三十年条約と両立するというケルキュラ人たちとアテナイ人たちの強い主張を否定する（I 40.1–41.4; 53.2, 4; 55.2 を参照せよ）。ひとが希みうる最善の判定者トゥキュディデスはこの論争に決着をつけていない。彼は事実上、コリントス（スパルタの同盟国）と交戦中であるケルキュラとのアテナイの条約は、アテナイ人たちとコリントス人たちが小競り合いすることへと「強制した」と言っている（49.7）。もしも後の条約が前の条約の諸条文と衝突したか否かを決定することが不可能であるならば、前の条約は、どちらの側も条約違反の罪を犯すことなく、破られてしまっていたかもしれない（52.3 を参照せよ）。ポテイダイアに関するアテナイ人たちの行動は、確かに条約の違反を構成しなかったが、その事実はコリントス人たちがそれはそれを構成したと主張するのを妨げなかった（66–67; 71.5）。スパルタにおけるアテナイの使節たちはスパルタの王と同様に、アテナイがその条約を破ってしまっていたことを否定するが（78.4, 81.5, 85.2）、スパルタの監督官は、アテナイ人たちがアテナイに対する諸批判を少しでも論駁してしまっていたことを否定し、そしてアテナイがスパルタの同盟諸国に対して悪事を働いてしまっていたと強く主張する。スパルタの民会はその監督官と意見を同じくした（86–88）。トゥキュディデスはスパルタ人たちの決定が強制によってよりも正しさの考慮によってより少なく惹き起こされたことを、換言すれば、正しさの考慮が真理において完全には欠けていたりあるいは無関係であったというわけではなかったことを明確にする。スパルタ人たちは、アテナイ人たちがその条約を破ってしまっていたあるいは正しさに違反して行動してしまっていた（118.3）ことを確定的に断言するが、同じようにそれをペリクレスは否定する（140.2, 141.1, 144.2, 145）。トゥキュディデスの見解では、この時点においてはその条約に関するある「混乱」（146）、すなわち、その条約が侵犯されてしまっていたか否かに関する不明瞭さがあったが、しかし一方の側に明確に責任のある条約違反はなかった。他方において、次の春にプラタイアで起こったことは明確に条約違反であった、しかしその論拠の正しい点と誤っている点は完全には明確であるというわけではない、というのも、その条約がまだ効力があった間にテバイ人たち（スパルタの同盟国）がプラタイア（アテナイの同盟国）に侵攻したが、けれどもすでにその条約に関して「混乱」があり、彼らはプラタイア市民の尊敬すべき部分によって呼び入れられていたからである（II 5.5, 7, 7.1, III 65–66, V 17.2）。もしもスパルタ人たちが、彼らが大いに必要としていた同盟国テバイをアテナイの復讐に対して進んで放棄しようとすること――これを彼らがするだろうと期待するのは理にかなっていなかった――がなければ、プラタイアにおける作戦行動と共に、その戦争は確かに開始していたであろうし、そしてほとんど間髪を入れずに続いたアッティカへのスパルタの侵攻はこうして正しさと完璧に一致していると見えることができたであろう。

戦争勃発後の六年目のピュロス後にアテナイの民会に対して演説をするスパルタの使節団は、どちら側がこの戦争を開始したのか不明確であると言っている（IV 20.2）。ひとはこの陳述が必ずしもスパルタの確信を表現していないが、しかしその環境下において彼らにとって不可避であった、あるいは全体としての彼らの演説の狡賢くそして卑屈な性格に一致していたと言うことができるかもしれない。しかし、彼らが僭主都市を引き倒すことにそんなにもはっきり見える形で失敗してしまった後では、過誤は完全にアテナイ人たちの側にあったというわけではないと、彼らは戦争の端緒においてよりも進んで認めたということもまたありうる。戦争の十年目についての彼の説明（彼の全説明は二十一年間に及ぶ）においてトゥキュディデスは彼自身の名前において曖昧さなしに、その戦争はアッティカへのスパルタの侵攻とともに始まったと述べ（V 20.1）、こうしてその条約を破っていたのはまさにスパルタであったと含意している。同時に彼は、彼が同一の箇所でその戦争の始まりの正確な日付について言っていることを通して、プラタイアに対するテバイの襲撃によってその条約を破ったのはまさに彼女であったと仄めかすことによって、以前の混乱を再生産あるいは模倣している。彼は、同じ息で、スパルタが戦争を開始した（条約を破った）、そしてテバイが戦争を開始した（条約を破った）と示唆しているように思われる。決定的な不明瞭さは、スパルタ人たち自身が、そして明らかに他の誰でもなく、非合法的に戦争を開始してしまったという彼らの自覚によってその戦争の前半部分（431–421）において不利な立場に立たされたという事実によって、取り除かれるように思われるだろう、というのも、その条約がまだ効力があった間にテバイ人たちはプラタイアを攻撃してしまったし、彼ら自身も他の仕方において条約に従って行動していなかったからである。たとえスパルタは彼女自身の諸行動によっては条約を破らなかったとしても、彼女はテバイの行動から彼女自身を切り離さなかったことによってそれを破ってしまっていたであろう。状況は戦争の後半部分においてまったく異なる、というのもその時には、その条約はアテナイによって破られてしまっていたことについては、微塵の疑問もなかったからである（VII 18.2–3）。戦争の前半部分では正しさはアテナイの側にあったのに対して、後半部分では正しさはスパルタの側にあった。偶然の一致であるが、戦争の前半部分ではトゥキュディデスはアテナイ側にあったのに対して、後半部分では彼はある程度まで文字通りにさえペロポンネソス人たちの側にあった（V 26.5）。

もしもわれわれがトゥキュディデスの作品における正しさの争点の運命を調査するならば、われわれは彼がこの争点についての真理を彼の語り（narrative）の中央の近くで曖昧さの度合いが最も少なく開陳しているという結果に到達する。彼の最初の発言（I 23.6）は、「強制」の代替肢は「正しさ」であることを、すなわち条約を守ることあるいは破ることであることを明確にしていなかった、そして誰が正しさを侵犯したのかについてはなおさらわずかしか明らかにしていなかったのと同じ理由から、彼は、正しさを侵犯したのはまさにスパルタであったという事実をできる限り長く隠している。彼の最初の発言において、アテナイ人たちはスパルタ人たちを強制し開戦させたと言いながら、彼はスパルタ人たちがその戦争を開始したと暗示していると言われるかもしれない。しかし彼は確かにスパルタがその条約を破ったという事実を完全に隠している。戦争の前半部分におけるスパルタ人たちの罪悪感の彼の取り扱いの奇妙な性格は、ひとがそれを後半部分におけるアテナイ人たちの罪悪感の彼の取り扱いと対比する時に、さらにより可視的になる。後者の場合には、彼は彼自身の判断をいかなる曖昧さもなしに陳述するのにいささかも躊躇しない（VI 105.1–2; V 18.4 を参照せよ）。諸条約は厳粛に誓約された。それらの違反は神法の侵犯であった。こうして誰が戦争を開始したのかの問いは、神法に関する問いに結びつけられる。[41] スパルタ人たちがまさに条約を破ろうとし、デルポイにおける神に彼らは開戦すべきか否かを尋ねた時に、彼は条約を破るなと彼らに何ら警告することなく、彼らに全力を挙げて（I 118.3）開戦するよう、彼らを激励したと「言われている」。それどころか、彼らに開戦するように強く勧めることによって、神は彼らが開戦する時に彼らは条約を破らないであろうという彼の信念を表現したように思われる。すべての通常の基準によると、神がみは戦争の最初の五年間にスパルタ人たちを助けるように思われる（I 123.2, II 54.4–5）。しかし戦争が神によって激励されたスパルタ人たちが期待していたかもしれないよりもより長く続いた時、そしてとくにピュロスにおける彼らの不運の後に、彼らはアポロの神託が彼らの戦争の合法性（lawfulness）の十分な保証を与えたのかどうか、あるいはおそらく神託がアポロの仕業ではなくむしろデルポイの女神官のものではなかったのか疑うようになった（V 16.2 を参照せよ。I 112.5）。彼らの正しさの侵犯のゆえに、彼らは諸もろの不運が彼らを襲ってもふさわしいと信じ始めた。さらに後になって、戦争の前半部分における彼らの諸もろの不運を後半部分に関する彼らの卓越した展望と対比すると同様に、戦争の前半部分における彼らの不正義を後半部分における彼らの明白な正義と対比しつつ、彼らが次のように信じたのも理にかなっていた[42]、すなわち、彼らは彼らの愚かさよりはむしろ彼らの不正義のために前半において失敗してしまったのであり、そして彼らの正義のゆえに後半において彼らは勝利を得るであろう[43]、と。スパルタ人たちが戦争の後半部分において、そしてそれゆえに全体としての戦争において勝利を収め続けたのは疑いようがない、そしてこの限りにおいてアポロの最初の神託だけでなく、おそらく諸宣誓についてのその神がみの配慮でさえもが立証されたと言われるかもしれない（V 26.4 を参照せよ）。しかしトゥキュディデスにとっては、一方における不正義と敗北との関連と他方における正義と勝利との関連は偶然の一致以上のものであるか否かが明らかに一つの問いであった。彼が別の機会に語っているように、一定の不運をもたらしたのは、まさに超人間的命令の違反ではなく、その違反をもたらしたのは、まさに不運であった（II 17.1–2; II 53.3–4 を参照せよ）。

このすべてではスパルタ人たちが彼ら自身を条約違反で有罪であるとみなすことにおいて間違っていたことを意味しないし、ましてトゥキュディデスが正しさの問いを無関係であるとみなしたということを意味しない。静止とギリシア性、そして戦争さえも、諸都市間の条約なしには可能ではなく、そして諸条約は、もしも当事者たちがそれらを守ることを推定することができないならば、心に留めておく値打ちはないであろう。この推定は少なくとも部分的には過去の履行に、すなわち当事者たちの正義に、基づいていなければならない。その限りにおいて諸信約（covenants）の厳守は自然によって正しい（by nature right）と言われるかもしれない。しかしこの結びつきは明らかな諸理由から十分ではないので、人間たちは神的諸制裁に頼るのである。諸誓約と諸条約の両方は、すべての他の演説がそうであるように、諸行為の光の下に判断されなければならない一種の演説である。諸条約は、ちょうど行為者たちの諸演説がそうするように、トゥキュディデスの作品の一部を形成する。諸条約は二つの点で諸演説とは異なる。すなわち、それらは一語一語引用されるのに対して、諸演説はそうされない、そして諸演説は紛争の一方の側から行われるが、諸条約は紛争当事者たちの間での合意を表現(represent)している。諸条約はこうして政治的な平面(political plane)においてトゥキュディデス自身の不偏的な(impartial)演説を反映していると言われるかもしれない。

繰り返すならば、トゥキュディデスは最も真でありかつ最も明言されていない戦争の原因を公然と明言されかつより少なく真である諸原因から区別する。最も真である原因はアテナイ人たちがスパルタ人たちを強制して彼らに対抗して開戦させたことであり、そして最も明言された原因はアテナイ人たちによる条約の申し立てられた違反であった。ひとはどれほど多くトゥキュディデスの第一次的観点がスパルタ的であるかを再び見るのである。最も真である原因はスパルタ人たちによって容易には明言されえないし、[44]そして最も明言された原因はむしろ弱いので、スパルタ人たちは非常に強くなるであろう原因をもつために後者を強くすることを考えなければならなかった(I 126.1)。この目的のために、彼らは二つの論拠あるいは二組の論拠を使用した、最初の論拠は聖なる法(sacral law)から取られ、そして二つ目は単に政治的なものである。スパルタの手続きによって正当化されつつ、トゥキュディデスはそれら二つの論拠を相互に完全に分離して扱うのである。彼は聖なる法から取られたスパルタの論拠と、同じ領域から取られたアテナイの返答とを、スパルタの政治的論拠とアテナイの応答よりもかなり詳しく明記しかつ解き明かす。[45]これがなおさら注目に値するのは、政治的論拠の一つ――メガラに関するアテナイの布告を取り扱ったそれ――が、最も真である原因を除いて、他のいかなる原因よりもさらにより重要であったように現れるからである。[46] けれども問題となっている政治的論拠と区別対照的に、諸もろの聖なる事柄を取り扱っている諸論拠は法の中に明晰な基礎をもっていたのである。スパルタ人たちは、アテナイ人たちに彼らが被った穢れを彼ら自身から洗浄すべしと要求したが、彼らは、明らかにアポロによって後押しされながらキュロン自身がアテナイの僭主になろうとする彼の企てを抑えこんだのである。すなわちその要求は、スパルタの最も断固とした敵であるペリクレスの儀式的純正さに非難を浴びせる補助的利点をもった（126–127; I 13.6 を参照せよ）。アテナイ人たちは、おそらくペリクレス自身の助言に従って行動しながら、スパルタ人たちが被った二つの穢れから彼ら自身を洗浄すべしという要求で応答した――それらの穢れの最初は何人かのヘロット〔国有農奴〕に対抗した行動の中での穢れであり、第二のそれは、ギリシア人たちをペルシアの王に売りわたそうとした彼らの王パウサニアスの企てゆえに彼を処罰しようとしていた間の穢れである。スパルタの要求は、とくにもしもそれがアテナイの卓越した返答の光の下で考察されるならば（一つではなく二つの汚れでありそして両者ともアテナイの穢れよりも最近のものであるが）、トゥキュディデスの眼の中では疑いもなくばかげている。「ここでライオンが笑った」と一人の老注釈者は言っている。しかしこの話はスパルタのばかげた諸特徴を明るみに出す唯一のものではないことが判明するであろうという事実はさておき、スパルタの要求のばかげた性格は次のことを奇妙であると見出す権利をひとに与えない。すなわち、トゥキュディデスが、たとえば、メガラの布告に対してよりもさらにずっと大きな重さをそれに対して付与することや、「スパルタ人たちがどれほど迷信的であったかもしれないとしても、特任大使がこの意味のない要求を伴って送られなければならなかった」ことを奇妙であると見出す権利を与えない。[47] 普遍的に妥当な仕方で迷信と宗教の間に線を引くことは、とくに自然神学が一般的に受容された議論の基礎であるのをやめた後には、容易な仕事ではない。またスパルタ人たちや他の諸国民の中で正真正銘の宗教的関心と偽善的宗教の使用の間に線を引くことも容易ではない。啓蒙を当然と考えることは、啓蒙を迷信に変えるのと同じことであるという事実は言わずもがな。

ひとはまたキュロンの話をその広い文脈の一部として、すなわち、ペロポンネソス戦争の諸原因について第I巻の中で与えられているトゥキュディデスの説明全体の一部として考察しなければならない。第I巻は次のような諸部分から成っている。すなわち、

I．序説（第一章－第二三章）――最も古代の時代から前四三一年まで。

II．公然と明言された諸原因（第二四章－第八八章）――前四三九年から前四三二年の前半まで。

III．最も真である原因（第八九章－第一一八章）――前四七九年から前四三九年まで。

IV．IIの続き（第一一九章－第一二五章）――前四三二年の後半。

V．公然と明言された諸原因を強めることを意図された諸原因とIVの続き（第一二六章－第一四六章）――前六三〇年頃から前四三二年の終わりまで。

IからIIへ、IIからIIIへ、そしてIVからVへのそれぞれの移行は後の出来事から前の出来事への回帰である。とくにトゥキュディデスは、時間において後である、より少なく真であり公然と明言された諸原因から、時間において最初である、最も真でありかつ最も少なく明言された原因へ帰る。この事実自身によって取られたこの事実からわれわれは、始まり（the beginning）に始まる考古学は（ペロポンネソス戦争の最初の原因から区別されるものとしての）無条件に最初の原因あるいは諸原因――そのようなものとして無条件に真であり無条件に「語られていない」あるいは明白ではない諸原因――を光の下にもたらすことが意図されていると期待するように導かれる。この期待はこの考古学の研究によって確証さ

れる。トゥキュディデスは、もしも彼が現在から多くの段階を経由しつつ諸もろの始まりへ「回帰し」なかったならば、考古学を著述することができなかったであろう。彼の提示の順序はある仕方で彼の発見の順序を模倣する。第I巻の中央部分は二つのセクションから成っている。すなわち(1)アテナイの覇権（第八九章―第九六章）と(2)アテナイ帝国（第九七章―第一一八章）。アテナイの覇権よりもむしろアテナイ帝国がペロポンネソス戦争の最も真である原因である。トゥキュディデスは序文（97.2）とともに第二番目のセクションを導入することによってそのセクションの重要性を暗示する。その序文の中で彼は彼がまさにペロポンネソス戦争の最も真である原因をあらわにしようとする（再陳述されることに耐えたであろう）事実について完全に沈黙している。その代わりに彼は（前四七六年頃と前四四〇年の間に発生した諸もろの出来事を取り扱っている）その第二番目のセクションを、まず第一にはヘラニコス（Hellanicus）の年代記の改良された版とは言わないまでも先行する諸時代についての入手できる説明への一種の補足として、そして第二次的にのみ、どのようにアテナイ帝国が確立されたのかの展示として、提示しているのである。もしもわれわれがひとがトゥキュディデスの第二番目の序文と呼ぶかもしれないものから彼の最初の序文――彼の作品全体の性格についての彼の陳述（I 20–22）――に向かうならば、われわれは驚くべきことに、そこでも彼が「原因」の主題について完全に沈黙していることを観察する。彼はそこにおいて彼の「真理の探求」を、真に為されたことと真に言われたことの探求、すなわち真である諸事実の探求として提示し、真である諸原因の探求としては提示していない。[48] さらにまた、ヘロドトスが彼の作品の巻頭において「原因」に触れているのに、「科学的歴史家（scientific historian）」トゥキュディデスがそうしていないことに触れておく価値がある。[49] これらの仕方で、彼は真である諸原因に関する問いの――さもなければ（科学的歴史家にとってはそうであるように）当然の事柄と思われうるような問いの――重みを暗示する。

6 アナンケー（*Ananke*）

これまで言われてきたことから、真である原因の問いは《正しさ（Right）》と《強制（Compulsion）》との区別の光の中で理解されねばならないということが帰結する。スパルタ人たちは彼らの不正義が戦争の前半部分において彼らの不利な状況の原因となったと信じた。トゥキュディデスはスパルタのその信念が彼らの戦争遂行の上に不利な結果をもたらしたかもしれないと信じるだけであろう。こう述べたからといって、正しさがいわば単なる思われ（seeming）の領域に属し、そして強制のみが存在（being）の領域に属する、あるいは正しさと強制とは無条件に正反対のものであるということを意味するわけではない。スパルタは条約を実際に破った、しかし彼女がそのように強制された理由は、ギリシアの大部分が既にアテナイ人たちに隷属しているのを彼女が見て、このゆえに彼らがさらにより強力になることを恐れて、そしてこのゆえにあまりに遅くなる前に彼らを阻止するように強いられたからである。[50] 強制は言い訳になる。それはそれ自体においては不正義であろう行動を正当化する（IV 92.5 を参照せよ）。アテナイ人たちは他方において不正義に行動したように思われる。彼らは（たとえば、ケルキュラ人たちと彼ら自身との同盟を結ぶことによって、あるいはシケリア遠征に乗り出すことによって）これまで以上に彼らの力を増強するようには強制されていなかった。彼らは強制によってではなく、傲慢（*hybris*）によって駆り立てられた（IV 98.5–6 を参照せよ）。これは彼らがその理由によって戦争に敗れたことを必ずしも意味しないであろう。けれども部分的にはアテナイ人たち自身がそして部分的にはトゥキュディデス自身も彼の語りを通して、アテナイ自身が彼女の力を増強するよう強制され、あるいはペルシア人たちとスパルタ人たちへの恐怖によって彼女の帝国を建設しそれを拡大するよう駆り立てられたことを示している。彼女は僭主都市（tyrant city）になるよう強制された。彼女は彼女に対抗して開戦するようスパルタを強制するように強制された。スパルタでのアテナイ人たちの演説の中で彼らはかなり先にまで進んでいく。彼らは彼らの帝国を建設しそれをその現在の形式にもたらすように、なかんずく恐怖によって、次にまた名誉によって、そしてさらに後には利益によっても強制されたと主張する（I 75.3）。もしも名誉あるいは栄誉そしてとくに利益によって誘われることが強制的であり、そして強制的なことによって付与された無実の弁明に与えることであるとみなされるならば、どうしていかなる戦争あるいはある都市の他の諸都市に対するいかなる僭主的支配の獲得と行使がいったい不正義でありうるのかを見るのは困難である。[51] それに一致して、諸都市を帝国主義的になるように強制する三つの動機を彼らが繰り返す時、アテナイ人たちは「名誉、恐怖そして利益」と述べてその順序を変える。彼らは、常に確立されていることに、すなわちより強い者がより弱い者を抑圧することにアテナイは単に追随してきたにすぎない、すなわち、恐怖への訴えかけは帝国の正当化のためにはまったく必要とされない、と言うところまで進んでいく。革新はアテナイ人たちにではなく、今突然に「正義の演説（the just speech）」に訴えかけたスパルタ人たちにあるが、その演説は十分に強力ないかなるひとも彼自身を強大化するのをこれまで抑止してこなかった（I 76.2）。スパルタ人たちはこのアテナイのテーゼに挑戦しない。この種類の一般的事柄を議論するのは、彼らの眼には無用の事柄に過度の利口さを誇示することであろう（I 84.3 を参照せよ）。適当な機会にペリクレス自身がまさにアテナイでアテナイのテーゼを陳述するであろう（II 63.2）。しかしアテナイ人たちがそれを陳述する唯一の人びとではない（IV 61.5 を参照せよ）。

他方において、カマリナで演説しているアテナイのエウペモスは――おそらくシケリアでのアテナイ人たちの状況が、戦争の勃発以前のあるいはメロス島における彼らの以前の状況と同じようには単純ではなかったがゆえに、婉曲的な表現を強いられながらも――帝国的都市（imperial city）を僭主に擬えるのを避けずに、アテナイ人たちの帝国と彼らのシケリア遠征の両方を彼らの救済ないしは安全への彼らの関心のみによって、彼らの恐怖のみによって正当化している[52]。

たとえ、トゥキュディデスの語りによって沈黙裏に伝達されている教示によれば、要求されている力をもつすべての都市が、利益という強制的な力に関するアテナイ人たちのテーゼに一致して行動するとしても、それらの都市が事実においてこの作法で行動するよう強制されているということはおそらく必ずしも帰結しないだろう。この争点はアテナイ人たちとメロス人たちとの対話の中で決定される。ペロポンネソス戦争の二つの部分の間の和平期間において、アテナイ人たちは、メロス島、すなわちスパルタの植民地ではあったもののアテナイの海軍力のゆえに戦争中は中立的であった島の主人たちになろうと決意した。襲撃を始める前に、アテナイ人たちはメロス人たちに彼らの側へ来るよう説得を試みる。ペリクレスはスパルタの使節たちがアテナイ民衆を欺くかもしれないと恐れたので、戦争の勃発の直前に彼は彼らにアテナイ民衆に向かって演説をするのを許可しなかった（II 12.2; IV 22 を参照せよ）、ちょうどそれと同じように、メロス政府も同じ危険に抗して同じ予防措置を取る。メロス政府さえも欺かないようにするために、アテナイの使節たちは、彼らが長い演説をしそれに対してメロス人たちが長い演説でもって返答するのではなく、彼らの意見交換は対話の性格をもつべきであると提案する[53]。アテナイの使節たちはあたかも彼らがプロタゴラスあるいはゴルギアスについてのソクラテスの酷評を傾聴してきていたかのように語る。彼らの提案を通してトゥキュディデスは確かに彼の作品がそれらで満ち溢れている諸演説に新しい光を投げかけ、そして同時にメロス島で出来した対話の独得の重要性を強調する。この対話は閉ざされた扉の裏側で行われた。けれどもメロス人たちの見解では、それはアテナイ軍の「存在のせいで、合意にではなく」単に戦争かそれとも彼らの隷属への降伏に導くことしかできない対話である。彼らはアテナイ人たちに彼らが居るべきところに戻るよう説得することができるかもしれないといういかなる希みももっていない。アテナイ人たちによれば、いかにしてメロス人たちが現在の危険から救出されうるかについての対話の出発点でなければならないのは、メロス人たちが彼らの目で見ることのできるもの、すなわち、アテナイ軍（forces）というまさに現在の諸事実なのである。メロス人たちはこれを認めざるをえない。アテナイ人たちは次に熟議の原則を規定する。その争点は何が正義であるかではなく、何が実行可能（feasible）かである——アテナイ人たちが何をメロス人たちに為しうるか、そしてメロス人たちが何をアテナイ人たちに為しうるか。正しさの諸もろの問いが発生するのは、強制する力が両側において多かれ少なかれ均等である時だけである。もしもアテナイとメロスの間にあるような大きな不均衡があるならば、強者は彼ができることを行い、そして弱者は譲歩する。アテナイ人たちは彼らが会話をするメロス人たち、すなわち、民衆とは区別される指導的な者たちは、彼らが陳述した原則の真理を知っていると疑わなかったが、けれども彼らは間違っていたことが判明する。メロス人たちは、しかしながら、正しさから区別された利益を基礎に議論するよう強制される。これを基礎に議論しつつ、彼らはアテナイ人たちにメロスおよびアテナイに共通の利益があるという事実を思い出させる。すなわち今日強者である彼は、ある未来の時点において弱者になるかもしれない、そしてその時に彼のかつての犠牲者たちあるいは彼らの友人たちは、彼の力の全盛期において彼が弱者に行ったことのゆえに、彼に酷い復讐をするだろう。アテナイ人たちはその展望によって怖がったりはしない、というのも未来において彼らを敗北させるだろう強国（power）は、報復的正義（vindictive justice）についてよりもむしろその利益について考えるだろうからであり、そしてアテナイ人たちは、彼らが希むにはメロス人たちが現在の時点で賢明にもそうするであろうと同じくらいに、賢明に勝者の利益に譲歩するようになるだろうからである。帝国的強国というものはその未来の勝利者の下でのその状況について考えるのではなく、反乱が成功した暁には復讐以外の何ものをも考えないだろうその現在の臣民たちについて考えなければならない。アテナイ人たちがメロス島の主人たちにならねばならないのは、まさに彼らの島の臣民たちからアテナイの海軍力への抵抗の希みすべてを奪取するためなのである。まさにメロス島が平和裏にアテナイの同盟国になることは、メロス人たちが訴える共通の利益なのである。すなわちアテナイの同盟国としてメロス島を保存することはメロスとアテナイの両方にとって利得となりうる。メロス人たちは言葉を失わざるをえない、というのもメロス人たちがアテナイ人たちの敵である代わりに彼らの友であり、しかも同時にアテナイにもスパルタにも同盟しないということにアテナイ人たちが満足しないだろうかという彼らの問いはばかげているからである。たとえ同一の点で友好と中立は相互に排他的ではないと想定しても、メロス人たちは確かにアテナイの敵スパルタの友でもありたいと希んでいる。アテナイ人たちがこの討論のこの時点でこのことを主張しえないのは、彼らはスパルタと交戦中ではないからである。しかしメロス人たちは友好よりもむしろ継続的中立を申し出ることに彼ら自身を制限するほどその状況を十分に理解する。すなわちアテナイ人たちは中立諸国を容認しえないのであろうか？　結局のところ、アテナイ人たちの諸植民地であるかさもなければ彼らの諸属国になったがその後に反乱した諸都市をアテナイ人たちが従属させることと、彼らに決して帰属しなかったある都市を彼らが従属させることとの間には差異がある。彼らはこうして密かに利益から区別された正しさの考慮をもち込む。アテナイ人たちは、正しさに関する限りこれら二つの種類の諸都市の間に差異があることを否定することによってこの論拠に反論する。確かにアテナイに従属する諸都市は彼らの従属はアテナイの優越的力に起因していると信ずる。重要な区別は正しさから区別されるアテナイの利益の観点から立てられねばならない。それに一致して、ひとはアテナイの正当的臣民たちと諸中立国とではなく、大陸諸都市と島の諸都市とを区別しなければならない。アテナイに従属しない島の諸都市が存在する事実だけでも、アテナイの海軍力の不足の徴しとしてとられ、そしてこのゆえにアテナイにとって有害である。アテナイ人たちは、メロス島に対する彼らの行動の帰結として、これまでは中立であった都市のすべてがアテナイの敵たちと同盟を結ぶであろうことを、メロス人たちが彼らにそうするよう忠告するようには、怖れない、というのも大陸諸都市はアテナイによって彼らは脅かされないと知っているのに対して、すべての島の都市はアテナイにとって脅威であるからである。大陸諸都市について述べる時、アテナイ人たちは、いささか迂闊にも、島民たちの実際のあるいは潜在的な状況とは区別されるこれらの諸都市の「自由」に触れてしまった。メロス人たちはこれを、もしも彼らが譲歩すれば彼らは隷属化されるだろうことを承認することだと受け止める。彼らは彼らの自由をいかなる犠牲を払っても真剣に防衛させられ始める。「自由－隷属」の争点を取り上げることによって、彼らは対話の規則に違反せずに正しさの争点を実際導入する。彼らは、自由であることが明瞭に人間のあるいは都市の利益である限り、利益の領域内に踏み留まっているが、しかしながら彼らは、自由がまた何か高貴なものである限り、その領域を拡大している。彼らが彼らの自由のためにすべてを賭けなければ卑劣な臆病者たちになるであろうと彼らは感じる。アテナイ人たちは非常に大きな力に譲歩するのは恥辱である（disgraceful）ことを否定する。譲歩しないことは良識ないし節度――スパルタの血をひく男たちが誇りにするに違いないあの徳――の欠如を示すだろう。メロス人たちは〔自分たちよりも〕非常に大きな力への譲歩は恥辱ではないと暗黙裏に認めるが、しかし彼らはアテナイ人たちの力が彼らのものよりも非常に大きいかを疑う。確かに、アテナイ人たちは彼らより数的に大きい、しかし戦争の結末は数だけには依存しない。こうして彼らには希望がある。アテナイ人たちとメロス人たちはこうして、争点はひとが高貴にあるいは卑賤に行動すべきかではなく、メロス人たちに希望の根拠があるか否かであることに同意する。メロス人たちは希望に満ちている。アテナイ人たちは彼らに希望をもつなと警告する。彼らの小さな数ではなく、まったく明白である彼らの総体的弱さが、彼らの独立のために彼らがすべてを賭すことを希望がないものにする。彼らはなおも人間的手段によって救われうる。メロス島の分別ある支配者たちは多数者の過ちを犯さないだろう、けだし後者は、明白な希望がなくなると、預言者たちや諸もろの神託によって提供される確実に破滅的で明白でない希望に頼るのである。その後ですぐに、メロス人たちが彼らの希望の諸根拠を開示し、そしてこうしてアテナイ人たちと彼らの不同意の全体の程度を開示する。二つの事柄が、彼らが言うには、戦争の勝敗の行方を決定する、すなわち力と運である。運に関しては、それは神的なものに（ある程度あるいはすべて）依存する、そして神的なものは正義なる者に好意を寄せる。メロス人たちに不足している力に関しては、それはメロスの救助に、単に恥をかかないように、駆けつけるだろうスパルタ人たちとの同盟によって強化されるだろう。メロス人たちがアテナイ人たちへの抵抗によって高貴に行動するのかという問いは、彼らがそのように行動することで賢く行動するのかという問いに還元されてしまっている。ひとは愚かに行動すれば高貴には行動しえない。彼らが愚かに行動するか否かは、今や、一方における神的なものへの、そして他方におけるスパルタ人たちへの彼らの希望がどれほど良く根拠づけられているかに完全に依存すると見られる。メロス人たちは力について語る時に神的なものに触れていなかった。正義なる者に神的援助があるというメロス人たちの希望に、アテナイ人たちは神的なものと正義とについての次の見解を対立させる。神的なものと人間的なものの両者は、それらの自然本性によって無条件にそれぞれがそれよりも弱いものすべてを支配するよう強制されている。この法（law）はアテナイ人たちによって定められたのでもないし、彼らがそれに一致して行動した最初の人間たちでもなかったが、しかし彼らはそれが存在しているのを発見したのであり、そして彼らは、メロス人たちも他のすべての人びとも、もしも彼らがアテナイ人たちと同じ力をもつならば、それに基づいて行動するであろうと確信しつつ、それを未来永劫に存在するように残すだろう。（ひとは、アテナイ人たちによれば、この法が真の神法（the true divine law）であり、運動と静止との、強制と正しさとの相互作用の法であり、均等でない者たちの間で行われている強制と、多かれ少なかれ均等な力の諸都市の間で行われている正しさとの相互作用の法であると言うことができるだろう。）この法が人間たちの間で行われていることを、アテナイ人たちは明らかに知っていると主張するのに対して、それが神的なものに関して効力がある（in force）かは彼らにとって意見の問題でしかない。こう述べたからといって、彼らは正義の神がみの存在へのメロス人たちの信仰が何らかの基礎をもっていないかもしれないかどうかについては完全には確信していないということを意味するのではなく、むしろ彼らは神的なものが存在するかどうかについては完全には確信していないということあるいは彼らはその存在を否定しようとは希まないということを意味する。別様に述べれば、アテナイ人たちは彼らが不敬虔に行動することを否定する、というのも彼らが行動するように行動することに際して、彼らは神的なものを模倣するからである。加えて、より強い者は自然的必要に強制されてより弱い者の上に支配するがゆえに、神的なものはより強い者により弱い者の上に支配することを禁止できなかったのであろう。神の援助について真であることはまたスパルタの援助についても真である。もしもメロス人たちがスパルタ人たちは単に恥をかかないように彼らを助けるだろうと信じるならば、彼らは実際に無経験でかつ愚かであるに違いない。スパルタ人たちは彼らの相互関係においては彼らの国の諸慣習を遵守している点で彼ら自身の間では十分に品位がある。しかし他の人間たちとの彼らの関係においては、他の人間たちよりも明らかに彼らは、快適であることを高貴であるとみなし、便宜的なことを正義とみなす。（スパルタ人たちは、アテナイ人たちが疫病の最悪の時期に彼ら自身の間で振る舞ったように――II 53.3、非‐スパルタ人たちに対して習慣的に habitually 振る舞う。）メロス人たちは、少なくとも彼らが高貴さと正義から区別される、まさに自己利益がスパルタ人たちを誘い、彼らの援助に来ると断言する限り（神がみについてのアテナイ人たちの見解から区別される）スパルタについてのアテナイ人たちの見解を疑う。メロス人たちとアテナイ人たちは、われわれがすべての宗教的かつ道徳的考慮と呼ぶであろうものを完全に無視する必要性についての合意に今や到達した。スパルタ人たちがそのように行動するようにとメロス人たちが希望するような作法でもって男たちが行動するのは、そうするのが安全である時だけである、とアテナイ人たちは返答する。スパルタ人たちはそれゆえに賭けを最もしそうにない。そしてメロスの救助に来ることが非常に大きな賭けであるのは明瞭である。メロス人たちはスパルタ人たちが非常に用心深い人間たちであるという悪名高い事実を否定することができない。これ以後は彼らは希求法でのみ語りうる。アテナイ人たちが、メロス人たちは彼らの自信に支持を与えるような言葉を一言も語らなかった、と述べているのは正当である。彼らの最も強い諸論拠でさえも単なる諸もろの希望でしかない。アテナイ人たちは醒めた警告をもって結論とする。すなわちメロス人たちがアテナイの貢税支払いの同盟国になるのを恥辱的行動と呼ぶのは純然たる愚行である。メロス人たちが、もしもアテナイ人たちを愚かにも彼らと戦いそして敗北させるよう強制することによって、彼らすべてが殺害され、彼らの婦女子たちが奴隷として売られることを惹き起こすならば、真に恥辱的であろう。彼ら自身の間で熟議した後に、メロスの支配者たちはアテナイの提案に対する彼らの拒否を繰り返す。彼らは神的なものに依存する運を信頼し、そしてスパルタ人たちを信頼すると繰り返す。アテナイ人たちは、彼らが未来の事柄を見られた事柄よりも明白であるとみなし、そして明白ではないものをそれを希むことによってすでに起きたものと見る唯一の人びとであるという発言とともに彼らのもとを去る。彼らの破滅はスパルタに対する、そして運に対する、そして諸もろの希望に対する彼らの信頼に比例するであろう。この続きから現れるように、アテナイ人たちの予言が真となる。

メロス人たちは行為において敗北する以前に演説において敗北している。ひとはそのように述べることに赤面するに違いないが、しかしひとは、トゥキュディデスの見解においてはアテナイ人たちの要求に対するメロス人たちの抵抗は愚かな行動であり、そしてメロス人たちの運命はそれゆえに悲劇的ではないと自分自身認めるよう強制される。残っているかもしれない最後の疑念は、アテナイに対するキオス人たちの反乱で彼らが失敗したことについて彼が言っていることによって取り除かれる。キオス人たちはメロス人たちよりもさらに強力でかつ裕福であった、しかし彼らは冷静であったあるいは節度があったので、スパルタ人たちと同じように安全に関心をもっていた。アテナイ人たちに抗して反乱することによって、彼らは彼らの安全を無視し、あるいは非合理的に行動したように思われるかもしれない、しかし、これは実情ではない。彼らは、すべての通常の考慮に従って、その危険を冒すのが賢かった時には、それを冒した。すなわちその反乱の時に、彼らは多くの善い同盟国をもっており、それらの援助を彼らは頼むことができたし、そしてアテナイ人たち自身が認めなければならなかったように、アテナイの大義はシケリアの惨事の帰結としてほとんど希望がなかった。誰もアテナイの異常な回復力を予見しなかったことに対して非難されえないであろう。[54] ひとは必ずしも相互に排他的ではない二つのやり方で、メロス人たちの行動についてのトゥキュディデスの暗黙の判断を説明することができる。都市はその市民たちから自己犠牲を要求するかもしれないし、そして要求しなければならない。都市はそれ自身、しかしながら、それ自身を犠牲にすることはできない。都市はさらにより強力な他の都市の大君主の地位（overlordship）を、強制のもとにおいてでさえ、体面を汚すことなく受け入れるかもしれない。これはもちろん死あるいは消滅が厳密な意味での隷属よりも選好されるべきであるということを否定するものではない。都市と個人との間には一定の類似がある。ちょうど個人のように、都市は、もしもそれが必要な装備、すなわち力を欠けば、高貴にあるいは有徳に行動することができない、あるいは、換言すれば、徳は十分な武器なくしては有用ではない。[55] もしもメロス人たちの行動が愚かであったならば、ひとはこの事実が彼らの行動の最も衝撃的な理由——すなわち、神がみは正義なる者を助け、あるいは不正義なる者を害するという彼らの見解——に何らかの光を投げかけるのではと疑問に思うに違いない。この見解はスパルタの見解である（VII 18.2 を参照せよ）。それはメロス人たちとの対話において最も明確に陳述されているアテナイの見解に対立する。メロスの対話はひとを、共通の信念を基礎にしてひとがトゥキュディデスの見解を次のように述べることによって陳述しなければならないだろうか否か疑問に思わせておくのである。すなわち、神がみからの助けを信頼することはスパルタ人たちからの助けを信頼することに似ている、あるいは、スパルタ人たちが外国人たちを扱う場合にほとんど正義に関心をもたないのと同じように、神がみは人間存在たちを扱う場合にほとんど正義に関心をもたない、と。神がみの存在が明示的にアテナイ人たちとメロス人たちとの間で討論されていないという事実は、それがトゥキュディデスにとっては関心事ではなかったことを証明するものではない。正しさ（right）の問いを完全にそれ自身によってとるならば、すなわち、神がみをまったく無視するならば、ひとは不正義と運動との間に親縁関係があり、そして正義と静止との間に親縁関係があると言うことができるかもしれない[56]、しかしちょうど静止が運動を前提にし、そして運動に行き着くように、正義は不正義を前提にし、そして不正義に行き着く。人間存在たちが正しさのための支持を神がみの中に求めるのは、あるいは正しさの問いが神がみに関する問いからまったく離れては考慮されえないのは、まさにこの理由からである。メロスの対話においてアテナイ人たちは勝利し続けている。トゥキュディデスの作品の中で、スパルタの見解あるいはメロスの見解がアテナイの見解を敗北させる論争はない。プラタイア人たちがスパルタ人たちへ投降した後で、プラタイア人たちは戦争においてスパルタ人たちを助けなかったので死罪に値するという告訴に対して彼ら自身を弁護するのを許可される。彼らは正しさにそして神がみに訴える。彼らの最悪の敵であるテバイ人たちは、彼らの告発者として行動しつつ、神がみに言及することなく正しさを根拠に彼らに答える。正しさの争点から区別される必要性あるいは便宜の争点は、そしてとくにスパルタ人たちと彼らの同盟諸国にとってプラタイア人たちを殺害するのは便宜的であるかの争点は、取り上げられていない。スパルタ人たちは、プラタイア人たちの強い主張によれば、正義なるものと彼らに直接的に利得になるものとを同一視したので、プラタイア人たちは殺害されるのである（III 56.3）、というのもプラタイア人たちに対するテバイ人たちの未開人のような嫌悪に屈服することが彼らに利得になったからである。スパルタ人たちは、アテナイ人たちがメロス人たちにスパルタ的行動様式であるものと語ったことに一致して、行動するのである（III 68.4 を参照せよ）。それとはまったく異なったのがアテナイにおける手続きであった、それはアテナイの同盟国に対する反乱において失敗してしまったミュティレネ人たちの運命に関してのアテナイにおける手続きであった。ペロポンネソス陣営においては、無力なプラタイア人たちの殺害に反対する者は誰もいなかったのに対して、アテナイにおいては、無力なミュティレネ人たちに対して何が為されるべきかについての論争があった。クレオンは、虐殺に賛意を示し、正しさに訴えるその人である。すなわちミュティレネ人たちは最も不正義に行動した、彼らは正義よりも暴力を選好した、彼らは傲慢によって駆り立てられた、そこで彼ら全員の死刑執行は彼らの正義なる罰以外の何ものでもない（III 39.3–6）。加えて、この場合においてはともかくも正義なるものはアテナイにとって長期的には利得になるものと完璧に一致する。ディオドトスは、ミュティレネ人たちの殺害に反対し、もっぱらミュティレネ人たちに対してアテナイ人たちが何を為すのが利得になるのかを根拠にしてのみ議論する。彼は彼ら全員を殺害する彼女の権利〔正しさ〕(right) を疑っていない（III 44, 47.5–6）。同じように、スパルタの条約の侵犯に対して責任があったのは実にあの過酷なスパルタの監督官であり、なかんずく正しさに訴える温厚な王アルキダモスではない（I 86）。そして、自らの側に正義をもって戦争の前半部分に入ったアテナイ人たちは、自らの正義に決して触れないし、いわんや、それを自慢もしない。正しさのための擁護論あるいは正しさへの訴えかけは、完全に無力であるかあるいは不正義であるトゥキュディデスの話者たちによってのみ、なされているように思われる[57]。これは、繰り返すならば、メロス島においてアテナイ人たちによって最も力強く陳述された原則は、諸信約の厳守という意味における正義とは両立不可能であるということを意味するものではない。それはそのような厳守とは完璧に両立しうる。それは、未来のすべての時代に対する都市の諸もろの憧憬を制限するような諸信約とだけ両立不可能なのである。しかしそのようなものはトゥキュディデスが真剣に関心をもたねばならなかった諸信約ではなかった。

より強い者が自然的必然性によって行使する権利として、より強い者の自然権と呼ぶことができるかもしれないものについてのアテナイ人たちの断言は、アテナイ人の帝国主義の教理ではない。それは普遍的教理である。それはアテナイに当てはまるとともに、スパルタにも当てはまるのである。それはスパルタの節度、つまり彼らが所有するものへの彼らの満足によっては、すなわち開戦をすることに彼らが気が進まないという事実によっては論駁されない。言い換えると、より強い者の自然権はすべての場合において膨張主義に導いていくわけではない。それ以上膨張することがもはや安全ではないような諸限界がある。「飽和状態」にある諸強国がある。スパルタ人たちはアテナイ人たちと同じように「帝国主義者」であった。彼らの帝国がいわば目に見えなかっただけなのは、彼らの帝国はアテナイ帝国よりもさらにより以前に確立されてしまっていたからであり、そしてその自然的限界に到達してしまっていたからである。それはそれゆえにもはや〔他国にとって〕驚きと感情を害する対象ではなくなっていた。この事実を看過することによって、ひとは第二次世界大戦中に犯された究極の愚行の方向に向かうのである、というのもその時に高い地位にあった人間たちが、大英帝国と大英帝国主義はあるが、ロシア帝国とロシア帝国主義はないとの想定の下に行動したのは、彼らは帝国が海水によって隔てられた多くの国ぐにからなると考えていたからである。キオスは、節度においてスパルタに次いで二番目であったが、彼女の奴隷の数に関してもスパルタに次いで二番目であった。スパルタに節度があったのは、彼女は彼女のヘロットたちとの重大な諸困難を抱えていたからである。ヘロットたちが彼女に節度を保たせたのである。[58] トゥキュディデスは、ちょうどメロス島における彼のアテナイ人たちと同じように、弱い都市を支配することが強い都市の利益であった時に、単に節度の諸理由のみから、すなわち計算から独立して、弱い都市を支配することをしなかった強い都市があったことを知らなかったのである。

7　メロス島における対話とシケリアにおける惨事

けれどもアテナイ人たちとメロス人たちの対話の後にシケリアにおけるアテナイ人たちの惨事が続いたのは、まさにトゥキュディデスの提示によるものではないのか？　剣によってあるいは飢餓によってアテナイの囚人が何千人も何千人も殺されたことを含むあの惨事は、メロス島におけるアテナイ人たちの演説と行為に対する罰ではないのか？　それは、神がみによって媒介されたか否かにかかわらず、その帰結ではないのか？　この考え方は、トゥキュディデスが耳にとって愉快な諸もろの話によって意味したことのおそらく最善の例であろう、というのもシケリアを征服する企てがどれほど不正義で、大胆で、あるいは節度のないことであったとしても、彼はその失敗がその不正義あるいは大胆さに起因したのではないということをまったく明晰にしているからである。メロス島における彼らの行為や演説にもかかわらず、アテナイ人たちのシケリア遠征は十分に成功しえたであろう。ひとは、アテナイ人たちによるペリクレスの政治的原則の放棄を開示しているメロス島の対話が、彼らによるペリクレスの注意深い戦争政策の放棄を準備した、と言うこともできない。ペリクレスであったならばメロス島でアテナイ人たちが述べたことを決して述べなかったかもしれないし、そして彼はメロス島に対抗するアテナイ人たちの行動を便宜的であるとみなさなかったかもしれないが、彼の政治的原則はそれらのアテナイ人たちのそれから異なっていなかった（II 62.2, 63.2）。シケリア遠征はその戦争がいかに遂行されなければならないかのペリクレスの見解に逆行したが、しかしトゥキュディデスはペリクレスの諸見解が常に健全であったとは決して言っていない。それどころか、繰り返すならば、彼はシケリア遠征が完璧に実行可能であるとみなした（I 144.1; II 65.7, 11; VI 11.1 も参照せよ）。彼によれば、シケリア遠征が失敗したのは、ペリクレスの国内政治から区別されるペリクレス以後の国内政治の根本的欠陥のゆえにであった。ペリクレス以後には、指導的な男たちの中にペリクレスに特徴的であった私的利益と公的利益とのあの完璧な調和がもはやなかった。私的名誉と私的利得への関心が優勢であった。ペリクレスの自明の優越性のおかげで、彼はいわば自然に第一人者になったのであるが、彼の後任者の何ぴともかの優越性を所有していなかったのに、しかし各自が陽の当たる場所を求めて闘わなければならず、そしてそれゆえに都市にとって弊害をもたらす、民衆（*demos*）に対する諸もろの譲歩をするよう強制された。シケリア遠征を破滅させそして究極的には敗戦の原因となったのは、まさに私的利益への圧倒的な関心であった（II 65.7–12）。ペリクレス以後のアテナイは、ペルシア戦争の時代からペリクレスの時代までアテナイの名誉であった、かの独得の公共的精神を欠いていた（I 70.6, 8; 74.1–2）。ペリクレスが彼の《追悼演説》の美しい文章の中で明晰にしているように、アテナイは他のいかなる都市よりもより多く、優雅な多面性あるいは自己充足性に向かって個人が発展できる自由の余地を与えた、あるいは彼に正真正銘の個人になることを許した。その結果として、彼は市民として他のいかなる都市の市民たちよりも無限に優越することができた。トゥキュディデスの作品におけるペリクレスの演説として最後のものの中で、ペリクレスは彼の同胞市民たちに彼らの都市に対して心の底から献身する必要性を思い出させる。この点においてその政治家とその歴史家には完全な一致があるように見える。トゥキュディデスは諸個人とは区別される諸都市（アテナイ人たち、スパルタ人たちなど）に他のあらゆるものを越えて関心があり、それゆえにそれらの内的構造によりも、むしろ都市の他の諸都市に対する好戦的あるいは平和的諸関係に関心がある。それゆえに彼は諸個人の生と死を彼らが所属する諸都市の観点からのみ取り扱うのである。

メロス島の対話とシケリアの惨事の間に連関があると強く主張する人びとは、トゥキュディデスがペリクレス以後のアテナイにおける私的利益の解放について明示的に語ることによって説明するというよりはむしろ仄めかしている二つの出来事の連関を心に抱いているに違いない。メロス島の対話はそのような解放について何も示していない。しかしそれは都市によって尊敬されなければならない神法、あるいは「より多く所有」したい都市の欲望を自制させる神法についての、トゥキュディデスの作品の中にあらわれる、最も臆面もない否定を含んでいる。カリクレスあるいはトラシュマコスと区別対照的に、メロス島におけるアテナイ人たちは、諸都市に関するより強い者の自然権を断言することに実際制限している。しかしカリクレスとトラシュマコスは彼らよりも首尾一貫していないのだろうか？　ひとは、ペリクレスでさえもそしてまさしくペリクレスがするように、個人の同胞市民たちよりも「より多く所有」したいという彼の欲望を長期的には激励することなしに、他の諸都市よりも「より多く所有」したいという都市の欲望を激励することは可能であろうか[59]？　ペリクレスはその都市の共通善に実際心の底から献身したが、しかし不正義に理解されたその共通善に献身したのである。彼は共通善についての不正義なる理解が、どのように理解されるにせよ共通善に対する献身を蝕むはずであることを解さなかった。彼は私的利益と公的利益との調和の不安定な性格に十分な思想をめぐらしていなかった。彼はその調和をあまりにも当然のことと考えてしまっていた。

トゥキュディデスは男たちの諸もろの死を彼らが所属する諸都市の観点から注視する。彼は諸もろの戦闘の後に戦死者たちに何が為されたかを注意深く書き留めている。彼らの礼儀にかなった埋葬が彼らの都市の息子たちへの配慮の最後の行動なのである。彼らの死によっても彼らは彼らの都市に所属することをやめないが、それでもやめる。すなわち《冥界（Hades）》は諸都市へ分割されない。戦没兵士たちの死体を公的かつ共同の埋葬のために祖国に送還し、そして埋葬の直後に戦没兵士たちを一人の傑出した市民によって賞賛することがアテナイの古代の法であるので、その慣行はペリクレスの《追悼演説》の主題になる（II 34.1, 35.3）。ペリクレスがこれらの追悼演説を制度化した法を是認しないのは、聴衆たちを満足させるのが困難だからである。すなわち彼らの何人かにとってはいかなる賞賛も十分ではないし、そして他の人たちはその賞賛が誇張されているとみなす。ひとは究極の犠牲を払った人びとを十分に大いに賞賛することはできないけれども、賞賛は信用されうる程度に留まらなければならない。加えて、すべての戦没兵士たちが平等に賞賛に値する人生を送ったわけではない――何の役にさえも立たない男たちもいた（II 42.3）が、それでも平等に賞賛に値する最期を遂げた。ペリクレスはこの困難をなかんずく都市を、あるいは彼らのすべてが等しくそのために死んだところの大義を賞賛することによって克服する。ペリクレスの《追悼演説》の名声が基礎づけられているのは、まさにアテナイの都市の賞賛であり、そしてそれが象徴するものの賞賛である。都市としての都市というよりもむしろ、アテナイの身の丈（stature）をもつ都市が究極の犠牲を要求できるのである。けれどもすべての都市がそれを平等に要求し、そして多くの場合にアテナイの都市に劣らないほど献身を伴って従われるのである。すなわち父祖の地のための高貴な死はアテナイ人たちの領分でもなければあるいはギリシア人たちの領分でさえもない。そして独得の栄誉であるアテナイ人の父祖の地のためのアテナイ人の死さえも、それがアテナイのための死であるということによっては論じ尽くされないのである。トゥキュディデスは、彼のペリクレスに「死」、「死ぬこと」あるいは「死体」の語を避けさせることによって、この困難にわれわれの注意を向けさせる。すなわちたった一度だけ彼のペリクレスは《追悼演説》の中で死について実際語っているが、その時にも「実感されない死（unfelt death）」という表現においてだけである（II 43.6）[60]。それに一致して、死ぬことという絶頂の出来事へのペリクレスの仄めかしにおいてさえも、彼はそれをほんの短い瞬間続けるだけである。[61] アテナイの都市の栄誉は、諸個人、生存者たち、兵士たちと哀悼者たち双方に、彼らの同胞たちと彼らの最愛なる者たちの諸もろの苦悶を忘れさせるのである。しかしペリクレスは、彼が彼の演説の大部分を通して十二分に明晰にしたように、スパルタ人たちに演説しているスパルタ人ではない。彼はそれぞれの息子、兄弟あるいは夫を失った諸個人の悲しみについて少なくとも語ることを避けることは完全にはできない。とりわけ、高齢の夫婦たちがその一人息子を失った悲しみについて彼が語る、あるいはむしろ仄めかすのに伴う冷淡さは、容易には超えられない。彼は適切に罰せられる。未亡人たちに対して、彼は彼女らにただ彼の政治家らしい勧告をなしうるだけである。すなわち彼女らは女性たちに可能な限り善くなければならず、そして男性社会においては善くも悪くもほとんど触れられない妻が最善である。彼の妻は有名なアスパシアであった。生と死とを都市の観点からのみ注視した政治家は彼の私的生活を忘れる。トゥキュディデスの語りにおいて、ペリクレスの賞賛がペリクレスの死に三十ヵ月先行するのは実に最も相応しいことである（II 65.6）。それに劣らず相応しいのは、《追悼演説》の直後にトゥキュディデスの疫病の説明——死、死人、死ぬこと、および死骸についての言及が豊富であり、そして都市の諸限界をあらゆるひとに痛感させたある出来事を取り扱う説明——が続くことである。トゥキュディデスはペリクレスが疫病を通して彼の息子二人を、そして彼の親族と友人たちの最大の部分を失った事実に、そして彼が疫病の帰結として死んだ事実に言及していない。彼の最後の演説は、疫病の衝撃の下になされたが、それより前の二つの演説よりも大きな力をもって「私的災難」の主題を取り上げる。その演説の直後にペリクレスに対するトゥキュディデスの賞賛が続くが、その指導的なテーマは私的なものと公的なものとの衝突である。トゥキュディデスはとくに戦争に関するペリクレスの先見の明を賞賛する。すなわち彼の先見の明は戦争に限定されていた。彼は疫病を予見することができなかったであろうが、しかし疫病によって彼の同胞市民たちに対してそして彼に対してさえも痛切に感じられた事柄を十分に予見あるいは考察しなかった（II 65.6; 64.1-2を参照せよ）。

メロス島の対話とシケリアの惨事との連関に関する問いに戻るならば、その連関は長期的には個人の同胞市民たちを犠牲にして「より多くを所有」したいという彼の欲望を激励することなく、他の諸都市を犠牲にして「より多くを所有」したいという都市の欲望を激励することは不可能であるという事実によって確立される。この理性的推理は節度に対するそして神法に対する「スパルタ的な」賞賛を支持するように思われる。けれどもわれわれはこの賞賛が最後の分析においてトゥキュディデスによって受け入れられないことを見てきた。もしもトゥキュディデスが首尾一貫しているならば、彼は、カリクレスやトラシュマコスによって表明された見解を、もちろんその見解の諸もろの下品さや浅薄さを避けながら、受け入れていたに違いない。その試金石は僭主政治についての彼の教えである。異なる方法においてではあるが、スパルタ人たちとアテナイ人たち双方は僭主政治に反対した。スパルタは一度も僭主に支配されなかった。アテナイはスパルタ人たちの助けをもって彼女の僭主たちの頸木を投げ捨てた。アテナイの僭主殺害者たちであるハルモディオスとアリストゲイトンへの賛美はアテナイの民主政治が自己理解する作法の重要な部分であった。彼の《序説》において、アテナイの僭主殺害者たちについてのアテナイの大衆によって抱かれた見解は事実に関するある重大な誤りを含んでいることを暗示してしまった後で、彼は適当な場所で、第VI巻において、アテナイの僭主政治とその終わりについて詳細にわたる説明を与える。トゥキュディデスは、僭主たちに対する恐怖を説明するよう強いられたのだが、その恐怖は自身が僭主になることをそんなにも切望したアテナイの民衆をしっかり摑まえたのであった。アテナイの僭主殺害者たちの祝福された行為は、公共精神に溢れた自由への愛によってではなく、エロス的嫉妬によって惹起されたことをわれわれは学ぶ。アリストゲイトンは円熟した男であったが、僭主ヒッピアスの弟であるヒッパルコスが近づき求愛したものの失敗した若いハルモディオスと恋仲であった。彼のエロスの感情において傷つき、そして強力なヒッパルコスが暴力を使用して彼の諸もろの企てにおいて成功するかもしれないと怖れて、アリストゲイトンは僭主政治を討伐することを決断した。けれどもヒッパルコスは暴力の使用を夢想だにしなかった。彼は、しかしながら、腹いせにハルモディオスの妹を侮辱することによって彼を傷つける愚行を犯した。何らかの偶然の事件によって二人の恋する者は僭主を殺害することに失敗したが、彼の弟を実際殺した、のちの伝説は殺害者たちのより偉大な栄誉のためにこの弟を僭主の地位に昇格させたのであった。祝福された行為は、その最初の原因とその直近の原因に関して、そしてなかんずくその結果に関して、非合理的な行動であった。というのもヒッピアスの弟の殺害以後になって初めて、僭主政治は実に過酷にかつ血生臭くなった、けだし僭主が恐怖するようになったからである。その行動以前には、僭主政治は人気があった。アテナイの僭主たちは「徳と知力」の男たちであった。[62] 重い税金を課さずに、彼らは都市を飾り立て、戦争を遂行しそして神殿に捧げ物を供した。彼らは彼らが都市の諸法律を見出したようにそれらを残した。彼らは彼ら自身の中の一人を常に要職に就かせるという手配をしただけだった。これらの事態の状況は、衝撃的でもないし体面を傷つけることでも決してなかったように思われたであろうが、僭主殺害の非合理的な行動によって終わりを告げた、そしてそれが一連の行動を惹き起こし、その結果としてヒッピアスはアテナイから追放された。彼はペルシアの王のもとに走り、そこから多くの年を経て、老齢な男となったがペルシア軍を伴ってマラトンへ来たのであった。トゥキュディデスが通俗的で一般大衆向けする伝説を破壊することができた理由の一半は、彼があらゆるアテナイ人には入手できなかった口述の伝統を入手できたからである。おそらくひとは、トゥキュディデスのアテナイの僭主政治についての真の説明は、僭主政治そのものの正当性の擁護ではないことを見出すであろう、というのも彼は、僭主たちが彼ら自身の安全と彼ら自身の家系の躍進にしか関心を払わなかったという事実によって、彼らは論及するに値する行為をほとんど為さなかった、そして確かに彼らの都市の力の大規模な拡大に着手しなかった、と言っているからである。[63] しかしわれわれはトゥキュディデスが帝国を最高善（the highest good）であるとみなしたかについてはいまだ知らないのである、というのも一定の諸条件の下では帝国は可能でありかつ必要であると言うことは、「帝国主義者」であることとは同じではないからである。結局、一定の諸条件の下では諸もろの内戦もまた、そして諸もろの僭主政治も可能となりあるいは必要となるのである。

トゥキュディデスがシケリアの惨事をそこに遡及している公的利益と私的利益との衝突にはもう一つ別の側面があるが、彼はもっともな理由から彼のペリクレスへの頌徳演説の中ではそれについて話していない、しかしそれは彼の物語（narrative）から明らかになる。彼がペリクレス後のアテナイの政治とペリクレス治下の状況とを対照する時に彼がなかんずく指し示すアルキビアデスの場合をわれわれは忘れないようにしよう。われわれは最初に他の二つの場合を考察しよう。デモステネス、つまりトゥキュディデスの登場人物の中で最も愛すべき人物は、アイトリアで重大な失態を犯してしまい、それによってペリクレスが彼の《追悼演説》において賞賛した人びとよりもより善いアテナイ人のかなりの人たちが死滅してしまったが、彼がアテナイに戻らなかった理由は、彼の失敗のゆえにアテナイ人たちが彼に対して行うであろうことを怖れたからであった。彼は、同じ地域における次の軍事行動での光り輝く勝利によって彼の敗北に対する償いをその都市にしたので、その勝利の後で彼はその都市に戻っても安全であったほど十分に多芸多才である（III 98.4–5, 114,1）。われわれはここにアテナイにおける私的利益と公的利益との最も深刻な衝突を垣間見る。すなわち公共心に溢れている男たちは、もしも彼らが深刻な過ちを犯すかもしくは民衆が深刻な過ちとみなすものを犯すならば、彼らの安全を怖れなければならない。このような場合において、公共への奉仕と衝突するようになるのは、私的利得あるいは声望への愛ではなく、まさにある男の安全と名誉へのより正当な関心なのである[64]。シケリア遠征の期間中デモステネスは、シュラクサイを制圧するには十分には強くなかったニキアスを援助すべく、強い軍を伴ってシケリアに派遣された。ニキアスの大きな過ちはシュラクサイ襲撃をあまりにも長く遅延させたことに存したが、彼は同じ過ちを回避しようと希んだ。彼はそれゆえにできるだけ早く攻撃に着手した。彼は厳しい敗北を喫した。状況はあらゆる局面でアイトリアにおける彼の敗北後よりもかなり深刻であった。このゆえに彼は彼自身の安全を一瞬たりとも考えず、全軍のアテナイへの即時撤退を提案した。ニキアスはシュラクサイでの成功の希望を依然もっていた。しかし彼が軍事会議でデモステネスの提案を拒絶する理由として公然と挙げたのは、アテナイ人たちが、もしも彼らが事前にシュラクサイからの軍の撤退に賛成の票を投じていなかったならば、それに賛成しないであろうというものであった。もしもシケリアで指揮している男たちがアテナイへの帰還の責任を自分たち自身で負うならば、シケリアにおける指揮官たちについてのアテナイ市民の投票は巧妙な中傷者たちによって惑わされるであろう。今アテナイへの即時帰還に最も賛成するまさにその兵士たちは、彼らの帰還後にアテナイの指揮官たちが敵によって買収され、反逆を犯したと断言するだろう。アテナイ人たちの諸もろの自然本性（natures）を知るので、彼は評判を貶めるような咎でかつ不正義にアテナイ人たちを通して「「公的に」」滅びるよりはむしろ、シケリアに留まり個人として（「私的に」）敵たちの手に掛かって死ぬことを選好する（VII 47–48）。ニキアスはこの推論を公的に弁護できるとみなした。すなわち彼とデモステネスの安全と名誉が無節操な扇動者たちや容易に興奮しやすくかつ無知な民衆のなすがままであったことを誰も否定できなかったであろう。彼は戦場における名誉ある死を彼自身のために選好した。しかしシケリアにおける彼の死を「私的に」選択することによって、彼はシケリアにおけるアテナイの軍の破壊を「公的に」選択し、それとともに彼の力の及ぶ限りにおいて、アテナイの破滅を選んだのである。アテナイの民衆に対する正当化できる恐怖心から彼は反逆者のように行動した。もしもデモステネスとニキアスほどの高潔の男たちでさえもが、程度の差こそあれ、そのように疑われる針路を採るほどに彼らの安全のために恐怖心によって惑わされたのであるならば、アルキビアデスの振る舞いは、それがさもなければ見られなかったような別様の光の下に見られるのである。アテナイ人たちが死罪に対して彼自身を弁護するようにシケリアから彼を呼び戻した時に、さらに加うるに、アテナイにおける僭主政治を樹立するための陰謀に関与していたと彼への嫌疑を掛けていた時に（VI 53, 60–61）、彼がアテナイに戻らなかったのは、彼は公正な尋問を受けることなしに当然のこととして殺害されるのではと正当にも恐怖したからである。彼には、スパルタへの逃避、彼の父祖の地に対する反逆者になること、そして、彼がかつて僭主になろうと欲したか否かにかかわらず、驚くべき多芸多才な政策——アテナイ人たちにスパルタ人たちを対抗させ、スパルタ人たちとアテナイ人たちの両方にペルシアの王を対抗させ、アテナイの民衆にアテナイの寡頭派たちを対抗させ、そしてアテナイの寡頭派たちにアテナイの民衆を対抗させること——に着手する以外には実際上選択肢はなかったのである、そしてそれは、しばらくの間、彼をすべての勢力の調停者にしたし、そして彼をアテナイの一人支配者（monarch）にしたかもしれなかったし、否、アテナイだけの一人支配者どころの話ではなかったであろう。

ここでトゥキュディデスがまさに彼のペリクレスへの頌徳演説において暗示しているシケリア遠征の診断を再考察してみよう。シケリア遠征は、ペリクレスの後継者たちが共通善に対してよりも彼らの私的善に対してより多く関心を示していたという事実がなかったならば、成功したであろう。すなわちアルキビアデスが共通善よりも彼の私的善を選好するように駆り立てられたのは、アテナイの民衆が彼にアテナイに対する反逆者になるように、そして彼女の僭主になることを企てるよう強制したからである。シケリア遠征は、もしもアテナイの民衆がアルキビアデスを信頼していたならば、成功したであろう（VI 15.4）。（ペイシストラトスと彼の息子たちの僭主政治のような）かつての諸もろの僭主政治は実際に帝国とは両立しえないのである。帝国――いずれにしてもトゥキュディデスによって研究されている帝国、アテナイ帝国――は政治生活への民衆の十全な参加なしには可能ではない。民衆はいかなるギリシアの都市によってもかつて取り組まれたことのない最も壮大な帝国的事業に熱狂的に賛成するが、しかし民衆は彼らの愚行によってその事業を破滅させる。民衆は、彼らが信頼せずかつ嫌悪し、そして他のいかなる男の場合には自暴自棄と呼ばれるであろうような諸行動に駆り立てられたアルキビアデスだけが、あたかも実質的には僭主になることによって都市を救えたかのように見える状況を生み出す。ペリクレス治下ではシケリア遠征は成功しなかったであろう、否、その環境の下では試みさえされなかったであろう。そのような事業を試み、そしてそれに成功するためには、アテナイはペリクレスよりも偉大な身の丈の指導者、より善い自然（*physis*）の指導者が必要であった[65]。メロス島の対話は《追悼演説》と疫病とを連関させる同じ思想によって、シケリアの惨事と連関されるのである。すなわち公的なものと私的なものとの不安定な調和に関する問いによって。

メロス島の対話とシケリアの惨事との連関は、僭主都市と僭主的個人とのそれよりも密接である。メロス島におけるアテナイ人たちは、正義なる者たちへの神的援助へのメロス人たちの希望に対して、いかなる神的援助へのいかなる希望に対しても軽蔑しかもっていなかった。彼らは閉じられた扉の背後で実際語ったが、しかし彼らの意見を聞けば、ひとはすべてのアテナイ人たちが彼らの見解を共有したと信ずるであろう。事実においては、しかしながら、彼らはアテナイの一部——近代的（modern）で進取的で大胆なアテナイ、その記憶は辛うじてサラミスやテミストクレスを超えていく程度である——のためにのみ語った。しかしちょうどその新しいアテナイがペロポンネソス戦争を通じて試された時に、そしてそれゆえにアッティカの田舎の全住民が根こそぎ立ち退かねばならなかったので、すべてのアテナイ人は、ずっと以前の大昔に、先祖の神がみの存在への信仰がその最も偉大な活力に満ちていた時代に彼らが根差していたことを最も強引に思い出させられた。まさに《追悼演説》はひとにサラミスから区別されるマラトンの唯一無比の栄誉を思い出させる。[66] アテナイのより旧い層は、その名前に因んで命名されたスパルタとの平和をもたらし、そしてシケリア遠征に反対したニキアスを通してトゥキュディデスによって語られるペロポンネソス戦争の間に——「洗練された」作法によってにせよ[67]——自己の存在を主張した。ニキアスは、以前に記述されたような「スパルタ的」見解ないし「メロス的」見解を保持するのに最も接近した指導的かつ愛国的なアテナイ人であると言われうる。これを見るためには、ひとは彼の運命がトゥキュディデスの諸ページの中でどのように展開していくのかを追わなければならない。そうすることによって、われわれはトゥキュディデスの著述の作法についていくらかより明晰な理解に到達するであろう。

ニキアスの最初の行動はアテナイに近い島への攻撃だった。その行動は海からの諸攻撃に対するアテナイの安全という利益のために企図された。その行動の一部はその島と大陸との間の入り口をアテナイの船舶のために「解放すること」にあった（III 51; II 94.1 を参照せよ）。スパルタ人たちは彼らの安全への懸念から戦争を開始した。彼らはアテナイの主人的支配からのギリシア諸都市の「解放」のために戦争を開始したと主張した。われわれは次にニキアスがメロス島を制圧させる企てを任せられながらも不成功であったのを見出す（III 91.1–3）。異なった種類のアテナイ人はニキアスが失敗したところで成功した。われわれが彼について聞く次の機会において、彼の敵クレオンは、スパクテリア島に孤絶したスパルタ人たちが依然として制圧させられていない事実に対して、アテナイの民会で、彼に責任を負わせた。その攻撃を払いのけるために、ニキアスは他の者たちによってなされた示唆を取り上げて、クレオンがスパクテリアに赴くよう提案した、そして、彼の軍事的指揮権をクレオンのために譲った。彼は他のすべての穏健な男がしたように、クレオンの遠征が忌み嫌うべき扇動者の最期であろうと希望した（VI 27.5–28.5）。ニキアスの希望は無駄であった。彼の一見すると狡猾な動きは、単にクレオンの最も偉大な勝利を、そしてそれとともに穏健なアテナイ人たちの最も深刻な敗北を導いただけである。すなわちクレオンに対抗する彼の動きは、シケリア遠征についての論争においてアルキビアデスに対抗する彼の動きを予示する。すなわち節度の大義に資することを意図された動きは、その大義の敗北を確実にした。ニキアスの第四番目の行動はどうでもよい勝利に終わったコリントスに対抗する軍事行動であった。二つの事実が注目に値する。すなわちその勝利はアテナイ騎士団に起因した、そしてニキアスは敵の手中にある二人のアテナイ人の死体が休戦期間中にアテナイ人たちに引き渡されるように宗教心から取りはからった（IV 42–44）。シケリアでのアテナイの敗北における両方の事実には驚くほどの諸もろの類似がある。騎兵隊におけるアテナイ人たちの劣等性が彼らのシケリアにおける敗北――トゥキュディデスによって強調されている、より驚愕させる諸もろの大失敗よりも重要である――にとって決定的な理由であったかもしれない、と言えばここでは十分であるに違いない。この軍事的誤りはニキアスとアルキビアデスとに等しく起因していた（VI 71.2; 20.4, 21.2, 22, 25.2, 31.2 およびシケリア遠征の説明における騎兵隊への後の諸言及をも参照せよ）。確かにその軍事的大失策に触れずに、単に読者にそれを見させるようにすることはトゥキュディデスの沈黙の教示の精神に完璧に調和している。そしてトゥキュディデスが、暗示されている種類の目覚ましくない大失策――瞬時の考察が示すように、目覚ましい諸大失策と実際には結合していなくもない大失敗――の中に、シケリアの敗北の決定的過失を見出すかもしれないのは、確かに彼の諸原因への探求の精神に完璧に一致している。次の年、ニキアスはスパルタの臣民たちによって居住されていた島の征服を任された。戦闘があったが、しかし敵の抵抗は強くはなかった。敗者たちは、メロス人たちが彼らの敗北後に扱われたのとはまったく異なり、非常に穏やかに扱われた。征服は島民数名とのニキアスの秘密裏の交渉のおかげで容易であった（IV 53–54）。この行動はシュラクサイ人たちに関するニキアスの政策を予示している。ニキアスの第六番目の行動はブラシダスに対抗して企図された。ニキアスは、アテナイ同盟からスパルタ人たちに転向したある都市の住民たちが鎮圧された後に、激怒した兵士たちによって虐殺されなかったという事実の少なくとも部分的な立役者であった（IV 129–130）。シケリア遠征以前の最終かつ最も有名なニキアスの行動は、ペロポンネソス戦争を二つの部分に分離するスパルタとの平和である。この行動はブラシダスの死とクレオンの死によって可能となった。クレオンの死を通して、ニキアスは彼がなることを熱望していたアテナイの指導的な男になった。彼が平和を熱望したのは、彼がさしあたって戦争の労苦から彼自身と都市の両方に休息を与えたいと希んだからであり、そして未来のために今までの傷ついていない彼の幸運を運の気まぐれにさらさないためであった（V 16.1）。すなわち彼の私的利益と公的利益との間には完璧な調和があるように思われる。しかしこの平和は非常にすぐに不安定であると判明し、そしてニキアスは、アテナイの利益になっていないと申し立てられる平和に責任があるとして攻撃された（V 46）。すなわち他の人びとは言うまでもなく、指導者たちは、戦争においてのみならず運の気まぐれにさらされる。われわれにニキアスをかくも偉大な多様性をもつそのような数多くの行動において示した後にはじめて、トゥキュディデスはわれわれにニキアスの演説を聞かせる。他の登場人物は、このような作法でトゥキュディデスによって紹介されていない。この独得な紹介はニキアスの独得な重要性に対応する。(68)

彼の最初の演説において（VI 9–14）ニキアスはシケリア遠征を思い止まるようアテナイ人たちに説得しようと試みる。彼は彼らがその遠征についてすでに決定し、そして彼を彼の意志に反して三人の指揮官の一人に選んでしまってから数日後にそれを試みる。民会の二つの集会の間に民衆の感情には変化はなかった（III 35.4 を参照せよ）。すなわちニキアスの成功は彼の説得力に完全に依存している。彼は彼の自己利益が彼をして遠征を好むよう誘導するであろうと示唆することによって、アテナイ人たちを説得する彼の試みを始める。すなわち彼は指揮官になるであろうし、そして彼は死ぬことを他の者よりも怖れていないので、彼はそれから名誉を引き出すだろう。彼が遠征に反対するのは、こうして、彼がもっぱら共通善に関心を示すからである。けれども、ひとが、もしもその遠征が勝利の栄冠をえられないならば、彼はその遠征の指揮官であることからどのようにして名誉を引き出せるのか、と言うこともっともである。なぜ、その場合に、彼はそれに反対するのだろうか？　事実において彼は、自己利益（self-interest）――彼の見解において《ニキアスの和平（Peace of Nicias）》の場合と同じようにシケリア遠征の場合における共通善と調和している自己利益――からそれに反対するのである。彼がある意味においてこれを承認するのは、善き市民の身体と彼の所有物への関心が彼をして都市の健全性に関心を示させるので、善き市民は自らの身体と所有物への関心を示すべきである、とただちに付け加えることによってである。もしも彼がいくらかでも成功の希望をもつならば、彼は、都市が所有するものを保持し、そして明白でない未来の事柄のために、それを危険にさらさないよう都市を説得しようと試みるであろう。すなわち、彼は希むであろう、彼自身――彼が所有するその富とその名声に完全に満足している裕福でかつ有名なニキアス――が行動するようにアテナイ人たちが行動するように、あるいは彼らがスパルタ人たちの作法で行動するように（I 70.2-3 を参照せよ、VI 31.6）。怖れるべき敵は、ニキアスが断言するには、スパルタであり、反民主的スパルタであり、シュラクサイではない。スパルタ人たちは、シケリアへのアテナイの関与によって提供されるこの機会を利用して、もはや静止し続けなくなるだろう。すなわちアテナイ人たちは静止し続けるべきである。彼は、スパルタ人たちに静止し続ける傾向があり、そして彼らを行動へ駆り立てるにはアテナイ人たちのシケリアへの侵攻よりもより大きいものが必要であろうという事実を、彼の聞き手たちをして忘れさせようと試みる。それを予見することも意志することもなく、彼はある仕方で次の追加的誘因を提供する。彼は彼がアテナイ人たちを説得しその遠征を思い止めさせるのを希むことができるだけである。控えめに言っても、彼は前回の民会の集会においてなされた公式な決定に一致しつつ、彼とアルキビアデスとが遠征の共同指揮に就くという可能性を考慮に入れなければならない。けれども、アテナイ人たちを説得して遠征を思い止めさせるべく、彼は彼の同僚の指揮官の信用を貶めるのである。すなわちアルキビアデスは彼の私的善にしか関心を示していない。彼を信頼することはできない。その時点においてまったく効果のないと判明したアルキビアデスの性格についてのこの攻撃が、他の環境下においては、アテナイ人たちがアルキビアデスをシケリアから召還することに、そしてここからスパルタ人たちをアテナイに対抗する行動へ駆り立てることに貢献するかどうか、あるいはどの程度貢献するかを誰も言うことはできない。しかしニキアスのアルキビアデスに対する中傷が、アテナイ人たちが少し後に彼らの都市の利益を明白に無視してアルキビアデスを処遇した作法に調和することを誰も否定できない。市民的徳の観点からのアルキビアデスについてのトゥキュディデスの判断はニキアスの判断と一致するが、しかし私的利益と都市の利益との複雑な関係についてペリクレスさえよりも深く熟考したので、彼はアルキビアデスの彼自身の強大化への関心がアテナイの利益にとって単に対立しているとは、ニキアスほどには確信してはいないものの、シケリア遠征の成功はアルキビアデスがアテナイ人たちの側に立ってそれに参加することに決定的に依存していることにはまったく確信している（VI 15）。いずれにしても、アルキビアデスはアテナイ人たちにスパルタの作法ではなく、アテナイの作法で行動するように呼びかけ、遠征の指揮を彼とニキアスの両者に任せることによって、彼らは彼の諸欠陥（もしもそれらが諸欠陥であるならば）が彼の並外れた諸徳だけによってではなくニキアスの徳によっても補われるように確かにするであろうと彼らを納得させるのである。彼の二番目の演説において（VI 20–23）ニキアスはこの事業の成功を保証するのに要求される努力の規模を彼らに明らかにすることによって、アテナイ人たちを説得してこの遠征を思い止まるよう最後の努力をする。彼が理解しないのは、そうすることで、どのようにアテナイ人たちは彼らが最も情熱的に欲している目標を達成できるのかについての最も有能な専門家の忠告であると思われるものを彼らに与えるにすぎないということであり、あるいは、アルキビアデスによれば彼の自然（nature）とニキアスの経験の協力がその遠征の成功には必要とされているというアルキビアデスの知恵を彼が証明しているということである。ニキアスは明らかに遠征のただ一人の指揮官あるいは最高位の指揮官であるのに適していない（VII 38.2-3, 40.2 を参照せよ）。アテナイ人たちは遠征の準備に追われている間に、迫り来る惨事の最初の仄めかしを受け取る。すなわち甚だしい不敬虔の行動がアテナイで冒され、そしてこれが、メロス島におけるアテナイの話者たちを際立たせていたところの聡明さ（lights）を欠いたアテナイ人の大多数の眼には、遠征にとって悪い前兆であると見えた。神がみに対する民衆の恐怖心は、民衆の好意を求めてアルキビアデスと競合する人びとによって彼に対抗して利用される。一定の打算がなかったならば彼らはただちに不敬虔の廉で彼を弾劾したであろう。彼らは非常に短い時間の内に彼の刑事訴追を始めるであろう。ひとにはニキアスがこれらの愚行に関与していたと想定する権利はないが、ひとはアルキビアデスに対する不信と民衆の恐怖心とがニキアスの考え方と調和していることを否定しえない。当面の間、遠征の準備は継続し、そして準備万端整う。遠征軍は出帆する。シケリア遠征はペリクレスによって企図されたあらゆるものを凌駕する。ペリクレスは倹約によって限定された美的なものへの愛を表しているのに対して、シケリア遠征は、その同僚の指揮官が巨富を得たニキアスであったアルキビアデスの様式において、浪費の水準にまで達した美的なものへの愛によって鼓舞されていた[69]。それはギリシアに対抗するクセルクセスの遠征を想起させた。けれどもアルキビアデスの罷免後、この誇り高い事業の先頭に立つ男は、彼のギリシアの同世代人の誰よりも傲慢に汚されていない男であろう。ひとはアルキビアデスの傲慢が、ニキアスのその欠如よりもアテナイの成功により多く資さなかっただろうかと訝らざるをえない。アルキビアデスの罷免にもかかわらず、シケリアにおいてアテナイ人たちは最初非常に成功していた。すなわちニキアスは有能な将軍であった。加えて、その遠征を任された三人の指揮官の第三番目であるラマコスはいまだ存命である、そして誰もシラクサイに対抗するアテナイ人たちの初期の成功が、われわれが今までほとんど触れるのを忘却してしまったこの男、そしてニキアスよりも大胆さへの傾向をもっていたこの男にどの程度まで起因していたかを言うことはできない。しかしアルキビアデスはスパルタ人たちを行動へ駆り立てていた、そしてペロポンネソス軍は追い詰められたシュラクサイの救援の途上にあった。加えて、ラマコスは交戦中に死んでしまい、ニキアスは病に倒れてしまった。けれども、ニキアスは今ではただ一人の指揮官となり、そして憎むべき反逆者アルキビアデスの力を再び過小評価していたが、かつてないほど希望に満ちていた（VI 103–104）。彼の希望は失われた。すなわちペロポンネソスの軍勢が到着し、そしてシケリアでのアテナイ人たちの状況は急速に悪化する。けれどもニキアスは今では本領を発揮している。すなわち大胆な行動はもはや可能ではない。救済の唯一の方法は無活動と用心である。しかし用心は、本国のアテナイ人たちがシケリアから軍備を迅速に呼び戻すか、あるいは強い援軍を迅速に派遣するかしてただちに行動する場合に限り、救済に導くであろう（VII 8, 11.3）。用心することを別にすれば、ニキアスは希望することしかできない。彼自身の同胞市民たちに最高の用心を払って行動するのは、彼が彼らの自然たち（natures）を知っているからであり（14.2, 4）、彼は唯一安全な行動方針がシケリアからの軍隊の即時の呼び戻しであることをあえて彼らに話さない。彼は彼らがシケリアの状況についての彼の報告からこの推論を引き出してくれるのを希望することしかできない。この希望もまた失われた。アテナイ人たちはデモステネス指揮下の強力な援軍を派遣する、そしてデモステネスは、大胆さの欠如に存したニキアスの過ちを回避するのを意図しつつ、大胆な努力をしたが、敵の軍勢がすでにあまりにも強力であったので敗北した。救済の唯一の方法はアテナイへの即時帰国である。ニキアスは、部分的にはアテナイ人たちへの恐怖心から、部分的にはシュラクサイ人たちが戦争ゆえに彼らが負担している莫大な戦費のために降参するかもしれないという希望から、この方針に反対する。状況がさらに深く悪化する時、ニキアスは心変わりする。しかしちょうどアテナイ人たちが撤退しようとするや月蝕が発生し、その途端に「アテナイ人たちの大多数」は、占い師たちの助言に従って「九を三倍」した日数が経過するまで移動を拒絶するが、過度に敬虔なニキアスは彼らに完全に同意する（50.3–4）。その結果として、アテナイ人たちの状況はさらに深く悪化する。まったく予期せざることが発生する。彼らの海軍がシュラクサイの海軍によって敗北させられる。アテナイ人たちがこれまで卓越してきたのは、率先、大胆さ、および独創性の精神によってであったが、その精神が彼らを捨て去り、今では彼らの敵たちに生命を吹き込んでいる。アテナイ人たちはスパルタ人たちになり、そしてアテナイ人たちの敵はアテナイ人たちになったのである。シュラクサイ人たちはその眼前にサラミスの壮大さをもった海軍の勝利の眺望を見る。アテナイ人たちは徹底的に意気消沈する。彼らが包囲者の立場から包囲された者の立場に代わってしまったシュラクサイの地から海路による逃走を試みる。シュラクサイ人たちは彼らの逃走を阻止しようと決意する。ニキアスは彼の徹底的に意気消沈した軍隊を、もしも諸行為の光の下に読まれるならば、唯一の思想を伝える演説によって激励しようと試みる。すなわち諸君一人一人と全体としての都市との救済は、その真理が経験から諸君に知られる見解、すなわち、運は今回だけはわれわれに味方しているかもしれないという見解に従って諸君が行動することに依存している。シュラクサイの港におけるその後の海戦は最高の関心をもって、乗船していなかった陸上部隊の一部によって見守られたが、とりわけ、その海戦が、彼らがそれを観察できる限りにおいてアテナイの同国人たちの成功から彼らの失敗に変化するのにつれて、その感情が極端から極端へと変化したアテナイ人たちによって見守られた。目撃者たちは、彼らの側が優勢であるのを見る時、再び自信をもち、そして神がみが彼らから救済を剥奪しないように神がみに呼びかけることに取りかかる。彼らが彼らの人間の友人たちの外見的な強さに基づいて希望をもつ間だけ、彼らは祈るのである（71.3, 72.1; II 53.4 を参照せよ）。結果的にシュラクサイ人たちが優勢になる。アテナイ人たちの敗北は、しかしながら、アテナイ人たちの大部分によって考えられていたほどには悲惨ではなかった、もっとも彼らはこれまで以上に今ではさらにより落胆していたのだが。夜間に陸路で退却すれば、彼らは彼ら自身を助けることがなおも可能であった、とりわけシュラクサイ人たちは聖なる日——ヘラクレスへの犠牲の日——に心を奪われていたからであるが、しかしヘルモクラテスの政治家に相応しい策略が、彼の同胞市民たちのタイミングの悪い敬虔を補い、信じやすいニキアスを夜明けまで、すなわち、手遅れになるまで、退却を遅延させるように騙したのである。海戦の二日後に初めてアテナイ人たちは、彼らの病人たちや負傷者たちを極度の苦悶の状態に遺棄しながら、彼らの退却を開始した。彼らの出発しつつある同志すべてが、彼らが艱難辛苦を嘗めてきた事実にもかかわらず涙に暮れながらも、そして涙を越えた恐ろしい艱難辛苦に恐怖しながらも、誰一人として遺棄された者たちの祈りを聴こうともしない（75.4）。彼らは大いなる希望と神がみへの荘厳な祈りとをもってアテナイを離れた。今では彼らは神がみを呪うことで彼らの絶望を表現している（75.7; VI 32, 1-2 を参照せよ）。ニキアスは、しかしながら、変わらなかった。すなわち彼はまだ希望をもっていた、彼は軍隊に希望をもち続けるように、そして彼ら自身を責め過ぎないように激励する。彼は彼らに模範として自らを提示する。すなわち運の寵児であると考えられていた彼は、多くの方法で神がみに対しては習慣および法に従って、そして人間たちに対しては正しく、かつ人間たちのあるいは神がみの羨望を呼び起こさずに行動しながら彼の人生を過ごしてきたけれども、今では彼らの最も卑賤な者たちと同じ危険の中にあり、そして加えて重篤であった。彼は彼の功績にとうてい一致しない現在の窮状が彼を脅かしていることを否定することはできないけれども、彼が未来に希望をもっているのは、彼が有徳な生活を過ごしてきたからである。敬虔と幸運とが一致しないのは真理でありうるだろうか？　あるいは、この不運はアテナイ人たちの不運の一部分に過ぎないのだろうか、そしてアテナイ人たちは彼自身と同じようには罪がなくはないのではないか？　確かに、必ずしもすべての居合わせたアテナイ人が、ニキアスと同じ満足感をもってその生涯を振り返ってみることはできない。とりわけ、居合わせた大多数の人びとは、ニキアスが反対してきたシケリア遠征を情熱的に望んできた。おそらく、ギリシアに対抗したクセルクセスの遠征を思い出させたその遠征は、繁栄に起因する傲慢から企図されたので、何らかの神の羨望を呼び起こしたのであろう。しかし、確かに今となっては、われわれは十分に処罰を受けている。もしもその遠征が不正義なる行動であるならば、それは人間的過失であった、そして人間的過失は過度には罰せられない。われわれは今では神がみの羨望よりも彼らの憐れみにより値する。ニキアスは、もしも彼らが秩序と規律を保つならば、彼らが依然として敵に抵抗するには十分に力強いとの発言を付け加えることを怠らない（77）。けれども彼の敬虔と正義も彼の将軍としての統率力も（81.3 を参照せよ）、アテナイ人たちを救えないばかりか彼自身をも救うことができない。あらゆるものが失われた時、彼はスパルタの指揮官ギュリッポスに投降するが、ギュリッポスは、彼を是非とも助けたいと思う、その一つの理由は、スパルタ人たちがニキアスにスパクテリア後のスパルタ人たちに対する彼の親切に、そして彼に因んで呼ばれた和平に感謝していたからである。しかしギュリッポスは、ちょうど彼の同国人たちがプラタイア人たちを大虐殺せよというテバイ人たちの要求に屈しなければならなかったように、コリントスとシュラクサイとの圧力に屈しなければならない。「ニキアスは、私の時代のギリシア人たちの中で、古い確立された習慣によって理解された徳の追求への彼の十分な専念によって、そのような程度の悲運に到達するのに最も相応しくなかった」(86.5)。ニキアスについてのトゥキュディデスの判断は精密であり、スパルタ人たちについての彼の判断と同じように精密であるが、それによれば、スパルタ人たちは他のすべての国民に秀でて、繁栄しながらも同時に節度あることに成功した。すなわち両方の判断は、彼が判断を下すところの人びとの観点からなされている。それらは不完全であることによって精密である。スパルタ人たちについての彼の判断はスパルタの節度の原因を開示していない、そしてこのゆえにその真なる性格を開示していない。ニキアスについての彼の判断は、男たちの運命と彼らの道徳性との連関の真なる性格を開示していない。スパルタ人たちのようにニキアスは、男たちや諸都市の運命はそれらの正義と敬虔に(70)（VII 18.2 を参照せよ）、古い確立された習慣によって理解された徳の実践に対応すると信じていた。しかしこの対応は希望に、根拠のないあるいは空虚な希望に完全に基づいている。(71) メロス島におけるアテナイ人たちによって表明された見解は真理である。ニキアスそして彼とともにシケリアにいたアテナイ人たちは、畢竟、メロス人たちが滅びたのと同じ理由のために滅びたのである。これがこうしてメロス島の会談とシケリアの惨事、独得な会談と独得に物語られた行為との連関である。すなわち実に神がみではなくて、それがなければ自由な都市は存在しえないところの神がみに対する人間的関心こそが、アテナイ人たちに対して恐ろしい復讐をしたのである。ちょうどメロス島におけるアテナイ人たちが、メロス島の住民たちから区別される指導的なメロス人たちは、神的なことについて、そしてゆえに正しさ (right) について彼らの見解に、当然の事柄として、同意すると誤って想定したように（V 103.2–104）、彼らはアテナイの民衆がメロス島の指導者たちのような指導者を決して必要としないだろうと誤って想定した。メロス島におけるアテナイ人たちが言うことを決して言わなかっただろうペリクレスは、同じ理由によって、シケリアの遠征が企図された環境においては、それを決して企図しなかっただろう。メロス島においてアテナイ人たちが言うことを言ったかもしれないアルキビアデスは、シケリアの遠征に幸福な決着をつけたかもしれない。しかしアルキビアデスの不敬虔が証明されたあるいは推定されたからには、アテナイの民衆はメロス人的な諸信念をもっている男にその遠征を委ねる必要があった、けだしその男をアテナイの民衆が完璧に信頼できたのは、その男が敬虔さにおいて彼らの中のあらゆる者を凌駕していたからである。

8 スパルタの作法とアテナイの作法

これだけは明晰である。すなわち「スパルタ‐アテナイ」というテーマは、その二つの都市のいずれがその条約を破ったのかあるいはそのライバルにその条約を破るよう強制したのかに関する問いによっては、単に論じ尽くされていないだけではなく、ほとんど触れられてさえもいないのである、というのも、あれやこれやの種類の弱さによって押し戻されていない限り、あらゆる都市は自ら拡張するよう強制されているからである。この理由はしかしながらそれがペルシアの帝国主義やスパルタの帝国主義を正当化するのと同じ仕方でアテナイの帝国主義を正当化する。その含意として、それは僭主政治を正当化するように、富める者の貧しい者に対する主人的支配やその逆の主人的支配をも正当化する。換言すれば、この理由は節度と神法に対する「スパルタ的」賞賛によって意図されている真理を正当には扱っていない。その上、「強制」の意味が完全には明晰ではない。すなわちメロス人たちはアテナイ人たちに屈服するよう強制されなかった。しかしひとは、もしも屈服に代わる選択肢が消滅であるとするならば、屈服は分別のある男たちにとっては強制的あるいは必然的であると言うことができるかもしれない。

サラミス海戦時のアテナイ人たちはペルシア人たちに屈服するよう強制されなかったが、その理由は彼らがかなりの規模の海軍をもち、最も知力のある指導者テミストクレスをもち、そしてきわめて大胆な熱情をもっていたからである（I 74.1-2）。これは、これらの条件を所与とすれば彼らは闘うよう強制されたということを意味するのであろうか？ 確かにひとたび彼らが闘って勝ってしまい、そして次に彼らが彼ら自身をそこから救った極度の危険の再発を防ぎたいと希ったからには、彼らは彼らの帝国主義的政策に乗り出していくよう強制されたのである。ひとが最小限言わなければならないであろうことは異なった種類の強制があるということである。

メロス島でのアテナイ人たちの諸陳述は非常に衝撃的であるが、その理由は彼らが彼らの帝国を、そしてこのゆえにメロス島に対する彼らの行為を、そのおかげで強者——強ければ誰でも——が弱者を支配する自然的必要以外の何ものによっても究極的には正当化しておらず、こうして正しさ（right）——どんな野蛮な強国の帝国主義とも対照されるアテナイ帝国主義のより高次の正しさのような正しさ——のあらゆる考慮を最大の侮蔑をもって扱っているからである。その対話の末尾近くになってはじめて彼らはついでながら、強調するにはあまりにも明瞭な事柄として、彼らのメレトス人たちに対する要求は理にかなった範囲内に留められているということに触れている。けれどもこれらのアテナイ人たちでさえも、アテナイ人たちはスパルタ人たちとは異なった性格の男たちであると暗示せざるをえない。スパルタ人たちは、彼らが言うには、彼らが外国人たちとの交渉にあたっては、彼らが知っている他のすべての男たちよりもよりあからさまに、快適なものを高貴なものとみなし、便宜的なものを正義なるものとみなしている。快楽は言わずもがな、便宜は安全を要求し、そして単に正義なるものと高貴なものとだけがひとにもろもろの危険を追求させるので、スパルタ人たちは一般的に言えば危険な行程をとるのを最も嫌がる（V 105.4, 107）。アテナイ人たちは換言すれば彼らがアテナイ人以外の人たちとの交渉にあたって快適なものを高貴なものと、そして便宜的なものを正義なるものとあからさまにはあるいは単純には同一視しない。彼らはあらゆる点で高貴なものあるいは美しいものに何らかの仕方で関心をもっている。ペリクレスの言葉でいえば、彼らは美しいものを愛する。彼らがそれゆえに有名であるところの進取の精神は獣的でも野蛮的でも狂気じみてもなく、優雅な諸感情によって鼓舞されている。この示唆はメロス島のアテナイ人たちが言ったり示唆する他のいかなる事柄よりも衝撃的であるが、その理由はそれがその後に続いたメロス人たちの大虐殺とかくも甚だしく矛盾しているからである、もっともその不名誉な行為は使節たちによって陳述された諸原理から必然的に帰結するわけでもないし、そしてわれわれが知る限り、使節たちはその行為に責任はなかったということは認められなければないのであるが。メロス島のアテナイ人たちがスパルタ人たちの特異性について言っていること、そしてここから間接的にアテナイ人たちについて言っていることはわれわれに、その後に犯された残虐行為はアテナイ人たちによって犯されたのでありスパルタ人たちによって犯されたのではなかったがゆえにかくも衝撃的なのであると言うよう強制する。アテナイ人たちはスパルタ人たちよりも優越している男たちであるがゆえに、ひとはスパルタ人たちよりもアテナイ人たちからより多くを要求しなければならない。メロス島のアテナイ人たちでさえも一つ以上の理由からこの優越性の証人たちである。スパルタにおけるアテナイ人たちはその同じ事実についてのより曖昧でない証人たちである。後者は実際にアテナイ帝国を正当化するよう強制されている。彼らはアテナイが「いかなる種類の都市」でありそして彼女が帝国主義的支配に値することを示さなければならない。すなわち彼女は帝国を獲得するよう強制された、そして彼女はそれを保存するよう強制されている、しかし彼女にそうするよう強制したものはそして強制しているものは単に恐怖と利得だけではなくまた何か高貴なもの、名誉でもある。それに一致して、彼女は彼女の帝国主義的支配を、彼女の力が彼女にそうするのを許すであろうよりも、そして同じ力が彼女の地位にある他の者たちに事実そうすることへ導いていくであろうよりも、より正義にかない、より抑制した、そしてより貪欲ではない作法において行使する。戦争の勃発を防ぐべくスパルタにおいてアテナイ人たちが陳述したことは、アテナイにおいてペリクレスによって、他のいかなる都市よりもアテナイのためにこそ死すべき価値があることを示す目的でなされた《追悼演説》の中で、最大の規模において完成される。アテナイは他のすべての都市――彼女に似ている諸都市は単に彼女を模倣するだけである――とは、彼女が他のすべての都市を超えて帝国を支配するに値するような仕方で異なっている。彼女を差別化する諸もろの質は、他のすべての質の中でもスパルタに最も欠けているそれらである。すなわちけち臭さや計算高さのない気前の良さ、自由、優雅な華やかさと軽妙さ、強制や指図や過酷な訓練に由来するのではなく、気前の良さに由来する戦争における勇気、要するに、高貴なものと美しいものに対する調和の取れた愛がそれらの質である。換言すれば、アテナイ帝国の究極的正当化は、強制、恐怖、あるいは利得であるよりもむしろ永続する（everlasting）栄誉――その追求へアテナイ人たちは強制されもせず、またそれに彼らは取り憑かれもせず、それに彼らは自由にそして完全に彼ら自身を捧げる目標――なのである。[72]

しかしわれわれは諸演説からより信頼に値する諸行為あるいは諸事実へ向かおう。トゥキュディデスが提示していて目下考慮されている争点に最も明瞭に関連性のある、最初の顕著な事実――たしかに時間において最初である――は、スパルタ王パウサニアスとアテナイ人テミストクレスとの対照である。彼らは彼らの時代のギリシア人たちの中で、ペルシアに抗する闘いの最前線において最も有名な男たちであった、そして両者ともギリシアをペルシアに売りわたした後に不名誉な最期を遂げた。トゥキュディデスは彼らの反逆の行動に関して判断を下していない。テミストクレスは彼の卓越した知力、多芸多才、および策略を通してアテナイ帝国の建国者となった。パウサニアスは不承不承かつスパルタの利益に反して、ペルシアからの保護を必要とした他のギリシア人たちを、彼の愚劣な暴力と僭主のような不正義とによってアテナイ人たちの腕の中へ押し入れた。パウサニアスはペルシア王の助けを借りてギリシアの支配者になろうと努めていたがゆえに、彼はペルシア王に手紙を書き送った。テミストクレスはアテナイ人たちによって陶片追放されていた、そして彼はスパルタとアテナイの側の迫害によってそうするよう強制された時になって初めてペルシア王に手紙を書き送った。パウサニアスの非 - スパルタ的行動がスパルタの当局者たちの目に留まった時、彼らは彼に帰国を求めそして彼は戻った。すなわち彼はスパルタの外では、スパルタにおける彼の継承した地位なしには無であった。スパルタ人たちは彼の大逆罪を疑うのに非常に強い諸もろの根拠——諸もろの証拠の力をもつ諸もろの根拠——をもっていた。しかし彼らは彼ら自身の間で習慣的に実践している至高の公平さに従って、彼らは理に反しさえする疑いすら微塵もない証拠を摑むまでは彼に対する刑事訴訟手続きを開始しなかった。いかなるそのような考慮もアテナイにおいては指導的なアテナイ人たちには払われなかった。彼女の政体のおかげで、スパルタはアテナイがそうであったあるいはそうであると信じられていたほどには、傑出した諸個人や潜在的僭主たちによって脅かされていなかった。テミストクレスはアテナイにとって脅威であったかもしれない。パウサニアスはスパルタにとって決して脅威ではなかった。テミストクレスはさらにアテナイへ戻るよう強制されもしなかった。彼はアテナイの外でも何者かであった。というのも彼は彼の力のたいていを単にノモス〔法・慣習〕(*nomos*) からだけではなく、いかなる種類の授けられた知識からも区別される彼の自然に負っていたからである。彼の優越した自然（彼の「天才」）はあらゆる所で、ギリシアでもペルシアでもそれ自身を主張するであろう。パウサニアスは、他方において、彼の自然によってはいかなる点でも傑出していなかったので——トゥキュディデスは彼の自然について語るべき何ものをももっていない——彼のすべての力を法に負っており、そして彼が保有したいかなる徳をも、スパルタから離れた時にはまったく効果がなかったスパルタの厳しい規律訓練に負っていたのである。スパルタはアテナイよりも善い都市であったかもしれない。アテナイは自然的贈り物によって、その諸個人によって、はるかにスパルタを凌駕した。(73)

トゥキュディデスはわれわれに綺羅星のごとく傑出したアテナイ人たち——知力あるいはまったくの利口さそして効率性によって、性格の高貴さないし傲慢によって傑出している——を提示しているのに、たった一人の傑出したスパルタ人ブラシダスしか提示していない。スパルタは傑出した男たちを非常にわずかしかもたなかったのでアテナイよりもそれらの男に脅かされることがわずかであった。スパルタ人たちは個人であるよりもむしろ群れの構成員であった。スパルタは、アテナイのようには、ライオンたちを産まなかった。(74)スパルタの反逆者パウサニアスがアテナイの反逆者たちテミストクレスとアルキビアデスに対照していかに卑小で哀れに見えることか。ひとがペリクレスに比肩することを一瞬でも夢見ることができるスパルタ人が一人もいないのは言うまでもない、というのもペリクレスは、トゥキュディデスが次のような作法で暗示しているように、彼の時代のアテナイ人たちの間においてさえ並ぶ者がないように見えるからである。すなわちペリクレスの諸演説は、アテナイにおいて一人のアテナイ人によってなされた一対を成す諸演説の部分を構成しない唯一の演説である（I 139.4 を参照せよ）。規則に対する例外であるブラシダスに関して言えば、彼はその規則を確証する。彼はスパルタ人たちの間でアテナイ人である。彼はおよそ女神アテナに献身しそして彼女に自己犠牲するように思われるたった一人のトゥキュディデスの登場人物である（IV 116.2, V 10.2; II 13.5 を参照せよ）。彼は他のスパルタ人たちを単に彼の知力、進取の精神、演説する能力、および正義のみならず彼の穏健さによっても凌駕する（IV 81, 108.2–3, 114.3–5）。彼は彼の穏健さのゆえに著者によって賞賛されているたった一人のトゥキュディデスの登場人物である。この賞賛は正しく理解されねばならない。ニキアスやデモステネスのような男たちはブラシダスに劣らないほど穏健であった。ブラシダスの穏健さは、彼のアテナイ人の敵対者たちの間では非常に稀であったがゆえに、賞賛に値したのである。ちょうどブラシダスがスパルタ人たちの間でアテナイ人であるように、クレオンがある意味ではアテナイ人たちの間でスパルタ人であるがゆえに、クレオンはブラシダスと似たような役回りを演じる。われわれが前に観察したように、別の意味ではニキアスはアテナイ人たちの間でスパルタ人である。トゥキュディデスはニキアスを尊敬するあるいは少なくとも彼に対して友好的であるが、彼はクレオンを忌み嫌う。クレオンはアテナイの魂を裏切る。彼の流儀の帝国主義は永続する栄誉といういかなる思想によっても高貴なものとならない。彼の見解では帝国主義は、気前の良い同情のいかなる思想とも、諸演説から派生するいかなる快楽とも和解しえない。彼の帝国主義は利得の見込みと便宜との考慮によってのみ導かれる。彼は実際に正義に訴えかけるが、アテナイによってその不忠実な同盟諸国に科されるべき懲罰的正義――彼の見解ではアテナイの利益に一致するある種の正義――にのみ訴えかける。彼は栄誉と気前の良さに対する愛を軽蔑し、しかもペリクレスがアテナイをとりわけスパルタから区別するものとしての彼女の「美と知恵に対する愛」について語ることによって彼女を賞賛したところの諸演説に対する愛を軽蔑するのみである。クレオンは、民衆からの彼への信頼が大きかったので、アテナイの民衆の集会で民主政治に公に異議を唱えることができるが、それはアルキビアデスがスパルタの集会においてのみ為しうることである。スパルタ人のように彼はアテナイ人たちがミュティレネ人たちの生命を節度に訴えることによって救おうとする気前の良い欲望を非難する、けだしそのような節度は法律の知恵に、すなわち、疑問視しうる善さの不変の諸法律に、疑問視することなく屈服することに開示されているからである。彼の唯一の演説の主旨は、ミュティレネ人たちを救おうという提案はあまりにも明白にばかげているのでその提案者たちは彼らの利口さを明白なばかげたことを擁護することによって誇示しようとすること以外のほかのいかなる動機をもったはずがないということであり、そしてその提案に賛成票を投じるかもしれない人びとはその利口さに対する彼らの賛美を表現すること以外の他のいかなる動機ももったはずがないということであると言われうるかもしれない。[75] 彼は演説に対する彼の軽蔑のゆえに厳しく処罰される。アンピポリスの戦闘の前に、アテナイ人たちを諸演説とソフィストたちとの「注視者たち」であることに夢中であると非難していたクレオンは、戦場とその環境とを「注視する」ことへ向かったのに対して、ブラシダスは彼の部隊に演説しそしてその戦闘に勝った (V 7.3–4, 10. 2–5; III 38.4, 7)。けれどもクレオンがこの機会やその他の機会にいかに非合理的であったかもしれないとしても、スパルタ人たちがブラシダス以上に信頼したスパルタ人アルキダスと比較するならば、彼は合理性そのものである。スパルタの実践に従いつつ、彼は彼が捕虜としたアテナイ同盟諸国民を殺害した。彼がその虐殺を止めたのは、スパルタの何人かの友人が彼の注意を、ペロポンネソス人たちの解放軍に対抗して一度も彼らの手を挙げたことがなく脅迫の下でのみアテナイ同盟諸国民であった人びとを殺害することによっては、彼はアテナイの主人的支配からギリシア人たちを解放することを促進しないという事実に向けた直後であった。もしも彼が彼の殺害の実践を止めなければ、彼は現在スパルタの友人たちである多くの人びとを彼女の敵たちへ転向させるであろう（III 32; II 67.4 を参照せよ）。アルキダスは残虐ではなかった。彼は殺すことが楽しかったがゆえに彼は殺したのではなかった。彼が殺した理由は、スパルタ人たちが、習慣的で当然の事柄として、そのような環境の下では常に殺していたからである。スパルタの友人たちが彼に彼らの単純な思想を示唆した時にわれわれは彼が呆然としているのを見る。彼にはその真理を把握するのに十分な知力がある。われわれを驚嘆させるように意図されていることは、この思想がブラシダスを例外として、彼やその他のいかなるスパルタ人にも決して生じなかったという事実である、ブラシダスといえばその時に依然としてまったく力がなかったのであるが[76]。クレオンがデモステネスとニキアスよりも低劣であったと同じように、アルキダスはクレオンよりも低劣であった。トゥキュディデスはアルキダスの冷淡さに判断を下していないが、彼はクレオンの暴力には判断を実際に下している。すなわち彼は、一方においてスパルタ人たちから、他方においてアテナイ人たちから、彼が何を期待することができるかを知っている。

これらの観察は、征服されたプラタイア人たちに対するスパルタ人たちの取り扱い方と征服されたミュティレネ人たちに対するアテナイ人たちの取り扱い方との対照から強力な支持を受け取る（III 52–68）。両方の行動は司法的である。スパルタ人たちが判決を下す犯罪はアテナイに対するプラタイア人たちの忠誠、すなわち、スパルタの大義は正義の大義と同一であるという想定を基礎としてはじめて犯罪的である一連の行為であるが、その想定はスパルタ人たち自身によってまもなく疑われる。アテナイ人たちが判決を下す犯罪はミュティレネも認めている彼女とアテナイとの条約違反である。プラタイア人たちは、スパルタの法廷の前で彼らのためには彼ら自身の声以外には一言も発せられずに、有罪判決を下され処刑された。ミュティレネ人たちは最初に有罪判決を下されたが、その後アテナイ人たちが彼らの残酷な決定を後悔した時に、ミュティレネ人たちの擁護論が、彼らの糾弾論が陳述されたのと同じくらい強力に一人のアテナイ人によって陳述され、その結果彼らは間一髪で罰を逃れることができた。スパルタの法廷の前で論争された争点はもっぱらプラタイア人たちが正義であったかそれとも不正義であったか、有罪であったかそれとも無罪であったかである。プラタイア人たちもその告発者テバイ人たちも不正義という非難に抗して自らを守り、そして他方の当事者たちの不正義を告発した（III 60, 61.1, 63 冒頭）。アテナイの民会で論争された争点はもっぱらあるいは主としてさえミュティレネ人たちが有罪であったか無罪であったかではなく、彼らのすべてを無差別に殺害することがアテナイにとって便宜的であるかどうかであった。すなわちスパルタ人たちとは区別対照的にアテナイ人たちは、殺害は復讐に対する欲望の満足以外のある目的に奉仕しなければならないと想定している。プラタイア人たちの殺害を要求するテバイ人たちの立場と、ミュティレネ人たちの殺害を要求するクレオンとは一定の類似性がある――テバイ人たちもクレオンも両者とも「素晴らしい演説」が好きではない（III 67.6–7 と 37–38）。それにもかかわらず、クレオンのアテナイ人の敵対者ディオドトスは、クレオンと、彼ら二人のアテナイ人をスパルタ人たちおよび彼らの同盟諸国から区別するある重要なことを共有している。すなわち両者とも、罪の事実だけではなく、それを死刑に処することの知恵もまた考慮されるべきであると要求する。スパルタ人たちが、神法ないし正義の諸要求への盲目的服従からプラタイア人たちを処刑したのではなく、彼らの目前の自己利益への配慮から処刑したのは言うまでもない。彼らがテバイ人たちのプラタイア人たちに対する憎悪に屈したのは、彼らがテバイ人たちを戦争のためには彼らにとって役に立つとみなしたからであり（III 68.4）、あるいはプラタイア人たちの表現、そしてメロス島へのアテナイの使節たちがそれを繰り返すであろうその表現によれば、スパルタ人たちは正義を彼らの現在の利便性として定義するからである（III 56.3, V 105.4）。メロス人たちに対するアテナイ人たちの後の行動がどれほど衝撃であろうとも、アテナイ人たちは、スパルタ人たちがプラタイア人たちに向かって偽善的に行動したようには、確かに偽善的には行動しなかった。スパルタ人たちは正義にかなって行動する時においてさえも狭量な計算家であるのに対して、アテナイ人たちは彼らのまさに犯罪の只中にあっても明け透けの率直な性格を示している、とひとは言いたくなる、けだし彼らは彼らの犯罪を正義の行動であると偽装しようと試みさえしないからである。アテナイ人たちはメッセニア人たちと同盟するが、そうすることができたかもしれないのに、スパルタの僭主政治からメッセニア人たちを解放するために戦争を開始するとは主張しない。アテナイ人たちの敵対者たちは、自分たちの都市の内部における僭主たちを我慢できないのと同じ精神で、アテナイという僭主都市に抗して解放戦争を遂行すると主張するが、アテナイ人たちが廃位してしまった僭主を当然のこととして復位させるのである（II 30.1, 33.1–2; I 122.3 を参照せよ）。トゥキュディデスはアテナイに抗して解放戦争を遂行するというスパルタの主張に対する彼の判断を次の作法で表現している。彼はその主張の擁護論を、すなわち、彼らは正義の戦争を遂行しているというスパルタ人たちの主張の擁護論を、プラタイア人たちに対するテバイ人たちの平時の攻撃についての彼の説明の直後に、そして、アッティカへのスパルタの最初の侵入についての彼の説明の直前に、すなわち、「ペロポンネソス人たち」による条約の決定的な諸違反についての彼の諸説明の間に最も力強く陳述している（II 8.4–5）[77]。その全行動をとおしてスパルタの主張に何らかの重さを与えているただ一人のスパルタ人はブラシダスである。ペロポンネソス戦争をペルシア戦争の諸もろの高みへ持ち上げようとする試みであったスパルタの主張に比較するならば、戦争についてのアテナイ

（ペリクレス）の観念は冷静さそのものである。すなわち戦争は帝国の維持以外のいかなる目的にも奉仕することはない。その観念は欲望、恐怖、あるいはその他の諸情念よりもむしろ知性に訴えかける。ペロポンネソス戦争はそれがもたらした被害の最大さのゆえに最も偉大な戦争であるというトゥキュディデスの記述は、〔その戦争についての〕スパルタの観念によりもペリクレスの観念により一致している。すなわちこの戦争の華麗さは諸行為の中によりも諸演説の中に見出されるはずである。正義あるいは敬虔へのスパルタ人たちの関心を単に偽善的であると言えば甚だしい誇張となろう。彼らは神がみを正真正銘に恐怖した。その恐怖が彼らをして時には彼らの無力な敵たちの生命を助けるようにさせたり、あるいは託宣によって保護されているように見えたイトメ山のヘロットたちの場合には穏やかにさせたたが、（I 103.2–3）。それらのヘロットとは区別されるプラタイア人たちは託宣によっては保護されていなかったが、せいぜい古代の諸もろの宣誓によってのみ保護されていた。アテナイ人たちがミュティレネ人たちを救うためには宣誓も託宣も必要とはしなかった。彼らの穏やかさないし気前の良さは彼らの作法ないし彼らの魂たちに由来した。

ひとは、たとえばアテナイに確かに敵意を抱いていたケルキュラの上流階級の人びとに対する裏切り的惨殺に（IV 46–48）アテナイ人たちが共犯していたことのような、アテナイ人たちの残虐行為の数かずを指し示すことによってスパルタ擁護論を強化しようと試みるかもしれない——ひとは、それにもかかわらず、その残虐行為が、スパルタの戦争を戦う中で目覚ましい働きをしたヘロットたちの中でも最も素晴らしい男たちに対するスパルタ人たちの裏切り的惨殺とは比肩しえないと言うかもしれない（IV 80.2–5）。けれども、確かにスパルタには類似のものがない一種のアテナイ的残虐行為がある。すなわちヘルメス柱像の切断や諸秘儀の冒瀆の後のアテナイ人たち相互の残忍な激怒である（VI 53.1–2, 60）。

この場合にはいずれにしてもスパルタ人たちを残忍な行為から引き留めた神がみの恐怖は、アテナイ人たちを残忍な行為に駆り立てた。とくにもしもひとがアテナイの指導的な市民たち一般をアテナイ人たちが取り扱った文脈においてこの行動を考慮してみるならば、ひとは再びスパルタがアテナイよりも善い都市であったと言いたくなる。この点から、彼らの諸作法の根源的な敵対にもかかわらずあるいはそのゆえに、スパルタとアテナイが価値ある敵対者であったのは、彼らが最も強力なギリシア都市だったからだけでなく、それぞれがその独得の仕方で傑出した高貴さをもっていたからでもあると言うまでにはもう一歩だけである。ひとはこの見解を擁護する確証を次の話の中に見出すかもしれない。スパルタの男であったならば、その武器を投げ出すよりも死ぬ方がよいとされるスパルタの男らしさについてのギリシア的観念とは正反対に、スパクテリアの戦いのスパルタ人生存者たちは、アテナイ人たちと彼らの同盟諸国へ投降した。捕獲者たちは彼らの捕虜たちが戦死したスパルタ人たちと同じ種類であったとは信じることができなかった。アテナイの同盟諸国民の一人はそれゆえに悪意から捕虜たちの一人に、戦死者たちが完璧な紳士たちであったか否かを尋ねた。そのスパルタ人は棒（矢を意味している）、すなわち女の道具がもしも真の男たちと他の者たちとを区別できるなら非常に価値があるだろうと返答した、こうして誰が飛び道具に命中したか、そして誰がそうでなかったかは運次第であると暗示した（IV 40）。簡潔な（laconic）返答を引き出した卑しい質問がアテナイ人によって提起されなかったことを見るのは喜ばしい。

　ここが二つの一般的発言のための場所である。しばしば言われてきたように、トゥキュディデスは「諸原因」――ペロポンネソス戦争のそれらと同じようにその戦争のすべての特殊な出来事のそれら――に関心を示している。もしもひとが最も重要な諸原因は彼にとって、一方においてスパルタ人たちの性格、そして他方においてアテナイ人たちの性格のような事柄であり、そしてこの種類の原因は、彼によって（気候的、経済的、その他の）諸条件の産物としてよりもむしろ最も包括的な「諸原因」すなわち運動と静止の特定化として理解されていたと意味するならば、この陳述は正しい。トゥキュディデスの意味における諸原因は、「質料因的」および「作用因的」であるだけではない。トゥキュディデスにとって、戦争の過程はある戦略の結果であるよりはむしろスパルタとアテナイの自己開示である。第二に、スパルタの作法に対するアテナイの作法の優越性の理解ためには、ひとは《追悼演説》に頼ることはできない、けだしその演説はトゥキュディデスの見解をペリクレスの精神の傾向という屈折させる媒体を通してのみ表現しているからである。ペリクレスの見解においては、アテナイがホメロスのような詩人あるいは刹那的な楽しみを詩によって与える誰かを必要としないのは、アテナイの諸もろの賛美を自慢したり詠唱することをトゥキュディデスのように彼が軽蔑するがゆえにではなく、彼自身がホメロスや他の詩人たちよりも誇大化したり装飾することにおいて彼自身を優れているとみなすからである。トゥキュディデスもまた誇張する、とくに彼がペロポンネソス戦争は「いわば人類の最も大きな部分」に影響を与えたと言う時に誇張する。しかし、「あらゆる土地からすべての（種類の）もの」がアテナイの中に運び込まれ、そしてアテナイ人たちが彼ら自身のために「あらゆる海と陸」を開放し、そして「あらゆる所に」悪い事柄と善い事柄の恒久の記念碑を残したと言うペリクレスからなんと遠く後景に彼は位置していることか。[78]ペリクレスの演説は、公的、政治的（political）民衆向けの発話であるのに対して、トゥキュディデスの演説はホッブズ的意味において「政治的（politic）」である。《追悼演説》は、ペリクレスとアテナイという都市そしてとりわけその民衆との調和の最も偉大な文書であるが、その民衆は可能な限り彼を信頼している。彼の優越した知力が民衆に明白なのは、それが民衆にとって理解しやすいからである。彼は、いわば、民衆にとって開かれた書物である。彼らと彼の意見が一致しない時、彼らはその不一致が彼らの弱さあるいは混乱にすべて由来したということをあっという間に見る(79)。彼の優越性は明らかであり曖昧ではなく、テミストクレスやアルキビアデスの曖昧な優越性のようなものではない。ペリクレスは正しく三連祭壇画（triptych）の中央を占有している、その両側の人物（テミストクレスとアルキビアデス）は彼よりも自然によってのみ優越し、法によっては優越していない。極端は惨事に終わる。ペリクレスの最期は目立たない——彼の人生と同様に「通常」である。彼の《追悼演説》に関して言えば、ひとはそれを読みながら、ペリクレスとアテナイ民衆との間にある、あるいは、ペリクレスの私的善と、ペリクレスとアテナイ民衆のほとんどが理解したような、アテナイの共通善との間にある、根本的調和を一瞬たりとも忘れてはならない。たとえば、アテナイ人たちの美や高貴さに対する愛そして彼らの知恵に対する愛についての、あるいはアテナイという都市全体がギリシアの学校であることについての忘れ難い文章を読む時に、ひとはソフォクレスやアナクサゴラスではなく、平均的アテナイ人がこれらの文章を聞いた時に考えそうなことを、あるいは同じことであるが、ペリクレスがまさにその文脈において明示的に言及する事柄を考えなければならない。読者がほとんど抗しがたいほどにこの予備的注意を払わないように唆されるのは、まさにトゥキュディデスの技術の決して小さくない部分なのである。

　プラタイア人たちの扱いとミュティレネ人たちの扱いは、裁判官としてのスパルタとアテナイとの対照をわれわれに示している。ピュロスとシケリアは逆境におけるスパルタとアテナイとの対照をわれわれに示している。ピュロスにおけるアテナイの行動についての説明の冒頭部分（IV 3-6）は、シケリアとカルキディケにおけるアテナイの諸もろの挫折についての諸説明によって囲まれている。すなわちピュロスは戦争の有利な決着に達するには正しい場所であった。ピュロスが選択されたのは、自らの諸失敗から学びえた、そしてピュロスの占領を自らもたらした時に公職の地位に就いていなかった大胆で多芸多才なデモステネスによってであった。この徹底的に非‐スパルタ的な男のおかげで、アテナイ人たちはスパルタ人たちのお株を奪う形でスパルタ人たちを敗北させることに成功した。彼らはスパルタ海軍の襲撃に対抗して陸軍の兵士たちとして戦うことによって、占拠したスパルタの領土を防衛したが（I 2.3; 14.3 を参照せよ）、その結果として、三百人以上のスパルタ人がスパクテリア島に本国から切り離されてしまった。憂慮された惨事——切り離されたスパルタ軍が捕虜となるかあるいは殺害されるという憂慮——は、アポロの助言の便益を受けることなく和平を求めるようスパルタ人たちを促すには、すなわち、アテナイ人たちがまったく桁はずれに大規模な実際の惨事、つまり疫病によって、ペリクレスの助言に背いて行うよう促された何かを行うよう促すには、十分であった。ピュロスでのスパルタ人たちの敗北後の彼らの行動に真に類似するのは、しかしながら、シケリアにおけるアテナイ人たちの敗北後の彼らの行動である。シケリアの惨事がアテナイを破滅させてしまったとあらゆるひとは考えたが、それはアテナイ人たちのさらにより偉大な戦争の努力を引き出しただけである。クレオンの影響の下でアテナイ人たちはスパルタの和平の申し入れを拒否する。トゥキュディデスはアテナイの返答についても、スパルタの申し入れについても判断を下していない、というのもスパルタとの和平の最強の反対者がクレオンであった事実を彼が記録している中にはいかなる判断も含意されていないからである。クレオンは実に、トゥキュディデスが別の文脈で言っているように、最も暴力的なアテナイ市民であった、そしてトゥキュディデスはミュティレネ人たちに対する彼の姿勢を強く否認した（III 36.4, 6; 49.4）。しかしこのことは、彼の意見では、クレオンが常に誤っていたこと、そしてとくに彼がピュロス後にスパルタの和平を求める申し入れに応じなかった点で誤っていたことを証明するものではない。結局、この機会におけるクレオンの主な敵対者は、知恵あるいは大胆さよりもむしろ品位によって傑出した男ニキアスであった。トゥキュディデスは、いくらか後にクレオンを最も笑うべき姿で示すことによっても、スパルタの和平の申し入れに関するクレオンの判断に疑問を投げかけてはいない、というのも最後に笑ったのはクレオンであって彼の笑っている敵対者たちではなかったという事実はさておいても、後者の場面における問いは、クレオンの政治的判断ではなく、それがデモステネスの判断によって導かれていた程度まで卓越していると証明された彼の戦略的判断に関わっているからである。このことにひとが付け加えなければならない点は、控えめに言っても、アテナイの民会におけるクレオンの笑うべきであり気違いじみてさえいたが（IV 39.3）しかし断固たる行動がなかったならば、デモステネスの健全な助言が役に立ったか否か疑わしかったであろうということである。[80] トゥキュディデスは、スパルタの和平提案に対するアテナイの返答が、アテナイ人たちの「より多くを求める欲望」、スパルタの使節たちの演説の中で彼らによって触れられはしたが否認された欲望（21.2, 17.4）、そしてペリクレス自身によってペロポンネソス戦争継続期間中には否認された欲望（I 144.1, II 65.7）に由来したと言うことによって、その返答に非好意的な判断を下しているように思われるかもしれない。けれども、われわれが見てきたように、トゥキュディデスは知恵とその対立物とを、単に節度についてのスパルタ的諸観念に一致してあるいはペロポンネソス戦争の間に何が安全に為されうるかについてのペリクレス的観念に一致して区別したわけではない。トゥキュディデスがこの文脈においてスパルタ人たちによって同じ文脈において最初に使われた表現を使っているのは疑いなく意義深い。すなわち彼はピュロス事件をスパルタ的観点から注目するために最善を尽くそうとしている。これこそが彼がピュロスでの地域的休戦のスパルタの諸違反を一見すると最小限に評価する理由であり（23.1）、そしてとりわけ彼がデモステネスの輝かしい成功を運の贈り物として扱っているように思われる理由である。スパルタ人たちがその成功をこのような作法で扱うのは、しかしながら、単に彼らの敵の栄誉を損なうためだけではなく、とりわけ彼らが運あるいは幸運と神がみとの、そしてとくに悪運（bad luck）と神罰との連関の存在を信じていたからでもある。すなわち誰がその戦争を始めたのか、すなわち宣誓された条約を破ったのかについて彼らが何らかの疑念を初めて表現するのは、まさにアテナイにおける彼らの演説においてであった（IV 20.2）、そして彼らをして彼らの悪運が彼らの条約違反に対する相応の罰であったと信じさせたのは、まさに他の何よりもピュロスにおける彼らの逆境であった（VII 18.2）。トゥキュディデスは、ピュロスの戦いについての彼の説明の中で、彼がスパルタの見解によって前提されている運についての見解を共有していないことを明晰にしている。彼はそこにおいてスパルタ人たちとアテナイ人たちによる行動でしかなかったと彼が説明したことは、その当時二つの都市について普及していた意見とは矛盾したが、彼はそれを運が逆転したのだと特徴づけている（IV 12.2）。あるいは、彼のペリクレスが言うように、「われわれは計算に反して何かが起きた時にはいつでも運に責任を負わせるのを習慣にしている」[81]。現在の主題に戻ると、アテナイの民会でのクレオンの振る舞いがどんなに笑うべきものであったとしても、スパクテリアでの彼の振る舞いはそうではなかった。クレオンが行ったどのようなことよりも真剣に笑うべきであるのは、スパクテリアにおける三百人のスパルタ人の生存者の無条件投降であるが、もしもそれがテルモピュライにおけるスパルタ人たちの高貴な振る舞いと比較され、さらにそれが一般的に理解されていたようなスパルタ人たちの彼ら自身に関する申し立てと比較されるならばという話である（IV 36.3, 40.1）。トゥキュディデスはこの不釣り合いを次の作法で仄めかす。すなわち彼と他のあらゆるひとはスパクテリアのスパルタ人たちを「男たち（men）」（*hoi andres*）と常に呼ぶが、彼らが単なる「人間存在たち（human beings）」（*anthropoi*）より以上では決してない軽武装の兵士たちのなすがままであるように彼らの無力さを彼が示す時には、彼は彼らを「人間存在たち」と呼ぶのである。(82) この仄めかしは、スパクテリアにおいて捕虜となったスパルタ人たちに対してアテナイの同盟国によって向けられた下品な嘲りとは異なっていることは、それがスパクテリアにおいてそんなにも上手に戦ったスパルタ人たちにはまったく向けられておらず、スパルタという都市に向けられているという事実による。おそらくスパルタ人たちに対する最も厳しい告発は、ピュロスの敗北（そしてアテナイ人たちによるキュテラの征服――IV 55）がなかったならば、彼らはブラシダスのような諸資質をもつ男に北部における彼の軍事行動を指揮することを許す程度まで、彼らの習慣的実践から決して逸脱しなかったであろうし、そしてこれゆえに解放戦争の精神でその戦争を戦わなかったであろうという事実によって提供されている。すなわち大きなパニックは、（相対的に）瑣末な敗北によって惹き起こされたが、誰が戦争を開始したのかそして誰がプラタイア人たちの大虐殺をけしかけたのかを忘れようとするアテナイの意欲によっても和らげられずに、スパルタ人たちに短期間、絶対的に必要であった限りにおいて、寛大な政策を容認するよう強制したのである。彼の諸成功と彼の死によってブラシダスはその強制を取り除き、そして《ニキアスの和平》を可能にさせ、そしてそれとともにスパクテリアにおいて捕まった囚人たちのスパルタへの帰還を可能にさせた。けれどもブラシダスの成功はスパルタの成功ではなかった。ギリシア人たちがスパルタがブラシダスの成功によってピュロスの恥辱を雪いだとはほとんど信じなかったことは、彼らの見解ではスパルタはマンティネイアにおける彼女の勝利によってのみ名誉回復がなされたという事実によって示されている。すなわちマンティネイアにおける勝利の光の中でのみ、ピュロスでのスパルタ人たちの挫折は不運（ill-luck）に原因があり、腐敗に原因があったのではないと他のギリシア人たちに思われてきた（V 75.3）。

マンティネイアの戦闘は、二十七年間継続したペロポンネソス戦争の中央の年に起こった。スパルタ人たちがアルゴスと戦争をしていた間、アテナイ人たちはスパルタとアルゴス両方と同盟関係にあったが、しかし事実においてはアルゴスの側に立って戦っていた。その年の初めの頃にスパルタ人たちとアルゴス人たちの戦闘はほとんど一触即発であったが、しかし最後の瞬間に、スパルタ王アギスとアルゴスの二人の将軍は、四ヵ月の停戦協定を彼らだけで締結してしまった。アギスの行動がスパルタ人たちによって強く恨まれた結果、彼らはまったく新しい法を作った、それによると諸決定を下す王の権力は、都市によって選ばれた十人の相談役（councilors）による統制に服さなければならず、彼らは遠征する王に同行することになった（V 63）。新法はもちろん戦闘陣型に関する法に影響を与えなかった。マンティネイアの戦場に敵軍があまりにも突然出現したために、スパルタ人たちが彼らの記憶においてかつてないほど恐怖したというさらなる事実のためとは言わないまでも、彼らのそれぞれは無我夢中で自らの所定の位置についたが、それが可能であったのは、その位置はトゥキュディデスが彼の戦争の一四年目の説明の中央で記述している軍隊の伝統的陣型においてそれぞれのスパルタ人によく知られていたからである(83)。彼は敵対する両軍隊が配置されている陣型を記述することはできたが、しかし各陣営の戦闘員の数を陳述することはできなかった。すなわちスパルタ人たちの数が知られていなかったのは、彼らの政体に起因する秘密主義のゆえであった、そして他国の戦闘員の数は彼らの自慢癖によって隠されていた。けれどもスパルタの陣型は決して変わらないので、トゥキュディデスは、その戦闘に参加したスパルタ人の精確な数を見つけ出すことが可能であるし、あるいは、彼の読者に見つけ出すことを可能にさせる。[84] スパルタ人たちは秘密と変えられない陣型との緊張関係について、あるいは規制されていない自慢のような無秩序な事態の方がいかなる諸規則よりも真理を隠すことにより多く資するという事実について、気づいていなかったように思われる。あるいは、より滑稽でない実例を挙げると、スパルタ人たちは彼らが二千人の勇敢なヘロットを視界から消失させた作法を隠すことに成功したが、生きている人間存在たちは時どき視界に入る可能性があるので、彼らは、彼らが彼らを破壊してしまった事実を隠すことには成功しなかった（IV 80.4）。同時代の事柄に関していかにギリシア人たちが無知であったかを示すべくトゥキュディデスが引用しているたった二つの実例がスパルタのそれであったのは決して偶然ではあるまい（I 20.3）。すなわちスパルタの秘密主義はスパルタ的な事柄に関する無知に導いていく、そしてこの無知を所与とすれば、ひとは明白な諸理由から、スパルタ人たちを賞賛しても大きな危険を冒さない。ここで再度スパルタ人たちのペリクレスの儀式的不純への滑稽なまでの関心を思い出してみよう。マンティネイアの戦闘に話題を戻すと、スパルタの敵たちは情熱をもって前進したのに対して、スパルタ人たちは彼らの法に一致してゆっくり前進した。[85] アギスはあらゆる戦闘で生じる危険を観察しながら、十名の新しい相談役の誰からも干渉されずに、新しい諸命令を発することによってそれを回避しようと試みる（V 65.2 を参照せよ）。スパルタの二人の司令官は（彼らの批判者たちが後に成功裏に申し立てたように、臆病から）その命令に従うことを拒絶する。彼らの完全な経験の欠落の帰結として（というのも、諸命令は完全に新しく、そして古いものの新守護者たちは効果的ではなかったからである）、スパルタ人たちは、もしも彼らが危機的瞬間において発揮した勇気がなかったならば、その戦闘に負けてしまっていただろう（70–72.2）。われわれはついでにスパルタが次の年に光り輝く勝利の果実を失ったことを注記する（82–83）。トゥキュディデスはマンティネイアの戦闘の彼の記述が完全には精確であるとは主張していない。その記述の真理は諸演説の真理に擬えうる。これは指揮官たちが戦闘前に彼らの部隊に話し掛けた諸演説の諸要約だけしか彼が記していない一つの理由なのかもしれない（69, 74.1）。いずれにしても彼の作品の中で、スパルタの名声の完全な回復を示し、そして彼女の戦闘陣型の美しさを展示しているこのセクション、すなわち、彼の著作の冒頭付近と末尾付近におけるスパルタの賞賛に最も一致しているこのセクションは、同時に最も明晰にかつ具体的にスパルタの愚かしさ、スパルタの喜劇を開示している。

マンティネイアの戦闘の後に、アテナイ人たちとメロス人たちとの対話が続き、その対話の後に今度はシケリア遠征が続いている。メロス島における対話はアテナイの悲劇からスパルタの喜劇を分離する。トゥキュディデスは、いわば、われわれに一方において「シケリア」と「ピュロス」（VII 71.7）とを対照し、そして他方において「シケリア」と「ミュカレッソス」（VII 29–30）とを対照するよう命じるのである。シケリアにおけるアテナイ人たちの運命と対照すると、スパクテリア島におけるスパルタ人たちの運命は実に笑うべきものである。ミュカレッソスの運命は、他方において、シケリアにおけるアテナイ人たちの運命よりも同情に値しないというわけではない。けれども後者は前者よりもより深く心を打つ。その理由は、ミュカレッソス人たちはいかなる傲慢の行動によっても彼らのはかり知れない悲運（misfortune）にはまったく値しないと思われるであろうが、アテナイの惨事は重大な諸もろの過ち、罪の帰結であったからであると思われるだろう。シケリアはメロス島の後にすぐに続いた。誰もシケリアの惨事についてのトゥキュディデスの説明をアテナイ人たちは彼らに相応しいものを受けたという感情をもって読むことはできない。控えめに言っても、その惨事はその過失に釣り合っていなかった。この感情はニキアスによって彼の思考様式に一致して表現されている（VII 77.1, 3–4）。ニキアスに関してトゥキュディデスは、彼の時代のすべてのギリシア人の中で彼は彼の悲運に最も値しなかったと言っている（VII 86.5）。彼はアテナイ人たちに関して同じような判断を示唆している。けれどもアテナイ人たちの場合はニキアスの場合と根本的に異なっている。ニキアスが彼の悲運に値しなかったのは、彼が法によって育まれた徳に全面的に献身したがゆえにである。アテナイの高貴さは完全に異なった種類、より高貴な種類であった。シケリア遠征は、ニキアスの意志に反して企てられたが、彼女の大胆さの――未来永劫に続く栄誉のためにあらゆるものを危険に晒す彼女の意欲の、ペリクレスが賞讃していた未来永劫に続く栄誉の美への彼女の愛の――高貴さに起原をもっていた（II 64.3–6）。ちょうど《追悼演説》の後に疫病が続くように、メロス島の対話の後にシケリア遠征が続く。シケリア遠征は、あるいは内乱だけではなくむしろその遠征の原因は、一種の由々しき病気ではあるが高貴な病気である。トゥキュディデスはシケリア遠征に対するアテナイ人たちのエロス（*eros*）について語っている[86]。ペリクレスはアテナイ人たちに彼らの都市を愛する人びと（*erastai*）になるように呼びかけた（II 43.1）。彼らが最も愛したものをシケリアという宝石で装飾しようと欲したのは、まさに彼らの都市を愛する人びとから成る共同体であった。ひとはペリクレス自身によりつつ、「シケリアにおけるアテナイ」はペリクレスのアテナイよりも偉大であると言うことができるだろう。すなわちそれはアテナイが至る所に残した他のすべての「諸悪（evils）の未来永劫に続く諸もろの記念碑」（II 41.1）を凌駕する。シケリアに対するそのアテナイ人のエロスは、彼の都市に対する彼のエロスの頂点である、そしてそのエロスは、彼の都市に対する彼の全面的献身、犠牲になる意欲、都市のためにあらゆる私的なものを犠牲にし忘れ去る意欲であり、その意欲はペリクレスが彼の《追悼演説》に中で、年老いた両親、寡婦、そして戦没した兵士の孤児について述べていることの中に適切な表現そしてそれゆえに曖昧でない表現を見出すのである。あるいは、アルキビアデスが暗示しているように、死後の栄誉だけが私的なものと公的なものとの完璧な調和を生み出すのである（VI 16.5）。もしも最高のエロスが都市のためのそれであり、そしてもしも都市がシケリアに対するアテナイのエロスのようなエロスにおいてその頂点に到達するならば、エロスは必然的に悲劇的であり、あるいは、プラトンが示唆していると思われるように、都市は優れて悲劇である。[87] このすべてに一致して、アテナイの敗北は彼女の大勝利（triumph）である。すなわち彼女の敵たちは彼女を敗北させるためには、作法においてアテナイ人たちにならねばならなかった。[88] 彼女が敗北させられたのは彼女がヘラスの教師になることに成功したからである。スパルタに関しては、彼女の勝利は、アポロに起因するにせよしないにせよ、アテナイの敗北の裏側としてのみ興味深いのである。

9　都市の疑わしい普遍性

スパルタ的喜劇とアテナイ的悲劇の対立に極まるこの理性的推論は、まさに都市に関しては高貴なものは快適なものに還元されえず、それよりも優越しているという「アテナイ的」想定から出発している。その想定はまたメロス人たちによってなされた選択の非人間的と思われる判断を疑問視することへひとを導いていくであろう、われわれはそこへとアテナイ人たちとトゥキュディデスとに共通な想定、すなわちメロス人たちの決意に抗してアテナイ人たちが言うことの中にその最も明晰な表現を見出す想定から出発することによって導いていかれたのであったが。われわれはそれゆえにさらなる一歩を踏み出す必要がある。その必要はこれらの考慮からもまた引き出される。すなわちトゥキュディデスによれば、シケリア遠征は失敗を免れなくはなかった、言い換えれば、その失敗はいかに高貴であるとはいえアテナイ人たちの傲慢によっては説き明かされえない。シケリア遠征の説明がトゥキュディデスの作品の目的ではない。トゥキュディデスとペリクレスとの一致は、直前のセクションの論拠が想定したよりも不完全である。要するに、その論拠はトゥキュディデス的意味であまりにも「詩的」でありすぎるので彼の思想と究極的には一致することはできないのである(89)。

ペリクレスによれば、アテナイの現在の華麗さは彼女が現在享受している普遍的な名声を生み出した、そしてその華麗さと名声とは相俟って彼女の未来永劫に続く（everlasting）普遍的令名を保証する。彼女は普遍的な制海権を保有している。彼女はあらゆる国土に存在したしあるいは存在している。彼女の帝国はいかなる他のギリシアの帝国がかつてなしたよりもはるかに多くのギリシア人の上に拡張している、そしてもしも彼女が希うならば、それはさらにいっそう拡張する余地がある。ペロポンネソス戦争期間中に、シケリア、カルタゴ、およびギリシア本土全体の征服がすでに視界に入ってきている(90)。永遠に続く（sempiternal）普遍的令名への憧れは普遍的支配を指し示す。永遠に続く普遍的令名への関心はさらにより多くのものへの際限のない渇望を呼び起こす。それは節度とはまったく両立しない。アテナイの普遍主義、（シケリアに君臨する支配のような限界のある目標に対する欲望とは区別されるものとしての）都市の普遍主義は挫折を免れない。それはそれゆえに別の種類の普遍主義を指し示す。ペリクレスが言うには、アテナイ人たちは至る所に（彼らが他者に及ぼしたあるいは自分たちが被った）邪悪なものと（彼らが獲得した勝利と彼らが施した便益の）善いものとの永遠に続く記念碑を遺してきた。トゥキュディデスは他方において彼の作品を有用な永遠に続く財産と呼んでいる（I 22.4, II 41.4）。記念碑は単に眺められるべきである。財産は所有される。記念碑は非常に目につくあるいは明瞭であるしかしそれらは有用ではない。財産は有用であるためには明瞭である必要はない。記念碑は曖昧であり見せびらかすためのものである。有用な財産は曖昧でない堅固さをもっている。邪悪なものと善いものの永遠に続く記念碑と、有用な永遠に続く財産との差異は、都市の光り輝く贋物の普遍主義と、理解（understanding）の正真正銘の普遍主義との差異を指し示す。というのもトゥキュディデスは、彼の作品のための彼の主張を、それが記録する諸行為、諸演説、および諸思想の根拠として、それは人間の永遠に続く普遍的な自然（the sempiternal and universal nature of man）を光の下にもたらすという事実に基礎づけるからである。

思想の普遍主義と都市の普遍主義の完全な差異の光の中で、われわれは、スパルタとのトゥキュディデスの一致ではなく、スパルタがそれによって導かれていると主張した、そしてスパルタよりもニキアスにおいてより曖昧さなく開示される、かの節度と敬虔とのトゥキュディデスの一致を理解するのである。トゥキュディデスにとって敬虔的理解ないし判断は、間違った諸理由からであるが、真理であると言うことは難しいが、必ずしもまったく誤解に導くものではない。神がみではなく自然が、理にかなった仕方で都市が試みることのできるものに諸限界を設定するのである。節度は人間的事柄の自然に一致した行為（conduct）なのである。トゥキュディデスと「スパルタ」との一致は、高貴な単純さの男たちとオデュッセウス的多芸多才の男たちとの一致の中に反映されている、けだし両者はともに市民的不一致の時代に二流の精神の持ち主である無慈悲な男たちの犠牲者となるからである（III 83）。しかしトゥキュディデスとスパルタ人たち、あるいはメロス人たち、あるいはニキアスとの間に一致があるからといって、われわれは、アテナイ人たちを含めてすべての政治的人間たちの間には同様に重要な一致があり、まさにそのゆえに彼らすべてはトゥキュディデスとは異なっているという事実に盲目になってはならないのである。実際、単に現在の事物あるいは手元にある事物を保存することを希む人びと（スパルタ人たち、ニキアス、メロス人たち）といまだ明白ではない未来の事物への希望に取り憑かれている人びと（アテナイ人たち）との第一次的対立があるのである。しかしもっと接近して見てみると前者もまたそのような希望に依存していることが判明する。[91] トゥキュディデスの言語ではないそれで言えば、アテナイ帝国主義には宗教を思い出させる何かがあるのである[92]。

われわれはしかしながら、思想の普遍主義（トゥキュディデス）と都市の普遍主義（アテナイ）との親縁関係——トゥキュディデスが彼の考古学と《追悼演説》とのある一致を確立することによって最も明晰に暗示した親縁関係——を忘れてはならない。実際トゥキュディデスの思想とアテナイに特徴的である大胆さとの間にはある深遠な親縁関係がある。節度の諸限界を超越する、かの大胆さ、かのマニア〔熱狂〕（***mania***）が政治的平面においていかに曖昧であろうとも、思想の平面において、思想する個人の平面においてそれはそれ自身の中に到達する、あるいは自然と一致するようになる。それがそれ自身の中に到達するのは、ペリクレスの（あるいはペリクレス以後の）アテナイそのものの中ではなくして、トゥキュディデスの思想ないし作品の中においてである。ペリクレスのアテナイではなく、ペリクレスのアテナイを基礎にして可能である理解（**understanding**）こそがその頂点である。ペリクレスのアテナイではなくして、トゥキュディデスの作品がその頂点である。トゥキュディデスはペリクレスのアテナイを贖う。そしてそれを贖うことを通してのみ彼はそれを「永久に」保存する。ホメロスがいなかったならばアキレウスのようなひともオデュッセウスのようなひともわれわれにとってほとんどいなかったであろうように、トゥキュディデスがいなかったならばペリクレスのようなひともわれわれにとってほとんどいなかったであろう。すなわちペリクレスが恋焦がれた未来永劫に続く名誉はペリクレスによってではなく、トゥキュディデスによって達成されたのである。政治的大胆さと、それに伴う諸徳と諸悪徳とが、最高次の大胆さを可能にする。健康な都市がそれと生死を共にする諸もろの妄想を透視しつつ、普遍的かつ永遠に続く事柄を理解することとは、虎に跨る思想家たちにとってのみ可能である。ひとはこれを超えて進まなければならない。アテナイにおいてこれら二つの異質な普遍主義はある仕方で融合するようになる。すなわち空想的政治的普遍主義は真の普遍主義によって、トゥキュディデスが美と知恵とを理解したような美と知恵とに対する愛によって、ほのかに色彩を帯び、色づき、赤らみ、変容し、そしてそれはこうしてその悲劇的性格を獲得する。それはこうして男らしい優しさを養育することができるようになる。これら二つの普遍主義の「綜合（synthesis）」は実際には不可能である。これが不可能であることが理解されるべきであることが最も重要である。それを理解することによってのみ、ひとはそれを克服しようと試みることの壮大さを理解することができ、そしてそれを分別をもって賛美することができる。

もしも都市が、それが目指す傾向にある、それに特有の普遍主義の光の下以外においては理解されえないならば、そしてもしもその普遍主義が翻ってその本質的欠陥によって思想の普遍主義を指し示すならば、われわれはなぜトゥキュディデスが彼の知恵全体を、政治的事柄にのみ厳しく限定されており、――現在においてアテナイ文化と呼ばれているものについて沈黙している――厳しく政治的である諸演説に溢れている物語り（narrative）の形式で提示することができたのかの理由を理解するのである。われわれの同時代人の多くにとっては、その沈黙は、彼が彼の作品について言いかつ暗示することによって、彼のロゴスによって条件づけられ〔て理解され〕ねばならないのに、条件づけられない、というのも彼らは問題となっている諸発言を「方法論的」であると理解するからである。けれども彼は、いかに簡潔にではあっても、彼の作品と思想とについてのみ語っているわけではない。われわれが示そうと試みたように、彼は彼の思想、彼の教育さえも、そしてそれとともに「アテナイ文化」をも提示している。

彼の作品を通して、彼はわれわれをして、運動と静止の相互作用の光の下に、戦争と平和、野蛮さとギリシア性、スパルタとアテナイを理解させる。彼はわれわれが、彼の能力の及ぶ限りにおいて、人間的生の自然（the nature of human life）を理解することができるようにし、あるいは賢くなることができるようにする。しかしひとは、ひとが賢くなりつつあるのは、まさにトゥキュディデスの思想を理解することを通してであるということを同時に自覚することなしには、トゥキュディデスの思想を理解することを通して賢くなりえないのである、というのも知恵は自己知識から分離できないからである。われわれはトゥキュディデスがアテナイ人であったことを彼自身から知るのである。彼を理解することを通して、われわれは彼の知恵は「太陽」によってそしてアテナイによって——彼女の力と富によって、彼女の不完全な政体によって、彼女の大胆な進取の精神によって、彼女の神法についての活動的懐疑によって——可能になったことを見るのである。彼の作品を理解することによって、ひとは彼自身の眼をもって、アテナイがある意味において知恵の住家であったことを見るのである。自分自身が賢くなることを通してのみひとは、他者たちにおける知恵を認識できるのである。知恵は、戦闘やそれと同類のものが提示されうる仕方においては、スペクタクルとしては提示されえないのである。知恵は「言われ（said）」えない。それは「為され（done）」うるだけである。トゥキュディデスの作品を理解することを通してのみ、ひとはアテナイがある意味においてヘラスの学校であったことを見ることができる。ペリクレスの口から、われわれはそのことが単に断定されているのを聞くだけである。知恵はそれについて語られることによっては提示されえないのである。このことの間接的な証明は、その他の点では善い近代の諸歴史の部分を形成している、この期間あるいはあの期間の知性的生活についての諸章の味気ない性格でありそして最善でも浅薄な性格である。

ひとがトゥキュディデスの思想における最も深い層へ導いていかれるのは、ひとが一方におけるアテナイについての賞賛によっては匹敵されないスパルタについての――スパルタの節度についての――彼の明示的賞賛と、他方における古代人たちの弱さに関する考古学全体のテーゼ――進歩の確実さ、そしてそれとともに進取的アテナイの賞賛を含意しているテーゼ――との緊張を考慮する時である。トゥキュディデスは「アテナイ」と彼自身を無条件には同一視していない。われわれはそれゆえに考古学のテーゼを再考慮しなければならない。考古学は原初の野蛮性、弱さ、および貧困からのギリシア性、力、および富の出現を素描している。それはこうして野蛮性が弱さと貧困とに属し、あるいはギリシア人以外の人たちが前‐政治的未開人たちであるという印象を創造する（I 6.1, 5–6）。それは力強くそして裕福なギリシア以外の諸社会がそのようなギリシア社会以前に存在した事実をかろうじて仄めかしているだけである（I 9.2, 11.1–2, 13 末尾）。けれどもギリシア人以外の人たちの中にギリシア人たち以前に文明化された人たちがいたことを認めたとしても、ひとは進歩が存在するという信念を疑問視することにはならない。この信念はトゥキュディデス自身によってではなく、ディオドトスによって疑問視されている。それでもなお、ディオドトスの演説は、他のいかなる演説が開示するよりもトゥキュディデス自身についてより多くを開示している。その演説はそれが対抗するところのクレオンの演説とともにプラタイア人たちを告発するテバイ人たちの演説と対比され、特徴的にアテナイ的行動――シケリアの遠征と同程度であるが、しかし節度と穏健さによって鼓舞されている理由からシケリアの遠征とは異なるアテナイの特徴――としてそれ自体を開示している。トゥキュディデスによって記録され、政治的平面において彼の思想を厳密な意味で反映する唯一の行動は、アテナイの存続さらには彼女の帝国の存続と両立しうる人間性（humanity）の行動であることは驚くべきことではない。

クレオンが賛成したミュティレネ人たちの殺害を阻止すべく、ディオドトスは最初にクレオンが彼の敵対者たちを侮辱したことと戦わねばならず、そしてとりわけ彼が彼らを恥ずべき利己的利害関心によって促されたと中傷したことと戦わねばならない。クレオンの手続きの作法はその都市に有害である。それは疑念と恐怖を惹き起こし、そしてこうしてその都市から善い助言を奪うのである。都市は自ら進んで助言を与えようとする者には誰にでも公正で平等な聞く耳をもたねばならない。利己的諸動機の影響の下に、助言者自身の力の拡大への関心ないし声望への関心から助言を与えることを阻止するためには、分別のある都市ないし節度のある都市は、ある男が善い助言を与える時には、すなわち、彼の提案が民会によって是認される時には、それ以上にその男に名誉を与えないであろう、そして彼が悪い助言を与える時には、すなわち、彼の提案が民会によって拒絶される時には、それ以下に彼に名誉を与えないであろう。というのも、もしもいま示唆された実践が守られれば、男たちは単に民会を喜ばせるべく発言して、提案に賛成したり、反対したりしないであろうからである（III 42）。ディオドトスは、完全な平等、つまり、民主政治が生死をともにするあの区別の廃棄、つまり、人気のある人びとと人気のない人びととの区別、正直な男たちすなわち民衆の友たちと、腐敗した男たちすなわち民衆の敵たちとのかの区別の廃棄さえも擁護する議論をするように思われる。民会のあらゆる構成員ではないが、いずれにしても、あらゆる演説者は他のすべての者と同じように平等に有能でかつ正直であると扱われなければならない。このやり方においてのみ、野心、優越に向かっての努力そしてこのゆえに不平等に向かっての努力は根絶されうる。彼は同時に、賢くない市民たちが善い助言と悪い助言を区別しえず、善い助言を彼らを納得させる助言や彼らに訴え掛ける助言と同一視せざるをえないという事実を暗示する、そして彼は、その提案が頻繁に民会によって是認される演説者は必ず賢いとみなされる、そしてこれゆえに声望を獲得するという事実と、それゆえにいささかでも野心のある男は不可避的に大衆を喜ばせる諸提案をすることによって彼の声望を増大させるように試みるという事実とを隠しておく。別の言い方をすれば、ディオドトスの声望はクレオンの声望とうまく共存できない。すなわちディオドトス自身は、彼が提唱する原則に矛盾しつつ、クレオンが愚かであるか、あるいは不正直であると示唆するよう強制される。ゴムは「自由な討論の価値を疑問視することに限りなく接近する」と言うことによってディオドトスの陳述の意義を過小評価している。ディオドトスは民主政治の問題の輪郭を、節度ありそして分別のある男たちだけが野心によってまったく汚されずに、発言権をもつような政体を指し示すような仕方で示す[93]。けれども確かにアテナイは「節度ある都市」ではない、そしてディオドトスはアテナイ人たちにミュティレネ人たちに対して節度をもって行動するよう説得するよう強制される。彼は彼の困難および彼によるその克服の作法を、ある演説者が明らかに健全な助言を与えているのだけれども彼の私的利得のためにその助言を与えているのではないかと疑われる場合を語ることによって例示する。その場合には、アテナイ人たちは羨望からその健全な助言を拒絶する。民衆はこうしてクレオンが主張したようには、善に生まれついている(good-natured)わけではないのである(III 38.2)。完全に純粋な諸動機からというわけではないが、諸もろの民主的民会は知恵よりもむしろある種の純粋さにより多くの関心を抱くのである。彼らは彼らが提案者を信頼しない限りは、その提案に賛成の投票をしないので、そして彼らはほとんど理性的ではない諸根拠にもとづいて信頼するので、悪い男たちだけでなく善い男たちも民会を欺きそしてそれに対して嘘をつくよう強制されるのである。おそらくひとはいかなる都市をも欺くことなく彼女を益することはできないであろう、というのもいかなる都市も完璧に賢明でかつ有徳な人びとから主に構成されそうにないからである。ひとは確かにアテナイを欺くことなく彼女を益することはできない、その一つの理由は、演説者たちだけが彼らが提案したことに、そしてそれをどのように提案したかに対して責任があるとみなされるのに、民会つまり主権者には責任がないからである（III 43）。前代未聞の率直さをもって[94]ディオドトスは、ある言い逃れを使うことによってのみミュティレネ人たちを穏健に扱うよう嘆願することに彼は成功できるであろうとアテナイ人たちに述べる。

ディオドトスが使う言い逃れの本質は、正義の問題（ミュティレネ人たちは有罪であるか？）を便宜の問題（アテナイは彼らを殺害することによって便益を引き出すか？）によって置き換えることにあるように思われる（III 44）。けれどもなぜその代替は言い逃れであるのか？ ミュティレネ人たちを殺害しない提案を擁護する土台を準備すべく、ディオドトスはいかなる環境においても死刑は便宜的であるかあるいは賢明であるかについて広汎な疑問の声をあげる。すなわち賢明であるためには、死刑は抑止効果をもたねばならないが、それがそれをもっていないことは、死刑に値する犯罪が頻繁に犯されている事実によって示されている。法（*nomos*）は人間の自然（*physis*）に対して無力である（45）。この議論がそれ自体でどのような価値があるにせよ、この状況でそれを使用することは、知性のなさを少なからず開示するように思われる。すなわち死刑はまったく悪いという根拠からミュティレネ人たちを殺害するなとアテナイ人たちに命じることによって、彼は同時に殺人、不敬虔、大逆、およびその他の凶悪犯罪に対する死刑をも廃絶すべしと、彼らに非常識にも命じる。彼は受け入れられている諸標準によればミュティレネ人たちは死刑に値する罪を犯していると示唆する。けれども彼は何を彼が行っているかを知っている。死刑についての彼の陳述は、死刑に値する犯罪が非自発的であり、そしてこれゆえに、クレオンが認めていたように、恩赦に値するということを含意する（40.1; 39.2 を参照せよ）。それはこうして、ミュティレネ人たちが死刑に値する犯罪を犯してしまったと想定しても、彼らは恩赦に値すると示唆するのである。彼はこうして彼のその想定を後に疑うこと、つまりミュティレネ人たちの大多数は犯罪を犯していなかった、そしてそれゆえにアテナイ人たちは彼らを殺害することによって犯罪を犯すであろうという彼の証明を準備するのである（47.3; 46.5 を参照せよ）。彼はこうして正義の問題を、彼が主張するようには、決して単に無視しているわけではない。クレオンは彼の議論をなかんずく正義の考慮に、そして二次的に便宜の考慮に基礎づけていた。彼は帝国とはまったく両立しえないとして同情と穏健さとの考慮を一顧だにしなかった（40.2-3）。クレオンに返答しながら、そして都市の自然を知りながら、ディオドトスはアテナイ人たちの同情ないし穏健さに訴えるのを拒むのであるが（48.1）、しかしながら同情と穏健さは帝国の中にいかなる場所も占めないとは言わないのである、そして彼は正義をまったく無視し便宜だけを考慮に入れることによってクレオンを凌ぐ振りをするが、しかしながら彼は彼の聴衆をそれが無罪の嘆願に進んで傾聴するような雰囲気に導き入れた後で、正義の問題を取りあげるのである。彼はミュティレネ人たちが死刑に値する罪を犯していたけれども彼らは恩赦に値するかもしれないと曖昧に示唆することによってその雰囲気を準備するのである。

死罪についてのディオドトスの陳述は特別な注意を要求する。その陳述の内部で、ほとんど文字通り彼の演説全体の中央で、彼は次のことを示唆する。すなわち、諸罰は過去において「より軽い」ものであった、昔は最も重大な犯罪でさえもが死刑をもって罰せられなかった、軽い処罰の効果のなさを実感すると、人間存在たちは初めに死刑を導入した、そして次に漸進的に死刑をこれまで以上に諸犯罪に拡大適用したと（45.3）。自然が人間たちに犯罪を犯すよう強制するからといって、あるいはノモス〔法〕（***nomos***）がピュシス〔自然〕（***physis***）に対して無力であるからといって、罰が人間たちに犯罪を抑止させないということを人間たちは理解しない。彼らは古い時代よりも今のほうがノモスからより多くを期待する。最古の時代には、始めには、都市がなかったがゆえにノモスもなかった。厳密な意味での処罰そのものがなかった。他のあらゆるものを捨象すれば、ひとは最初の時代はクロノスの時代であったと言うことができるかもしれない。確かに諸技芸の（そしてこれゆえに力と富の）進歩が起こったのである。しかしその進歩が単に穏健さにおける進歩であると信ずるのは誤りであろう。(95) 技芸の進歩はノモスの――単に自然を隠すことによってであるにせよ、自然に暴力を加える法（law）の――進歩に伴われたのである。人間たちは、トゥキュディデスによって十二分に示されているように、ギリシア性がその頂点に達した今、ただ単により穏健であるのではない。人間が今頂点にいるという信念はそれゆえに条件づけあるいは修正の必要がある。賢者と不賢者の差異――賢者にとって彼の都市を欺くこと以外にはそれを益することが不可能となるその差異――は、諸技芸ないし諸法の進歩によって影響されないのである。人間たちは昔よりも無条件により賢くかつより穏やかではないのである。進歩の信念は人間的自然が変化しないという事実を視野に入れつつ条件づけられねばならないのである。

トゥキュディデス自身は、ディオドトスのテーゼをアテナイ人たちが神託に従って取り組んだ彼らのアポロンの島の浄化についての彼の物語によって確証するあるいは少なくとも例示するように思われうるだろう（III 104）。僭主ペイシストラトスはその島の一部を浄化した。ペロポンネソス戦争の六年目に、アテナイ人たちはその島全体を浄化した。その前年に疫病が彼らを再び打ちのめした、そして多くの地震が発生した (87)。おそらく彼らは罪の意識を感じたのであろう（V 32 を参照せよ）。いずれにせよ、デロスの神聖さのために彼らはいかなるひともその島で死ぬこともあるいは誕生することも禁止した。死を目前にした人びとや臨月の女たちは、僭主ポリクラテスがアポロンに捧げた近くの別の島に搬送されることになった。その島を浄化した後でアテナイ人たちはデロス島の祝祭を設けた。昔の時代に、そこでは運動競技のコンテストや音楽のコンテスト、そしてイオニアや近隣の島じまの都市によって派遣された合唱隊の公演を含む祝祭が開催されていた。この事実はホメロスによって証明されているが、トゥキュディデスはここではホメロスを十三回引用しているのに、彼の書物の他の部分全体では彼の韻文を一つだけ引用しているにすぎない(I 9.4)。それらの韻文がこの作品の残りの部分から突出しているのは、それらがまったく平和な光景を思い浮かばせるからである。ホメロスは、デロス島の祝祭に参加した乙女たちに、デロスを頻繁に訪れた最も優しくそして最も楽しい吟遊詩人として、彼を思い出しそして彼を賞賛するように強く勧めるのである。ホメロス後の時代に「それらのコンテスト」は不幸な諸もろの出来事の帰結として中断した。しかし今では、ペロポンネソス戦争の六年目にアテナイ人たちはそれらの「コンテスト」を復活させた、そしてまったく新しい呼び物として競馬を加えた。現代のデロス島の祝祭が古代のものを凌駕しているかは明らかではない。競馬は確かに進歩を構成する。(96) しかし競馬はホメロスのようなひとの不在を補うのであろうか(97)?

10　政治史と政治哲学

トゥキュディデスは単なる政治的人間ではない、というのも政治的人間はそのようなものとしてこの都市あるいはあの都市に属しているが、しかし彼は歴史家であり、そのようなものとしていかなる一つの都市にも属していない。さらにまた、彼は単独なものたちを明晰に把握された普遍的なものたちの光の中で見る、そして変化しているものを恒久的なものないし永遠に続くものの光の中で、運動と静止との交互作用によって特徴づけられる全体の部分としての人間的自然の光の中で見る歴史家である。彼は哲学的歴史家（philosophic historian）である。彼の思想はそれゆえにプラトンとアリストテレスのそれから根源的に疎遠というわけではない。なるほど彼はもろもろの事柄を彼が起原となる諸原理とみなすものを暗示するだけに留めているのに対して、哲学者たちはそれらの原理を彼らのテーマとするのである、あるいは、換言すれば、トゥキュディデスを超えて哲学者たちの方へ進んでいくことが明らかに必要である。しかしこのことはトゥキュディデスと哲学者たちの間に対立があるということを意味しない。一般的に哲学に真であることは特殊的には政治哲学にも真である。もしもひとがテミストクレスとペリクレスのような男たちについてのトゥキュディデスとプラトンの容易に引用しうる諸判断を対照することにだけ自らを限定しないならば、もしもひとがこれらのすべての判断が簡潔すぎて謎めいていると考えるならば、そしてもしもそれゆえにひとがそれらについて熟考するならば、ひとは二人の思想家が善と悪、および高貴と卑賤に関して根本的に意見が一致していることを理解する。二人の思想家がスパルタとアテナイのランクの順位づけに関して暗示しているものを読者に思いおこさせれば十分である。けれども彼らにはこの差異がある。すなわちプラトンが無条件に最善の政体の問いを提起して答えているのに対して、トゥキュディデスはアテナイが彼の生きた時代にもった最善の政体に関する問いについてのみ答えている（VIII 97.2）。しかしここでも再びトゥキュディデスを超えて無条件に最善の政体の問いをテーマ的に議論する哲学者たちの方へ進んでいくことが明らかに必要である。このすべてはトゥキュディデスの思想はプラトンの思想よりも劣っていると言うことに等しい。それともトゥキュディデスはプラトンよりも早く彼の上昇を止める積極的理由をもっていたということがありうるのであろうか？

ひとは比較可能な事柄を比較しなければならない。トゥキュディデスはソクラテス的対話篇を著述しなかったし、プラトンは同時代の戦争の説明を著述しなかった。しかしプラトンは『法律』の第Ⅲ巻において最初の野蛮状態から彼とトゥキュディデスが生まれた世紀に至るまでの展開を素描したが、この素描はトゥキュディデスの考古学と比較されうる。事実、《追悼演説》との比較を要する『メネクセノス』を除けば、その素描はプラトンの諸作品の中で、トゥキュディデスの作品のある部分との直接的かつ教訓的対決ができるような唯一の部分である。ひとが通り一遍の発言においてさえ触れるべきであるように、それら両方の考古学は両者がともにスパルタ人たちの諸もろの感情を損なわないようにしているということを共有している。われわれはここで一点だけ強調する。プラトンは、いかにしてペルシア戦争の時代に行われていた善いアテナイの政体、祖先の政体が彼の時代の極端な民主政治に変容したのかを説き明かす。彼はこの変化を音楽と舞台とに関する祖先の法律の恣意的な無視に遡及している。すなわち歌と演劇の審判者たちに最善の人びとと最も知恵ある人びとをもはや就けないで聴衆全体を就けることによって、アテナイは腐敗した[98]。その少し後で、彼が強く主張したのには、ギリシアを救ったのは、サラミスの海戦の勝利ではなくしてマラトンとプラタイアの陸上の勝利であった[99]。これらの判断はトゥキュディデスの諸もろの示唆と顕著な対照をなしている。トゥキュディデスを基礎にすると、ひとがむしろ言わねばならないであろうことは、アテナイ人たちはサラミスの戦闘をする以外の選択をもたなかったのであり、そして一つのことは他のことに導いていき、彼らは最強の海軍を建設するよう強いられた。その海軍のために彼らは漕ぎ手の男たちとして最貧のアテナイ人たちを必要とした。彼らはそれゆえに貧者たちにアテナイにおいて彼らがかつて享受したことがなかったほどのはるかに高い地位を与えるよう強いられた。すなわちアテナイは民主政治になるよう強いられた。アテナイの民主化は、プラトンがわれわれに信じるように希っているのとは異なり、故意による愚かな行動や選択の行動ではなくして、一つの必然であった。一般的に述べれば、プラトンは、トゥキュディデスとは比較対照的に、選択から区別される運命的なものにあまりにもわずかしか余地を残していないように見えるかもしれない。事実においてはしかしながらその二人の思想家の間にこの点で根本的な差異はない。まさにたった今言及された文脈においてプラトンは、諸政体を確立したり、あるいは立法するのは、人間あるいは人間的知恵や愚かさではなくしてむしろ運（chance）であると言っている。換言すれば、人間は神がみの一種の遊び道具なのである。[100] プラトンは実際、きわめて狭い範囲内でのみ人間たちは異なった政体間の選択をもっているにすぎない、と付け加えている。しかしこれはトゥキュディデスによって否定されてはいない。このゆえに彼は最善の政体の問いを提起する必要があることを否定できない。ひとはこの問いはアテナゴラスやペリクレスのようなトゥキュディデスの演説者たちによってはっきりと答えられているが、確かにトゥキュディデス自身によってははっきりと提起されてさえいないと言うことができるかもしれない。彼は寡頭政治や民主政治のいかなる純粋な政体よりも両者の混合を好んでいるが、しかし彼が知的で有徳な僭主政治よりもその混合を無条件に好んだであろうか否かは明らかではない。彼はこれら二つの政体よりも優越する政体――プラトンの意味あるいはアリストテレスの意味における貴族政治〔優秀者支配政治〕（aristocracy）――が可能であるか疑問に思っていたように思われる。彼は有徳な個人たちについては語っているのに、彼は確かに彼自身の名前において有徳な都市については決して語っていない。彼によれば、都市の自然本性の中に、人間が登ることができるかもしれない高みに都市が登ることを阻む何かがあるように思われる。

トゥキュディデスが第Ⅰ巻においてペロポンネソス戦争の諸原因ないし諸正当化について語る時、彼はこれら三つを強調している。すなわちアテナイの増大する力に対するスパルタの恐怖、条約の違反、およびキロンの時代に被った穢れ。彼はそこでは最も高貴であるように思われるであろう第四番目の原因ないし正当化について、すなわち、アテナイの僭主政治からのギリシア諸都市の解放について、前の三つと同様な強調をもって語っていない。この原因は次の前提に基礎をおいている、すなわち、正しさとして（as of right）、それぞれの都市は独立している、言い換えれば、その大小、強弱、貧富にかかわらず、それぞれの都市はすべてのギリシアの都市を構成する全体の平等な構成員であるという前提に基礎をおいている。それに一致して、すべてのギリシアの都市にとっての共通善が存在し、それがおのおのの都市の野心を制限すべきである。プラトンとアリストテレスが前提しているような都市の自己充足は都市がそのような諸都市からなる社会に依存することやそれが本質的にその社会の一構成員であることを排除している。アリストテレスはおよそいかなる「対外関係」ももたない完璧に善い都市を思い描くところまでいっている。[101] 全体としてのトゥキュディデスの作品の教訓とは、きわめて高貴なスパルタの諸宣言の中に前提されている諸都市の秩序は、異なる諸都市の不平等な力を所与とすればまったく不可能であると言われるかもしれない、けだしそのような不平等は最も強力な諸都市が覇権的にそして帝国主義的にすらならざるをえない帰結に究極的には導いていくからである。しかしその教訓はまた古典的政治哲学の一つの前提を疑わしいものにする。それは古典的政治哲学が前提にしている種類の自己充足を排除する。都市は自己充足的でもなければ、またそれは本質的に多くのあるいはすべての都市を包含する善い秩序あるいは正義の秩序の一部でもない。諸都市からなる「社会」を必然的に特徴づける秩序の欠如、あるいは、換言すれば、《戦争（War）》の遍在は、いかなる都市の正義と徳とを目指す最高次の憧憬に対して、古典的政治哲学が認めたように思われるかもしれないよりもはるかに低い天井をおくのである。

トゥキュディデスの作品にあらわれている演説の大多数とすべての討論は対外政治を、すなわちある都市あるいはある諸都市の集団が別の都市あるいは別の諸都市の集団に関して何を為すべきかを取り扱っている。しかし諸討論の主題はその市民にとって注目の前線にあるものすべてないし第一次的なものすべてである。内戦に瀕していないあるいは内戦の渦中にはない都市にとって、諸もろの最も重要な問いは他の諸都市との関係である。トゥキュディデスが彼のディオドトスをして自由（すなわち、外国の主人的支配からの自由）と帝国を「最も偉大な事柄」と呼ばせているのは理由のないことではない（III 45.6）。一般的に言えば、最も卑賤な者たちでさえも他のいかなる外国人の臣民たちであるよりも彼ら自身の国民の男たちの臣民たちであることを選好する。もしもこれがそうであるならば、対外政治が「われわれにとって」第一次的である、もっともそれは「それ自身において」あるいは「自然によって」第一次的ではないかもしれないけれども。トゥキュディデスは古典的政治哲学の諸もろの高みへ登っていかない、そしてその理由は彼が古典的政治哲学に比して「自然によって最初（first by nature）」であるものとは区別されるものとしての「われわれにとって最初（first for us）」であるものにより関心をもっているからである。哲学とはわれわれにとって最初であるものから自然によって最初であるものへの上昇である。この上昇は、われわれにとって最初のものであるが、それがその上昇に先立って視界に入ってくる作法において可能な限り十全に理解されるべきであることを要求する。換言すれば、政治的理解ないし政治科学は都市を《洞窟》として見ることから出発することはできず、それは都市を一つの世界として、世界における最高のものとして見ることから出発しなければならない。それは人間（man）が政治生活に完全に没頭しているものとして見ることから出発しなければならない。「現在の戦争は最も偉大な戦争である」。古典的政治哲学は政治的理解のこの始まりの表出を前提にしているが、トゥキュディデスが凌駕しがたい作法で、否、比肩しえない作法でそれを展示したようには展示していない。

われわれを最初にアリストテレスの『政治学』へ導いていった政治的事柄の「常識的」理解は、われわれを最終的にはトゥキュディデスの『ペロポンネソス人たちとアテナイ人たちの戦争』へ導いていくのである。

けれどもたいていの時間は都市は平和である。たいていの時間は都市はかの暴力的教師《戦争》に差し迫ってはさらされていない、そして求められていないもろもろの強制にもさらされていない、そしてここから都市の住民たちは彼らが戦争に臨んでいる時よりも穏やかな諸思想を懐いている（III 82.2）。それに一致してたいていの時間は彼らは現在に没頭しているよりもむしろ、古代、先祖伝来のものの賛美に耽る（I 21.2）。暴力的な行程を採るように急き立てられないので、彼らは節度と神法への服従とを賞賛しそれらを実践しさえする。古典的哲学者たちによっても、(102)トゥキュディデスによっても、無条件的に神的なものへの関心は都市の第一次的関心ではないが、しかしそれは都市の観点からすれば「われわれにとって」第一次的であるという事実は、哲学者たちによってよりもトゥキュディデスによってより明晰に明らかにされている。トゥキュディデスがわれわれに占い、地震、日食、ニキアスの事蹟と受苦、スパルタ人たちの悔恨、キロンの出来事、デリゥムの戦闘の余波、およびデロスの浄化について何を告げているかを思い出せば十分である――要約するに、これらすべての事柄を近代の科学的歴史家は利用することはないし、またそれらは彼を辟易させるのであり、そして、古典的政治哲学にとっては神的なものへの関心は哲学とほとんど同一となってしまったがゆえに、それらに古典的政治哲学はほとんど触れることとすらしないのである。われわれが都市のこの疎遠な側面ないし暗い側面を大きな困難もなく正当に扱いうるのは、他のいかなる人びとにもまして、都市が古典的政治哲学によって展示された作法とは異なる作法で第一次的にそれ自身を理解したようにわれわれに都市を見るようにさせたフュステル・ド・クーランジュのような人びとの作品があったからこそであろう。すなわち自然的な都市（the natural city）とは区別対照的な神聖な都市（the holy city）。われわれの感謝の念は、フュステル・ド・クーランジュ、彼の著名な先達たち、なかんずくヘーゲルおよび彼の多くの継承者が古典的政治哲学によって展示されたような都市の哲学的概念に適切な注意を払わなくなってしまったという事実によってもほとんど殺がれることはない。というのは「われわれにとって最初」であるものは都市の哲学的理解ではなくして、都市そのものの中に、前‐哲学的都市に内在している理解であるからであり、その理解によれば、都市は自らを神的なものについての通常の理解における神的なものに従属しそれに奉仕するものと見るのである、あるいはそれを仰ぎ見るのである。この点から始めることによってのみ、哲学者たちが頻繁にはそれを公言することはないけれども哲学の出現とともに古くからある、きわめて重要な問いの完全な衝撃に対してわれわれは開かれるであろう――神トハ何デアロウカ（*quid sit deus*）。

【飯島昇藏、小高康照、近藤和貴、佐々木潤／訳】

注

日本語版への序文

（1） Leo Strauss, "Preface to the English Translation", *Spinoza's Critique of Religion*, The University of Chicago Press, 1997, p. 31.（レオ・シュトラウス「『スピノザの宗教批判』英語版序文」）は、ハインリヒ・マイアー（Heinrich Meier）の *Carl Schmitt and Leo Strauss: the Hidden Dialogues*, The University of Chicago Press, 2006, pp. 91-119（栗原隆・滝口清栄訳『シュミットとシュトラウス——政治神学と政治哲学との対話』法政大学出版局、一九九三年）に再録されている彼の "Notes on Carl Schmitt, '*The Concept of the Political*'"（「カール・シュミット『政治的なものの概念』への注解」）に言及している。

（2） Strauss, Die Religionskritik Spinozas als Grundlage seiner Bibelwissenschatt, Berlin: Akademie-Verlag 1930; *The Political Philosophy of Hobbes: Its Basis and Its Genesis*, trans. Elsa M. Sindair, Oxford: Clarendon Press, 1936（添谷育志・谷喬夫・飯島昇藏訳『ホッブズの政治学』みすず書房、一九九〇年）.

（3） Philosophie und Gesetz, Berlin: Schocken, 1935; *Perscution and the Art of Writing*, Glencoe, IL: The Free Press, 1952.

（4） *Natural Right and History*, Chicago: The University of Chicago Press, 1953（塚崎智・石崎嘉彦訳『自然権と歴史』ちくま学芸文庫、二〇一三年）; *What is Political Philosohy? And Other Studies*, Glencoe, IL: The Free Prees, 1959（飯島昇藏ほか訳『政治哲学とは何であるか？ とその他の諸研究』早稲田大学出版部、二〇一四年）.

（5） レオ・シュトラウス『都市と人間』（本書）二七頁。

（6） シュトラウスは Hilail Gildin, ed., *Introduction to Political Philosophy: Ten Essays by Leo Strauss*, Detroit: Wayne State University Press, 1989 に収められた "The Three Waves of Modernity"（「近代性の三つの波」（石崎嘉彦訳『政治哲学』創刊号、三―二一頁）という論文において、またそれとともに『自然権と歴史』第五章においても、近代の政治哲学の論理的な展開について、十分な説明を与えている。

（7） *Natural Right and History*（『自然権と歴史』）においてシュトラウスは、アリストテレスの「自然権」の理解の性格について問題を提出し、それがプラトンとも中世後期の哲学者たちとも異なることを示唆している。しかし、その違いやその重要性には詳しい説明を加えていない。そして *What is Political Philosophy?*（『政治哲学とは何であるか?』）において、シュトラウスは、政治哲学の問題に対する「古典的解決」を「近代的解決」と対比しているだけでなく、特別に「古典的政治哲学」という一本の論文を捧げてもいる。

（8） Michael Zuckert, "Why Strauss Was Not an Aristolelian," in Leo Strauss, *Education, and Political Thought*, ed. J. G. York and Michael A. Peters, Madison: Fairleigh Dickinson University Press, 2011, p. 114.

（9） その章の終わりにかけてのところで、彼は「アリストテレスの『政治学』の主導的な問いは、最善の体制についての問いである。しかし、この主題は、別の機会にもっとよい仕方で論じられる」（九二—九三頁）、と言明するまでに至っている。その一つの機会は、一九六五年の冬学期に「政治哲学入門」という表題の下で行われた講義であった。それは現在、レオ・シュトラウス・センターのオンラインで閲覧できる。『都市と人間』においてシュトラウスは、明らかに、アリストテレスがその『政治学』で提示した議論に焦点を当てて論じているのではなく、ただアリストテレスが政治的なものについて述べたり示したりしたことを、近代の諸観念との比較と対比のなかで考察しているにすぎないのである。

（10） Martin Heidegger, *Platon: Sophistes*, Vittorio Klostermann, 1992（マルティン・ハイデッガー『プラトンの『ソフィスト』』）。*Interpretation: A Journal of Political Philosophy* 7, No. 3 (1978): 1-3 で死後出版された "An Unspoken Prologue to a Public Lecture at St. Johon's College in Honor of Jacob Klein" において、シュトラウスは、「われわれの精神がその永続的方向性を決するのに必要とした何年かの年に、ハイデッガーの思想ほど、彼とクラインに深く影響を与えたものは存在しなかった、と説明している……。ただクラインだけが、なぜハイデッガーが真に重要であるかを見ていた。つまり、哲学の伝統を単純に退けるのではなく根絶することによって、彼は何世紀もたって初めて、……伝統の根源をそれらがあるがままに見ることを可能にしたということを、彼は見ていたのである。……クラインは、ハイデッガーが始めた可能性を、それを意図せずに理解した、最初の人だったのである。古典的哲学への、アリストテレスとプラトンへの、真なる回帰の可能性、それが引き起こす無限の困難に目を開き、それについて十分に明確な意識をもって回帰した最初の人物だったのである」。

（11） *On Tyranny*, ed. Victor Gourvitch and Michael S. Roth, New York: Free Press, 1991, p. 212（ヴィクター・グールヴィッチ、マイケル・ロス編、石崎嘉彦・飯島昇藏・面一也ほか訳『僭主政治について』上・下、現代思潮新社、二〇〇六、二〇〇七年）.

（12） シュトラウスは後に、そうすることによって、ハイデッガーの分析が「現存在」それ自体の分析であると想定されていて、何らかの特定の宗教や天の配剤からのものと想定されていたわけではなかったにせよ、彼は明らかにキリスト教の啓示の解釈から引き出された「罪」と「良心」のような用語を採用した、と不満を述べている。

（13） Leo Strauss,"Philosophy as a Rigorous Science," *Studies in Platonic Political Philosophy*（Chicago: The University of Chicago Press, 1983）, p. 30.

第I章

（1） キケロ『トゥスクルム論議』V 10、および『最高善と最大悪について』31。クセノフォン『メモラビリア』I 1.11-12 および 1.15-16、『ヒエロン』7.9、『オエコノミクス』7.16 および 7.29-30 を参照せよ。同様にまた、アリストテレス『形而上学』987b1-2、および『ニコマコス倫理学』1094b7, 14-17; 1141a20-22, b7-8; 1143b21-23; 1177b31-33 をも参照せよ。

（2） 『法律』631d1-2; 690b7-c3; 870e1-2; 888e4-6; 889b1-2, 4, c4, d-890a; 891c2-3, 7-9, e5-6; 892a2-3, c2-3; 967a7-d2.

（3） とりわけ『法律』757c-e を参照せよ。

（4） 『ニコマコス倫理学』1134b19-21.

（5） スピノザ『神学・政治論』IV（sect. 1-4 Bruder）

（6） 『法律』891c1-4, e5-892b1; 896b10-c3.

（7） 『法律』739c6-d1（『国家』464d8-9 および 416d5-6 を参照せよ）。

（8） 『政治学』1253a1-18, 1281a2-4.

（9） 『ニコマコス倫理学』1181a12-17. イソクラテス『アンティドシス』80-83、プラトン『ゴルギアス』460a3-4（およびその前後）、『プロタゴラス』318e6-319a2、および『テアイテトス』167c2-7 を参照せよ。

（10）『ニコマコス倫理学』1135a4–5 を参照せよ。
（11）『政治学』1267b22–30; 1265a10–13 および 1263b15–22 同様にまた『ニコマコス倫理学』1172b15–18 をも参照せよ。
（12）プラトン『テアイテトス』173e1–174b7; アリストテレス『政治学』1259a6–18.
（13）『パンセ』（ブルンシュヴィック版）断片 331 および 294. プラトン『法律』804b3–c1 を参照せよ。
（14）『政治学』1267b30–1268a6; 1268b3–4;『ニコマコス倫理学』1094b11–27.
（15）クセノフォン『メモラビリア』I 1.11–16; IV 3.16, 6.1–4 および 7.6. プラトン『ソクラテスの弁明』19b4–c8, 20d7–e4; 23a5–b4、『パイドン』99d4ff.;『パイドロス』249e4–5.
（16）プラトン『ラケス』190e4–191c6 を考慮せよ。
（17）『国家』501b2;『国家』597b–e および『パイドロス』254b5–6 を参照せよ。
（18）とりわけ 1281a16 と b18 を見よ。
（19）『政治学』1268b22–1269a24, 1257b25–27. イソクラテス『アンティドシス』82、およびトマス・アクィナス『神学大全』1 2 q. 97. a. 2. ad 1 を参照せよ。
（20）アリストテレス『形而上学』1074b1–14（トマス・アクィナス *ad loc* を参照せよ）。ヘラクレイトス（ディールス『ソクラテス以前の哲学者たち』）fr. 32 を参照せよ。
（21）アリストテレス『政治学』1254b22–1255a3, 1255b4–15, 1285a19–22, 1327b27–29, 1330a25–33. キケロ『国家』II 57.
（22）『ニコマコス倫理学』1179b4ff.; プラトン『法律』690b; クセノフォン『アナバシス』II 16–20; キケロ『国家』I 2–3.
（23）『ニコマコス倫理学』1094a27–b6, 1180a18–22、『ニコマコス倫理学』1134a34 を『政治学』1287a28–30 とともに参照せよ。
（24）『ニコマコス倫理学』1094b7–10, 1140a26–30, 1141b23–29, 1181a23; ソフォクレス『アンティゴネー』332–372.
（25）『政治学』1257b4ff.; プラトン『国家』341c4–7 および 346.
（26）『政治学』1260a33–41.

（27）『ニコマコス倫理学』1141a28–b9, 1145a6–11.

（28）『ニコマコス倫理学』1095a30–b8, 1103a24–26, 1144a7–9, 1144a20–1145a6, 1178a16–19.

（29）プラトン『国家』I の終わりと、アリストテレス『ニコマコス倫理学』1101b25–27（cf.1132b31–1133a2）を参照せよ。

（30）アリストテレス『霊魂について』434a16–21（cf. 432b27–30). アヴェロエス『プラトン『国家』への注解』(E. I. J. ローゼンタール版）I 23.5 および II 8.1; トマス・アクィナス『「ニコマコス倫理学」への注解』VI lectio 2 (nr.1131)、『神学大全』2 2 q.47. a. 6. ad 3. を参照せよ。

（31）『ニコマコス倫理学』1177b1–8, 1178a28ff.; *E.E.* 1248b9ff. を参照せよ。アヴェロエス『前掲同書』II 12 と 16.10; トマス・アクィナス『神学大全』1 2 q. 58. a. 4–5. および 2 2 q. 45. a. 4. を参照せよ。

（32）『ニコマコス倫理学』1095b30–31, 1099b29–32, 1178b5;『政治学』1278b21–24. アヴェロエス『前掲同書』4.7.

（33）『政治学』1337b33–1338b4.

（34）『パイドン』68b2–69c3, 82a11ff.、『国家』518d9–e3.

（35）キケロ『義務論（*De finibus*)』III 11, 17–18, 72–73. しかし『同書』V 36 を考慮せよ。

（36）キケロ『正しい振る舞いについて（*Offices*)』II 35 とともに『パイドン』82a11–b2 を参照せよ。

（37）『パイドロス』269d–270a.

（38）『ニコマコス倫理学』1094a15–b10, 1099b31, 1104a3–10, 1141b24–27, 1152b1–3, 1181a23;『政治学』1287a32–b3, 1288b10ff. トマス・アクィナス『神学大全』1 q. 1. a. 6. ad. 3. および q. 14. a. 16. c. 同様に、『ニコマコス倫理学への注解』VI lectio 7.（nr. 1200–1201）を参照せよ。

（39）アリストファネス『平和』59 および 63 を参照せよ。

（40）クセノフォン『ヒエロン』4.3–5、プラトン『クリトン』51c1、『法律』856d5 を参照せよ。とりわけアリストテレスの「祖国（the fatherland)」の取り扱いを考慮せよ。

（41）『政治学』1276a26–30; 1319a9–10,29–38; 1321b19, 28. プラトン『法律』758d–e を参照せよ。

（42）『政治学』1284a38–b3, b38–39; 1326b3–5.

（43）『ニコマコス倫理学』1094a18–28, 1095a14–20, 1098a15–17;『政治学』1252a1–7, 1278b21–24, 1324a5–8, 1325b14

-32.
（44）『政治学』1280a25–b35.『神の国』II 20 におけるこれとよく似たアウグスティヌスのこの種の社会の批判を参照せよ。
（45）『国家』372d4 および e6–7.
（46）ヘーゲル『歴史における理性』（ホフマイスター版）p. 125. ヘーゲルは彼の「自然法の学的取り扱い」（『政治学と法哲学のための諸著作』［ラッソン版］pp. 383, 393）において、プラトンとアリストテレスの「ポリス（polis）」を「国民（民族・Volk）」と訳している。ヘーゲルは文化については語らず、「民族の精神（Volksgeister）」と「世界観（Weltanschauungen）」について語っている。バーク『フランス革命についての省察』（『著作集』［Bohn Standard Library］II, pp. 351, 362）および『国王殺しの平和についての書簡』I を（前掲『著作集』V, pp. 241–215）参照せよ。自発的なものあるいは強制的でないものとしての（宗教と同じく国家とも対照的に）としての交易、「社会」および「文化」間の緊密な連関については、ヤーコプ・ブルクハルト（Jakob Bruckharelt）の『世界史的考察（*Weltgeschichtliche Betrachtunge*）』（『全集』VII［Basel, 1929］pp. 20, 42–43, 47–48）で触れられている。
（47）『政治学』1328b11–13 および 1322b12–37. トマス・アクィナス『神学大全』I 2 q. 104. a. 1. ad 3.; cf. 2 2 q. 85. a. 1. ad. 1.
（48）『政治学』1273b40–41, 1275b22–25, 1317a40–b21, 1323a3–6. プラトン『国家』557a9ff. および 562b9–c2、『政治家』303a4–7 を参照せよ。
（49）『政治学』1255b20, 1259b4–6, 1274b32–36, 1275b5–7, 1280a5, 1281b34–38, 1282a16–17, 1295b25–26、キケロ『共和国』I 39–43 を参照せよ。プラトン『国家』557d4–9 を考慮せよ。
（50）『政治学』1294a9–14, 1317b5–10.
（51）『政治学』1274a17–18, 1281b28–30, 1328b24–1329a2, 1329a19–26.
（52）1281a39 から 1283b35 にかけての民主制のための議論を 1282b36; 1283b16–23; 1284a3–8, b13, 28–33 の議論と比較せよ。1282a15–16 を参照せよ。
（53）『法律』693d2–e8.

(54)『政治学』1253a27–29, 1267a10–12, 1284b25–34, 1286b20–22, 1288a26–28, 1313a4–5;『ニコマコス倫理学』1160b3–6,1177a27–b1.

(55)『ゴルギアス』481d3–5 および『国家』494–7 を参照せよ。

(56)『政治学』1254a28–b16.

(57)『ニコマコス倫理学』1113b6ff.

(58) プラトン『ティマイオス』41e3–4 および 90e6ff. を参照せよ。『ゴルギアス』526e1–4、『国家』379c5–7, 380a7–b8, 617e1–5 を参照せよ。

(59)『神学大全』I. q. 21. a. 1., q. 23. a. 5., q. 65. a. 2., q. 96. a. 3–4.; *S. c. G.* II 44.

(60) ライプニッツ『自然と恩寵の原理』七節、『モナドロジー』五〇―五一節、五四節、『弁神論』一五一節、二一五節。

(61)『社会契約論』I 8–9 を『学問芸術論』の諸命題とともに参照せよ。

(62) 一方においては、フィヒテ『学者の使命について』I–III、他方では、マルクス - エンゲルス『ドイツ・イデオロギー』27–30, 68–69, 74, 221, 414–415, 449 とマルクス『初期草稿』(ランツフート編) 233 および 290–295 を参照せよ。ヘーゲルの『法哲学』200 節における彼の自然的不平等の取り扱いを参照せよ。

(63)『政治学』1252b27–1253a2, 1253a9–10, 1256b7–24, 1280b33–1281a2;『ニコマコス倫理学』1178b24–28;『魂について』431b21–23.

(64)『形而上学』982b29 (プラトン『パイドン』66d1–2 および文脈を参照せよ)、『ニコマコス倫理学』1157b7;『政治学』1331b39–1332a3, 1332a29–31; プラトン『法律』709a–b.

(65)『形而上学』982b32–983a4.

(66) ホッブズ『市民論』I 2、『リヴァイアサン』一三および一五章 (両版を見よ); スピノザ『神学・政治論』IV 一―五節 (Bruder)、『エチカ』IV、まえおき; ロック『人間悟性論』III 11.15.

(67)『ニコマコス倫理学』1181b12–23 をも参照せよ。

(68)『政治学』1252a7–23, 1253a8–10, 1274b38–41.

(69)『ニコマコス倫理学』1098a8–11.

(70) 『政治学』1274b38, 1275a7–8.
(71) 『政治学』1267b3–11.
(72) アリストテレス『アテナイ人の国制』28.5; クセノフォン『ヘレニカ』II 3.30–31 を参照せよ。
(73) 『政治学』1276b10–15; また、1286a2–4 を参照せよ。
(74) 『政治学』1323b40–1325b 32; とりわけ 1324a19–23 を見よ。しかし、〔トマスの〕『政治学への注釈』VII 2 講を考慮せよ。

第II章

(1) アリストテレス『ニコマコス倫理学』1108a19–22; 1124b29–31; 1127a20–26, b22–31.
(2) プラトン『恋がたき』133d8–e1; 134c1–6 を参照せよ。
(3) バーネット、プラトン『ソクラテスの弁明』38a1 について。『饗宴』218d6–7 およびアリストテレス『ニコマコス倫理学』1127b25–26 を参照。
(4) 『パイドロス』275d4–276a7 および 264b7–c5.
(5) 『メモラビリア』I 6.14, IV 1.2–2.1; IV 6.13–15 を『シュンポジオン』4.56–60 と比較せよ。プラトン『国家』450d10–e1.
(6) 『国家』505a2–3 を参照せよ。
(7) 『国家』492a8–494a6.
(8) 37a6–7; 39e1–5 および『ゴルギアス』455a2–6 を参照せよ。
(9) 17c8–9, 19d2–3, 21e6–22a1（および文脈）を、23b5–6 および 23e3–24a1 とともに、参照せよ。
(10) III 10–11.
(11) 『テアイテトス』142c8–143c5.
(12) 『国家』392c1–394c6.
(13) 『国家』394b6–c2.
(14) 『パイドン』115c5; クセノフォン、『ソクラテスの弁明』28.

(15)『女たちの会議』558–567, 590–591, 594–598, 606, 611–614, 635–643, 655–661, 673–674 を参照せよ。また、1029 を『国家』442d10–443a7, 416d3–5,417a6–7, 464b8–c3, 372b–c, 420a4–5, 457c10–d3, 461c8–d2, 465b1–4, 464d7–e7, 416d6–7, 493d6 と比較せよ。『国家』451c2 を『女だけの（テスモポリア）祭』151 と、452b6–c2 を『女の平和』676–678 と、また、473d5 を『女の平和』772 と比較せよ。また、420e1–421b3 を考慮せよ。

(16) リュシアス『エラトステネスに抗して』4–23; クセノフォン『ヘレニカ』II 3.39, 4.19, 38; プラトン『第七書簡』324c5; アリストテレス『政治学』1303b10–12 および『アテナイ人の国制』35.1. 将軍ポレマルコスは、外国人居住者たちが巻き込まれた訴訟の費用請求の際のアテナイの長官であった（アリストテレス『アテナイ人の国制』68）。

(17)『メモラビリア』III 6.

(18) トマス・アクィナス『神学大全』2 2 q. 58. a. 1. キケロ『法律』I 19 および 45 を参照せよ。

(19)『国家』332c2 およびクセノフォン『キュロペディア』I 3.17.『ゴルギアス』487a とともに『国家』450d10–e1 を参照せよ。

(20) 450d10–e1 を『ゴルギアス』487a と比較せよ。

(21) キケロ『国家』I 28 を参照せよ。クセノフォン『メモラビリア』IV 8.11 および I 6.5 を参照せよ。

(22)『国家』359a4;『ゴルギアス』504d1–3; クセノフォン『メモラビリア』IV 4.1, 12; 6.5–6; アリストテレス『ニコマコス倫理学』1129a32–34.

(23)「法」と「個人の善」の関わりの理解のためには、『ミノス』317d3ff. を参照せよ。

(24)『パイドロス』267c7–d2; アリストテレス『弁論術』1404a13.

(25) 337d10, 345a1–2. Cf. 350e6; 351c6, d7; 352b4; 354a10–11 を『ゴルギアス』462d5 とともに参照せよ。

(26) 348e5–349a2 を『ゴルギアス』474c4–d2, 482d7–e5、および 487a7–b1 とともに参照せよ。

(27) 347d8–e2; アデイマントスのトラシュマコスとの同意を参照せよ（367c2–5）。

(28) 360e7–361a1; 361b2–6, c3; 362a8–b1, b7–8; アイスキュロス『テーバイに向かう七人の将軍』590–610.

(29) *Leviathan*, ch. 15 (p. 94 Blackwell's Politicai Texts ed.)。

(30) キケロ『義務論』III 20–22.

(31) *Metaphysics* 991b6-7, 1070a18-20.

(32) この文脈で最も長いアデイマントスの応答（371 c5-d3: 店の主が要求すること）をソクラテスのそれ（e5-6: 私が信じているように）と比較せよ。

(33) また、ソフォクレスの『アンチゴネー』332ff を 786ff と比較せよ。

(34) 376d9, 387b3-4, 388e2-4, 389a7, 390a5, 396c10, 397d6-e2, 398a8.

(35) 382d11-e3, 378b2-3, 380b1. ポレマルコスとアデイマントスは一緒に現れる。

(36) 382c6ff., 389b2-d6; 389b2-4 における条件的であるとともに部分的に韻を踏んでいる節を参照せよ。

(37) その困難さの核心は、366c7 では、神々は自ら神的な自然的性質を持つという事実を考慮する場合にわれわれが見るように、示唆されている。

(38) 386a1-6 とともに 395c4-5 および 427e10-11 を参照せよ。388e5; 389b2, d7; 392a8-c5.

(39) 399c3, e11; 401a5-8; 402c2-4; 403c4-8; 410a8-9; e10; 411c4ff.（376e2-10）; 416d8-e1.

(40) 一方では 410d3 と 412a4 における「混合されていない」と他方では 397d2（e1-2 を参照）における「混合されていない」との意味の違いを参照せよ。

(41) ルソー『社会契約論』II 7（「立法者について」）を考慮せよ。

(42) 439d6 を参照せよ。『ティマイオス』におけるそれとよく似たやり方を参照せよ。『ティマイオス』では気概の欲望に対する優越性を主張するテーゼは、原初の男、つまり彼の制作者の手をそのまま残しているような男は無性的な男であるとする結論によって繰り返し述べられている。69d-71a と 72e-73a を 91a-d とともに参照せよ。また、88a8-b2 も参照せよ。

(43) 『法律』篇 731b3-d5 を参照せよ。

(44) この困難は『法律』篇の最後のところで最も印象的な仕方で暗示されている（963e）。前掲注を参照せよ。

(45) 505a2-3, 507a8-9, 509a6-8, 532d2-5, 533a1-2, 596a5-9, 597a8-9.

(46) 『パイドロス』257b3-4 におけるソクラテスによるポレマルコス称賛を参照せよ。

(47) 485b, 486a-b, 496c6, 499c1, 501d1-5, 517c7-9, 519c2-d7, 539e.

(48) 『テアイテトス』176a5-8;『法律』896e4-6.

(49) カント『人倫の形而上学』、徳論への序説 I および II.
(50) 『ソクラテスの弁明』30a3-4 を考慮せよ。
(51) トゥキュディデス『戦史』VI 27-29, 53-61.
(52) 『ドイツ・イデオロギー』S. 30.
(53) 『華やぐ知恵』nr. 1.
(54) キケロ『共和国』II 52.

第III章

(1) 『ティマイオス』19b3-d2, 20b3.
(2) 『詩学』1451a36-b11.
(3) Hobbes, *English Works* (ed. Molesworth) VIII, pp. viii, xvi-xvii, xxii, xxix, and xxxii. *Opera Latina* (ed. Molesworth) I, pp. lxxxviii and xiii-xiv を参照せよ。
(4) *English Works* VIII, p. xvii.
(5) Karl Reinhardt, *Vermächtnis der Antike* (Göttingen, 1960) 216-217.
(6) I 2.5-6, 6.3-5, 10.2-3, 13.1, 15.2, 18.1-2, VIII 1, 24.4, 96-97.
(7) プラトン『カルミデス』159bff.
(8) 神法はこの文脈において（III 82.6）同族（kinship 家族）と確立された諸法（都市）によって先行されている。その順序は上昇の一つであるように現れる。ここではトゥキュディデスはもはや諸もろの言葉の意味の変化については語らない（*ibid.* 4-5）。彼は、内戦において同族その他がもはや同族その他と呼ばれなくなったということを意味しているのではなくして、それらはもはや高い評価を受けていないということを意味しているのである。一つの帰結として、彼は、敬虔（*ibid.* 8）が軽蔑されるようになった後では、それが何と呼ばれているのかについてわれわれに告げていない。
(9) ルクレティウス〔『物の自然について』〕VI 1096ff. を参照せよ。
(10) アリストファネス『平和』204ff. III 86-89 における諸もろのトピックの順序を参照せよ。シケリアへのアテナイの小遠征。疫病がアテナイ人たちを再度襲う、そして諸もろの地震。アイオロスとヘパイストス。ある地震を凶兆とみなしたスパルタ人たちはアッティカに侵入しなかった。諸もろの地震の諸もろの自然的帰結。（ケルキュラにおける）内戦を取り扱っている直前のセクション（III 69–85）は、その中で「神法」が触れられている唯一のセクションである。

（11）Classen-Steup, *Thukydides* I（4th ed.; Berlin, 1897）pp. xliv–xlvi を参照せよ。

（12）IV 44 をプルタルコス『ニキアス伝』6.5–6 と比較参照せよ。

（13）A. W. Gomme, *A Historical Commentary on Thucydides*, I（Oxford, 1945）26.

（14）〔イソクラテス〕『パンアテナイア祭演説（*Panathenaicus*）』76–83;〔エウリピデス〕『ヘレネ（*Helen*）』49.

（15）I 1.2; II 41.4 を参照せよ。

（16）プラトン『国家』368e7–8 を参照せよ。

（17）I 3.3; 9.1, 3; 10.3; 11.1, 3; 21.1; 22.4.

（18）キケロ『雄弁家』39 を参照せよ。

（19）エウリピデス『ヘレネ』13–14 を参照せよ。

（20）I 4 と 9.1–2. I 13.6（I 8.1 を参照せよ）における神（a god）への最初の論及と I 126.3–5 とを比較参照せよ。II 68.3–5 と 102.5–6 とを考慮せよ。

（21）プルタルコス『ニキアス伝』23.2–3.

（22）I 18.1 における ***ek palaitatou*** を I 1.2 と比較参照せよ。

（23）VI 70.1 を考慮せよ。

（24）V 14（アテナイとスパルタの両者がなぜ平和を選好したのかの理由）と V 15（スパルタ人たちが平和のためのイニシアティヴをとった理由）とを比較参照せよ。

（25）I 20 冒頭。その一節が明らかにしているのは、それに先立つ議論全体が古代の事柄を直接的にあるいは間接的に取り扱っているということである。それは最近の時代の古代に対する力の優越性を示すことによってそれらを間接的に取り扱っている。

（26）I 20.1, 3; I 140.1 を参照せよ。

(27) これは割り引いてとられなければならない。II 17.2, III 89.5, VI 55.3, VII 87.5, VIII 56.3, 64.5, 87.4 を参照せよ（*ibid.*3 冒頭を参照せよ）。さらにまた I 1.3; 9.1 3; 10.4 を参照せよ。
(28) さらにまた I 21 末尾と I 23 冒頭を比較参照せよ。
(29) Gomme. *loc. cit.* 169.
(30) さらにまた VI 77.1 末尾、79.2, 80.3 を参照せよ。
(31) とくに II 37.1 と II 65.9 とを比較参照せよ。
(32) III 37.1-2; 38 冒頭（II 61.2 を参照せよ）。
(33) II 87.9, 89.10. VI 69.3 を参照せよ。ポルミオンはアテナイ人たちだけに向かって演説を行ったのであり、他のいかなる同盟国に対してでもない。II 88.3.
(34) この点においてアテナイ人たちの演説に最も接近しているのはポルミオンによるそれである（II 88-89）。
(35) I 86.1; I 73.2-3 を参照せよ。
(36) Gomme. *loc. cit.* 254.
(37) プラトン『メネクセノス』235d.
(38) スパルタ人たちが三百名の男を喪失することを憂慮した時になされたアテナイにおけるスパルタ人たちの唯一の演説に対応する他のものは、破滅的な疫病後のスパルタにおけるアテナイ人たちのありえたかもしれない第二番目の演説である（II 59.2）。スパルタ人たちは、もしもアテナイ人たちが彼らの要求を傾聴したならば、和平を結んだであろう。ペリクレスは、たとえスパルタ人たちがアテナイ人の使節団の要求を傾聴した場合でさえも、和平を阻止したであろう。
(39) I 84.2, VIII 1.3. さまざまに異なった動機から率直さを欠くことは、スパルタにおけるコリントス人たちの第二番目の演説を解き明かす（I 120-124）。彼らの直前の演説の中でアテナイの危険な力を指摘することによって、彼らはスパルタ人たちがアテナイ人たちに抗して戦争を遂行する決定をしたのに貢献していた。その決定がなされた後で、彼らは、理由〔原因〕（cause）がないわけではないが（I 125.2）、スパルタ人たち（とその他の同盟諸国）が包囲されたポテイダイア人たちを救出するのに十分なほど精力と迅速さとをもって戦争を遂行しないのではないかと恐れた。「ある人間が未来への彼の固い信念の中で計画することは、彼が実践において遂行するものとは非常に似ていない［というのも、実践する段になると、恐怖が介入するからである］」。このパラフレイズはゴムのものであるが、われわれが角括弧［ ］の中に表現した思想を彼が省略しているのも彼に特徴的である。コリントス人たちは彼らの同盟諸国の予期される精力と迅速さとの欠如をば後者の勝利への過信に遡及しているが、その理由は彼らの同盟諸国のポテイダイア人たちへの関心（concern）の生温さについて、すなわち、コリントスとその同盟諸国との利害関心（interest）の差異（120.2 を参照せよ）について語ろうと希わないからであり、そしてアテナイの力についての彼らの同盟諸国の恐怖について不当にも語ろうと希わないからである。その恐怖についての彼らの恐怖が、なぜ彼らがそうしているようにその戦争の見通しについて希望に満ちて語るかの理由を解き明かす。

(40) パルメニデス（Diels, *Vorsokratiker*, 7th ed.）断片8の十四行目と三十五行目。

(41) 71.5, 78.4. 86.5 でその名において誓いが立てられている神がみへの諸言及を参照せよ。諸都市間の諸関係における諸もろの誓いの重要性は、II 5.6 とその文脈から最も明白に現れる。

(42) クセノフォンの『アナバシス』II 2.3 におけるスパルタ人クレアコスの同様に鼓舞された発言を参照せよ。

(43) VII 18.1-2 を参照せよ。I 128.1 と V 16.2-3 におけるスパルタ人たちの諸もろの対応物（parallels）と、V 32.1 におけるアテナイ人たちの対応物とを参照せよ。

(44) I 86.5 を参照せよ。

(45) I 139 冒頭から明らかなように、I 126–138（約 325 行）は聖なる法（the sacral law）からとられた諸論拠に充てられている。もしもひとがテミストクレスを取り扱っている章句（135. 3–138 末尾）を余談（excursus）と呼ぶことに固執するならば、ひとは九十七行を差し引くことができるかもしれない。政治的諸論議とそれらに対するペリクレスの応答（139.1–4, 140.3–4, 144.2）は最大でも三十六行を占める。

(46) I 139.1, 140.4.

(47) Gomme. *loc. cit.* 447.

(48) 「事実（fact）」と「原因（cause）」の区別に関しては、I 23.4–5 を参照せよ。I 20.2 におけるアテナイの僭主殺害についての発言と、VI 54–59 におけるその主題の繰り返しとの最も重要な差異はおそらく、まさに後者においてのみ僭主殺害の原因が明らかにされているという事実であろう（54.1, 57.3, 59.1 を参照せよ）。単なる

「口実（pretense）」に過ぎなかった「原因」についての V 53（第十三年目の中心的出来事）を I 23.6 と対比せよ。

(49) I 1.3 においてトゥキュディデスはペロポンネソス戦争以前に何が起こったのかの明晰で確かな知識は手に入らないと言っているように思われる（さらにまた I 20 冒頭を参照せよ）、けれども彼はこれをとうてい意味することはできない、というのも少なくともその戦争の直前の数十年間に起こったことについては彼は明晰な説明をしているからである。なかんずく、ペロポンネソス戦争のそれ以前の諸もろの戦争に対する優越性を証明しようとする彼の試みはまさにそれ以前の諸もろの戦争についての明晰で確かな知識を要求するからである。同様にペロポンネソス戦争の諸原因、すなわち、その戦争に先行する諸事物の彼の探究は、もしも I 1.3 における彼の発言が文字通りに（literally）とられるならば、意味をなさなくなるであろう。しかしトゥキュディデスは無教養（illiterate）ではなかった。ひとはしたがって文字通りに理解されたその章句の趣旨（import）を考慮しなければならない。もしもペロポンネソス戦争以前に起こったことについての明晰で確かな知識がないならば、ペロポンネソス戦争の優越性についての明晰で確かな知識もありえない。その優越性を信じることは、その他の戦争の優越性をその戦争の同時代人たちが信じるのとまったく同様に単なる一つの偏見（prejudice）にすぎなくなる（I 21.2）。もしもペロポンネソス戦争以前に起こったことについての明晰で確かな知識がないならば、その諸原因についての明晰で確かな知識もありえないし、いわんやその最も真なる原因の知識もありえない。それらの原因は神秘に覆われている。それらについてホメロス的用語で説明することは、トゥキュディデス的用語で説明するのと同じくらい少なくとも理にかなっている。

(50) I 23.6, 86.5, 88, II 8.5.

(51) IV 98.5 を視野に入れつつ、ひとはスパルタにおけるアテナイ人使節団が断言していることを基礎にすると、まさに傲慢（*hybris*）の可能性と、そしてこのゆえに神法の可能性とは現存しないと言わざるをえないであろう。

(52) VI 83.2, 4; 85.1; 87.2. VII 57 における利益（interest）およびそれと類似のものを排除する、強制の制限された意味を参照せよ。

(53) われわれはここでは諸演説だけを考慮し大量虐殺（butchery）を考慮しない。トゥキュディデスがその行為について何を考えたかはミュティレネ人たちを大量虐殺しようとした意図についての彼の判断から推論されるかもしれない（III 36.4, 6 と 49.4）。

(54) VIII 24.4-5. この章句を III 40.1 と比較参照せよ。すなわちクレオンはミュティレネ人たちの「過ち（mistake）」を正義の観点から判断している。トゥキュディデスはキオス人たちの「過ち」を安全ないし賢慮の観点から判断している。IV 108. 3-4 を参照せよ。さらにまたオルコメノス人たちの事例（V 61.5）も参照せよ。

(55) アリストテレス『ニコマコス倫理学』1178a23-33; クセノフォン『アナバシス』II 1.12.

(56) アリストテレス『ニコマコス倫理学』1104b24-25 とイザヤ書三十章十五—十六節を参照せよ。ピンダロス『ピュティア勝利歌』VIII 冒頭を参照せよ。

(57) 第二番目の事例に関しては、『国家』366c3-d1 を参照せよ。

(58) VIII 40.2 と 24.4. I 101.2,118.2, IV 41.3, 80.3-4, V 14.3 を参照せよ。

(59) 都市と諸個人との中間的段階は、都市の内部における政治的に最も有意味な諸集団、強者ないし富者と大衆（multitude）である。ついには内戦に至る彼らの反目は、諸都市の間でついには戦争に至る反目と、諸個人の間でついには反逆（treason）およびそれと類似のものに至る反目との間にある。

(60) これはプラトンによって彼の『メネクセノス』の中で模倣された。プラトンはトゥキュディデスのペリクレスよりもさらに踏み込んでさえいる。これをゲティスバーグ演説だけでなく、デモステネス、ヒュペリデス、およびリュシアスの『諸追悼演説（*Epitaphioi*）』とさえ対比せよ。

(61) II 42.4. さらにまた 43.2 冒頭を参照せよ。そこで彼は、「不老の ageless［「不死 immortal」ではない］賞賛」は各人自身のものであると断言しているのに対して、死は各人自身のものであるということを否定しているように思われる。

(62) すなわち彼らはブラシダスと同様の諸資質をもっていた（IV 81.2）. VI 54.6-7 は僭主政治と敬虔との間には軋轢がないことを示している。さらにまた I 126.3-4 とアリストテレス『政治学』1314b38ff. を参照せよ。

(63) I 17, 18.1-2, 20.2, VI 53.3-59.4. トゥキュディデスがいわゆる僭主殺害の時に真に起こったことを「私的に」知っていたのとまったく同様に、彼はまたギリシアの反逆者たちテミストクレスとパウサニアスと、ペルシア王との書簡を私的に知っていたに違いない、けだし彼はそれを一語一語引用しているからである（I 128.7, 129.3, 137.4）。僭主ヒッピアスもまた、ペルシア王のためにギリシア人たちに対する反逆者として生涯を閉じた。私的利益と公共利益の対立に根をもつ「僭主政治」の現象と「反逆」の現象は相伴う。ペロポンネソス戦争の時の、あるアテナイの僭主の可能性に関しては、とくに VIII 66 を参照せよ。

(64) マキァヴェッリ『ディスコルシ』I 28-31 を参照せよ。

(65) アンティフォンの徳に対する賞賛（VIII 68.1）は「アルキビアデスの」文脈の一部として理解されねばならない。すなわちアンティフォンは、ブラシダスとアテナイの僭主たちがそうされた（IV 81.2, VI 54.5）ようには、彼が徳と（政治的）知性を保持していたという事実のゆえに賞賛されてはいない。

(66) I 73.2-74. 4, II 14-16, 34.5, 36.1-3; プラトン『法律』707b4-c6 を参照せよ。

(67) プラトン『ラケス』197d.

(68) V 46.1 におけるニキアスによる演説についての報告を参照せよ。ブラシダスに関しては、II 86.6（あるいは 85.1）を、その箇所よりも前の II 25.2 における彼についての唯一の論及と比較参照せよ。アルキビアデスの最初の演説に先立つアルキビアデスの諸行為はニキアスのそれらに比べて数において少なくはないが、多様性に欠けている。ニキアスの独自の意義は、彼は大胆さの都市にあって節度の優れた代表者であるという事実に存する。自らの軍事的名声と縁起（omens）とに関心をもつ敬虔な紳士の将軍としてニキアスはまた、その作品がなかんずく戦争と縁起を取り扱っているトゥキュディデスによって第一次的に名宛されている読者たちの種類（class）を代表している（I 23.2-3 を参照せよ）。その作品が最も善く理解されるのは、ひとがそれを未来の何世代ものニキアスたちに、彼らの都市の潜在的大黒柱たちに第一次的に名宛されているものとして読む場合である、彼らはもちろん、あのように数多くの戦闘ならびに縁起のゆえにあのように偉大であった最大の戦争についての説明に魅了されるであろう。それらの第一次的な名宛人たちの中には、ニキアスを超えて彼らの視界を上げることすなわち上昇することを学ぶことのできる者がいるであろう。その上昇は第一に、ニキアス以外の男たちについての、すなわち、テミストクレス、ペリクレス、ブラシダス、ペイシストラトス、アルケラオス、ヘルモクラテス、およびアンティフォンについてのトゥキュディデスの明示的な賞賛によって導かれるであろう（以下の注71を参照せよ）。しかしそれはさらにまた最終的には、デモステネスとディオドトスについての、沈黙のうちにのみ伝達されるトゥキュディデスによる賞賛によって導かれるであろう。

(69) VI 31 を 12.2 および V 40.1 と比較参照せよ。さらに VII 28. 1, 3, 4 を参照せよ。

(70) VII 18.2 を参照せよ。V 32.1（すなわち、トゥキュディデスによって物語られたようなその戦争の中央の年についての彼の説明の中央の近く）におけるアテナイの対応物を参照せよ。不正義と逆境との連関についてのアテナイ人たちの反省はニキアスの上昇の時代に属する。メロス島におけるアテナイの使節たちとアテナイ人民との差異はデリオンでのアテナイの敗北の後のアテナイ人たちとボイオティア人たちとの交渉によってもまた例示されている。アテナイ人たちはアポロの神殿を占拠し防御を固めていた。ボイオティアの指揮官は戦闘前に軍隊への彼の訓示の中で、アテナイ人たちの行動の冒瀆的性質を指摘し、そして神がみはボイオティア人たちを助けるであろうという結論を引き出している（IV 92.7）。アテナイ人たちはその戦闘に敗北する。ボイオティア人たちは、アテナイ人たちがデリオンの神殿を穢してしまったという根拠からアテナイ人たちに彼らの死者たちを集めるのを許可するのを拒絶する。アテナイ人たちはその根拠はうわべだけであることを示そうと企てる（97–99）。この論争についてのトゥキュディデスの説明はその戦闘についての彼の説明よりもかなり広範である。その章句への論評の中でゴムは次のように発言している。「トゥキュディデスは奇妙なことにこの詭弁的事柄に興味をもっている」そして「これらの言葉の議論を彼が強調したのは、アテナイ人たちに彼らの死者たちを収集することを認めるのをボイオティア人たちが拒絶することは、その戦争のもう一つ別の邪悪な結果――ギリシアにおいて承認されていた人間味ある諸もろのしきたりの一つの放棄――であったと彼が感じたことに起因したのである」。「人間味ある」しきたりはある特殊な敬虔、すなわち、神的なものについてのある特殊な理解に基礎づけられていたのであり、そしてその地位はそれゆえ諸寺院の汚染の禁止のそれと根本的には異ならなかった。メロス島へのアテナイの使節たちの――あるいはソクラテスの――観点からすれば、死骸の運命（fate）はまったくどうでもよい事柄であろう。聖なる事柄に関する決疑論に対するトゥキュディデスの「奇妙な関心」は、アテナイ人たちがボイオティア人たちへの彼らの応答の中で明示的に言及している（98.5–6）《正しさ（Right）》と《強制（Compulsion）》という根本的争点に対する彼の興味の必然的帰結である。われわれはここでも再びトゥキュディデスが「科学的歴史家」よりも開かれた精神の持ち主であるあるいは「科学的歴史家」よりも自明視することが少ないことを見るのである。

(71) それゆえにニキアスの徳は無条件的ではない。それはブラシダス（IV 81.2）、アテナイの僭主たち（VI 54.5）、およびアンティフォン（VIII 68.1）の徳とは区別対照的に、法律によって育まれたのである。

（72）最後の文章によって私は、I 70.8-9 においてコリントス人たちが言っていることに対するペリクレスの暗示的応答を明らかにしようと努めた。

（73）I 90.3-91, 93.3-4, 95-96.1, 128-138. プラトン『法律』642c6-d1 を参照せよ。

（74）プラトン『法律』666e1-7; アリストファネス『蛙』1431-1432.

（75）III 37-38; 40.2, 4. I 71.3 および 84.3 を参照せよ。

（76）III 79.3（69.1 および 76 を参照せよ。III 93 末尾を 92.5 末尾と比較参照せよ［アルキダスが中央である］）。さらにまた II 86.6（スパルタの指揮官たちは兵士たちを呼び集め、そして次に、兵士たちの雰囲気を見ながら、彼らに宛てて語ることに決定した）と 88.3（ポルミオンは兵士たちの雰囲気を見てそして次に彼らに宛てて語るために彼らを呼び集めた）とを参照せよ。ポルミオンの演説（89.1, 8）における「見ること（seeing）」への言及とスパルタ人たちの演説におけるそれについての沈黙とを参照せよ。「見ること」というテーマは、これらの演説に続いた戦闘についての物語（narrative）において、落とされていない。

（77）彼はアテナイにおけるペリクレスの独自の立場についての彼の最初の二つの陳述（I 127.3 と 139.4）において同様の手順を踏んでいる。最初の陳述において彼はペリクレスを賞賛していないのに、第二番目のそれにおいては賞賛している。それら二つの陳述の間で彼はキロンについての彼の説明と、パウサニアス－テミストクレスについての彼の説明とをしている。中央における説明はペリクレスの傑出した諸資質に対する理由を暗示している。中央はそれに先行するものとそれに後続するものとを照らす。テクストの本文で議論されている実例において中央はそれに先行するものとそれに後続するものとによって照らされている。

（78）I 1.2, 21.1, 22.4, II 38.2, 41.4, 42.1-2, 62.1.

（79）ペリクレスへの彼の頌徳演説の中でトゥキュディデスは、ペリクレスがアテナイ人たちが「時宜をえずに不遜なほど大胆であるのを見た時には、彼は彼の弁舌をもって彼らを恐怖に陥れたものである」と言っている（II 65.9）。トゥキュディデスがこの種類のペリクレスの演説の実例を一つも挙げていないことは特徴的である。本書、二四三―二四五頁を参照せよ。

（80）IV 28-30. スパクテリア島での作戦にとって、アイトリアにおけるデモステネスの経験は重要であった。IV 30.1 だけでなく III 97.2-98.5, IV 28.4 および 32-34 をも参照せよ。

（81） I 140.1. II 91.3-4 を、ペロポンネソス人たちの演説（87.2）における運への言及、そしてフォルミオの演説におけるそれへの沈黙と比較参照せよ。『蜂』62 を参照せよ。

（82） IV 34.2; 33.2 と 38.3-4 を参照せよ。さらにまた II 5.4-6.4 と III 97.2-98.4 を参照せよ。本章の注26を参照せよ。

（83） 第III巻の末尾でトゥキュディデスは、冬の終わりに触れる前に、春に起こったアイトネ山の噴火に触れている。「この表面的に非論理的な著述の理由は明らかである。すなわちトゥキュディデスは新しい『巻（book）』をある出来事、エトナ山の噴火に触れることによって開始したくなかったのである、その出来事はそれ自身記録する価値はあったものの戦争にはまったく関係がなかった。それを一つの『巻』の末尾にしまいこむのが最善であった、たとえそれが、厳密に言えば、それをそれとは違う年に置くことを意味したとしても……」Gomme II 704. ゴムが『巻（book）』によってその戦争の一年間についての説明を意味していると想定しつつ、ひとは、トゥキュディデスはその戦争の第八年目についての彼の説明を太陽の蝕とある地震に――その春にもまた生じたそしてその戦争とは明らかに何の関係もなかった自然的諸現象に――触れることをもって始めている、と言わなければならない。第III巻の終わりは第六年目についての説明の、つまりその説明が自然的諸現象に触れることをもってほとんど始まり（III 89）かつそれらに触れることをもって文字通り終わっている唯一の年の説明の終わりである。第五年目についての説明はある自然的現象に触れることでほとんど終わる（III 88.3）。第五年目から第六年目への移行はその戦争の第一番目の部分の中央である（V 20 を参照せよ）。（自然的なものと、自然的ではないもの、すなわち、なかんずく慣習的なものとの区別は、トゥキュディデスの「歴史の哲学」にとって、単なる年代記（a mere chronicle）に限りなく接近しそうになる物語（a narrative）を通して沈黙のうち伝達される教えにとって、鍵であるように思われるだろう。触れられたこの区別は、トゥキュディデスが、あらゆる「慣習的（conventional）」でありそしてこのゆえに必然的に地域的暦とは区別される、スパルタ人たちとアテナイ人たちにとっても、ギリシア人たちとペルシア人たちにとっても同一である「自然的（natural）」暦に従っていること〔「諸もろの夏と諸もろの冬に従いつつ」――V 20.2-3, 26.1〕に反映されている。ある託宣が戦争は九の三倍の年続くであろうと予言していた〔26.4〕。トゥキュディデスは第十年目についての彼の物語を〔そしてその年についてのみ〕アテナイ人たちの側における敬虔の行動〔V 1〕についての――彼らの罪悪感と一見すると結びついている行動についての――説明をもって開始している［V 32 を参照せよ］。その説明において彼は「私が前に明らかにしたように」という語句を、その他の点では VI 94.1 においてのみ、すなわち、その戦争の第十八年目についての説明の冒頭においてのみあらわれる語句を用いることによって、それよりも前の出来事に遡って言及している。その説明の末尾近くにおいてトゥキュディデスは戦争に関するスパルタ人たちの罪悪感について語っている［VII 18.2,4］。［V 1 と VI 94.1 との連関については、I 13.6 をも参照せよ。］さらに本章の注70をも参照せよ。もう一つ別のヒントが、トゥキュディデスがそれぞれの年についての彼の説明を、ある場合には「その戦争の第n年目の終わりである」という語句をもって、そしてある場合には「トゥキュディデスが記述した戦争の第n年目の終わりである」という語句をもって、終わっているという事実によって伝達されている。

(84) V 66–68. V 74 末尾と II 39.1 を参照せよ。

(85) IV 108.6 を参照せよ。

(86) VI 24.3. ここがトゥキュディデス自身がエロス（*eros*）という名詞を使用している唯一の機会である。彼の登場人物の中でただ一人だけがその名詞を使用している。すなわちディオドトス（III 45.5）。シケリア遠征に反対して演説をするとき、ニキアスは僻遠ノ地ノ事物タチヘノ激シイ欲望（*dyserotes tōn apontōn*）を非難する（VI 13.1）。

(87) 『法律』817b.

(88) I 71.3 を VII 21.3-4 と比較参照せよ。36.2, 4; 37.1; 40.2; 55.

(89) たとえトゥキュディデスが彼の作品を未完のままで残したとしても、そのことから、われわれが手にしているような版（version）がそれによって終わっている仕方（manner）、文章（sentence）および言葉（word）で彼がそれを終わらせることを意図しなかったということが帰結するわけではない。すなわちより初期の版は最終の版が論じることを意図された問題領域全体を論じているかもしれない。より初期の版は最後の磨きを欠いているという点においてのみ最終の版と異なることもあるだろう。したがって、第VIII巻は最後の巻であると意図されなかったかもしれないと訝る必要がある。その作品の核は「《追悼演説》－《疫病》」と「《メロス島の対話》－《シケリアの惨事》」という二つの連続的継起である。これらの連続的継起は第一番目には「節度と神法」についての「スパルタ的」観念を示唆する。より入念に調査してみると、ひとは「スパルタ的喜劇とアテナイ的悲劇」を見る。第Ⅷ巻はこの再考もまた「一つの美しい虚偽」であることを示す。すなわちアテナイは没落しない。ペロポンネソス戦争におけるアテナイの敗北はシケリアにおける彼女の挫折の帰結ではない。彼女はなおもペリクレスがその戦争に勝つように計画したような仕方でそれに勝ちえたであろう。スパルタ的喜劇の核は「ピュロス－マンティネイア」である。しかし「マンティネイア」はまたピュロス以後のスパルタの名声の非－喜劇的ではない回復である。それに対応するシケリア以後のアテナイの名声の悲劇的ではない回復がある。すなわちキュノスセマ（VIII 106.2, 5 を V 75.3 と比較参照せよ）。この主張を一つの定式――ピュロス：マンティネイア＝シケリア：キュノスセマ――で陳述しよう。シケリア以後のアテナイの回復は、控え目に言っても、民主政治から前四一一年の政体への変化（VIII 97）と無関係ではない、そしてその変化は翻って、控え目に言っても、アルキビアデスのスパルタからアテナイへの帰還（86.4-8）と無関係ではない。すなわち不敬虔なアルキビアデス（53.2）がアテナイにおける節度を回復するのである（45.2, 4-5 をも参照せよ）。第Ⅷ巻に演説がないこと――53.3 におけるペイサンドロスの演説は、アテナイの希望にとってアルキビアデスの召還と民主政治の変更が決定的に重要であることを明晰にしている、ペイサンドロスの演説からの抜粋は、無視できない例外である――は、V 10-84 に演説がないことと相俟って――「《メロス島の対話》と《シケリアの惨事》」との統一と光輝（luster）とを明らかにするのに役立つ。（第Ⅷ巻末尾の意義深い性格に関しては、108.4 におけるデロス島のアテナイ人たちによる浄化への言及をも考慮せよ。）ペロポンネソス戦争の終結についてのクセノフォンの説明、すなわち、なぜアテナイがその戦争に敗れたかについての彼の暗示的説明は、トゥキュディデスの意見と完全に一致している。とくに『ヘレニカ』II 1.25-26 と文脈とを見よ。

(90) II 41.4; 62.2, 4; 64.3, 5; VI 15.2, 34.2, 90.2-3, VII 66.2.

(91) I 70.2, 7, V 87, 103.2, 113, VI 31.6. 93 を参照せよ。

(92) ペリクレスとニキアスの決定的な点における対立と一致とは次のような諸事実によって例示されるかもしれない。ペリクレスは彼の《追悼演説》において死と死者たちとについて語るのを避けている。その《追悼演説》には、夥しい死者の数を伴った疫病が続いた。ニキアスはある意味でコリントス人たちに対する彼の勝利の果実を、アテナイ人たちが遺した二体の死骸を回収するための許可を彼らに求めたことによって放棄した（IV 44.5-6）。彼の生涯の最後において、シケリアにおいて、彼は、敵の手中にはなかった無数のアテナイ人の死骸を埋葬するための処置をすることができなかった（VII 72.2, 75.3, 87.2）。

(93) クレオンはその問題を次のように陳述しそれを解決すると言われるかもしれない。すなわちあなたはあなた自身の諸限界を知っている、あなたは自分が判断力に欠けることを知っているそしてそれゆえにあなたは他の人びとを信頼しなければならないことを知っている。しかし判断力に欠けているのであなたはあなたの信頼に値する人びととそれに値しない人びとを区別することができない。私はあなたにあなたが理解できるある規準を与える。あなたと同種の人びと、洗練さを欠く人びと、私のような人びとだけを信頼しなさい。あなたに私と他の俗物どもとを区別させるために、私はあなたに私が気まぐれではないというペリクレス的資質を保持していることを分からせよう。

(94) II 62.1 においてペリクレスが言っていることは、III 43.2-3 においてディオドトスが言っていることに比較するならば、些細な事柄に接近する。

(95) プラトン『プロタゴラス』327c4-e3 を参照せよ。

(96) プラトン『国家』328a1-5 を参照せよ。

(97) 戦争の第六年目の説明は、あるいはもっと正確に言えば III 86-116 における説明は、「時間的順序〔秩序〕のために物語ることを中断することは、［シケリアにおける］この遠征の説明において極端にまでなされている」事実によって特徴づけられており、「そして、その遠征は第一級の重要性をもたずしかもあまり面白くないので、それ自体としてとりあげられれば、トゥキュディデスの『不運な時間的方法（unfortunate chronological manner）』に対するディオニュシオスやその他の人びとの批判を正当化するかもしれない」。Gomme II 413. 触れられた事実がなおいっそう驚くべきである理由は、まさにこの文脈において、つまりわれわれが彼の第三番目の序文と呼ぶことができるかもしれないところ（III 90.1）で、トゥキュディデスが、シケリアで起こった事柄に関して、彼は、アテナイ人たちに影響を及ぼした事柄の中でも最も記憶すべき事柄についてのみ触れるであろう、と宣言していることである。（彼の「第二番目の序文」に関しては、本書二八五頁を参照せよ。）III 86-116 でなされている説明は十五項目から成っており、六項目はシケリアに、三項目は自然的諸現象に、そして一項目はデロス島の浄化に言及している。（その書物にあらわれるヘシオドスへの唯一の論及を含む）アイトリアへのデモステネスの遠征が中央の項目である。もしもひとがデロス島の浄化の説明を無視するならば、ひとは一方におけるシケリア遠征についての諸説明と、他方における自然的諸現象についての諸説明とに関する奇妙な規則性（regularity）を観察する。本章の注10と注83をも参照せよ。
（98）『法律』698a9ff., 700a5–701c4.
（99）『法律』707a5–c7.
（100）『法律』709a1-3; 644d7-e4 と 803c4-5 を参照せよ。
（101）『政治学』1325b23-32.
（102）『政治学』1328b11-12 を参照せよ。

訳者あとがき——『都市と人間』という邦訳書のタイトルの選択について

わが国において、Leo Strauss, *The City and Man*, The University of Chicago Press, 1964（以下 *CAM* と略記）の邦語のタイトルとして『都市と人間』が今なお必ずしも定着しているわけではない。少なくとも『都市国家と人間』と『国家と人間』という二つのライバル候補が存在してきた。したがって、それらの競合する邦訳のタイトルを避けて、『都市と人間』というタイトルを採用した理由をわれわれは説明しなければならない。しかしそもそもなぜ邦訳書のタイトルにそれほど拘泥する必要があるのか？

『僭王政治について（*On Tyranny*）』の第Ⅱ章「タイトルと形式」の冒頭でシュトラウスは、「『ヒエロン』の中で言われていることの実際上あらゆることがクセノフォンの登場人物たちによって言われているのに対して、クセノフォン自身がその作品のタイトルに対して全責任をとる[1]」と宣言している。それに一致しつつ、彼はこの作品のタイトルが『クセノフォン著作集（*Corpus Xenophonteum*）』の全タイトルの中で占めている特異性・独自性に注目しながら、この作品の政治哲学的分析を開始していく。それほどまでに古典の名に値する書物のタイトルは重要なのである。「ある著者はその意図をその諸もろの書物のタイトルによって開示するかもしれない[2]」。

1 『都市国家と人間』と『国家と人間』という邦訳のタイトルについて

まず、競合する邦語のタイトルのそれぞれの出典を簡単に確認しておこう。たとえば、石崎嘉彦訳『政治哲学とは何か――レオ・シュトラウスの政治哲学論集』(昭和堂、一九九二年)の「訳者あとがき」において、シュトラウスの著作活動についてのアラン・ブルームによる三区分に依拠しつつ、その第三期に属する著作として『都市国家と人間』が挙げられていた。さらに、石崎嘉彦監訳『古典的政治的合理主義の再生――レオ・シュトラウス思想入門』(ナカニシヤ出版、一九九六年)においても「『都市国家と人間』はプラトン、アリストテレス、トゥキュディデスについての論文から成り……」という説明がほどこされていた。

二〇〇七年に出版された橋本努『帝国の条件――自由を育む秩序の原理』(弘文堂)もまた本書を『都市国家と人間』として紹介しているのみならず、『リベラリズム　古代と近代』に所収されたルクレティウスに関する重要な章の中でシュトラウスが引用している"an unwalled city"というフレイズを「ある壁のない都市国家」と訳出することによって、city＝「都市国家」を繰り返している(二八六頁を参照せよ)。言い換えれば、シュトラウスの論文「ルクレティウスについての覚え書き」を訳出した木部尚志の「城壁なき都市」という訳語は一顧だにされていない。(3)

他方では、二〇一〇年八月に慶應義塾大学において開催された「国際プラトン学会」でのある基調報告の邦訳では本書は『国家と人間』という新しいタイトルが付されて言及ないし引照されている。(ちなみに、シュトラウスの名著 *Natural Right and History* の第三章"The Origin of the Idea of Natural Right"と第

四章 "Classic Natural Right" において "city" という語が頻出するが、邦訳『自然権と歴史』(昭和堂、一九八八年) ではそれはほとんど「都市国家」として訳出されていた。しかしそれにもかかわらず、たとえば原著一一一頁の But justice and the association that is concerned with justice—the city—stand or fall by compulsion という文章中の the city は、邦訳一二三頁では「国家」と訳出されていた。文庫本『自然権と歴史』(ちくま学芸文庫、二〇一三年) において、"city" が「都市」に訳し直されたのは歓迎すべきことである。)

これら二つの邦訳タイトルのうちどちらが原書の英語のタイトルと原書の内容そのものをより正しく伝えているであろうか? 少なくとも『都市と人間』に比べると、両者とも不正確である。その点を指摘するのに劣らず重要なことは、それぞれの訳者がそれぞれの邦語タイトルを最善の選択とした理由ないし根拠を想像してみることであろう。

『都市国家と人間』の場合には、わが国の中学校や高等学校で学ぶ「世界史」の「教養」が災いしているのではないかと思われる。すなわち、近代の国民国家 (nation-state) とは区別対照される古代ギリシアの「ポリス」は通常、都市国家 (city-state) であると教え込まれている。『都市国家と人間』という邦訳のタイトルはそのような単純な洗脳、偏見や先入観の産物ではないのか?

『国家と人間』の場合には、事情は少し複雑であろう。まず、シュトラウスが本書の第Ⅱ章でプラトンの『国家』(ギリシア語のタイトルは *Politeia*) を取り扱っているという事実がある。そして国際プラトン学会での基調報告は、プラトンの非政治的解釈に最も責任がある書物の一つはまさにシュトラウスの本書 *The City and Man* であると主張している。つぎにプラトンの『ポリテイア』が *Res Publica* という書名でキケロによってラテン語圏に紹介されて以来、それは英語では *The Republic* (*of Plato*) と訳出されてきた伝統がある。そしてプラトンの『ポリテイア』は日本では普通『国家』という邦訳のタイトルをもつ。これらが総合的に勘案された結果、***The City and Man*** は『国家と人間』という邦訳のタイトルをもったのかもしれない。ある種の教養がありすぎた結果であろうか？（しかし、その場合に、本書がプラトンの『ポリテイア』だけではなく、第I章ではアリストテレスの『政治学』を、第III章ではトゥキュディデスの『ペロポンネソス人たちとアテナイ人たちとの戦争』をそれぞれ扱っている明白な事実は十分に考慮されたのであろうか？　それとも、わが国のそれぞれの学会ごとに、各学会にとって最も都合の良い邦訳のタイトルを用いるべきなのであろうか？　たとえば、『ポリスと人間』とか『国家と男』とか『国家と人』とか……。）

もちろん、シュトラウスの ***The City and Man*** に言及する人たちが本書を深く読み込んだうえで、本書の邦訳のタイトルを決定していたならば、これらの間違いは起こらなかったであろう。否、原著の三〇頁冒頭から三五頁までの五つのパラグラフを一読しただけでも、古典的政治哲学者たちの最善の政治的共同体のヴィジョンにとって（社会から区別される「近代的」）「国家」概念は無縁であったというシュトラウスの主張は容易に理解できるはずである（その主張の是非の判断は読者に委ねるべきであり、訳者の役割は原著の邦語への忠実な再現前、再生産でなければならない）。しかしながら、本書をまったく読んでいなくとも、哲学書の場合には専門用語はすべからく直訳（literal translation）すべしというシュトラウスの助言に素直に盲目的に従っていたならば、The City を「都市国家」や「国家」と訳出する過ちは避けられたであろう。それとも、シュトラウスの書物は哲学の専門書ではなく、政治哲学の諸著作についての単なるコメンタリーにすぎないから直訳するには値しないというのであろうか？

2 『都市と人間』という邦訳のタイトルは十全であるか、あるいは、本当に正しいか？

本書は遅くとも一九九八年三月には『都市と人間』というタイトルでわが国に紹介されていた。(4) しかし、本書を『都市と人間』と呼ぶことは果たして本当に十全であろうか？ それは厳密な直訳であろうか？ われわれはここでも直訳の限界、否、そもそも翻訳の限界に直面しているのではないか？ というのはもしも『都市と人間』という邦訳のタイトルが十全でないとするならば、他方においていったいどのような意訳が本書の意図を最も適切に表現しうるというのか？『国家と人間』や『都市国家と人間』がそのような候補として再浮上するというのであろうか？ そうではないということを以下に示したい。

本書にかぎらず、生前にシュトラウス自身の手で出版された彼の著作のタイトルを日本語に移し変えるのは、二つの固有名詞を and で繋いだ *Socrates and Aristophanes* のような著作を除けば、それほど単純で簡単な作業ではない。たとえば、彼の著作の中でもおそらく最も人口に膾炙されているであろう *Natural Right and History* でさえもが、わが国においてシュトラウスから最も貪欲に学んだであろう藤原保信さえをも『自然権と歴史』と『自然法と歴史』との選択の間で動揺せしめたのである。(5) この問題は決して些細なことではない。藤原が *Natural Right and History* を客観的に正確に読解しえたか否かに、そしてここからレオ・シュトラウス政治哲学を彼が客観的に正確に理解しえたか否かに直接かかわる大問題なのである。（そしてシュトラウスの評価よりもシュトラウスの正しい理解が先行しなければならないのは断るまでもない。）

もう一つ実例を挙げよう。門下生を総動員して、シュトラウスよりも二十歳ほど若いジョゼフ・クロプシー（Joseph Cropsey）と共同編集した、政治哲学の歴史を扱った千頁にも及ばんとする浩瀚な書物がある。同書を筆者自身は常に『政治哲学の歴史』と表記してわが国の読者に紹介しているが、そのたびに落ち着かない気持ちになる。この邦語のタイトルから逆に原著の英語のタイトルを類推するとどうなるだろうか？ 同書は *A History of Political Philosophy* でもなければ *The History of Political Philosophy* でもなく、*History of Political Philosophy* なのである(6)。

編者たちは彼らの意図を彼らの書物のタイトルによって開示するかもしれない。外国語がきわめて苦手な筆者のような人間はこのような種類の問題には容喙しないほうが無難である。しかし恥をさらす危険を冒しても、上記の三種類の『政治哲学の歴史』の英語のタイトルの含意の差異をあえて探ってみよう。*A History of Political Philosophy* というタイトルは、その書物が政治哲学の歴史についての一つの解釈であることを含意するであろう。ちょうどジョン・ロールズ（John Rawls）の『正義の理論（*A Theory of Justice*）』が正義についての一つの解釈、観念（conception）ないし構想の提示とその正当化とであり、ブライアン・ベリー（Brian Barry）の『正義の諸理論（*Theories of Justice*）』が現代における正義についての複数の主要な解釈、観念ないし構想の紹介と分析とであるように。他方において、*The History of Political Philosophy* というタイトルは、政治哲学の歴史について唯一正しい解釈が存在することを含意ないし前提していないであろうか？ たとえそれが特定の立場、宗教、あるいは主義の観点からの叙述であるとしても、それはある意味で政治哲学の歴史に関して唯一正しい絶対性ないし解答を主張ないし想定していないであろうか？

翻って、*History of Political Philosophy* というタイトルは、その背後に What Is History of Political

Philosophy? という問いかけを潜ませているのではないか？　もしもそうであるとすれば、前二者においてはそれぞれ政治哲学の歴史についての「問い」よりも「答え」が優位を占めがちであるのに対して、*History of Political Philosophy* においては、何が政治哲学の根本的問題ないし恒久的問題であるのかという問いはもちろん、いかなる思想家あるいはいかなる書物を *History of Political Philosophy* の中に取り入れるべきかあるいは除くべきかなどの問いを含めて、「答え」よりも「問い」が最重要視されているのではないだろうか？　実際、ジョゼフ・クロプシーは『政治哲学の歴史』第三版への序言の中で、その第一版の序言で「イスラームとユダヤ教の中世の思想家とデカルトの章」を収めたことを **"open to question"** と述べたのと同じように、フッサールとハイデッガーを第三版において追加したことについても同じことが言えると断っている(7)。

The City and Man そのものに話を戻そう。本書は、ある意味で、シュトラウスの著書のタイトルの付け方の典型である。すなわち、二つのテーマや事柄や思想家などを and/und で結びつけた「AとB」という形式を踏襲している。筆者が何度も強調してきたように、この場合にAとBとは鋭い緊張・対立を含んだ関係にある。重要ないくつかの問題は、しかしながら、両者（AとB）の関係をもう少し深く考えなければ、浮上してこない。その手掛かりとして「AとB」という組み合わせをもつジョン・プラムナッツの著書『人間と社会』（John Plamenatz, *Man and Society: A Critical Examination of Some Important Social and Political Theories from Machiavelli to Marx* [London: Longmans, 1963]、藤原保信・小笠原弘親ほか訳『近代政治思想の再検討』全五巻、早稲田大学出版部、一九七五―一九七八年）のタイトルと本書のそれとを比較してみよう。

第一に、両著には Man という言葉が共通に含まれている。しかし明白な差異は Man の置かれている位置にある。そして両著においてタイトルの中の and の前後の項目を互換することはできない。すなわち、それらの項目は単なる併記や列挙ではなく、両項目の間にはいくつかの点で優先順位が想定されているのである。それではこの差異は何か重要なことを意味するのであろうか?(トルストイの長編小説に『戦争と平和』があるが、この小説のタイトルを『平和と戦争』とするわけにはいかないのはなぜであろうか?)さてプラムナッツの場合には Man は人間(個々の人間=個人)であり、邦訳書のタイトルが適切にも表現しているように、個人のために社会が存在するのであり、その逆(社会のために個人が存在するの)ではないという近代的な政治思想の原理ないし理想を反映していると解釈することができるであろう。

シュトラウスの場合はどうであろうか? それはプラトンの『国家』の正義論が示唆するように、個人のために政治的共同体、都市が存在するのではなく、むしろ逆に都市のために個人が存在するという、特殊古典古代的な「個と全体」の優先順位についての思想を反映したものと解釈すべきなのであろうか? この重要な問題についてはもう少し深くのちに考察する。ここで一つだけ確実に示唆することができるのは、『都市と人間』というタイトルは、シュトラウスの『リベラリズム　古代と近代』のタイトルが示すような、同一のテーマをめぐる時間的歴史的優先順位を含意した二項対立的緊張関係を示すものではないということである。

第二に、たしかに、「都市」と「人間」は相互に関係がある。しかし両者はいったいいかなる関係にあるのか? 前者は後者を含むという包含・被包含の関係を意味しているのであろうか? 都市の外には神がみと獣たちしか住んでいないとアリストテレスは言った。しかし、もしもそうであるならば、シュトラウスは、たとえば、『都市と市民(*The City and the Citizen*)』(あるいは *City and Citizen*)というタイトルを採用してもよかったのではないか？　都市の外には本当に神がみと獣たちしか住んでいないのであろうか？　二十世紀中葉から二十世紀後半にかけてクセノフォン研究を復活させたシュトラウスは、すでにソクラテスの時代に都市の拘束から解放されて人間らしい生き方を求めた若者（**cosmopolitan man**）が存在し、そのようなコスモポリタン的・世界市民的生き方の問題性を吟味していたではないか。[8]

第三に、しかしながら、本書のタイトルの中の **Man** ははたして「人間」という日本語に直訳してよいのか？　注意すべきは、本書の本文中においてシュトラウスが **human beings** という言葉も使用していることである。読者はしたがって両者を厳密に区別するように強いられる。**Being** という単語の直訳に引きずられて **human beings** に「人間存在たち」という訳語を振っておくのは、案外、賢明であるかもしれない。その場合に **human beings** は **men** と **women** の両者を意味するのであろうか？（奴隷 **slaves** は含まれているのであろうか？）けれども問題は **Man** である。**Man** は **a male human being** を意味するのではないかという疑問が提示されるかもしれない。すなわち、**Man** は「人間」ではなく「男」を意味するのではないかという決定的に重要な疑問である。

実際、筆者は古典学の泰斗ディヴィッド・グリーン（David Grene）の *Greek Political Theory: The Image of Man in Thucydides and Plato* の第一部「静観した男」を訳出した折にも、サブ・タイトルの中の **Man** の邦訳語を「男」に決定するには勇気を必要とした。第一部のタイトル「静観した男」と第二部のタイトル「砂塵あらしの中の男」はそれぞれトゥキュディデスとプラトンをはっきり指し示しているので **Man** を「男」と訳出してまったく正しいと判断したのであるが、the Image of **Man** の中の **Man** は本文中にも **Man** を「人間」と訳すべき箇所がかなりあり悩ましい問題であった。しかし、同書の初版の原題が ***Man in His Pride: A Study in the Political Philosophy of Thucydides and Plato*** であったことと、同書の表紙には左手に盾を、右手に剣をもった一人の戦士が跪いている図柄だけが描かれていたことがタイトルの邦訳語を決定するうえで決定的に重要な情報であった。[9] ***The City and Man*** の場合に **Man** をどう訳すべきかの問題は、単純に直訳すべきか否かの問題ではなく、本書全体の内容を表現する、そのタイトル全体のコンテクストの中でしか答えられない問題である。

最後に第四に、しかしながら、問題は **Man** をどのように訳出すべきかだけではない。[10] むしろ **the City** を、すなわち、**a City** とも **City** とも区別対照的である **the City** をどのように邦訳すべきかも非常に大きな問題である。こうしてわれわれは本書のタイトルについてのシュトラウス自身の説明に導かれていくのである。[11]

3 「政治哲学のテーマは《都市》と《人間》である」というテーゼについて

このセクションでは本書の最大かつ最高のテーマについて若干の考察をしたい。それは本書のタイトルを直接的に指示する、「序論」の第三パラグラフの第一センテンスである。ここではまず第三パラグラフ全体を原文で引用し、その直後に拙訳を付したい。

The theme of political philosophy is the City and Man. The City and Man is explicitly the theme of classical political philosophy. Modern political philosophy, while building on classical political philosophy, transforms it and thus no longer deals with that theme in its original terms. But one cannot understand the transformation, however legitimate, if one has not understood the original form

（*CAM*, p. 1）.
政治哲学のテーマは《都市》と《人間》である。《都市》と《人間》は、明示的に古典的政治哲学のテーマである。近代政治哲学は、古典的政治哲学のうえに立ちながらも、それを変容しており、かくして、もはやそのテーマをその原初の用語でもって取り扱うものではない。しかし、もしひとがその原初的な形態を理解していなければ、その変容がどれほど道理に適っていても、その変容を理解することはできないのである（本書二七—二八頁）。

このパラグラフ全体の諸もろの意味を理解するために、そのパラグラフをセンテンスごとに考察することにしよう。さて、第一センテンス「政治哲学のテーマは《都市》と《人間》である」は政治哲学についての普遍的言明として述べられている。すなわち、それは実践的言明ないし歴史的言明ではなくして、理論的言明として述べられている。これは文字通りに解釈されねばならない。すなわち、時間と空間を超えた客観的真理として、永遠の真理としてそれは述べられている。放射能汚染やその他の環境破壊などのために、人類がやがて地底や海底やあるいは宇宙空間の中で住まうことを余儀なくされる時代が来るかどうかはわからないが、人類が政治を営みつづけるかぎり、そして、政治哲学が可能であり必要でありさらには望ましいかぎり、未来永劫にわたり「政治哲学のテーマは《都市》と《人間》である」というのである。このテーゼは、過去と現在だけでなく、未来についても真理である、とシュトラウスは主張しているのである。

次に、第二センテンス「《都市》と《人間》は、明示的に古典的政治哲学のテーマである」は「過去の時制」ではなく、「現在の時制」で述べられており、歴史的過去の出来事としてではなく、歴史的真理として主張されている。テクストの中の言明がいかなる時制の枠組みの中で陳述されているかを観察することは、シュトラウスによる注意深いテクスト解釈の方法の基本の中の基本である。この第三パラグラフ全体が、すなわち、このパラグラフを構成する四つのセンテンスすべてが、現在の時制で述べられている事実はきわめて重要である。

第三センテンス「近代政治哲学は、古典的政治哲学のうえに立ちながらも、それを変容しており、かくして、もはやそのテーマをその原初の用語でもって取り扱うものではない」は、近代政治哲学と古典的政治哲学との連続と非連続の両面を強調していると解釈されなければならない。「変容し」という表現が連続と非連続を含意しているのは明らかである。問題を含んでいるのは「そのテーマをその原初の用語でもって取り扱うものではない」という表現である。それは「近代政治哲学はそのテーマをそれとは別の用語で取り扱う」ことを含意した表現として解釈されるべきであろう。そうであればこそ、「政治哲学のテーマは《都市》と《人間》である」と言われうるのである。取り扱う作法・語法は異なっているにしても、取り扱っているテーマは同一であるとシュトラウスは主張しているのである。

第二センテンスと第三センテンスに関連して、ここであまりにも明白なことを二点確認しておこう。一つは、古代人たち、たとえば、プラトンやアリストテレスやキケロは政治哲学の近代におけるこの「変容」を知らない、否、知りえないという事実である。もう一つは、政治哲学の歴史に関するシュトラウス自身の理解を前提にするならば、近代人たち、たとえば、マキァヴェッリ、ホッブズ、ロック、ルソー、およびカントなどは、この何世紀にもわたる政治哲学の「変容」のプロセスに意識的に、意図的に、熟慮をもって、自覚的に参加していったという事実である。もしも第二番目の点が正しいとするならば、この「変容」は決して単なる偶然でも必然でもなく、また「運命」でもなく、まさに人間たちの、否、もっと正確に述べるならば、偉大な精神たちの自由の所産であったと言うことができるのである。

しかしながら、(近代) 政治哲学の歴史を研究する学者たち、あるいは近代の政治哲学者たち自身がシュトラウスのこの第三センテンスに同意するであろうか? (第三センテンスがこのパラグラフ全体の中でもおそらく最も論争的なセンテンスであろう。) たとえば、トマス・ホッブズは政治哲学 (civil philosophy) の創設者を自任し、シュトラウス自身も、『ホッブズの政治哲学』の中では「近代政治哲学の創始者 (the originator of modern political philosophy)」として彼を扱ったことはたしかである。これらの事実にもかかわらず、同書からの次の引用が明らかに示しているように、シュトラウスはホッブズに本当の意味でのラディカリズムを否定しているのである。

ガリレオの方法の政治学への導入がこうして、新しい政治科学は当初から根本的、最も緊急的問いのあらゆる議論を放擲するという代価を払って贖われたのである。

真に第一次的な問いをこのように無視することは、政治哲学という理念が当然の事柄であるというホッブズの確信の結果である。ホッブズは政治哲学の可能性と必要性とを問わない。換言すれば、彼は最初に「徳とは何であるか?」そして「それは教えられうるか?」そして「国家の目的とは何であるか?」を訊ねない、なぜならば、これらの問いは彼にとっては伝統によって、あるいは共通の意見によって答えられているからである。国家の目的は彼にとって当然の事柄として平和、すなわち、いかなる代価を払っても平和なのである。[12]

こうしてホッブズは、政治哲学の創設者を自慢していたけれども、彼が最初に見えたほどにはラディカルでもオリジナルでもないのであり、彼の近代政治哲学は最も根本的な点においてはむしろ「古典的政治哲学のうえに建っている」のである。近代（政治）哲学の創始者として焦点となる人物はホッブズではなく、まさにマキァヴェッリなのである。シュトラウス自身が、後者こそ近代政治哲学の創始者、すなわち、「たしかに哲学的ではあるが、もはやギリシア的ではない種類の思想、近代哲学」の創設者とみなされるべき名誉に値する、と認めるようになるのである。

学者たちの中には、マキァヴェッリが新しい「諸もろの当為」を「発見し」た、あるいは彼がアリストテレス的前‐科学的政治科学とは区別される近代的科学的政治科学を創始したと主張する人たちもいる。要するに、彼らは政治思想史におけるマキァヴェッリの「独創性（originality）」を強調するのである。これとは対照的に、シュトラウスはマキァヴェッリの側における新しい「発見」よりもむしろ「変容」を強調している。そのことは、レオナルド・オルシュキ（Leonardo Olschki）著『科学者マキァヴェッリ（*Machiavelli the Scientist*）』についてのシュトラウスの書評が明らかに示している。

オルシュキはマキァヴェッリ以前には触れるに値するいかなる政治科学の存在をも否定する。

「マキァヴェッリは、政治家としてのそして歴史家としての直接的な経験から国家術について著述した、その主題の最初の理論家であった。彼の先駆者たちとみなされる人びとの誰一人として、いかなる種類の統治の事柄へのいかなる洞察ももっていなかった」。トゥキュディデス、アリストテレス、ポリュビオス、キケロおよびタキトゥスのような人びとの業績を忘却しつつ、彼はマキァヴェッリの業績が政治哲学ないし政治科学という観念の発見に存するのではなくその観念のラディカ

ルな変容に存することをみることができないのである。(13)

「変容」に関していえば、政治哲学者の数だけ多くの、政治哲学の「変容」がある、とわれわれはおそらく言うことができるであろう。しかし第三パラグラフにおいてシュトラウスは政治哲学の変容の一つの「種差」、すなわち近代の変容にしか触れていない。換言すれば、彼は他の「諸もろの変容」、たとえば、中世の変容については沈黙している。(14) シュトラウスは、他の諸もろの変容について沈黙することによって、近代の変容の決定的な重大性（**gravity**）ないし危険性（**danger**）を含意しているように思われる。(15)

最後に、第四センテンス「しかし、もしひとがその原初的な形態を理解していなければ、その変容がどれほど道理に適っていても、それを理解することはできないのである」は、いったい誰を主要な聴衆として書かれたものであろうか？ プラトン、アリストテレスさらにはトゥキュディデスなどの古代人たちに対してでもなく、マキァヴェッリからスピノザを経てカント、ヘーゲルなどにいたる近代人たちに対してでもなく、まさにポスト・モダンの子供たちである「われわれ」に対して、とりわけ過去の書物を読むことによって、過去から何か重要なことを真剣に学びとろうとする、政治哲学の歴史の学徒たちに語りかけているのではないであろうか？ これは政治哲学の歴史を研究するための方法論の重要な一部をなすであろう。原典（***the original***）を知らずして、その変容（***transformation*** ないし変更 ***modification***）について語る資格はないというごくありふれた陳腐な真理である（が、それを真剣に実践する者はきわめて稀である）。

しかし、ここでシュトラウスによる思想史研究の方法の最大のアポリア（***aporia***）が浮上してくるように思われる。いったい誰が、何を基準にして、そのオリジナルを確定することができるのか？ その特権的位置を保証するものは何であるのか？ 本書のタイトルに関連づけて、この問題を言い換えてみるならば、たとえば、いかなる（過去の）哲学者が、「政治哲学のテーマは《都市》と《人間》である」と、どこかで実際に述べているのかという問いを立てることできよう。プラトン？ キケロ？ スピノザ？ しかしながら、この問いに答えるには、残念ながら、筆者の教養はあまりにも乏しい。直観的に答えることが許されるならば、そのテーゼは本書の著者のテーゼ以外の何ものでもないであろう。すなわち、「政治哲学のテーマは《都市》と《人間》である」と、シュトラウスの意味で最初に言った哲学者は、シュトラウス本人以外には一人もいないのではないか。しかしどこにその証拠があるのか。外在的証拠――もしもそれが証拠であると言えるとして――を挙げるとすれば、シュトラウスがこのパラグラフにおいて彼の主張、つまり「政治哲学のテーマは《都市》と《人間》である」という主張を裏づけるいかなる権威（authority）や典拠（sources）をまったく挙げていないことである。換言すれば、彼にとっての証拠ないし権威は、彼の理性だけなのである、すなわち、政治哲学の伝統についての彼の長年にわたる集中的な研究に基づいた、彼の理性的な判断のみなのである。

要約しよう。シュトラウスが『都市と人間』のタイトルを説明している「序論」の第三パラグラフ全体は、いかなる固有名詞も含まず、さらにそれは現在時制によって枠づけられている。[16]

4 *The City and Man* の構造のための logographic necessity

政治哲学の歴史の著述のすべてが必然的に執筆者たち、すなわち、歴史家たちの（再）構築であるということが認められるとしても、真剣に読むに値する本は一定のもっともな前提ないし想定に基礎づけられていなければならない。別様に表現するならば、それは恣意的には書かれてはならない、あるいは、（再）構築されてはならない。それでは『都市と人間』の場合はどうであろうか。

われわれはすでに『都市と人間』の構造は非常に奇妙であると指摘した。それは歴史的ないし時間的順序に従っていない。われわれは今やさらに、トゥキュディデスを「古典的政治哲学」を補完する者の一人として本書に含めることは奇妙でありきわめて論争的であると指摘し、そしてその包含はそれゆえにシュトラウスによって正当化されなければならないと指摘する。もしも紙幅が許すならば、われわれは章立ての順序の奇妙さ以外のいくつかの問題をじっくり深く考察することもできるかもしれないが、ここでは次の問いを手短に取り扱うことにしよう。すなわち、われわれはなぜ本書において最初にアリストテレスが来て、そしてなぜ最後にトゥキュディデスが来るのかの理由だけを問う。それら二つの問いにおいてわれわれは、いかなる論理（*logos*）がシュトラウスをして、彼によって採用された順序が政治哲学の伝統によって採用されている順序よりも適切であると考えるように必然的に導いていったのかに、特別の注意を払うことにする。

第一に、政治哲学すなわち政治科学を創始したのはソクラテスであったとする伝統的見解に抗して、シュトラウスは古典的政治哲学についての彼の解明をアリストテレスとともに開始している。なぜ彼は伝統的な仕方で始めないのか？「序論」によれば、時代の危機が彼にそのようなステップを採用するのを強いるのである。それはいかなる種類の危機であるのか？それは近代的危機でも古代的危機でもなく、まさに西洋の同時代的危機なのである。そしてシュトラウスが最も憂慮しているのは、共産主義からの危機のような政治的危機ではなく、むしろ「政治哲学のイデオロギーへの堕落」や「政治哲学の歴史による政治哲学の代替」のような、まさに精神的危機あるいは知的危機なのである。わけても、彼は、価値と事実の区別に基づいている今日の社会科学に不満足であり批判的である。というのも新しい社会科学が従事しなければならない歴史的諸研究は、まさに「その区別が政治的生活に属する政治的事柄の理解にとっては疎遠である」がゆえに、たとえば、「他の諸地域と他の諸時代の政治」を完全には説明できないからである。どれほど今日の社会科学が科学的でありあるいは洗練されていようとも、それは多くの前提を当然視しているのである。シュトラウスの鋭利な分析は今日の社会科学の派生的ないし第二次的本質ないし性格を明らかに示している。「それらの諸前提条件が、近代政治哲学の諸原理を変形したものであることは明らかである。そして近代政治哲学の諸原理はまた、古典的政治哲学の諸原理を変形したものであることは明らかである」(CAM, p. 10, 本書四一頁)。「その場合に必要とされる政治哲学の真正の理解は、あらゆる伝統を揺るがすことによって可能にされた、と言ってよいのかもしれない。われわれの時代の危機は、偶然的であるにせよ、これまではただ伝統的で模倣的な仕方でだけ理解されてきたものを、非伝統的で、あるいは新しい仕方で、われわれが理解することを可能にするという利点をもっている。このことは、とりわけ、かなりの間、近代政治哲学とそのさまざまな後継者の眼鏡を通してのみ見られていた古典的政治哲学に当てはまるかもしれない」(CAM, p. 9, 本書三九頁)。

こうして、「社会科学は、もし政治的な事柄の常識的見解としばしば呼ばれているものについての一貫した包括的な理解をもっていないとすれば、すなわち、もしそれが何よりもまず政治的な事柄が市民や政治家によって第一次的に経験される仕方でその理解をもっていないとすれば」(CAM, p. 11, 本書四二頁)、それは自らがなしていることを明晰化することができない、とシュトラウスは強く主張するのである。そのような政治的事柄の首尾一貫した包括的な理解は、彼によれば、「アリストテレスの『政治学』においてである。……『政治学』こそ、政治的な科学の本源的形態だからである」（*CAM*, p. 12, 本書四三頁）。

ここでは次の点を確認しておきたい。それは、アリストテレスの『政治学』を主題的に扱っている本書の第I章は、「シュトラウスの「古代（antiquity）」についての観念を大枠で形成した哲学者」に関するシュトラウスのまとまった数少ない著述の一篇としてきわめて重要であるという点である。まさにアリストテレスにとって「都市」とは何であるかを解説しつつ、シュトラウスは次のように述べている。「……都市の主要な目的は、高貴な生であり、それゆえ都市の主要な関心事は、その成員の徳でなければならず、それゆえリベラル・エデュケーションでなければならない」（*CAM*, p. 31, 本書六九頁）。自由人のための教育の重要性、すなわち、liberal education の危機が叫ばれる今日、アリストテレスをはじめとする古典的政治哲学との邂逅がますます不可欠となっているのである[17]。

第二に、プラトンからトゥキュディデスへ転回する場合には、いかなる論理が必然的にシュトラウスをその運動へ導いていったのであろうか？ この問いの文脈において、『都市と人間』の第Ⅲ章からの次の文章は長く引用するに値する。

プラトンとトゥキュディデスとの差異がいかに深遠であろうとも、彼らの教えは必ずしも両立不可能なものではない。それらは相互に補完するかもしれない。トゥキュディデスのテーマは彼に知られていた最も偉大な戦争、つまり最も偉大な「運動」である。『国家』において（そして『政治学』において）記述されている最善の都市は静止している。しかし『国家』の続編において、ソクラテスは最善の都市が「運動している」、つまり戦争中であるのを見たいという欲望を表明している。「運動している最善の都市」は最善の都市についての言論（speech）に続く必然的な続編である。ソクラテスは運動している最善の都市を適当に賞賛することも、適当に提示することもできないと感ずる。最善の都市についての哲学者の言論は、哲学者が与えることができない補足を要求する。あらゆる偶有的なことを避ける最善の都市の記述は、ある不特定の場所で、ある不特定の時に生きている無名の都市と無名の人間たちを取り扱う（『国家』499c8-d1 を参照せよ）。けれども戦争は、あの時にあるいはこの時に、あれらのあるいはこれらの指揮官の下における、この特定の都市と他の特定の諸都市の間の戦争でしかありえない。ソクラテスは政治哲学を補完するあるいはそれを完全にすることができるだろうトゥキュディデスのような人間の援助を要求するように思われる。（CAM, p. 140, 本書二二六―二二七頁。強調は引用者のもの）

ここでわれわれは若干の論点を強調したい。第一に、シュトラウスをトゥキュディデス研究へ必然的に導いていったものは、たとえば、西洋の危機ではなく、むしろ政治哲学それ自身の内的論理の展開である。そのことを、それら〔ソクラテスの教えとトゥキュディデスの教え〕は相互に補完するかもしれないという表現と、「運動している最善の都市」は最善の都市についての言論に続く「必然的な続編」であるという表現とが、曖昧さなしに証明している。このことは、ソクラテスがたとえ戦争の男（a man of war）や武勇の男（a man of courage）ではなく、平和の男（a man of peace）あるいは平和の友（a friend of peace）であったとしても、平和主義者（a pacifist）ではなかったことを含意しているのであろうか？[18] このことはさらにまた、理想主義と現実主義との明らかな対立にもかかわらず、恒久平和を目指すカント哲学にしろ、いかなる代価を払っても平和を目的とするホッブズ哲学にしろ、近代政治哲学は必然的に不十分である、あるいは欠陥（問題）をもっているということを含意しているのであろうか？[19]

第二に、シュトラウスは、「ソクラテスは運動している最善の都市を適当に賞賛することも、適当に提示することもできないと感ずる」と主張している。しかしながら、なぜソクラテスは運動している最善の都市を適当に賞賛することも、適当に提示することもできないのであろうか？　これは答えるのがきわめて困難な問いである。というのも本書の第Ⅲ章注1における Plato's *Timaeus* 19b3-d2 へのシュトラウスの言及は二重の意味を含んでいるように思われるからである。一つには、その言及は、ソクラテスが「運動している最善の都市」というトピックを彼が取り扱うことができないと感じている事実をたしかに指し示している。いま一つには、その言及はなぜ彼がそうすることができないかの理由を含意しているように思われる。

さてソクラテス、優れて市民的哲学者[20]（a citizen philosopher *par excellence*）が公に格闘することができない一定の問いないし問題があるのであろうか？　いったいそのような種類の問いは世の中にいくつあるのであろうか？　市民的哲学者にいくつかの問題の探究に従事するのを妨げる障碍の性格は、道徳的な性格であろうか、知的な性格であろうか、それとも両者であろうか？

われわれはクセノフォンの『僭主政治について』から、道徳的に責任ある哲学者は僭主的支配の改良あるいは改善というテーマ、すなわち、知的で有徳な僭主政治というテーマさえ取り扱えないということを学んでいる。[21]こうしてその対話篇においてクセノフォンは、彼が「最善の僭主政治（tyranny at its best）」の教えを示唆できるように、賢い詩人シモニデスをその僭主の対話者として選択することを強いられたのである。もしもこれが実情であるならば、「僭主的支配」という主題そのものの背徳性あるいは道徳的な邪さが哲学者［ソクラテス］にそれを公然と扱うのに嫌悪を感じさせるとシュトラウスをして言わしめたということができるかもしれない。

「運動している最善の都市」の場合にはどうであろうか？　政治哲学を完成させるためには、いかなる種類の援助をソクラテスは「トゥキュディデスのような人間」から必要としているのか？　換言すれば、「哲学的歴史家（a philosophic historian）」トゥキュディデス（*CAM*, 236, 本書三五九頁）がもちえたいかなる種類の利点をソクラテス自身は欠いているのか？　それは性格において道徳的なものか、それとも、知的なものであろうか？　わたくしの推測では、優れて市民的哲学者は最も偉大な運動を客観的観点から「観察し内省する」機会をとらえる可能性がないのである。換言すれば、彼は「戦争に従事する最善の都市の問題についてのトゥキュディデス的観察と内省」を必要とするのである。すなわち、彼は知的な不利を被っているのである。つぎの最後の問いを心に留めてこのサブ・セクションを閉じることにしよう。シュトラウスは、ソクラテスが「トゥキュディデスのような人間」の援助を呼び求めると述べている。彼は「トゥキュディデスの援助」とは述べていない。これはトゥキュディデスが誰か別の「哲学的歴史家」のような人間によって代替されうることを示唆している。しかしながら、いかなる種類の別の人間によってであろうか？　前で触れたシュトラウスによる *Timaeus* への言及は、トゥキュディデスが、都市から都市へと徘徊するソフィストのような人間によって代替されうることを示唆しているのではないか？　もしもそうであるとすれば、一定のソフィストたちは、偉大な運動の事柄に関しては、道徳的利点とは言わないまでも、少なくとも知的ないし理論的利点を、可能性の問題としては、もっている、と言うことは可能であろうか？

5 「歴史主義的解釈」と「厳格な意味での歴史的解釈」と「理想化する解釈」

最後に、このセクションでシュトラウスのテクスト解釈の方法について若干考察してこの「あとがき」を閉じることにしよう。なぜならば、これまでの議論はシュトラウスの注意深いテクスト解釈の方法を前提にしなくては理解できないからである。まず、われわれはシュトラウスの「政治哲学と歴史」という論文に向かうことになる。そこでの進歩的歴史観と歴史主義的歴史観とに対するシュトラウスの批判を見てみよう。

過去についてのわれわれの理解は、われわれが過去に関心を懐けば懐くほど、過去に真剣に関心を懐けば抱くほど、より十全になる傾向があるだろうことは明らかである。しかしもしもわれわれが現在は最も重要な点において過去よりも優れていると前もって知っているならば、われわれは過去に情熱をもって関心を懐くことができないし、過去に真剣に関心を懐くことができない。この想定から出発した歴史家たちは過去をそれ自身において理解しなければならない必要性を感じなかった。彼らはそれを現在のための一つの準備としてしか理解しなかった。過去の教説を研究するにあたり、彼らは一次的に次の問いを訊ねなかった、すなわち、その創始者の意識的かつ熟慮に基づく意図が何であったのか？ 彼らは次のような問いを訊ねるのを好んだ、すなわち、われわれの諸信念に対するその教説の貢献は何であるのか？ 現在の見地から、その教説の創始者には知られていない意味は何であるのか？ 後の諸発見や諸発明の光に照らしてその意味は何であるのか？ 彼らはしたがって、過去の思想家たちを、彼らが彼ら自身を理解したよりも良く理解することが可能であり必要でさえもあることを当然視したのである。（*WIPP?*, p. 67, 邦訳、六二頁）

このような進歩主義者に対する批判は、シュトラウスによれば、初期の歴史主義によって、純粋に歴史的諸根拠に基づいて、正当にも遂行された。このような進歩的アプローチに抗して、「歴史的意識」は歴史的真理という関心から、歴史的精確さ（historical exactness）という関心から、正しくも抗議した。思想史家の役目は「過去の思想家たちを彼らが彼ら自身を理解したように精確に理解すること」あるいは「彼らの思想を彼ら自身の解釈にしたがって再活性化すること」である。「もしもわれわれがこの目標を放棄するならば、われわれは思想史における唯一実践可能な「客観性」の規準を放棄するのである」（*ibid.*）。

他方において、歴史主義自身の問題点はどこに存するのか？　基本的には歴史主義もまた進歩主義と同じ轍を踏んできているのである。

歴史主義はそれが発見したと言われるかもしれない歴史的精確さの諸標準に相応しく生きることが体質的にできない。というのも歴史主義は歴史主義者のアプローチが非歴史主義者のアプローチよりも優れているという信念 belief であるが、しかし実践的には practically、過去の全思想は根源的に「非歴史的 unhistorical」であったからである。歴史主義はそれゆえに、その原理によって、過去の哲学をそれがそれ自身を理解したよりも良く理解しようと試みることを強いられるのである。過去の哲学はそれ自身を歴史的でない仕方 non-historical manner で理解したが、しかし歴史主義はそれを「歴史的に historically」理解しなければならない。（*WIPP?*, p. 68, 邦訳、六三頁参照）

歴史主義に対するシュトラウスによる哲学的破産宣告である。

論文「政治哲学と歴史」を執筆した頃のシュトラウスのテクスト解釈の方法は、次の一文によって簡勁に表現されているように思われる。「十全な解釈とは、ある哲学者の思想を彼がそれを彼自身解釈したように精確に理解するような解釈である。"An adequate interpretation is such an interpretation as understands the thought of a philosopher exactly as he understood it himself."」（*WIPP?*, 66. 邦訳、六一頁参照）。歴史主義によれば、このような過去の哲学の十全な理解は歴史主義を基礎にしてはじめて可能となるという前提に立たなければならない。しかし前述のように、この前提はきわめて疑わしいのであり、過去の非‐歴史的哲学は非‐歴史的アプローチによってのみ十全に理解されうるとシュトラウスは判断しているのである。この意味においては、哲学の歴史に対する「歴史主義的解釈」に抗してシュトラウスは客観的で「厳格な意味での歴史的解釈」を対置させたと言ってよいであろう。

しかるに、一九六五年に刊行された『スピノザの宗教批判』への英語版序言には、シュトラウス自身のテクスト解釈の方法の質的な変容が開示されているのである。その変容は進歩、少なくとも深化としてシュトラウス自身によって認識されているように思われる。その序言においてシュトラウスは近代におけるスピノザ評価の毀誉褒貶の歴史を概観し、その過程でスピノザについてのヘルマン・コーエンの判断を吟味しているが、次の引用が示すように、シュトラウス自身は「理想化する」解釈にきわめて好意的であるように思われる。

……正しい解釈とは、「理想化する」解釈——ある教えを、その最高の可能性がその創始者 originator に知られていたかどうかにかかわりなく、その最高の可能性の光に照らして解釈すること——なのであろうか、それともそれは、ある教えをその創始者によって意図されたように理解する、厳格な意味での歴史的解釈なのであろうか？ 一般的に言えば実践の賢明な格率である保守主義は、理論の神聖不可侵の法則なのであろうか？[22]（強調は筆者のもの）

"…: is the right interpretation "idealizing" interpretation—the interpretation of a teaching *in the light of its highest possibility regardless of whether or not that highest possibility was known to the originator*—or is it historical interpretation proper which understands a teaching as meant by its originator? Is the conservatism which is generally speaking the wise maxim of practice the sacred law of theory?" (Italics are added)[23].

わたくしは「厳格な意味での歴史的解釈（historical interpretation proper）」を「十全な解釈（an adequate interpretation）」と同一であるとみなす、なぜならば前者は、直前の引用が曖昧さなしに示しているように、「ある教えをその創始者が意味したように理解する」からである。もしもこれが実情であるならば、そして正しい解釈とは「理想化する解釈」であるならば、その場合には十全な解釈は正しい解釈ではないことになる。

「一九六二年八月」の日付が記された精神的自伝とも言える英語版「序言」をシュトラウスは次のような謎めいた文章で閉じている。

本研究は、近代以前の哲学への回帰は不可能であるという、強力な偏見によって認可された前提に基づいていた。本書の末尾に公表された論文に――まったく偶然というわけではないが――その最初の表現を見出した方向転換によって、わたくしは多数の研究に従事するよう強いられ、その中でわたくしは過去の時代の異端の思想家たちが彼らの著作を書いた仕方にますます注意を向けるようになった。このことの一つの結果として、わたくしはいま『神学・政治論』を、わたくしが若かった時にそれを読んだのとは異なった仕方で読んでいる。わたくしは、スピノザを十分に文字どおりには読まなかったがゆえに、彼をあまりにも文字どおりに理解しすぎたのである。(24)

この「いま（now）」は文字どおりいつであろうか？ 一九六二年八月であろうか？ なぜこのような問いを提起するのか？ それはこの英語版序言が *Liberalism Ancient and Modern*（一九六八年）に再録されたときに、**"August, 1962"** は **"L. S. The University of Chicago"** とともに削除されているからである。カール・シュミットの『政治的なものの概念』に対するシュトラウスの書評の公刊から **August, 1962** までの年月は、彼の学究生活においてあまりにも長期間すぎる。「十全な解釈」とは区別対照的な「理想化する解釈」はシュトラウスの中で遅くとも一九四〇年代初頭には実質的には実践されつつあったのではないか。この点でカール・レーヴィットの『ヘーゲルからニーチェまで』に対する彼の書評の次の一節がきわめて重要である。

> 本書は、ゲーテへの回帰の示唆とともに、そしてゲーテへの回帰もあるいはその他のいかなる人間への回帰も「時代のなか」（in der Zeit）では不可能であるという断言とともに閉じている。このいくぶん謎めいた陳述はおそらく、その「時代」、「その歴史的実在」に関するかぎり、それ以前の

「歴史的実在」へのいかなる回帰も可能ではないということを意味しているのであろう。ひとたび一定の諸慣習、諸信条あるいは諸制度が人間の生の疑いようもない要素 element であることをやめたならば、いかなる意識的な努力もそれらの原初的力を回復することは到底できないのである。しかしそのような公的な事柄に妥当することは諸もろの洞察 insights には適用されない。いにしえの思想家たちの諸もろの洞察は忘却されるかもしれないが、しかしそれらは不断の努力によって取り戻されうるのである。その「時代」への、ゲーテの「世界」への——「ヴァイマール」への——回帰は不可能であるが、彼の諸もろの洞察と彼のアプローチへの回帰は一つの必要なこと a necessity であるかもしれない。ひとはレーヴィットの諸もろの意図についてのこの解釈が正確である correct かについては確信をもつことはできない、とわたくしは告白する。（それは、pp. 13 注 1, 52, 112, 270 ff., 463 注 31, 493 および 529 の発言とは矛盾しているように思われる。）もしもそれが正確である correct ならば、本書全体は歴史主義の危機の注目すべき表現以上のものですらあるであろう。それはそれからの解放への一つの寄与であるであろう。（*WIPP?*, pp. 269-270、邦訳、二八七頁）

ここでシュトラウスは、それがレーヴィットの諸もろの意図の十全な解釈であるか否かを問わないで、その代わりにそれがそれらの正確な解釈（a correct interpretation）であるか否かを問うている。彼のこの問いかけ自身が、a correct interpretation は an adequate interpretation とは異なることを意味しているのではないのか？ 他方において、a correct interpretation は前で議論した a right interpretation と同じもの、あるいは、類似のものであろうか？ もしもそうであるならば、その場合にはシュトラウスにとって二つの重要な解釈の方法があることになるであろう。もしもそうでないならば、その場合には彼にとって三つの重要な解釈の方法があることになろう——an adequate, a right, and a correct interpretation.(25)

いずれにしても、前に引用したシュトラウスの書評の一節は優れて重要である。というのも、それは、われわれが偉大な書物を研究ないし読解することを通じて、失われたあるいは忘れられた洞察を回復することができる（この場合にはレーヴィットの書物をシュトラウスの援助を借りて）ということを、そして、われわれは歴史主義の危機からの解放を手に入れることができるということを、明示的に述べているからである。これらの獲得はたしかに本当に大きい。

このセクションにおいてわれわれはシュトラウスが古い書物を理解しようとする歴史家や読者の役割を非常に重要視していたことを確認した。すなわち、彼は読者たちが古い書物に向かっていく時の興味、関心、態度の性格の重要性を強調した。言葉を換えて表現するならば、シュトラウスが示唆するところによれば、古い書物の著者たちは彼らの洞察や知恵を、哲学的関心をもつ哲学的読者たちにしか、つまり彼らを読むことから何か決定的に重要な事柄を学ぶことに情熱的に関心をもっている読者たちにしか開示しないのである。この意味においては、シュトラウスは、哲学の伝統の継続および再活性化の過程においてコメンテイターたちと読者たちが、著者たちに優るとも劣らない決定的に重要な役割と責任とを果たしてきたし、果たしているし、そして果たし続けなければならないことを承認しているように思われる。

6　結　語

この「あとがき」において、まず、本書のタイトルの競合する二つの邦訳、『都市国家と人間』と『国家と人間』の由来を推察し、それぞれの問題点を指摘した。次に、『都市と人間』というわれわれの代替的なタイトルが本当に十全な邦訳であるか否かを検討した。その哲学的吟味は、しかしながら、「政治哲学のテーマは《都市》と《人間》である」というシュトラウス自身の大胆な命題の正しい理解に求められねばならないという事実の確認に導いた。第三セクションは、したがって、本書の「序論」の第三パラグラフ全体の集中的分析にあてられた。次に、なぜ本書が歴史的時間的秩序を乱したこのような奇妙な構成にならざるをえないのかの logographic necessity を、とりわけなにゆえに本書で最初にアリストテレスの『政治学』が扱われており、そして最後に「哲学的歴史家」トゥキュディデスが取り扱われているのかの理由を探究することによって、明らかにしようと努力した。最後の第五セクションでは、古い書物の解釈の仕方についてのシュトラウスによる三つの主要な区別、すなわち、「歴史主義的解釈」と「厳格な意味での歴史的解釈」と「理想化する解釈」を比較検討し、そして、解釈の方法の精緻化を通してシュトラウス自身における哲学史研究の進歩（前進）と深化があったことを示唆した。(26)

最後に、超多忙にもかかわらず一年以上も前に「日本語版への序文」を寄せられたキャサリン・ズッカート（Catherine H. Zuckert）女史（アメリカ合衆国、ノートルダム大学政治学部教授）に心からお礼を申し上げる。また、本邦訳の意義を理解され、多くの助言と励ましをいただいた、法政大学出版局の編集者奥田のぞみ様にも衷心よりお礼を申し上げる。

二〇一四年五月

早稲田大学図書館長室にて

飯島　昇藏

注

（1）Leo Strauss, *On Tyranny* revised and expanded edition, ed. Victor Gourevitch and Michael S. Roth, The University of Chicago Press, 2000, p. 31（面一也ほか訳『僭主政治について（上）』現代思潮新社、二〇〇六年、一一四頁）. ほとんど文字どおり同じ言葉を用いてシュトラウスは本書の中で「プラトン的対話篇ではすべてがプラトンの登場人物によって言われている一方で、プラトン自身が全面的に責任を負っているのは対話篇の表題に対してである」と述べている（*CAM*, 55, 本書一〇三頁）。

（2）Leo Strauss, *Thoughts on Machiavelli*, The University of Chicago Press, 1958, p. 37 のこの文章がここでもわれわれの導きの光である（以下 *TM* と略記）。飯島昇藏・厚見恵一郎・村田玲訳『哲学者マキァヴェッリについて』（勁草書房、二〇一一年）、三四頁を参照せよ。

たとえば、シュトラウスの最後の書物は *Studies in Platonic Political Philosophy*（The University of Chicago Press, 1983）というタイトルをもっているが、すでに少なくとも『プラトン的政治哲学の諸研究』（厚見恵一郎）と『プラトン政治哲学研究』（飯島昇藏、その他）という二つの異なった邦訳タイトルがあてられているが、後者は誤解に導くものである。二つの邦訳のタイトルは明らかに相互に異なる研究対象を指示している。本書は十五の章から成るが、プラトンの対話篇を事実取り扱っているのは二つの章だけである。その他の章はトゥキュディデス、クセノフォン、ニーチェ、マイモニデス、マキァヴェッリ、マクファースン、タルモン、コーエンその他を扱っている。したがって、「プラトン政治哲学」という表現は絶対に避けるべきである、と自己批判する次第である。

（3）石崎嘉彦ほか訳『リベラリズム　古代と近代』（ナカニシヤ出版、二〇〇六年）、一四八頁参照。

（4）飯島昇藏「戦間期のレオ・シュトラウス――「政治的なもの」との出会い」飯島昇藏編著『両大戦間期の政治思想』（新評論、一九九八年）、一八五頁参照。

（5）一見すると、藤原は前者か後者かの二者択一の苦悩の末に後者への選好を強めていったように思われる。藤原保信『政治理論のパラダイム転換――世界観と政治』（岩波書店、一九八五年）、八頁と一八頁とを参照せよ。

（6）Leo Strauss and Joseph Cropsey, eds. *History of Political Philosophy*, 3rd edition（The University of Chicago Press, 1987）. 同書の最後の章に収められた Nathan Tarcov and Thomas Pangle, "Epilogue: Leo Strauss and the History of Political Philosophy," pp. 907-938（飯島昇藏訳「レオ・シュトラウスと政治哲学の歴史」『思想』第一〇七〇号、二〇一三年六月、二五―六四頁）は、シュトラウス政治哲学についての非常にバランスのよい紹介である。

（7）ここで『ロールズ 政治哲学史講義（*Lectures on the History of Political Philosophy*）』を一瞥してみるならば、その「政治哲学史」がホッブズ、ロック、ヒューム、ルソー、ミル、マルクス、シジウィック、バトラーの八人の理論家の正義論の分析に閉じてしまっていることに衝撃を感じざるをえない。読者のなかには約二十年前のベストセラー、*The Closing of the American Mind* というタイトルをもつ書物を想起するひともいるであろう。

（8）Xenophon, *Memorabilia*, II.1. Cf. Leo Strauss, *Xenophon's Socrates*（Cornell University Press, 1972）, pp. 32-35. 人間を支配することも、人間によって支配されることをも拒絶する生き方、いわば第三の中間の道は、非政治的な人間の生き方である。「その中間の道は、もしもそれが人間存在たちを通って（through）導いていくのでないのであれば、生存可能であろう。人間存在たちの間で（among）生きながら、ひとは支配しなければならないのか、それとも、力（force）によってか自発的な屈服によってか、支配されなければならないのかいずれかである、というのも強者たちは弱者たちを奴隷たちとして使用する仕方を理解しているからである、とソクラテスは応答する」（*ibid.*, p. 34）。

（9）飯島昇藏・小高康照・近藤和貴・佐々木潤訳『ギリシア政治理論――トゥキュディデスとプラトンにおける男

のイメージ』（風行社、二〇一四年）序文、第I部を参照。

（10）「人間は市民以上のもの、あるいは都市以上のものである。人間は、自らのうちにある最善のものによってはじめて、都市を超越するのである。このことは、最高度に卓越した都市、すなわち最善の体制の実例は存在しないのに、最高度に卓越した人たちの実例は存在するという事実のうちに反映されている――つまり最善の体制については、それが必ず言論のうちにだけ「生きている」ことが知られているだけでしかないのに、最高度に卓越した人たち（プラトンやアリストテレス）は実際にも生きていたことが知られているという事実のうちに、反映されているのである」（*CAM*, p. 49, 本書九三頁）。

（11）前掲の注10の引用からも明らかなように、本書のタイトルの中の the City の意味は the (best) regime と同義であると解釈しても間違いではないであろう。

（12）Leo Strauss, *The Political Philosophy of Hobbes: Its Basis and Its Genesis* (tr. Elsa M. Sinclair) (The University of Chicago Press, 1952), p. 152（添谷育志・谷喬夫・飯島昇藏訳『ホッブズの政治学』みすず書房、一九九〇年、一八五―一八六頁）.

（13）Leo Strauss, *What Is Political Philosophy? and Other Studies* (The University of Chicago Press, 1988), pp. 288-289.（以下 *WIPP?* と略記）。強調は引用者のもの。飯島昇藏訳「批評――16の評価」『政治哲学とは何であるか？ とその他の諸研究』（早稲田大学出版部、二〇一四年）、三〇七頁。

（14）"Or, la politique de Fârâbî, de son côté, est *une modification* de la politique de Platon". (Italics are added.) Leo Strauss, "Quelques remarques sur la science politique de Maïmonide et de Fârâbî," p. 13. *Gesammelte Schriften*, vol. 2: *Philosophie und Gesetz—Frühe Schriften*. Ed. Heinrich Meier and Wiebke Meier, Stuttgart: J. B. Metzler, 1997（合田正人訳「マイモニデスとファーラービーの政治科学についての若干の指摘」『思想』第一〇一四号（二〇〇八年十月）、九七―一二八頁）を参照せよ。この邦訳の企画と実施に高い敬意を払うとともに、訳者が非常に重要な箇所で cité を「都市国家」としばしば訳出している点はシュトラウスにまったく忠実ではない、と指摘せざるをえない。一つだけ実例を挙げれば、原註4の邦訳には「……マディナー〔都市国家〕を"cite"ではなく"état"と訳すのはこのうえもなく由々しき訳である。哲学的テクストでは、マディナー〔メディナー〕というヘブライ語をも、「県（department）」や「地域（region）」ではなく、「都市国家（cité）」としばしば訳さねばならないだろう」とある。しかし、古代と中世のプラトン的政治哲学の伝統（プラトンから、とりわけファーラービーとマイモニデスへの流れ）のなかで完璧な都市の探究において“cité”「都市」は「国家」概念とは無縁であること（したがって「都市国家」という概念とも無縁であること）をシュトラウスは強調しているのである。一九三〇年代のこの立場は一九六〇年代においてもシュトラウスによって堅持されている。Leo Strauss and Joseph Cropsey, eds. *History of Political Philosophy*, 3rd ed. pp. 5-6（飯島昇藏訳「レオ・シュトラウス／ジョセフ・クロプシイ編『政治哲学の歴史』への序論」『政治哲学』第六号、二〇〇七年、六頁）.

（15） “Le caractère médiéval de la politique de Maïmonide et des *falâsifa* n'est pas contredit par le fait qu'elle n'est autre chose qu'une modification, quoique considérable, d'une conception antique. Car il y a un accord profond entre la pensée juive et musulmane d'une part et la pensée anitique d'autre part: ce n'est pas la Bible et le Coran, c'est peut-être le Nouveau Testament, c'est certainement la Réforme et la philosophie moderne qui ont amené la rupture avec la pensée antique.” *Ibid*., p. 2.（Italics are original）.
シュトラウスは“transformation”と“modification”を相互互換的に使用している。しかしながら、シュトラウスは『スピノザの宗教批判』への英語版序言のなかで、ユダヤ教の伝統の「理想化する」解釈について語るときには、それらの用語のいずれをも使用していない。そこでは彼は“metamorphosis”あるいは“reshaping”を用いている。

（16） 『哲学者マキァヴェッリについて』の次の文章を参照せよ。「典型的な章の表題はいかなる固有名詞を含まず、さらにそれは現在時制によって枠づけられている。それは人間としての人間にかかわる一つの恒久的事実を表現しているのである」（*TM*, p. 90, 邦訳、九七頁）。強調は引用者のもの。

（17） さらにもう一点確認しておくならば、本書におけるシュトラウスの著述の手続きはある意味では *Natural Right and History* のそれに類似している点である。彼はまず natural right の同時代的危機から出発し、そして次にその精神的ないし知的原因（急進的歴史主義と、社会科学における事実と価値の区別）を検討し、そして最後に natural right（自然的正しさ、自然権）の原初的諸観念と natural right の諸理論の歴史的展開とを理解しようと努めるのである。

（18） 飯島昇藏「レオ・シュトラウスの思想における『戦争と平和』あるいは『闘争と和解』——クセノフォンのソ

クラテスについてのシュトラウスの理解をてがかりに」『ぷらくしす』（二〇一〇年度）、九―一六頁。
(19) 飯島昇藏「マキァヴェッリと近代政治哲学――レオ・シュトラウスのマキァヴェッリ解釈を手がかりに」飯島昇藏・中金聡・太田義器編著『「政治哲学」のために』（行路社、二〇一四年）、第三章を参照せよ。
(20) ここでわれわれがソクラテスを市民的哲学者と呼ぶのは、一方において自然哲学者（a natural philosopher）との対比において、他方においてソフィストとの対比においてである。
(21) Cf. Leo Strauss, *On Tyranny*, p. 56.「僭主に助言を与えたい完璧に正義の男でさえも、彼の生徒に対して彼自身をまったく無節操な（unscrupulous）男として提示しなければならない。これまでに『ヒエロン』を模倣した最も偉大な男はマキァヴェッリであった。……しかし、マキァヴェッリがクセノフォンの教訓を理解したとしても、彼は確実にそれを、その創始者の精神において応用することはなかった。というのもクセノフォンによれば、僭主たちの教師は、地獄や悪魔を怖れないと抗議することによってでもなければ、非道徳的な諸原理を表明することによってでもなく、単純に道徳的な諸原理に注意しないことによって、まったく無節操な男として映らなければならないからである。……道徳を「言葉」によって攻撃するよりもむしろそれを無視することによって、彼は同時に政治的な事柄についての彼の理解を開示する。クセノフォン、あるいは彼のシモニデスは、マキァヴェッリよりも「政治的（politic）」である。彼は「節度」（賢慮）を「知恵」（洞察）から分離することを拒絶する」。邦訳、一五五―一五六頁。
(22) 西永亮・飯島昇藏訳「『スピノザの宗教批判』への序言」『リベラリズム　古代と近代』（ナカニシヤ出版、二〇〇六年）、三八六―三八七頁。強調は引用者のもの。
(23) Leo Strauss, "Preface to Spinoza's Critique of Religion," in *Liberalism Ancient and Modern* (Basic Books. 1968), p. 250. 断るまでもなく、引用符は「理想化する解釈」がもともとシュトラウスによって使用されたのではないということを明らかにしている。
(24) *Ibid*., p. 257. 邦訳、三九七頁。強調は引用者のもの。
(25) シュトラウスは a correct interpretation を個人の著者に関して使用し、a right interpretation を民族に、この場合にはユダヤ民族に関して使用していると言うことが可能であろうか？ シカゴ大学の Nathan Tarcov 教授は、"Jerusalem and Athens" と "On the Interpretation of Genesis" における聖書についてのシュトラウスの解釈はこの意味において"idealizing" interpretation であるように思われると引用者に指摘された。しかし、すでにCrossman, R. H. S., *Plato Today* についてのシュトラウスの書評が、「正しい解釈」としての「理想化する解釈」を模索していることを示唆していないだろうか？（*WIPP?*, p. 263-264; 邦訳、二八〇―二八一頁を参照せよ。）
（26）本稿は、飯島昇藏「レオ・シュトラウス『都市と人間』についての覚え書き」『政治哲学』第一五号（二〇一三年九月）、一―二二頁を増補・修正したものである。転載を許可された政治哲学研究会に感謝する。

64, 66–67, 71, 77, 80, 93, 95–223, 225–28, 232, 236, 346, 359–62, 369, 370, 371, 372, 373, 378, 379, 382, 383, 385, 389
ブルクハルト，ヤーコプ　Burckhardt, Jakob　372
プルタルコス　Plutarch　378
プロタゴラス　Protagoras　257
ヘーゲル　Hegel　365, 372, 373
ヘシオドス　Hesiod　210, 212, 389
ヘラクレイトス　Heraclitus　370
ヘラニコス　Hellanicus　285
ヘロドトス　Herodotus　74, 231, 285
ホッブズ　Hobbes　151–52, 232–33, 336, 373
ホメロス　Homer　100, 252–53, 256, 262, 336, 358, 381

ま　行

マキァヴェッリ　Machiavelli　50, 59, 65, 383
マルクス　Marx　214, 373
マルセリヌス，アンミア　Marcellinus, Ammia　232
モア，サー・トマス　More, Sir Thomas　111

ら　行

ライプニッツ　Leibniz　373
ラインハルト，カール　Reinhardt, Karl　377
リプシウス，ユストゥス　Lipsius, Justus　232
リュシアス　Lysias　375, 382
ルクレティウス　Lucretius　377
ルソー　Rousseau　65, 80, 376
ロック　Locke　373

索　引

あ　行

アイスキュロス　Aeschylus　151
アヴェロエス　Averroës　371
アウグスティヌス　Augustine　372
アナクサゴラス　Anaxagoras　65, 257, 337
アリストテレス　Aristotle　43–94, 95, 97, 134, 147, 158, 182, 187, 195, 200, 206, 225, 229–32, 236, 257, 269, 359, 361, 362, 364, 374, 375, 382
アリストファネス　Aristophanes　112, 113, 371, 378, 385
イザヤ　Isaiah　382
イソクラテス　Isocrates　248, 369, 370
エウリピデス　Euripides　378
エンゲルス　Engels　373

か　行

カント　Kant　152, 377
キケロ　Cicero　45–46, 52, 223, 370, 371, 372, 375, 376, 378
クーランジュ，フュステ　Coulanges, Fustel　364–65
クセノフォン　Xenophon　59, 100, 104, 105, 111, 117, 376, 369, 370, 371, 374, 375, 380, 382, 388
クラッセン－シュトイプ　Classen-Steup　378
ゴム，A. W.　Gomme, A. W.　354, 378, 379, 380, 384, 386, 389
ゴルギアス　Gorgias　59

さ　行

シェイクスピア　Shakespeare　95, 108
シモニデス　Simonides　124
シュペングラー　Spengler　28
ストア派　Stoics　64
スピノザ　Spinoza　369, 373
セルバンテス　Cervantes　253
ソフォクレス　Sophocles　337, 370, 376

た　行

デモステネス　Demosthenes　382
トゥキュディデス　Thucydides　225–365, 377
トマス・アクィナス　Thiomas Aquinas　72, 79, 370, 371, 374, 375

な　行

ニーチェ　Nietzsche　86, 219

は　行

バーク　Burke　372
バーネット，ジョン　Burnet, John　374
パスカル　Pascal　52
パルメニデス　Parmenides　380
ヒッポダモス　Hippodamus　51–59
ヒュペリデス　Hyperides　382
ピンダロス　Pindar　58, 382
フィヒテ　Fichte　373
プラトン　Plato　46, 51, 55, 56, 58, 63,

著者

レオ・シュトラウス（Leo Strauss, 1889-1973）
ドイツのマールブルク近郊のユダヤ人家系に生まれる。ハンブルク大学で，E. カッシーラーの下ヤコービ研究により学位取得。ベルリンでユダヤ学の研究に携わった後，1938 年にはアメリカに亡命。同年からニューヨークのニュー・スクールで，1949 年からシカゴ大学で政治哲学を講じた。その間，本書のほか『ホッブズの政治学』（みすず書房），『僭主政治について』（現代思潮新社），『自然権と歴史』（ちくま学芸文庫），『リベラリズム　古代と近代』（ナカニシヤ出版），『政治哲学とは何であるか？』（早稲田大学出版部）など，多数の書物を著し，1973 年アナポリスで没す。
古典の「注意深い読解」を通し，近代科学に代わる知的枠組みの探求と教育を通し，多くの弟子を育てた。シュトラウシアンと呼ばれる弟子たちは，アカデミーの世界はもとより政治，外交，法曹などの世界でも活躍。近年各国で彼の政治哲学は盛んに研究され，現代思想の最も注目される人物の一人である。

《叢書・ウニベルシタス　1029》
都市と人間

2015年 7 月20日　　初版第 1 刷発行

レオ・シュトラウス
石崎嘉彦・飯島昇藏・小高康照・近藤和貴・佐々木潤 訳

発行所　一般財団法人 法政大学出版局
〒102-0071 東京都千代田区富士見 2-17-1
電話03（5214）5540／振替00160-6-95814
印刷　三和印刷／製本　誠製本

Printed in Japan

ISBN978-4-588-01029-3

訳者

石崎嘉彦（いしざき・よしひこ）
1948 年生まれ。大阪大学大学院文学研究科博士課程単位取得退学，広島大学論文博士（文学）。現在，摂南大学名誉教授（哲学・倫理学）。主な業績：『倫理学としての政治哲学——ひとつのレオ・シュトラウス政治哲学論』ナカニシヤ出版，2009 年，『ポストモダンの人間論——歴史終焉時代の知的パラダイムのために』ナカニシヤ出版，2010 年，『政治哲学と対話の弁証法——ヘーゲルとレオ・シュトラウス』晃洋書房，2013 年ほか。

飯島昇藏（いいじま・しょうぞう）
1951 年生まれ。シカゴ大学 Ph.D.（政治学）。現在，早稲田大学政治経済学術院教授（政治哲学）。主な業績：『スピノザの政治哲学』早稲田大学出版部，1997 年，『社会契約』東京大学出版会，2001 年，レオ・シュトラウス『政治哲学とは何であるか？とその他の諸研究』（共訳）早稲田大学出版部，2014 年ほか。

小高康照（おだか・やすてる）
1954 年生まれ。シカゴ大学 Ph.D.（政治学）。現在，東京電機大学非常勤講師（政治哲学）。主な業績：On Descartes' Meditations on First Philosophy: Science, Piety, and Enlightenment, 1996, デイヴィッド・グリーン『ギリシア政治理論——トゥキュディデスとプラトンにおける男のイメージ』（共訳）風行社，2014 年ほか。

近藤和貴（こんどう・かずたか）
1978 年生まれ。ボストン・カレッジ Ph.D.（政治学）。現在，日本学術振興会特別研究員（PD. 政治学・政治思想史）。主な業績："Socrates' Rhetorical Strategy in Plato's Apology," *Athens Journal of Humanities & Arts*, Vol. 1, No. 4, 2014, デイヴィッド・ジョンストン『正義はどう論じられてきたか——相互性の歴史的展開』（共訳）みすず書房，2015 年ほか。

佐々木潤（ささき・じゅん）
1976 年生まれ。早稲田大学修士課程修了（政治学）。現在，麻布中学・高等学校教諭（政治哲学）。主な業績：「『政治哲学の歴史』における H. V. ジャッファと C. ロードのアリストテレス論の比較——「哲学」の位置付けを中心として」『政治哲学』第 16 号，2014 年，デイヴィッド・グリーン『ギリシア政治理論——トゥキュディデスとプラトンにおける男のイメージ』（共訳）風行社，2014 年ほか。